漢學研究叢書・文史新視界叢刊

戰國時代的古史記憶

——虞夏之際篇

Memories of Ancient History in the Warring States Period: a chapter on the transition between the legendary Yu and Xia dynasties

古育安　著

by Ku Yu An

如蝶振翼
——《文史新視界叢刊》總序一

　　近年赴中國大陸學術界闖蕩的臺灣文科博士日益增多，這當中主要包括兩類人才。一類是在臺灣學界本就聲名卓著、學術影響鉅大的資深學者，他們被大陸名校高薪禮聘去任教，繼續傳揚他們的學術。另一類則是剛拿到博士文憑，企盼進入學術職場，大展長才，無奈生不逢時，在高校發展面臨瓶頸，人力資源飽和的情況下，雖學得一身的文武藝，卻不知貨與何家、貨向何處！他們多數只能當個流浪教授，奔波各校兼課，猶如衢州撞府的江湖詩人；有的則委身屈就研究助理，以此謀食糊口，跡近沈淪下僚的風塵俗吏。然而年復一年，何時了得？於心志之消磨，術業之荒廢，莫此為甚！劉芝慶與邱偉雲不甘於此，於是毅然遠走大陸，分別在湖北經濟學院和山東大學闖出他們的藍海坦途。如劉、邱二君者，尚所在多有，似有逐漸蔚為風潮的趨勢，日益引發文教界的關注。

　　然而無論資深或新進學者西進大陸任教，他們的選擇與際遇，整體說來雖是臺灣學術界的損失，但這種學術人才的流動，卻很難用一般經濟或商業的法則來衡量得失。因為其所牽動的不僅是人才的輸入輸出、知識產值的出超入超、學術板塊的挪移轉動，更重要的意義是藉由人才的移動，所帶來學術思想的刺激與影響。晚清名儒王闓運應邀至四川尊經書院講學，帶動蜀學興起，因而有所謂「湘學入蜀」的佳話。至於一九四九年後大陸遷臺學者，對戰後臺灣學術的形塑，其影響之深遠鉅大，今日仍在持續作用。當然用此二例比方現今學人赴

大陸學界發展，或有誇大之嫌。然而學術的刺激與影響固然肇因於知識觀念的傳播，但這一切不就常發生於因人才的移動而展開的學者間之互動的基礎上？由此產生的學術創新和知識研發，以及伴隨而來在文化社會等現實層面上的實質效益，更是難以預期和估算的。

劉芝慶和邱偉雲去大陸任教後，接觸了許多同輩的年輕世代學者，這些學人大體上就屬於剛取得博士資格，擔任博士後或講師；或者早幾年畢業，已升上副教授的這個群體。以實際的年齡來說，大約是在三十五歲至四十五歲之間的青壯世代學人。此輩學人皆是在這十來年間成長茁壯起來的，這正是中國大陸經濟起飛，國力日益壯大，因而有能力投入大量科研經費的黃金年代。他們有幸在這相對優越的環境下深造，自然對他們學問的養成，帶來許多正面助益。因而無論是視野的開闊、資料的使用、方法的講求、論題的選取，甚至整體的研究水平，都到了令人不敢不正視的地步。但受限於資歷與其他種種現實因素，他們的學術成果的能見度，畢竟還是不如資深有名望的學者，這使得學界，特別是臺灣學界，對他們的論著相對陌生。於其而言，固然是遺憾；而就整體人文學界來說，無法全面去正視和有效地利用這些新世代的研究成果，這對學術的持續前進發展，更是造成不利的影響。

因而當劉芝慶和邱偉雲跟我提及，是否有可能在臺灣系統地出版這輩學人的著作，我深感這是刻不容緩且意義重大之舉。於是便將此構想和萬卷樓圖書公司的梁錦興總經理與張晏瑞副總編輯商議，獲得他們的大力支持，更決定將範圍擴大至臺灣、香港與澳門，計畫編輯一套包含兩岸四地人文領域青壯輩學者的系列叢書，幾經研議，最後正式定名為《文史新視界叢刊》。關於叢刊的名稱、收書範圍、標準等問題，劉、邱二人所撰的〈總序二〉已有交代，讀者可以參看，茲不重覆。但關於叢刊得名之由，此處可再稍做補充。

　　其實在劉、邱二君的原始構想中，是取用「新世界」之名的，我將其改為同音的「新視界」。二者雖不具備聲義同源的語言學關係，但還是可以尋覓出某種意義上的關聯。蓋因視界就是看待世界的方式，用某種視界來觀看，就會看到與此視界相應或符合此視界的景物。採用不同以往的觀看方式，往往就能看到前人看不到的嶄新世界。從這個意義來說，所謂新視界即新世界也，有新視界才能看到新世界，而新世界之發現亦常賴新視界之觀看。王國維曾說：「凡一代有一代之文學。」若將其所說的時代改為世代，將文學擴大為學術，則亦可說凡一世代皆有一世代之學術。雖不必然是後起的新世代之學術優或劣於之前的世代，但其不同則是極為明顯的。其中的關鍵，就在於彼此觀看視域的差異。因而青壯輩人文學者用新的方法和視域來研究，必然也能得到新的成果和觀點，由此而開拓新的學術世界，這是可以期待的。

　　綜上所述，本叢刊策畫編輯的主要目的有二：第一，是展現青壯世代人文學術研究的新風貌和新動能；第二，則是匯集兩岸四地青壯學者的最新研究成果，從中達到相互觀摩、借鑑的效果。最終的目標，還是希冀能對學術的發展與走向，提供正向積極的助力。本叢刊之出版，在當代學術演進的洪流中，或許只不過如蝴蝶之翼般輕薄，微不足道。但哪怕是一隻輕盈小巧的蝴蝶，在偶然一瞬間搧動其薄翅輕翼，都有可能捲動起意想不到的風潮。期待本叢刊能扮演蝴蝶之翼的功能，藉由拍翅振翼之舉，或能鼓動思潮的生發與知識的創新，從而發揮學術上的蝴蝶效益。

西元二〇一七年九月十二日
車行健謹識於國立政治大學

總序二

　　《文史新視界叢刊》，正式全名為《文史新視界：兩岸四地青壯學者叢刊》。本叢刊全名中的「文史」為領域之殊，「兩岸四地」為地域之分，「青壯學者」為年齡之別，叢書名中之所以出現這些分類名目，並非要進行「區辨」，而是立意於「跨越」。本叢刊希望能集合青壯輩學友們的研究，不執於領域、地域、年齡之疆界，採取多元容受的視野，進而能聚合開啟出文史哲研究的新視界。

　　為求能兼容不同的聲音，本叢刊在編委群部分特別酌量邀請了不同領域、地區的學者擔任，主要以兩岸四地青壯年學者來主其事、行其議。以符合學術規範與品質為最高原則，徵求兩岸四地稿件，並委由萬卷樓圖書公司出版。系列叢書不採傳統分類，形式上可為專著，亦可為論文集；內容上，或人物評傳，或史事分析，或義理探究，可文、可史、可哲、可跨學科。當然，世界極大，然一切僅與自己有關，文史哲領域門類甚多，流派亦各有不同。故研究者關注於此而非彼，自然是伴隨著才性、環境、師承等等因素。叢刊精擇秀異之作，綜攝萬法之流，即冀盼能令四海學友皆能於叢刊之中尋獲同道知音，或是觸發新思，或是進行對話，若能達此效用，則不負本叢刊成立之宗旨與關懷。

　　至於出版原則，基本上是以「青壯學者」為主，大約是在三十五歲至四十五歲之間。此間學者，正值盛年，走過三十而立，來到四十不惑，人人各具獨特學術觀點與師承學脈，也是最具創發力之時刻。

若能為青壯學者們提供一個自由與公正的場域，著書立說，抒發學術胸臆，作為他們「立」與「不惑」之礎石，成為諸位學友之舞台，當是本叢刊最殷切之期盼。而叢書出版要求無他，僅以學術品質為斷，杜絕一切門戶與階級之見，摒棄人情與功利之考量，學術水準與規範，乃重中之重的唯一標準。

　　而本叢刊取名為「新視界」，自有展望未來、開啟視野之義，然吾輩亦深知，學術日新月異，「異」遠比「新」多。其實，在前人研究之上，或重開論述，或另闢新說，就這層意義來講，「異」與「新」的差別著實不大。類似的題目，不同的說法，這種「異」，無疑需要吸收前人研究成果。然領域的開創，典範的轉移，這種「新」，又何嘗不需眾多的學術積累呢？以故《文史新視界叢刊》的目標，便是希望著重發掘及積累這些「異」與「新」的觀點，藉由更多元豐厚的新視界，朝向更為開闊無垠的新世界前進。最末，在數位時代下，吾輩皆已身處速度社會中，過去百年方有一變者，如今卻是瞬息萬變。在此之際，今日之新極可能即為明日之舊，以故唯有不斷追新，效法「天行健，君子以自強不息」之精神，方不為速度社會所淘汰。當然，除了追新之外，亦要維護優良傳統，如此方能溫故知新、繼往開來。而本叢刊正自我期許能成為我們這一時代文史哲學界經典傳承之轉軸，將這一代青壯學者的創新之說承上啟下的傳衍流布，冀能令現在與未來的同道學友知我此代之思潮，即為「新視界叢刊」成立之終極關懷所在。

劉芝慶、邱偉雲序

蔡序

　　從事古史研究，若無新材料，便須有新方法、新視野的加入，才能在學術研究上有所斬獲。近十幾年來，郭店簡、上博簡以至於清華簡，均帶給學術界許多新材料，甚至有了要「重寫學術史」的說法。不過，凡此種種的看法，都需要通過最嚴謹的歷史研究方法的檢驗。古育安君此書，是由其博士論文前半部分改寫而成。本書《戰國時代的古史記憶——虞夏之際篇》正是應用西方的歷史方法論來重探過去的古史研究。

　　現今歷史學的研究方法，多秉承自西方歷史學界。即使是中央研究院歷史語言研究所的創所前輩，多少都接受過西方的歷史學訓練，開展出現今的臺灣歷史學界。因此，在舊學之外，中國古史研究加入了考古學、民族學、人類學、語言學等，使得古史研究變得璀璨輝煌。

　　自西方社會學家莫里斯・哈布瓦赫提出「集體記憶」理論以來，今天西方史學界以「記憶」為主題的研究已十分普遍，本書的書名「古史記憶」，說明了作者借鏡西方「記憶」研究的觀點以開展民國以來「古史」研究的企圖，可見此書在研究取徑上的獨到之處。

　　而關於歷史記憶的研究，可說相對於過去嘗試考證古史真實存在的研究，相較過往皓首窮經地證明傳說真實存在，西方在真實歷史這一層面上，已有釜底抽薪的看法。在中國，這種探索的轉向早在民國初年的古史辨論戰中就已見到端倪。

　　談起古史辨，想到的自然是顧頡剛。古育安的大學學長，史語所

助研究員廖宜方認為：「中國現代史學討論歷史記憶的第一人當為顧頡剛。」誠哉斯言，本書的骨架也源於顧頡剛開啟的疑古思潮。

前面提到的那些近來新出土的楚簡材料，在本書的視角中，恰好是研究古史記憶的重要資料。這些材料未必能證明虞夏商周的歷史，但這些出土文獻，正是當時人們的古史記憶。

疑古派的成果有不少從現代的角度看來失之過激，環繞在禹及夏代的考證，顧頡剛曾經認為不僅禹不存在，夏代更不存在。其云：「按商之於夏，時代若是其近，顧甲骨文發得若干萬片，始終未見有關於夏代之記載，則二先生之疑誠不為無理。……吾人雖無確據以證夏代之必有，似亦未易斷言其必無也。」此話雖說得模糊，但其論證的手段，就現在角度來看，大有可議。

首先，甲骨文作為占卜載體，即使發得若干萬片，也不可能包羅萬事。記載商代史事猶嫌不足，更遑論記載夏代往事。而且，當前甲骨文所見到的最早年代，僅只於武丁一朝，而武丁距商湯滅夏已逾約三百年，於甲骨文中強求夏代殘跡，未免過於苛刻。

古史辨思潮的發生年代距甲骨文發現不過二十多年，這段時間雖有甲骨四堂著書立說，然相較於後出轉精的今日，當時甲骨學的知識仍然相當原始。我曾撰有〈夏王朝存在新證──說殷卜辭的西邑〉，論證甲骨文中的西邑即夏王朝在商代的別名。由於顧頡剛不可能看到《清華簡》的「西邑夏」與「自西捷西邑，戡其有夏」這兩句材料，才會認為甲骨文沒有夏代相關的史料。

然而，小文也只是推近夏代相關史料的年限到武丁時，從顧頡剛的角度看，只能說這是商人對夏代的歷史記憶，而非夏代遺存的史料。話說回頭，我們不能以古史辨成果的不精確，就全盤否定其理論價值，因為這只是當時的學術水平局限了他們的研究成果。

本書從史料中層層考察，剝開每一代對古史記憶的增添繁衍，其

探討絕地天通、禪讓政治、禹父為鯀、大禹治水、禹征三苗、啟得天下、夏啟賓天的古史傳說，大多數的故事都為世人熟悉，其中「禹父為鯀」一事，一般人可能比較不熟悉，故以此例簡單說明。傳說禹的父親是鯀，但《上博簡·子羔》卻說禹無父，這啟發了學者的思考。《孟子》中有「流四凶」，《上博簡·容成氏》卻說舜命禹治水，未言鯀。本書結合這幾條材料與《書·堯典》，認為戰國時代「禹無父」與「鯀殛禹興」的傳說曾有一段時間並存，直到後者確立了主流地位，前者才逐漸被人遺忘。除此之外，本書更細膩地剖析漢代緯書中「禹感生」神話的問題，認為漢代時，〈子羔〉所載的禹無父傳說已然不存，只是漢人自行創作的新傳說而已。

最後，本書從其主軸「古史記憶」探討虞夏之際的古史傳說，用西方的史學理論為切入點，從古史辨時期提出的問題出發，融合出土文獻，提出令人耳目一新的看法，是本書引人入勝的一大特點。本書作者在這個基礎上，定能有更多更好的成果，期待他在本書之後，能再推出新作，以饗學界、讀者。

蔡哲茂序於中研院史語所

二〇一九年三月十五日

目次

第一章
緒論

　　民國初年以來，先秦古史歷經疑古思潮的破壞及地下材料的重建，至今已有百年。相較於過去，今天的考古學已有長足的進步，先秦文物、文獻大量出土，使古史研究更加仰賴地下材料，其中戰國至西漢時期的出土先秦文獻尤其值得注意，本文要探討的便是這批出土文獻材料中的古史記載。透過這些材料，我們將焦點放在文獻記載的古史究竟是否能反映真實發生的過去的問題上。

　　此一問題在古史辨運動中已受到關注，許多研究至今仍有參考價值，不過當時的學者承繼前人「辨偽」的思維而執著於古書、古史的「真偽」上，並且對傳世文獻的懷疑往往帶有成見，故其研究成果不免多有偏頗。今天我們不僅有時代明確的先秦出土文獻可以參考，也有不少跳脫「實證」思維的史學觀點能幫助我們從不同的角度檢視史料，因此更能在此一問題上開展進一步的研究。

　　我們基本以戰國至西漢時期的出土先秦文獻為啟發，透過「記憶」研究的視角，重新思考這段時期的文獻中的古史是否能反映真實發生的過去的問題，故將主題定為「戰國時代的古史記憶」。而本書是一個開端，我們先從「虞夏之際」的古史記憶談起，目的在於承繼古史辨時期顧頡剛、童書業對虞代、禪讓制度、夏初歷史的批判研究，並透過新的觀念與新出土文獻，對相關問題作一修正與開展。未來我們也會將研究延伸到商代記憶、西周記憶、東周記憶、族群追溯的記憶、遠古世界的記憶等課題，希望能對戰國人記憶中的過去作出整體論述。

第一節 文獻記載的古史反映了何種過去

一 第二次古書反思與古書中的古史問題

　　李學勤在〈對古書的反思〉一文中定義了「對古書的第一次反思」，並指出：

> 在歷史上長遠的時期裡，書籍是認識古代的唯一渠道。……書籍的絕大多數讀者是信息的接受者，對古籍中顯示的信息是信任的，只是對這些信息作出不同的解釋說明，很少有人去考察信息本身的傳遞過程。直到近代，當我們的傳統文化不得不變革的時候，才出現對信息的懷疑，要求對傳世古籍重新系統估價，於是湧現了「疑古」或稱「辨偽」的思潮。大家都記得，這一思潮怎樣從根本上改變了人們心目中中國古代的形象，有著深遠的影響。這可說是對古書的第一次大反思。[1]

而考古發掘與近年大量出土的戰國文獻，提供了「對古書的第二次反思」的有利條件，因此李先生認為：

> 上面談到的對古書的反思，仍然是就書論書，一般只能揭示古書內容可能存在的種種矛盾。考古學的成果則在書籍之外提出客觀依據，特別是近年，從地下發掘出大量戰國秦漢的簡帛書籍，使人們親眼見到未經後世改動的古書原貌，是前人所未曾見的。在這種條件下，我們將能進一步了解古籍信息本身，知

1　李學勤：〈對古書的反思〉，《李學勤學術文化隨筆》（北京市：中國青年出版社，1991年1月），頁79-80。原刊於《中國傳統文化的再估計》（1987年）。

道如何去看待和解釋它們。這可說是對古書的新的、第二次的反思，必將對古代文化的再認識產生重要的影響；同時，也能對上一次反思的成果重加考察。[2]

其後李先生歸納了「古書的產生和流傳的過程」的十種情況，提出了整體的研究框架，這方面的研究也是近年出土文獻最重要的研究主題之一。最後總結曰：

對古書形成和傳流的新認識，使我們知道，大多數我國古代典籍是難用「真」、「偽」二字來判斷的。在「辨偽」方面，清代學者作出了很大貢獻，但也有不足之處，其一些局限性延續到現在還有影響。今天要進一步探究中國古代文化，應當從這局限中超脫出來。從這個角度看，對古書的第二次反思，在文化史研究上也有方法論的意義。[3]

這篇文章指出「對古書的第二次反思」的研究重心在於「古書的產生和流傳的過程」，不過從李先生敘述中我們也可以看出認識「人們心目中中國古代的形象」、「中國古代文化」以及「文化史研究」或許是他更深層的關懷。在此關懷下，對古書的反思成為中國古代文化研究的方法論基礎。若用歷史學作比喻，「古書的反思」如同「史料研究」，「中國古代文化」便如同「歷史研究」，歷史研究的結果是否合理，得看史料處理的如何，中國古代文化的建構是否合理，也得先釐清史料源流以確立可信的史料，而對古書成書與流傳的過程有正確

2　同上，頁80。

3　同上，頁84。

的理解方能釐清史料源流。另外，在李先生較早的文章〈重新估價中國古代文明〉中，我們已經看到一些初步的觀點，即「辨偽有時會過了頭，每每是由於對古書的形成傳流沒有足夠的理解」、「用新眼光重新審查古籍，會使我們對古代文明研究的憑借更為豐富和廣泛」、「極端的疑古，結果是所謂『東周以上無史』論」。[4]

在李先生著名的〈走出疑古時代〉[5]中，有許多想法來自這兩篇文章，[6]其中最重要的便是延續〈對古書的反思〉中的觀點，李先生自述曰：「我曾經說過，『疑古思潮是對古書的一次大反思，今天我們應該擺脫疑古的若干局限，對古書進行第二次大反思。』這就是我大膽提出『走出疑古時代』的原因。」[7]文章中提到的這段話也可說明其關懷依舊：「我們把文獻研究和考古研究結合起來，這是『疑古』時代所不能做到的。充分運用這樣的方法，將能開拓出古代歷史、文化研究的新局面，對整個中國古代文明作出重新估價。」[8]

李先生基於考古發現的古代文明研究是全面性的，並不拘於某種

4　李學勤：〈重新估價中國古代文明〉，《李學勤學術文化隨筆》，頁13、14。原刊於《人文雜誌》增刊《先秦史論文集》（1982年）。

5　李學勤：〈走出疑古時代〉，《走出疑古時代》（長春市：長春出版社，2007年1月）。原為作者1992年在學術座談會中的發言，後據錄音整理刊於《中國文化》第7期（1992年）。

6　李學勤：《走出疑古時代》，「新版書後」，頁230。楊春梅對李先生學術研究的架構有如下看法：「綜觀李先生二十世紀八〇年代以來的學術研究，主要有三大領域：一是古代文明研究，二是古文獻研究，三是學術史研究。而在每一領域，他都提出一個相應的口號：一曰：『重新估價中國古代文明』，二曰：『對古書的第二次反思』，三曰『重寫學術史』。這三個領域和與其相應的三大主張互相關聯、彼此互動、相輔相成，形成一個有機整體，而其總體特色，一言以蔽之，曰『走出疑古時代』」。參楊春梅：〈去向堪憂的中國古典學──走出疑古時代評述〉，文史哲編輯部編：《「疑古」與「走出疑古」》（北京市：商務印書館，2010年6月），頁21。

7　李學勤：〈談「信古」、「疑古」、「釋古」〉，《走出疑古時代》，頁221-222。

8　李學勤：〈走出疑古時代〉，《走出疑古時代》，頁10。

考古材料，《中國古代文明十講》[9]可以具體而微的體現李先生宏觀的
視野，不過〈走出疑古時代〉通過出土文字資料進行「古書新證」研
究，修正「疑古」時代造成的「冤、錯、假案」，卻是專門針對「古代
文獻」而發，可以說是「對整個中國古代文明作出重新估價」計畫的
「古代文獻」部分。若從傳統的觀點來看，其實被重新估價的應該就
是先秦「古史」，也就是透過古代文獻重新估價古代歷史，當然研究的
重心就得放在古代文獻留給我們的歷史信息。對此，李先生曾認為：

> 古代的東西無論在空間還是時間上與我們都有一段距離。這個
> 距離，必須通過信息才可以越過。古代給我們的信息就是古
> 書，除了這個沒有第二條路，可是考古學的東西不是這樣，那
> 另外一條途徑。古書是歷代傳下來的東西，它是曾經被歪曲和
> 變化的。不管有意無意，總會有些歪曲，而考古獲得的東西就
> 不一樣，我們是直接看見了古代的遺存。現在我們有了機會，
> 可以直接看到古代的書，這就沒有辨偽的問題。[10]

然而，出土古書若真無辨偽的問題，那麼從真的古書中我們能夠獲得
什麼古代的信息？這些真書中的古代信息是否直接指向「真實的過
去」？

　　我們有幸生於今日，能見到大量出土文獻，有志從事古史研究者
自然應該致力於發掘其中的古代信息，以增進我們對古代歷史文化的
認識。然而透過古書探索古史，若真能順利跨越古書真偽問題，下一
步便要面對涉及更多複雜史學問題的古書內容，由於古書中的古史是

9　李學勤：《中國古代文明十講》（上海市：復旦大學出版社，2003年8月）。

10　李學勤：〈走出疑古時代〉，《走出疑古時代》，頁3。

古人書寫、傳鈔的，而書寫本身可能有諸如錯訛、修改、缺漏、選擇、詮釋甚至改造、捏造等情況，因此文獻記載的古史內容不會只有單純的真、偽問題，對「為何真」、「如何偽」的探討都會引發一連串問題，這些都是古書留給我們的古代信息。近代以來西方史學界探討「歷史是什麼？」問題時往往聚焦於「書寫的歷史與實際發生的過去之間的關係」這個主題，古書中的古史是書寫的歷史，而其中的古代信息是否指向真實發生的過去？指向的是怎樣的過去？或許都是需要更進一步思考的問題。從這個角度來看，深入的探索古書留給我們的古代信息，不僅能增進我們對古代歷史文化的認識，也同時回應了「歷史是什麼？」這個大問題。

二　如何看待文獻記載的古史與真實發生的過去

李學勤在〈古史、考古學與炎、黃二帝〉一文中曾有如下說法：

> 司馬遷的《史記》始於《五帝本紀》，而《五帝本紀》開端就是黃帝的史事，也提到炎黃二帝的關係。這樣重要的記載，我們是不能忽略否定了，普遍認為是子虛烏有，屏之於歷史研究的視野之外。
>
> 炎黃二帝的傳說作為中華文明的起源，並不是現代人創造的，乃是自古有之的說法。
>
> 我們在上面提到的小文中說過（引者按：即〈《帝繫》傳說與蜀文化〉）：「《帝繫》這種三代統出一源的譜系，在近代備受學者的譏評，以為子虛烏有，不過既然各種古書都記有基本相合的傳說，意義是不容抹煞的。我覺得如果細心推求，其中不乏

啟示。」[11]

文中提到的炎、黃傳說與五帝繫的問題是一個讓我們思考「如何看待文獻記載的古史與真實發生的古史」很好的例子。究竟炎、黃傳說與五帝繫統這些出現在後代文獻中的內容，是否為真實的古代面貌？或其中是否有能夠反映真實古代面貌的信息？實際上都因其「追述」性質而無法輕易得出結論。

　　林澐從古史辨的視角出發，認為黃帝「畢竟只是一個傳說中的超人的英雄，而不是一個實際的歷史人物。是在『層累地造成的中國古史』中逐步人化的」，並且據裘錫圭以〈子羔〉驗證戰國中期大一統帝繫尚未形成的說法而認為：

> 除非我們發現一本西周或商代的《帝繫姓》或《五帝德》，我
> 們才能說古史辨派說它的內容形成於戰國錯了。……即使我們
> 將來真的發現了戰國時的《帝繫姓》或《五帝德》，那也只是
> 戰國時人對黃帝以來世系的看法。對不對還是要審查的。《帝
> 繫姓》、《五帝德》如作為反映戰國時人的思想的作品，自然是
> 「真」的。[12]

這樣的觀點正是顧頡剛面對先秦文獻的一個基本立場，也就是他所提出的「古史觀」研究的構想，顧頡剛在〈與錢玄同先生論古史書〉中提出「層累地造成的中國古史」的概念，而曰：

---

11 李學勤：〈古史、考古學與炎、黃二帝〉，《走出疑古時代》，頁23、25、27。
12 林澐：〈真該走出疑古時代嗎？——對當前中國古典學取向的看法〉，《林澐學術文集（二）》（北京市：科學出版社，2008年12月），頁283-284。

我們在這上，即不能知道某一件事的真確的狀況，但可以知道某一件事在傳說中的最早狀況。我們即不能知道東周時的東周史，至少也能知道戰國時的東周史；我們即不能知道夏、商時的夏、商史，也至少能知道東周時的夏、商史。但這個題目的範圍太大了，像我這般沒法作專門研究的人，簡直做不成功。因此，我想分了三個題目做去：一是《戰國以前的古史觀》，二是《戰國時的古史觀》，三是《戰國以後的古史觀》。[13]

林先生的評論也讓我們想起早期顧頡剛回應王國維有關「禹」的問題時的說法。王國維曾舉〈秦公簋〉與〈齊侯鎛〉、〈齊侯鐘〉為例，指出前者的「禹蹟」即《詩經・大雅・文王有聲》的「維禹之績」、〈商頌・殷武〉的「設都於禹之蹟」，後者的「處禹之堵」即〈魯頌・閟宮〉的「纘禹之緒」，並認為：

> 夫自〈堯典〉、〈皋陶謨〉、〈禹貢〉皆記禹事，下至〈周書〉、〈呂刑〉亦以禹為三后之一，《詩》言禹者尤不可勝數，故不待藉他證據。然近人乃復疑之，故舉此二器知春秋之世，東西二大國無不信禹為古之帝王，且先湯而有天下也。[14]

王國維以地下材料證明紙上材料其目的在恢復禹傳說的可信度，顧頡剛卻說：

---

13 顧頡剛：〈與錢玄同先生論古史書〉，《顧頡剛古史論文集》卷1，收於顧頡剛：《顧頡剛全集》（北京市：中華書局，2010年12月），第1冊，頁181。

14 王國維：《古史新證》，收於謝維揚，房鑫亮主編：《王國維全集》（杭州市：浙江教育出版社，2009年12月），第11卷，頁244。

讀此，知道春秋時齊秦二國的器銘中都說到禹，而所說的正與宋魯二國的頌詩中所舉的詞意相同。他們都看禹為最古的人，都看自己所在的地方是禹的地方，都看古代的名人（成湯與后稷）是承接著禹的。它們都不言堯舜，髣髴不知道有堯舜似的。可見春秋時人對於禹的觀念，對於古史的觀念，東自齊西至秦，中經魯宋，大部分很是一致。[15]

顧先生強調的是，春秋時代青銅器中的內容只能證明春秋時代的觀念。[16]

　　在這個例子中，顧頡剛反對以「追述」資料「證明」古史，而將焦點轉向「追述」資料中「追述者」的古史觀念，已經觸及到文獻記載的古史與真實發生的古史之間不必然相關的問題。當代史學在相對主義史學對實證主義史學的批判下深刻反思「書寫的歷史與實際發生的過去之間的關係」，今天的後現代主義史學更主張將二者之間的關係切斷。民國初年的學術環境基本以實證主義思維為主，顧頡剛亦受到影響，然而他卻因不信任古書記載，提出了研究各時代的古史觀而非研究古史本身的研究構想，無意間觸及了「書寫的歷史與真實發生的過去之間的關係」這個問題。當然，當時的疑古派對古書時代的討論不夠嚴謹，未能注意古書產生、流傳等問題，正如李先生所說：

---

15 顧頡剛：〈（王國維）古史新證第一二章‧附跋〉，《顧頡剛古史論文集》卷1，《顧頡剛全集》第1冊，頁331。

16 李銳曾以此為例，說明王國維用卜辭證商王世系的〈殷卜辭中所見先公先王考〉與〈續考〉受人推崇，而用銅器證大禹為古帝卻適得其反的原因，在於前者是用商代的直接史料證明商代的間接史料，證據與被證明者共時，而後者是用春秋的直接史料與間接史料證明時代遠在此前的史實，二者異時，春秋時期的史料只能說明春秋時期的狀況，因此沒有說服力。參李銳：《新出簡帛的學術探索》（北京市：北京師範大學出版社，2010年4月），頁425。

　　　　從晚清以來的疑古思潮基本上是進步的，從思想來說是衝決網
　　　　羅，有很大的進步意義，是要肯定的。因為它把當時古史上的
　　　　偶像一腳全都踢翻了，經書也沒有權威性了，起了思想解放的
　　　　作用，當然很好。可是它也有副作用，在今天不能不平心而
　　　　論，他對古書搞了很多「冤錯假案」。[17]

此類問題今天已能夠透過出土文獻改善，也促成了「對古書的第二次
反思」。然而「對古書的第一次反思」帶來了對「古史」的反思，點
出了書寫的歷史與真實發生的過去之間不必然有關的問題，這樣的概
念在當時的學術環境中或許未受重視，甚至未被察覺，卻是能與當代
史學接軌的重要概念，仍值得繼承與開展。

　　最後，我們回到前引李學勤談到的「古代的東西無論在空間還是
時間上與我們都有一段距離。這個距離，必須通過信息才可以越過。
古代給我們的信息就是古書，除了這個沒有第二條路」這段話，他認
為「現在我們有了機會，可以直接看到古代的書，這就沒有辨偽的問
題」，而林澐的回應是「即使我們將來真的發現了戰國時的〈帝繫
姓〉或〈五帝德〉，那也只是戰國時人對黃帝以來世系的看法。對不
對還是要審查的」。這就是說，古書真偽是一回事，古史真偽是另一
回事，林先生進一步說：

　　　　其實古書流變的複雜性，恰恰印證了以古書為載體的古史流變

17 李學勤：〈走出疑古時代〉，《走出疑古時代》，頁5。關於當時的疑古學者對古書體例
　　認識不足的問題，可參李零：〈出土發現與古書年代的再認識〉，《待兔軒文存（讀史
　　卷)》（桂林市：廣西師範大學出版社，2011年4月)，張京華：〈一些足以破解疑古思
　　想的論述——現代學者關於古代書體書例的總結〉，《湘南學院學報》2006年12月，
　　又見張京華：《古史辨派與中國現代學術走向》（廈門市：廈門大學出版社，2009年
　　10月)，頁80-88。

的複雜性，所以顧先生的「層累地造成的中國古史」在中國這樣史籍豐富的古國，自然是顛撲不破的史學思想。[18]

楊春梅也有類似的看法，認為：

> 熟悉古史辨派學說的人應該記得，古書在形成和傳流過程中，其載體及所載信息發生的種種變化正是「層累說」成立的前提，也是「疑古派」對古書古史的真實程度發生懷疑的根據，……李先生既已發現古書形成和傳播過程中發生的種種流變現象，甚至還以實例證明有些經過後人「修改」的古書「不止是文字內容加多，而是在觀點上有了根本性的變化」，那就應該承認，起碼在窮其「流變」這一點上，他與「疑古」的「層累說」之間並非隔若鴻溝。然而，李先生非但沒有在這一認識的基礎上與「疑古」進行有益的溝通，更是反其道而行，借助這個「新認識」去「走出疑古」。[19]

二位學者提醒我們，由於認識到古書流變之複雜，才更應該注意古書所載古史內容之複雜。古書真偽需詳考古書的成書、流傳諸問題，古史真偽也需要考慮種種關於書寫脈絡方面的問題，這正是因為李先生所說「古代的東西無論在空間還是時間上與我們都有一段距離」所致。而此段距離不僅是時空造成的，也受人為因素影響。錢乘旦曾說：

> 在「我們」與「過去」之間，橫亙著一道時空之溝，由於我們

---

18 林澐：〈真該走出疑古時代嗎？——對當前中國古典學取向的看法〉，《林澐學術文集（二）》，頁284。

19 楊春梅：〈去向堪憂的中國古典學——走出疑古時代評述〉，頁26-27。

的感官穿越不了那道溝，歷史的真實性就受到阻攔。……首
先，任何「事」，哪怕是極小的事，它在發生時都會有許多層
面、許多細節，任何一個身處其中的人都不可能經歷全過程或
者所有細節，因此他在講述或記敘這件事時，都只留下局部。
這讓我們對任何「事」都只能得到「碎片」，而不是全
部。……對於「碎片」，也就是局部的記敘，我們也無法知道
它們有多大的真實性，因為我們不能親歷其境，無法對它們進
行檢驗。我們知道：有些人故意說假話，有些人蓄意掩蓋真
情；有些人想留下真相，卻因記憶的偏差而說錯了事實；有些
人記憶很好，卻因為表達不當而扭曲了事情。因此，我們對所
有「碎片」都要進行甄別，判斷它們的真實性。

從「求真」的角度說，歷史學的力量確實有限；可是寫歷史的
目的要比這豐富的多，寫歷史的過程也比這複雜得多。單單尋
找事實和判別事實還不是寫歷史，寫歷史是一種人類智慧的創
造過程。因為這個特點，歷史學和文學、哲學等等就有許多相
通點。[20]

文獻記載的古史與真實發生的過去之間有很大的鴻溝，尤其是後
人追述的古史；即便非後人追述，文獻記載的古史仍然可能帶有記錄
者本身及其所處時代的種種立場、成見，或者有可能受到記錄方法與
工具的先天限制。基本上無論我們是否企圖找到真實的過去，我們研
究的主要對象都是人們對歷史的「敘述」，及其背後的「觀念」，而非
真實的過去本身。這些歷史敘述中的觀念或可涵蓋在顧頡剛提出的
「古史觀」中，用新的觀點來看，這些「觀念」更涉及了種種「記

---

20 錢乘旦：〈發生過的是「過去」，寫出來的是「歷史」──關於「歷史」是什麼〉，
　　《史學月刊》2013年第7期，頁6-7。

憶」的動機與脈絡，因此從「古史觀」研究中或能開展出「古史記憶」的研究。王明珂與廖宜方很早就在「記憶」研究的脈絡中提及顧頡剛的研究，而廖先生更認為「中國現代史學討論歷史記憶的第一人當為顧頡剛」。[21]我們同意他們的看法。正因顧頡剛的研究從古史本身轉向古史觀，而觸及到「記憶」這個領域，提醒我們可以將文獻記載的古史用「記憶」的概念理解。

　　在大量的簡帛出土的今天，面對其中的古史材料，我們或許可以先問它們反映的是誰的記憶、什麼族群的記憶、什麼時代的記憶等問題，進一步可以探索記憶的時代性、可以建構記憶的軌跡、可以尋找記憶的源頭，並且從記憶中探索真實存在的過去。而這些研究的先驅或可回溯至顧頡剛及其「古史觀」論述。下面我們先對「記憶」的研究取向作一簡介，再談顧頡剛的「古史觀」研究構想及其對「古史記憶」研究的啟發。

第二節　「記憶」的研究取向

一　現代西方記憶研究的發展與觀點概述

（一）介紹幾位西方學者的記憶研究觀點

　　二戰後的西方史學界有所謂「語言學的轉向」（linguistic turn）與「記憶的轉向」（memory turn），前者發生於二十世紀七〇年代，後者從八〇年代後開始流行。「記憶的轉向」使記憶研究興起，其主要

---

21 參王明珂：《華夏邊緣：歷史記憶與族群認同（增訂本）》（杭州市：浙江人民出版社，2013年11月），頁169-170。廖宜方：《唐代的歷史記憶‧導論》（臺北市：臺灣大學出版中心，2011年5月），頁6-7。

背景與戰後創傷記憶與族群認同的解放有關，歷史參與者將自己的記憶留給世人，不僅是一種創傷的釋放，也彌補了檔案史料的不足，而過去種種非主流的記憶，如女性、被殖民者、地方性、邊緣群體……等，也都因世界秩序與社會觀念的轉變而躍上歷史舞臺。[22]

在研究的方法上，法國的社會學家莫里斯・哈布瓦赫（Maurice Halbwachs）在二十世紀初提出了「集體記憶」的概念，也使研究者「開始注意到記憶形成的各個層面以及記憶形成這一過程在民族建構、族群構成和文化變遷等方面所扮演的重要角色」，[23]深刻的啟發了後來的記憶研究者。戴麗娟將哈布瓦赫的觀點歸納為以下三點：

> 一、記憶是過去在當下的存在，但過去在其中不是以一種被保存的型態出現，而是從現在的觀點加以重組的結果。二、對於過去的記憶是在社會框架所提供的參照座標下運作，而不是純粹個人心智作用或想像的產物；個人記憶通常是在集體記憶的現實中產生意義。三、記憶通常具有某些社會功能，例如為當下社會某些需求提供正當性。[24]

值得注意的是，哈布瓦赫將歷史與記憶截然二分，認為「歷史是對已經發生的事件的記錄」，「這些過去的事件都是根據一定的必要性和規則篩選和編排而成的」，而「集體記憶是一種連續的思潮」，「它從過去那裡只保留了存在於集體意識中的對它而言活躍並能夠存續的東

---

22 參王晴佳：《新史學演講錄》（北京市：中國人民大學出版社，2010年9月），第七講，「記憶、歷史和記憶史學」，頁85、88-91；彭剛：〈歷此記憶與歷史書寫——史學理論視野下的「記憶的轉向」〉，《史學史研究》2014年第2期，頁1-4。

23 王晴佳：《新史學演講錄》，頁93-94。

24 戴麗娟：〈法國史家的記憶課題——近三十年的重要著作與討論〉，《思想史》第3期（2014年9月），頁198-202。

西」，又認為「歷史是不可分割的，可以說只存在一個歷史」，「集體記憶實際上有很多種」、「每個集體記憶都有時間和空間上受限制的群體作為承載者」。[25]他對歷史的定義多少受了到當時追求科學、客觀的歷史此種觀念影響，不過更關鍵的區別在於過去是否與現在存在有機的聯繫。他認為「歷史通常始於傳統中止那一刻──始於社會記憶淡化和分崩離析的那一刻。只要回憶還存在，就沒有必要以文字的形式將其確立下來，甚至根本沒有確立的必要」，[26]因此他所說的集體記憶指現代觀點的過去，而現代的記憶動機不是純粹主觀的，是在社會框架中形成的，並且具有提供某些社會需求正當性的功能。對哈布瓦赫而言，歷史不等於記憶，而記憶的主觀性同時具有社會性。

　　同一時代，美國歷史學家卡爾・貝克（Karl Becker）在〈人人都是他自己的歷史學家〉中提出歷史即記憶的觀點，將歷史的定義從「歷史就是關於過去的知識」推展到「歷史就是關於所說的話和所做的事的記憶」，[27]貝克將歷史等同記憶的觀點聚焦於歷史研究的主觀性，源自對當時追求科學、客觀的史學觀念的批判，認為史家會因個人的現實目的與所處環境的不同而創造不同的過去，因此他提出應該研究「人們相信的歷史事實為何，而不是去徵驗它們的可信度」。[28]

　　當代記憶研究最具代表性的學者為法國的皮耶・諾哈（Pierre Nora）及德國的揚・阿斯曼（Jan Assmann）與阿萊達・阿斯曼（Aleida

---

25 哈布瓦赫著，丁佳寧譯，曾祺明校：〈集體記憶與歷史記憶〉，收於阿斯特莉特・埃爾（Astrid Erll）、馮亞琳編，余傳玲等譯：《文化記憶理論讀本》（北京市：北京大學出版社，2012年1月），頁86-87、90。

26 哈布瓦赫著，丁佳寧譯，曾祺明校：〈集體記憶與歷史記憶〉，《文化記憶理論讀本》，頁87。

27 卡爾・貝克著，馬萬利譯：〈人人都是他自己的歷史學家〉，《人人都是他自己的歷史學家》（北京市：北京大學出版社，2013年2月），頁196-197。

28 參黃進興：《歷史主義與歷史理論》（臺北市：允晨文化實業公司，1992年3月），頁176-180。

Assmann）夫婦，他們都對哈布瓦赫的集體記憶理論有所承繼與開創。在法國史學界，「記憶」此一主題自一九七〇年代末開始受到關注並逐漸興盛，其中最重要的推動者就是諾哈及其主編的《記憶所繫之處》。諾哈也將歷史與記憶二分，他認為：

> 記憶，歷史：這二者絕非同義詞，而是如同我們今天所認識到的，在各個不同的方面它們都是反義詞。記憶是生活：它總是由鮮活的群體所承載，因此一直在發展，辯證地對待回憶與遺忘，……而歷史始終是對不再存在的事物的有問題的不完整的重構。記憶始終是一個當前的現象，一個永遠經歷在當下的關係。相反，歷史代表著過去。……記憶使回憶神聖起來，而歷史卻相反，它去除了回憶的神祕。記憶產生於一個群體──借用莫里斯・哈布瓦赫（Maurice Halbwachs）的話：記憶的數量和人類群體的數量一樣；記憶天生就是能擴大和倍增的，它是集體性的、大批量的，然而又是個性化了的。相反，歷史屬於所有人同時又不屬於任何人；它是普遍的、一般的。記憶黏附於具體的事物，依附於空間、姿態、圖片和物體。歷史僅僅專注於時間上的連貫性、事物的發展情況和關係。記憶是一個絕對的東西，歷史卻是相對的。……歷史總是對記憶質疑，歷史的真實使命是破壞記憶，驅趕記憶。[29]

至於諾哈記憶研究的觀點，戴麗娟指出他在一九七八年《新史學》這部史學辭典所撰寫的「集體記憶」條目中提出了研究的基本方向：

---

29 諾哈著，韓尚譯，楊欣校：〈歷史與記憶之間：記憶場〉，《文化記憶理論讀本》，頁95-96。

在實際的作法上，他認為可以從記憶依存的空間、場域、事物
入手，包括：一、地理上的場所：即檔案館、圖書館、博物
館；二、建築空間：例如墓園、建築物；三、象徵性的場合：
例如追思會、朝聖、週年紀念活動、紀念性的標誌；四、功能
性的事物：例如教科書、自傳或社團。諾哈繼而指出，這些以
空間活動和事物為引導而重建的記憶（la mémorie des lieux）
可以被想成是記憶依託的所在（lieux de la mémorie），而隨著
國家、社會群體、各個世代對於記憶的使用方式不同，各類的
記憶檔案會被建立起來。它們可以是社會以不自覺方式生活著
的舊慣習俗、以歷史自覺方式經歷的傳統，或是在檔案中保存
的種種資料。[30]

諾哈也指出所謂「記憶所繫之處」，必須要有「記憶的意願」，如果缺
乏記憶的意圖，則與「歷史所繫之處」並無二致。[31]另外，諾哈在
《記憶所繫之處》中也指出了具體的研究方向：

我們探究的不是那些具有決定性的事物，而是它們造成的影
響；不是那些被記憶或被紀念的行動，而是它們留下的痕跡及
相關紀念活動的安排；不是為了研究事件本身，而是為了了解
事件在時間之流中如何被建構，了解事件意義的消失與重現。
我們不探究往事如何發生，而是了解它如何持續地被利用，它

---

30 戴麗娟：〈法國史家的記憶課題——近三十年的重要著作與討論〉，《思想史》第3期
　（2014年9月），頁202。關於諾拉學術的介紹還可參沈堅：〈記憶與歷史的博奕：法
　國記憶史的建構〉，《中國社會科學》2010年第3期，頁214-219。
31 諾哈著，戴麗娟譯：〈記憶所繫之處，另一種歷史〉，收於諾哈主編，戴麗娟譯：《記
　憶所繫之處》（臺北市：行人出版社，2012年8月），頁27。

的應用與誤用，以及它對於當下造成的影響。我們要追問的不
是傳統，而是它如何被建立、被傳承。總之，不是死後復活，
不是重建，甚至不是再現，而是一種再記憶。是記憶，而不是
回憶，是現在對過去的全盤操作與支配管理。[32]

諾哈不僅帶起法國的記憶研究，也影響了其他國家，當代史學史大師
格奧爾格‧伊格斯（Georg Gerson Iggers）在《全球史學史》中指出：

> 一種新的研究重點開始出現了，那就是強調在再現過去的歷史
> 時，記憶所起的作用。來自年鑑學派的一大批著名的法國歷史
> 學家為七卷本的《記憶的場所》（Lieux de Mémorie）撰稿。它
> 提出的問題是，要表現法國的民族史，僅依據檔案中證據而寫
> 作的敘事史是不夠的。還需要涉及法國人對他們過去所做的想
> 像。在民族意識的形成中，聖地、節日、神話、歌謠、文學和
> 字數都發揮了作用。因此，最重要的不再是過去究竟發生了什
> 麼事情，而是被記憶下來的過去，而這些記憶基本上無法用發
> 生過的事情來檢驗。與此相應，有關德國記憶場所的著作也出
> 版了，一份國際性的專門雜誌《歷史與記憶》（History and
> Memory）在美國創刊。[33]

在德國，揚‧阿斯曼、阿萊達‧阿斯曼夫婦建構了完整的記憶理
論，也極具影響力。基本上他們將記憶分為「交往記憶」與「文化記
憶」，前者是同時代的人共有的記憶，以「代際記憶」為典型，後者

---

32 諾哈著，戴麗娟譯：〈如何書寫法國史〉，《記憶所繫之處》，頁27。
33 格奧爾格‧伊格斯、王晴佳著，楊豫譯：《全球史學史：從18世紀至當代：翻譯版》
　（北京市：北京大學出版社，2011年2月），頁295。

是屬於過去的記憶，又分為「功能記憶」與「存儲記憶」。「功能記憶」是主體有意識選擇的記憶，與身分認同有關，還有對官方記憶合法或去合法化的功能，「存儲記憶」則是各種載體所載未被主體選擇的記憶，與身分認同無關，不過可以作為未來功能記憶的保留地。[34] 哈拉爾德‧韋爾策（Harald Welzer）指出他們對記憶形式所作的界定可以理解為對哈布瓦赫「集體記憶」概念的細化。不過他也指出揚‧阿斯曼的「文化記憶」、「交往記憶」都是強調「有意圖」的與過去打交道，然而在許多非有意承載和傳達過去的內容中仍體現了對過去的記憶，如日常生活點滴的遺存，他將這一龐大的「過去」的領域稱為「社會記憶」，並且用彼得‧柏克（Petetr Burke）在〈作為社會記憶的歷史〉中的概念進一步說明，使記憶研究的內容進一步擴充。[35]

　　另外，阿萊達‧阿斯曼對於從哈布瓦赫到諾哈都將歷史與記憶二分的情況提出不同的看法，他認為「如今大家已經達到共識，任何一種歷史書寫同時也是一種記憶工作」，他建議「把歷史和記憶定位成回憶的兩種模式」，[36]英國歷史學家彼得‧柏克也談到：

> 無論是記憶還是歷史似乎都不再是客觀的。這兩方面，歷史學家正在開始考慮其中有意或無意的選擇、解釋和歪曲。無論是追憶過去還是解釋歷史，他們逐漸看到了選擇、解釋和歪曲的

---

34 參阿萊達‧阿斯曼、揚‧阿斯曼，陳玲玲譯，丁佳寧校：〈昨日重現──媒介與社會記憶〉，《文化記憶理論讀本》；揚‧阿斯曼著，金壽福、黃曉晨譯：《文化記憶：早期高級文化中的文字、回憶和政治身分》（北京市：北京大學出版社，2015年5月），第一章「回憶文化」；阿萊達‧阿斯曼著，潘璐譯：《回憶空間：文化記憶的形式和變遷》（北京市：北京大學出版社，2016年3月），第六章「功能記憶與存儲記憶──回憶的兩種模式」。

35 韋爾策編，季斌等譯：《社會記憶：歷史、回憶、傳承》（北京市：北京大學出版社，2007年5月），頁4-10。

36 阿萊達‧阿斯曼著，潘璐譯：《回憶空間：文化記憶的形式和變遷》，頁146。

過程並不單純地是個人的行為，而是受到了社會群體的制約或者至少是影響。[37]

二位學者都強調歷史書寫與記憶行為在主觀性上的同質性。

就法國的記憶研究而言，除了諾哈之外，沈堅曾歸納法國記憶史研究的路徑，其中「反思性」與「追尋痕跡」兩者較具普遍性，值得參考，沈先生指出：

> 反思性。記憶研究基本集中在兩個問題上：一是「人們記住了什麼？」二是「這是誰的記憶？」……從「記住什麼」（記憶內容）入手，就可最終認識「記憶屬於誰」（認識主體的身分和本質）。但是，通過「什麼」達到認識「誰」的目的，還必須了解記憶的內容是如何表達出來的，即回憶的方式問題。……因此，記憶史研究從記憶的具體內容出發，通過觀察它們的呈現方式，最後去認識記憶主體的本質和屬性，即認識主體的身分（identité）。這就是法國哲學家李科所稱反思性（réflexif）方式。
>
> 追尋痕跡。記憶史研究從凝聚著記憶的事件、地點、人物、儀式、群體入手，重點考察這些對象在歷史上留下的痕跡，著眼點不是這些對象本身的真偽和意義，而是這些真偽和意義形成的歷史軌跡，尤其是研究歷史事件被集體記憶操縱、調整和修改的過程。……這樣的方法決定了記憶史研究主要集中在事件和人物史的研究方面，這是自法國年鑑學派之後法國史學的重

---

37 彼得·柏克著，豐華琴、劉艷譯：〈作為社會記憶的歷史〉，《文化史的風景》（北京市：北京大學出版社，2013年8月），頁49。

要轉向。[38]

在研究方法上，這兩方面是記憶研究取向的重要基礎，前者從記憶的內容、記憶的背景進入記憶主體的探索，將歷史研究的對象從「過去本身」轉移到「人們記憶中的過去」，是記憶研究的基本關懷。後者是研究視角與題材的全面開展，基本上以心態史（history of mentalities）的研究為主流。雖然早期法國心態史的研究並未談到「記憶」主題，而對此主題的關注主要是由諾哈所喚起的，[39]但此類研究關注人類心靈、思想以及大眾心理、集體想像等方面，仍為後來興起的記憶研究提供了重要研究基礎。[40]

英國史家彼得·柏克則特別關注記憶的社會性。他談到把記憶說成集體現象是否合理的問題，指出「就字面意義和心理學意義而言，是個人在記憶，但是什麼是『值得記憶的』，將如何被記住，這是由社群來決定的」。也注意到「集體遺忘」的問題，指出「這不是個體

---

38 沈堅：〈記憶與歷史的博奕：法國記憶史的建構〉，《中國社會科學》2010年第3期，頁216。

39 戴麗娟指出有關記憶的課題在一九七〇年代初期未被排入議程，以一九七四年出版的《歷史之製作》為指標，其中以「心態史」與「事件的重返」為主題，而記憶問題的重要性要到四年後出版的《新史學》中由諾哈撰寫的「集體記憶」條目中才被指出，並且提出了新的方向。參〈法國史家的記憶課題——近三十年的重要著作與討論〉，《思想史》第3期（2014年9月），頁198-202。

40 潘宗億追溯年鑑學派心態史研究的源流發展時，指出早期法國史學界之外也有類似於心態史取向的研究，也影響了當時年鑑學派的心態史研究的取向，其中哈布瓦赫的《論集體記憶》就是其中之一（〈論心態史的歷史解釋——以布洛克《國王神跡》為中心探討〉，陳恆、耿相新主編：《新史學》鄭州市：大象出版社，2005年7月，頁77-78）。王晴佳也指出「『心態史』的研究對象與記憶研究或記憶史學的研究對象，有不少交合之處」（《新史學演講錄》，頁92）。另外，陳建也曾談到記憶史與心態史間的關係（參〈記憶史與心態史〉，《史學理論研究》2012年第3期）。可見心態史與記憶研究之間早有類似的思路與關懷。

的記憶喪失問題，而是某些事件或某些重要人物在公共話語中銷聲匿跡」。又提到「再記憶」的問題，認為「在民間記憶中，有時會把一些英雄事蹟混在一起。這種加工近似於佛洛伊德在分析夢境時候所說的『濃縮』」，「這種『再記憶』的過程受到了在回憶往昔事件時形勢變化的影響」。[41] 此外，他從宏觀的角度將記憶研究納入西方二十世紀七〇、八〇年代後逐漸流行的「新文化史」（或稱「社會文化史」）中，他將「新文化史」涉及的議題分為七類，其中一類即「記憶社會史」，他也談到此議題雖頗有心態史研究的背景，但產生世界性的影響是由諾哈等法國史家集體完成的《記憶所繫之處》所帶起的。[42] 而在〈作為社會記憶的歷史〉一文中，柏克詳細說明了「記憶社會史」的內涵：

> 歷史學家是從兩個不同的觀察角度去關注記憶，或者至少應當如此。首先，他們需要把記憶當作史料來進行研究，按照考證歷史檔案的傳統方式對回憶的可靠性作出批判性考察。……其次，歷史學家把記憶當作一種歷史現象來加以關注；即關注於一種可以稱作記憶社會史的東西。既然事實證明社會記憶像個人記憶一樣是經過選擇的，那麼，我們就需要把選擇的原則識別出來，並注意它們如何隨著地區的差異或是群別而有所不同，如何隨著時間的推移而發生變化。記憶有延展性，我們不僅需要了解這種延展性的限度，還需要認識到記憶是如何形成以及由什麼人形成的。

---

41 彼得・柏克著，姚朋等譯：《歷史學與社會理論》（上海市：上海人民出版社，2010年1月），頁121-123。

42 彼得・柏克著，劉華譯、李宏圖校：〈西方新社會文化史〉，《歷史教學問題》2000年第4期，頁26。

記憶社會史試圖回答三個重要問題。公眾記憶的傳承方式是什
麼，這些方式如何隨著時間的推移而變化？這些記憶有什麼用
途，過去有什麼用途，以及這些用途發生了什麼變化？反過
來，遺忘有什麼用途？[43]

柏克將記憶研究納入史學領域，歸納出簡要並具有參考價值的研究原
則。其主要前提是「把記憶當作史料來進行研究」，對記憶的內容作
批判性檢討，而透過記憶文本的考察，研究者進一步關注社會記憶的
主體，而此主體的記憶如何形成受到地域與族群的影響，同時在不同
的時代脈絡中發生變化，因此要探究的便是記憶的建構與傳承，最後
歸結到記憶在空間框架中有何用途、在時間框架中如何傳承等問題。

（二）記憶研究帶有一定程度的批判性

　　由於記憶研究聚焦於歷史的主觀性，因此對於各種宣稱為「真
實」、「客觀」的歷史，甚至是將過去刻意扭曲、遺忘而建構出的歷
史，無疑是嚴厲的批判，此種批判目的在「去偽」，同時也是一種
「求真」。誠如英國史學家艾力克・霍布斯邦（Eric John Ernest
Hobsbawm）談到「認同感的歷史」時所說：

> 所有的人類，集體和機構都需要一種歷史，但它只不過是歷史
> 研究偶爾揭示的那種歷史而已。裝扮成歷史、以神話形式出
> 現、扎根於歷史之中的認同文化的一個標準事例，就是民族主
> 義了。對此歐內斯特・勒南在一個多世紀前就指出：「忘記歷
> 史、甚至把歷史搞錯，是一個民族形成中的關鍵因素，這就是

---

43 彼得・柏克著，豐華琴、劉艷譯：〈作為社會記憶的歷史〉，《文化史的風景》，頁51、
52。

為什麼歷史研究的進展通常對民族性構成威脅的原因。」因為
民族是假裝已經存在了很長時間、具有歷史新穎性的實體。他
們的歷史的民族主義的說法，不可避免地包括了時代誤植、斷
章取義和移花接木之事，在極端情況下還有謊言。在更小的範
圍內，這也就是認同歷史的所有形式，無論是舊的，還是新
的。……從現代人的願望想當然地推導過去，或者從技術角度
而言，時代錯誤是最普遍和最方便的技巧，人們以此創造滿足
班尼迪克·安德森所說的「想像的群體」或集體的需要，這些
群體或集體決不僅僅是民族的群體或集體。解構披著歷史外衣
的政治和社會神話，長期以來一直是史學家職業義務的一部
分，是不依賴他們的同情心的。人們希望英國史學家能像任何
人一樣信仰英國的自由，但這並不能阻止他們對英國神話的批
判。[44]

此外，一般人容易信任歷史參與者的口述資料，也可能因各自的立場
而對事實產生種種扭曲、選擇或遺忘，[45]對於這些資料，研究者亦當
保持批判性。

　　反過來說，歷史學家若未能秉持去偽求真的批判精神，而服務於
特定立場的記憶，只會對其他立場的記憶造成壓迫，阿蘭·梅吉爾
（Allen Megil）因此認為：

---

44 埃里克·霍布斯邦：〈認同感的歷史是遠遠不夠的〉，收於埃里克·霍布斯邦著，馬
　　俊亞、郭英劍譯：《歷史家：歷史神話的終結者》（上海市：上海人民出版社，2003
　　年3月），頁313、316-317。
45 參王晴佳，古偉瀛：《後現代與歷史學》（臺北市：巨流圖書公司，2004年2月），頁
　　219-221；彭剛：〈歷史記憶與歷史書寫——史學理論視野下的「記憶的轉向」〉，《史
　　學史研究》2014年第2期，頁6-8。

如果歷史學家開始為記憶服務，那麼各人的、群體的有意識和無意識的自私自利的記憶將會成為歷史真理的最終裁判，這是很危險的。歷史學家的任務與其說是保存記憶，不如說是克服記憶，或至少是限制記憶。[46]

當然，記憶難免存在立場，記憶研究追溯、分析這些立場不必然為了批判，而自然可以形成一種反思的力量。彼得·柏克談到社會記憶與社會失憶的用途時指出：

由於社會認同具有多重性，各種對立的記憶、不同層面的記憶（家庭的記憶、地區的記憶、階級的記憶、民族的記憶等等）相互並存，因此，針對不同的社會群體並從多元的角度來思考記憶的用途，是比較有效的作法。這些不同的社會群體對哪些事件是重要的，或者是「值得記憶」的，會有完全不同的看法。美國文學批評家史坦利·費希（Stanley Fish）發明了一個用語，稱作「解釋的共同體」（interpretative communities），用來分析因文本的解釋而產生的爭論。同樣，在一個特定社會中也有不同的「記憶共同體」（memory communities）。從這個角度來進行思考，也是很有益的。很重要的一點是，我們應當提出以下這些問題：是誰要什麼人記住哪些東西？原因何在？有關過去的種種被記錄和保存下來的究竟是哪些人的版本？[47]

不同「記憶共同體」各有其選擇過去、使用過去以建立認同或塑造現在的合法性的不同立場，往往形成絕對性、排他性的記憶，而記憶研

---

46 阿蘭·梅吉爾著，趙晗譯：〈記憶與歷史〉，《學術研究》2005年第8期，頁94。
47 彼得·柏克著，豐華琴、劉艷譯：〈作為社會記憶的歷史〉，《文化史的風景》，頁62。

究呈現多元的記憶版本，剖析不同記憶背後的立場、觀念，可以將記憶的絕對性相對化，同時有助於消解強勢的、官方的、主流的記憶對其相對記憶的打壓，及此打壓所造成的「失憶」。

記憶不等於過去，歷史若是選擇性記憶與遺忘的結果，卻宣稱此結果為真實的過去，甚至要求他人「記住」，無疑是一種迫害。因此歷史學者不該服務於特定立場並參與其記憶的「建構」，而應時時保持批判的態度「解構」特定立場的記憶，我們認為這是面對歷史研究中的記憶課題時應該秉持的精神。

二 兩岸史學界對西方記憶研究的引介及在先秦史方面的開拓

九〇年代後臺灣學界興起一股歷史記憶研究的潮流，在人類學、歷史學、文學的領域中都非常流行，而研究對象多集中在臺灣、中國近現代的人、事、物，涉及的問題很廣，黃瓊慧曾整理臺灣學界關於記憶研究的資料，包括「研究群」、「學術活動」、「論文」、「專書」、「研究計畫」（至2009年），詳盡的介紹了記憶研究在臺灣發展的梗概，此不贅述。[48]

臺灣的史學界很早就引進了相關理論，可以追溯到《當代》第九十一期的「集體記憶專輯」（民國82年，西元1993年），此專輯中收有王明珂的〈集體歷史記憶與族群認同〉、王汎森的〈歷史記憶與歷史——中國近世史事為例〉，及邱澎生所譯柯塞（Lewis A. Coser）的〈阿伯瓦克與集體記憶〉，介紹了哈布瓦赫的「集體記憶」理論，並從族群認同問題與中國近現代史事兩個方面談相關理論及應用，可以

---

48 黃瓊慧：《世變中的記憶與編寫——以丁耀亢為例的考察》（臺北市：大安出版社，2009年12月），「附錄：記憶研究資訊舉要——以臺灣地區為主」。

說開啟了臺灣史學界的記憶研究，並帶起了研究風潮。[49]除了王汎森與王明珂分別在近現代史與先秦史領域中的持續研究之外，廖宜方進一步開拓了中古時期的歷史記憶研究，並完成《唐代的歷史記憶》（臺大歷史系博士論文修訂出版，陳弱水指導），是近年中國歷史記憶研究的代表性著作。此外在西方的理論與實踐方面，戴麗娟積極引介法國記憶研究，她的〈法國史家的記憶課題——近三十年的重要著作與討論〉，及譯作《記憶所繫之處》都是這方面最重要的著作。[50]

　　至於大陸學界的歷史記憶研究，郭輝指出基本上依循王汎森與王明珂開啟的方向，即「思想史」路徑與「社會史」路徑，前者的研究以精英人物與重大事件為主，後者的研究以族群、傳說為主。郭先生也介紹了具有代表性的學者及他們的著作，特別指出：「真正具有影響力的成果應該開始於一九九九年趙世瑜從社會史的角度重新考察流傳於中國東南沿海一帶的太陽生日傳說及其信仰習俗，發現其中『隱含著當地明遺民對滅亡的明王朝的懷念，通過民俗的形式寄託著他們對鼎革的歷史記憶』，並且該文「介紹西方『歷史記憶』的相關概念和理論，一定程度上豐富對國外記憶史的認識」。[51]趙世瑜認為歷史與傳說的本質都是歷史記憶，而他的記憶研究往往從民間傳說出發，以顧頡剛的傳說研究方法為基礎，再以當代的記憶研究觀點開展，代表

---

49 郭輝對此有詳細的介紹。郭先生也提到在《當代》第91期（1993）出版前臺灣在電影研究方面已有「歷史記憶」（吳其諺，1990）與「集體記憶」（朱元鴻，1992）的文章，其後在王汎森、王明珂的帶動下又有翁佳音、黃俊傑、盧建榮、馮啟雲、翁安雄等學者從不同方面進行記憶研究，蔚成風潮。參〈中國記憶史研究的興起與路徑分析〉，《史學理論研究》2012年3月，頁141-142。

50 戴麗娟：〈法國史家的記憶課題——近三十年的重要著作與討論〉，《思想史》第3期（2014年9月）；諾哈主編，戴麗娟譯：《記憶所繫之處》。

51 郭輝：〈中國記憶史研究的興起與路徑分析〉，《史學理論研究》2012年3月，頁143。該文即趙世瑜與杜正貞合作的〈太陽生日：東南沿海地區對崇禎之死的歷史記憶〉，《北京師範大學學報（社會科學版）》1999年第6期。

作品如〈傳說‧歷史‧歷史記憶──從二十世紀的新史學到後現代史學〉、〈祖先記憶、國家象徵與族群歷史──山西洪洞大槐樹傳說解析〉、〈分水之爭：公共資源與鄉土社會的權力象徵──以明清山西汾水流域的若干案例為中心〉、〈識寶傳說：一個關於本土與異域的華北民間歷史隱喻〉等，都已收於他的論文集《小歷史與大歷史：區域社會史的理念、方法與實踐》中。近年趙先生談到民俗學研究時也再次強調「記憶」概念的重要性，他認為「強調傳承的民俗學，就要強調作為方法的『記憶』」，「在探索傳承機制的過程中，記憶的機制是不可或缺的內容，因為傳承得以實現主要是憑藉集體或個人的記憶」，「在民俗學學科本位的問題上，『變化的過程』即傳承的過程，是一個銅板的一面，記憶或記憶機制是另一面；記憶是關於傳承的記憶，同時記憶又造就了傳承」。[52] 趙先生的研究為我們提供了將顧頡剛的學術與當代記憶研究接軌的最佳範例。

在西方記憶理論的引介方面，大陸學界翻譯了不少重要的著作，茲擇要列舉如下：

(1)〔美〕保羅‧康納頓（Paul Connerton）著，納日碧力戈譯：《社會如何記憶》（上海市：上海人民出版社，2000年12月）。

(2)〔法〕莫里斯‧哈布瓦赫（Maurice Halbwachs）著，畢然、郭金華譯：《論集體記憶》（上海市：上海人民出版社，2002年10月）。

---

52 趙世瑜：〈傳承與記憶：民俗學的學科本位──關於「民俗學何以安身立命」問題的對話〉，《民俗研究》2011年2月，頁13。文中也提到日本民俗學者岩本通彌同樣強調民俗學中「記憶」概念的重要性。岩本先生的觀點可參岩本通彌著，王曉葵譯：〈作為方法的記憶──民俗學研究中「記憶」概念的有效性〉，《文化遺產》2010年第4期。

（3）〔德〕約恩·呂森（Jörn Rüsen）、〔德〕弗里德利希·耶格爾
　　（Friedrich Jaeger）著，孫立新譯：〈德國歷史中的回憶文
　　化〉，收於陳啟能、倪為國編：《書寫歷史》（上海市：上海三
　　聯書店，2003年7月），第1輯。

（4）〔美〕沃爾夫·坎斯特納（Wulf Kansteiner）著，張智譯：〈尋
　　找記憶中的意義：對集體記憶研究一種方法論上的批評〉，收
　　於李宏圖、王加豐選編：《表象的敘述》（上海市：上海三聯
　　書店，2003年12月）。

（5）〔美〕漢斯·凱爾納（Hans Kellner），陳新譯：〈此刻「不
　　再」〉，收於陳新編：《當代西方歷史哲學讀本》（上海市：復
　　旦大學出版社，2004年10月），「時間與記憶」。

（6）〔德〕呂西安·赫爾舍爾（Lucian Hölscher），陳新譯：〈新編
　　年史：一種史學理論的綱要〉，收於陳新編：《當代西方歷史
　　哲學讀本》，「時間與記憶」。

（7）〔德〕耶爾恩·呂森（Jörn Rüsen）著，陳新譯：〈危機、創傷
　　與認同〉，收於陳新編：《當代西方歷史哲學讀本》，「時間與
　　記憶」。

（8）〔德〕揚·阿斯曼（Jan Assmann）著，王霄兵譯：〈有文字的
　　和無文字的社會——對記憶的記錄及其發展〉，《中國海洋大
　　學學報（社會科學版）》2004年第6期。

（9）〔美〕阿蘭·梅吉爾（Allan Megill）著，趙晗譯：〈記憶與歷
　　史〉，《學術研究》2005年第8期。

（10）〔德〕約恩·呂森（Jörn Rüsen）著，張永華譯：〈消解歷史的
　　秩序——現代漢後現代交叉處歷史研究的幾個問題，兼談記
　　憶的問題〉，收於陳啟能等編：《消解歷史的秩序》（濟南市：
　　山東大學出版社，2006年5月），「前沿探索」。

（11）〔德〕揚‧阿斯曼（Jan Assmann）著，曲平梅譯：〈文學的記憶〉，收於陳啟能等編：《消解歷史的秩序》，「前沿探索」。

（12）〔德〕哈拉爾德‧韋爾策（Harald Welzer）編，季斌等譯：《社會記憶：歷史、回憶、傳承》（北京市：北京大學出版社，2007年5月）。

（13）〔法〕保羅‧利科（Paul Ricoeur）等著，綦甲福等譯：《過去之謎》（濟南市：山東大學出版社，2009年4月）。

（14）〔法〕雅克‧勒高夫（Jacques Le Goff）著，方仁杰、倪復生譯：《歷史與記憶》（北京市：中國人民大學出版社，2010年6月）。

（15）〔美〕杰弗瑞‧奧利克（Jeffrey K. Olick）、喬伊斯‧羅賓斯（Joyce Robbins）著，周雲水編譯：〈社會記憶研究：從「集體記憶」到記憶實踐的歷史社會學〉，《思想戰線》2011年第3期。

（16）〔德〕阿斯特莉特‧埃爾（Astrid Erll）、馮亞琳編，余傳玲等譯：《文化記憶理論讀本》（北京市：北京大學出版社，2012年1月）。

（17）〔美〕阿蘭‧梅吉爾（Allan Megill）著，張旭鵬譯：〈記憶與歷史理解〉，〔美〕阿龍‧康菲諾（Alon Confino）著，張旭鵬譯：〈記憶研究的方法法問題〉，《史學理論研究》2012年第3期，「歷史與記憶筆談」專題。

（18）〔德〕揚‧阿斯曼（Jan Assmann）著，金壽福譯：〈關於文化記憶理論〉，收於陳新，彭剛編：《歷史與思想》（杭州市：浙江大學出版社，2014年1月），第1輯，「文化記憶與歷史主義」專輯。

（19）〔德〕揚‧阿斯曼（Jan Assmann）著，金壽福、黃曉晨譯：

《文化記憶：早期高級文化中的文字、回憶和政治身分》（北
京市：北京大學出版社，2015年5月）。

（20）〔德〕阿萊達・阿斯曼（Aleida Assmann）著，潘璐譯：《回憶
空間：文化記憶的形式和變遷》（北京市：北京大學出版社，
2016年3月）。

由於積極引介西方理論，近年大陸方面也出現了純理論的研究，即賴
國棟的《歷史記憶研究——基於二十世紀西方歷史理論的反思》。[53]

當然，在諸多研究實踐中，與先秦史方面關係最密切的還是王明
珂的研究，他率先用西方記憶研究的理論重新理解先秦傳世與出土史
料，完成了一系列先秦族群記憶方面的研究，無疑是最具開創性的先行
者。王明珂很早就將先秦傳世與出土史料視為記憶的載體，他曾指出：

> 許多學者將歷史文獻與考古文物當作「過去發生的事」的記錄
> 與遺存。他們相信，以考據史料、史事真偽，以及對文物的比
> 較、分類，可以重建過去發生的事實。然而，我們可以從另一
> 種角度來看古史記載，來思考古文物，探討它們所反映的社會
> 情景及相關的族群現象。由這種角度來看，古代文獻記載與文
> 物遺存可當作是人群集體記憶的遺存，它們是在某種個人或社
> 會的主觀「意圖」下被創作以及被保存的。在這種研究中，我
> 們主要探索的並不是過去曾發生的事件（但並非否定研究史實
> 的重要性），而是古人為何要以文獻與文物來組織、保存某種
> 記憶，也就是探索古人的「意圖」及其社會背景。[54]

---

53 賴國棟：《歷史記憶研究——基於20世紀西方歷史理論的反思》（上海市：復旦大學
博士論文，于沛指導，2009年4月）。

54 王明珂：《華夏邊緣：歷史記憶與族群認同（增訂本）》，頁60。

王先生把考古材料當作一種「殘餘」（remains）而非當時人類生活的
全部，而進一步將此種看法引申到文獻材料，認為歷史文獻也是一種
「記憶殘餘」，並結合西方記憶研究的觀點曰：

> 西方史家Marc Bloch早已指出，歷史研究的對象主要是「時間
> 中的人們」，而非只是「過去」。近二十年來，愈來愈多的歷史
> 學者將「歷史文獻」當作一些人對過去的記憶，一種選擇性的
> 社會記憶，來探索人類組織、改變甚至創造歷史記憶的過程及
> 其社會意義。……我認為借用考古學者對於考古器物遺存的隱
> 喻，可以讓我們更清楚史料在這方面的意義。[55]

這篇文章詳細的以實例闡釋將歷史文獻當作記憶遺存的觀點，而在另
一篇文章中王先生作了總結性的論述，茲引述如下：

> 我們以文字記錄保存的「史料」，只是這些「過去事實」中很
> 小的一部分。它們是一些被選擇、組織，甚至被改變與虛構的
> 「過去」。因此一篇文字史料不能簡單的被視為「客觀事實」
> 的載體；正確地說，它們是在人們各種主觀情感、偏見，以及
> 社會權力關係下的社會記憶產物。……當代考古學者，並不把
> 一個考古遺存簡單當作是「過去事實」的遺存，而將之視為一
> 連串社會與自然活動下產生的古代垃圾。考古器物遺存的形
> 成，首先便涉及一個選材、製造、使用、廢棄（或保存）的過
> 程。同樣，我們可以將歷史文獻當作一種社會記憶遺存，它們

---

55 王明珂：〈歷史文獻的記憶殘餘本質與異例研究：一個考古學的隱喻〉，收於中華民
國史專題第四屆討論會秘書處編：《中華民國史專題論文集（第四屆討論）》（臺北
縣：國史館，1998年12月），頁28-29。

也經歷了選材、製造、使用、廢棄或保存的過程，而成為古人與我們所見的文獻資料。以此觀點，一篇歷史文獻的形成過程大約如下。一、選材：社會群體或個人選擇或虛構一些當代或過去的重要人物與事件。二、製造：人物、事件與其他因素經過刻意的文字組合、修飾，使之具某種社會意義。三、使用：這樣的社會記憶被用來凝聚或強化此社會群體的認同，並與其他群體的社會記憶相抗衡，以爭奪本群體的社會優勢或核心地位。四、廢棄與保存：在各種社會記憶相便抗衡的過程中，有些社會記憶被失憶，有些被刻意保存、推廣。……將文獻作為一種「社會記憶殘餘」，不同於將文獻作為「歷史事實載體」之處是，研究者時時都在探索「這是誰的記憶」，「它們如何被製造與利用」以及「它們如何被保存或遺忘」。[56]

此外王先生又進一步將古人的主觀性及其社會背景等基本觀念繼續深化，而提出「歷史心性」、「情境」等概念。[57]王先生的觀點無疑是先秦歷史記憶研究最重要的方法論基礎，也是從顧頡剛的「古史觀」研究開展到「古史記憶」研究最關鍵的突破口。

另外，廖宜方提到目前歷史記憶研究以近現當代史居多，主題多聚焦於現代性、國族認同方面，而他也將研究領域開拓至近代以前，尋找更適合漢唐或唐宋時代的議題。[58]其實先秦時代也應該尋找適合

---

56 王明珂：〈歷史事實、歷史記憶與歷史心性〉，《歷史研究》2001年第5期，頁139-140。另外在〈史料的社會意義：事實、述事與展演〉，《近代中國》第143期（2001年6月）中，王先生對相關概念有較平淺的論述。

57 參王明珂：〈歷史事實、歷史記憶與歷史心性〉，《歷史研究》2001年第5期；〈族群歷史之文本與情境──兼論歷史心性、文類與範式化情節〉，《陝西師範大學學報（哲學社會科學版）》，第34卷第6期（2005年11月）；《英雄祖先與弟兄民族：根基歷史的文本與情境》（臺北市：允晨文化實業公司，2006年9月）頁24-28、46-48。

58 廖宜方：《唐代的歷史記憶》，頁10-11。

的議題，在王明珂長期經營的族群認同議題之外，先秦出土文獻與傳世文獻中許多人物、事件與制度方面的內容，仍是尚待開拓的部分，本文也準備在這方面作一些嘗試，至於地理、環境、空間方面的記憶也是非常值得探索的領域，或許還需要結合考古遺存，未來若有機會我們亦當進一步研究。

王先生的研究具有充分的理論背景，並且建構了一套系統性的論述，除了王先生之外，較少人關心先秦歷史記憶的課題。大陸方面，近年在先秦出土文獻研究方面也出現了一些觸及歷史記憶主題的文章，略舉幾例如下，如：晁福林，〈試析上古時期的歷史記憶與歷史記載〉，《安徽史學》二○○七年第六期；孔德立、楊兆貴，〈新出楚簡的歷史失憶及思想史意義──以上博楚簡《魯邦大旱》為例〉，《江漢論壇》二○一三年第二期；張利軍，〈歷史記載與社會重構：夏商之際社會新秩序的建構〉；寧鎮疆，〈由歷史記憶的傳承再說涉禹三器所述大禹史事的可靠性〉，《中原文化研究》二○一四年第三期；陳侃理：〈《史記》與《趙正書》──歷史記憶的戰爭〉，發表於「第十三屆北京論壇」（2016年11月4-6日）。雖然這幾篇文章在記憶理論背景方面闡述較少，卻都是具有開創性的嘗試。值得一提的是，李銳近年發表的〈上古史研究之反思──兼論周人古史系統的轉變與禮制之變化〉，《河北學刊》第三十五卷第六期（2015年11月）及〈上古史新研──試論兩周古史系統的四階段變化〉，《清華大學學報（哲學社會科學版）》二○一六年第四期。李先生談到西方史學界早已區分了「歷史一」（真實的歷史）與「歷史二」（關於歷史的表述），在上古史領域中兩者的差距可能甚遠，而認為：「如果我們不願意以考古所分的文化時代作為上古史的序列的話，那麼我們當前只能探究商周以

來，特別是西周以來人們所敘說的上古史了。」[59]李先生指出了古史研究的領域中讓文獻研究具有主體性而不受考古材料宰制的觀點，而進一步討論了先秦不同階段的人所認識的古史系統，並且提到古史系統中的記憶內涵，具有理論深度，讓我們看到此種研究方向繼續深化的契機。

我們今天擁有大量的先秦出土文獻，未來仍可能不斷找到新的先秦出土文獻，而在學者積極引介下，我們對西方記憶研究理論與實踐的理解將會不斷深入，因此我們相信，現在正是全面開拓先秦歷史記憶此一研究領域最好的時機。

第三節　顧頡剛《古史辨》學術遺產的繼承與創新

一　古史記憶研究的先驅：顧頡剛

（一）顧頡剛的「古史觀」研究構想

顧頡剛的「古史觀」研究構想基本上是他的古史層累造成說的基礎研究。民國十年底，顧頡剛在給錢玄同的信中談到了堯、舜、伯夷等古史人物，已經提出要將古史內容依照著書時代前後排列，「看他如何漸漸的轉變，如何漸漸的放大，或如何一個不留心便忘記了，使得作偽之跡無可遁形」。[60]民國十一年春替商務印書館編《中學本教科書》時，顧頡剛將《詩》、《書》、《論語》中的古史傳說做了整理，而

---

59 李銳：〈上古史研究之反思——兼論周人古史系統的轉變與禮制之變化〉，《河北學刊》第35卷第6期（2015年11月），頁66。

60 顧頡剛：《顧頡剛日記》卷1，《顧頡剛全集》第44冊，頁535-537。原收於顧頡剛編著：《古史辨》（香港：太平書局，1962年11月），第1冊，頁41-44。

提出了「古史是層累地造成的，發生的次第和排列的系統恰是一個反背」的假設。[61]到了民國十二年二月二十五日，顧頡剛在給錢玄同的信中提出了想做「層累地造成的中國古史」，並有詳細的說明。[62]最後在〈與錢玄同先生論古史書〉中正式提出了「層累地造成的中國古史」以及「古史觀」研究構想：

> 我很想作一篇《層累地造成的中國古史》，把傳說中的古史的經歷詳細一說。這有三個意思。第一，可以說明「時代愈後，傳說的古史期愈長」。……第二，可以說明「時代愈後，傳說中的中心人物愈放愈大」。……第三，我們在這上，即不能知道某一件事的真確的狀況，但可以知道某一件事在傳說中的最早狀況。我們即不能知道東周時的東周史，至少也能知道戰國時的東周史；我們即不能知道夏、商時的夏、商史，也至少能知道東周時的夏、商史。
>
> 但這個題目的範圍太大了，像我這般沒法作專門研究的人，簡直做不成功。因此，我想分了三個題目做去：一是《戰國以前的古史觀》，二是《戰國時的古史觀》，三是《戰國以後的古史觀》。後來又覺得這些題目的範圍也廣，所以想一部書一部書的做去，如《詩經中的古史》，《周書中的古史》、《論語中的古史》。[63]

---

61 顧頡剛：〈古史辨第一冊自序〉，《顧頡剛古史論文集》卷1，《顧頡剛全集》第1冊，頁44-45。

62 顧頡剛：《顧頡剛書信集》卷1，《顧頡剛全集》第39冊，頁541-545。原收於《古史辨》第1冊，頁61-66。

63 顧頡剛：〈與錢玄同先生論古史書〉，《顧頡剛古史論文集》卷1，《顧頡剛全集》第1冊，頁181。

文中所謂「層累地造成的中國古史」的「三個意思」基本上是透過
「古史觀」研究達成，其中第一、第二個意思雖然是「層累地造成的
中國古史」初步觀察到的狀況，卻也是待證明的假設，而第三個意思
則是「古史觀」研究直接處理的問題。能把第三個意思弄清楚，才能
確立第一、第二個意思。因此顧頡剛「古史觀」研究的核心內涵便是
探討書籍、時代等不同層面中的古史觀，確立古史內容的時代歸屬，
以求得古史最早的面貌及演變狀況。

　　這篇文字寫定於民國十二年四月二十七日，發表於民國十二年五
月六日的《努力》增刊《讀書雜誌》中，很快的顧頡剛便在民國十二
年七月一日刊出的〈答劉胡兩先生書〉（民國12年6月20日）中進一步
說明他「對古史的態度」，認為「研究古史自應分析出信史和非信史
兩部分」，對於「推翻非信史方面」，顧頡剛提出了「打破民族出於一
元的觀念」、「打破地域向來一統的觀念」、「打破古史人化的觀念」、
「打破古代為黃金世界的觀念」等「四個打破」，[64]此「四個打破」反
映了「古史觀」研究構想基於五四「反傳統」精神的現實關懷。

　　其後，顧頡剛在〈我的研究古史的計畫〉（民國13年3月26日）中
定了六個研究學程，準備分二十年完成。第一個學程「讀魏晉以前史
書」；第二個學程「作春秋戰國秦漢經籍考」；第三個學程「依據考定
的經籍的時代和地域抽出古史料，排比起來，以見一時代或一地域對
古代的觀念，並說明其承前啟後的關係」；第四個學程「研究古器物
學」；第五個學程「研究民俗學」，並說「我希望作這項工作時，更把
漢以後民眾心中的古史勾稽出來」。在第六個學程總結曰：

---

64 顧頡剛：〈答劉胡兩先生書〉，《顧頡剛古史論文集》卷1，《顧頡剛全集》第1冊，頁
　　202-203。關於「信史的建設」部分採用胡適的構想，以商、周、秦、楚等民族為骨
　　幹，用甲骨、金文等有限的材料輔助。

把以前十六年中所得的古史材料重新整理，著成專書。這一部
專書的組織，應將下列諸問題作為系統的說明：

（1）某時代的古史觀念如何？

（2）這個古史觀念是從何時，何地，或因何事來的？為什麼
　　　要求？

（3）這個古史觀念在當時及後來發生了什麼影響？

　　　以上三條，為當時的古史觀念。

（4）這時的史事可以考實的有多少？

（5）這時的實物遺留至今的有多少？

（6）對於這時的民族和文化的大概情形的想像是怎樣？

以上三條，為當時的史事。[65]

此學程應該就是為了「古史觀」研究而設計的。對此「總結」，王汎
森指出：

> 這兩個對照組之間的關係突顯出顧氏的一個思想基礎：上古史
> 事是時代意識的直接反映，所以要了解「當時的古史觀念」之
> 前先要了解「當時的史事」，也就是說要解開那些層累的古史
> 系譜前必先了解偽造出它們的時代環境。[66]

　　以上是顧頡剛以「辨證偽古史」、「打破偽史觀」為基本關懷開展
出的研究構想，也可以說是他的研究理想，這些文字集結於《古史

---

65 顧頡剛：〈我的研究古史的計畫〉，《顧頡剛古史論文集》卷1，《顧頡剛全集》第1
　冊，頁292-296。

66 王汎森：《古史辨運動的興起》（臺北市：允晨文化實業公司，1987年4月），頁239-
　240。

辨》第一冊（民國15年6月）中，使其理念得以推向全中國、乃至全世界。從顧頡剛的「古史觀」研究構想來看，不論他的目的是辨偽書還是辨偽史，研究的焦點都落在古史記載背後的觀念，這也成為顧頡剛古史研究的基調。[67]

　　顧頡剛提出此研究構想同時也作了不少實踐，在《古史辨》第一冊所收的論學書信中已發其端，內容多為古史人物事蹟的初步研究。在〈古史辨第一冊自序〉（民國15年1月12日至4月20日）中，顧頡剛將自己兩年來的研究歸納為「考古學」、「辨證偽古史」、「民俗學」三方面，其中「辨證偽古史」便是其「古史觀」研究的具體實踐，〈序〉中除了提到已經發表的〈紂惡七十事發生的次第〉、〈宋王偃的紹述先德〉及幾篇《尚書》白話譯文，後皆收入《古史辨》第二冊，還提到尚未發表文章涉及的十七個主題，皆圍繞著東周、秦、漢時期的古史問題，顧頡剛歸結其研究主軸曰：

　　　　我們要辨明偽古史必須先認識真古史。我的目的既在辨論東

---

[67] 馮峰認為在地下資料的衝擊下，顧頡剛有一個從「上古史實」到「中古觀念」的「研究視角的轉換」。他認為《古史辨》第一冊時的顧頡剛關心的還是「上古史實」的真假，到第二冊時，受到考古學的衝擊，轉向關心「人們對於上古史實的理解」，「這已經由『歷史事實』的層面漸漸轉入通過文獻考訂對人們歷史觀念的考察」（參馮峰：〈從《古史辨》前三冊看「古史辨」運動的一個轉向〉，《史學史研究》2007年第2期，頁61-63）。而李政君依據上引〈與錢玄同先生論古史書〉、〈我的研究古史的計畫〉二文的內容，說明「古史觀」的研究其實本為顧頡剛古史研究計畫的第一步，認為顧頡剛對自己的研究方向有相當的自覺，沒有所謂的「轉向」問題（參李政君：〈1930年前後顧頡剛學術理念的變與不變〉，《史學月刊》2014年第6期，頁87-89）。我們基本同意李先生的說法。另外，李零曾檢討顧頡剛古書年代研究的流弊，舉顧頡剛的〈「周公制禮」的傳說和〈周官〉一書的出現〉，指出顧頡剛在該文中修正自己過去對《周禮》時代的看法，「但他論證的方法卻並沒有改變，仍然是要找出一種『思想運動』作為造作之由」（李零：〈出土發現與古書年代的再認識〉，《待兔軒文存（讀史卷）》，頁6）。不論顧頡剛對《周禮》時代的說法是否正確，從這個例子中確實也能看出在顧頡剛的研究實踐中一直存在的一種基調。

周、秦、漢間發生的偽史，所以對於東周、秦、漢間的時勢、
思想、制度、史蹟等等急要研究出一個真相來。

我的惟一的宗旨，是要依據了各時代的時勢來解釋各時代的傳
說中的古史。上邊寫的題目，如疆域、信仰、學派、人才、時
代的中心問題……等，都是解決那時候古史觀念的最好的工
具。[68]

從這兩段總結可以看出顧頡剛積極展開具體研究後「古史觀」研究的
視角也逐步擴大。至於具體研究內容，可舉一例說明後人的觀念如何
主導古史內容的演變：

譬如伯夷，他的人究竟如何，是否孤竹君的兒子，我們已無從
知道。但我們知道春秋時人是歡喜講修養的，人格的陶冶以君
子為標的，所以《論語》中講到他，便說不念舊惡，不肯降志
辱身。我們又知道戰國時的君相是專講養士的，士人都是汲汲
皇皇地尋求主人而為之用，所以《孟子》上說他聽得文王有了
勢力，就興起道：「盍歸乎來，吾聞西伯善養老者！」我們又
知道，自秦皇一統之後，君臣之義無所逃於天地之間，忠君的
觀念大盛，所以《史記》上也就說他叩馬諫武王，義不食周
粟，餓死於首陽山了。漢以後，向來流動的故事因書籍的普及
而凝固了，他的人格纔沒有因時勢的遷流而改變。[69]

這是顧頡剛在〈古史辨第一冊自序〉中提到的眾多例子之一，他的說

---

68 顧頡剛：〈古史辨第一冊自序〉，《顧頡剛古史論文集》卷1，《顧頡剛全集》第1冊，頁
　52、57。
69 同上，頁46、57。

法雖未必合理，但此例卻能扼要的說明「古史觀」研究的具體作法。人物形象研究是顧頡剛「古史觀」研究的代表，也是重要的基礎研究，顧頡剛對孟姜女故事的系列研究可說是這方面研究的典範。此一時期顧頡剛的古史研究基本由此十七個主題而來，成果基本見於《古史辨》七冊中。[70]

顧頡剛的「古史觀」研究從一個人物、一件事作起，聚沙成塔，逐漸完成具有體系的研究成果。孫慶偉指出，從顧頡剛早期的兩部上古史講義到《秦漢的方士與儒生》，可說是對「層累地造成的中國古史」最具體的研究實踐，透過編輯講義，顧頡剛提出「帝繫考」、「王制考」、「道統考」、「經學考」此「古史四考」，堪稱其「畢生的事業追求」。[71]孫先生總結曰：

> 從一九二三年〈與錢玄同先生論古史書〉提出「層累地造成的
> 中國古史」觀，經兩部上古史講義到編輯積累和梳理資料，進
> 而完成〈五德終始說下的政治和歷史〉、〈三皇考〉以釐清了上
> 古帝王的世系演變過程，再到一九三五年《秦漢的方士與儒
> 生》深入分析這一古史體系形成的社會背景，顧頡剛十餘年的
> 時間終於完整構建並論證了「層累地造成的中國古史」觀。在
> 該體系中，對禹及夏代歷史的認識堪稱樞紐，但非全部。[72]

---

70 相關討論可參許冠三：《新史學九十年》（長沙市：岳麓書社，2003年9月），頁202。及李政君：〈1930年前後顧頡剛學術理念的變與不變〉，《史學月刊》2014年第6期，頁88。

71 參孫慶偉：《追跡三代》（上海市：上海古籍出版社，2015年6月），頁53-60。這兩部講義分別是顧頡剛為中山大學史學系（民國16年10月）與燕京大學歷史系（民國17年9月）的課程所編。《秦漢的方士與儒生》原名《漢代學術史略》（民國24年8月），後更名於1955年3月、1978年2月重新出版，文字略有增刪修改。

72 孫慶偉：《追跡三代》，頁60。

（二）顧頡剛「古史觀」研究的轉型與深化

然而，當時考古學與西方理論的快速發展對疑古思潮造成很大的衝擊，使顧頡剛不斷反思自己的研究取向，並調整研究範圍。[73]

早在民國十年春天顧頡剛在北大研究部接觸了羅振玉、王國維的著作便了解地下材料的重要性，而曰：「我知道要建設真實的古史，只有從實物上著手的一條路是大路，我的現在的研究僅僅在破壞偽古史的系統上面致力罷了。」[74]他很早就在〈答劉胡兩先生書〉（民國12年6月20日）中表達古史的建設與破壞應該「分工」，並且將研究重心放在破壞一面。在〈我的研究古史的計畫〉（民國13年3月26日）中顧頡剛還定下「研究古器物學」的學程，不過在〈古史辨第一冊自序〉（民國15年1月12日至4月20日）中明確的說自己雖嚮往考古學，但感於學問之大、力量之小，只能選擇「收縮範圍」，致力於辨偽史方面。而後在〈古史辨第二冊自序〉（民國19年8月10日）說「豐富的出土器物又足以鼓起學者們向建設的路上走的勇氣，我不參加這個工作決不會使這個工作有所損失」，仍強調分工，而在〈古史辨第三冊自序〉（民國20年11月1日）中將分工的範圍擴及各種理論，提到「我何嘗不想研究人類學、社會學、唯物史觀等等，走在建設的路上」，又在〈古史辨第四冊自序〉（民國22年2月12日）中說「我自己決不反對唯物史觀。我感覺研究古史年代、人物事蹟、書籍真偽，需用於唯物史觀的甚少」、「研究古代思想及制度時，則我們不得不取唯物史觀為

---

73 關於顧頡剛受到考古學的衝擊提出「分工」說法的相關討論可參馮峰：〈從《古史辨》前三冊看「古史辨」運動的一個轉向〉，《史學史研究》2007年第2期，頁62-63；李政君：〈1930年前後顧頡剛學術理念的變與不變〉，《史學月刊》2014年第6期，頁89-91。

74 顧頡剛：〈古史辨第一冊自序〉，《顧頡剛古史論文集》卷1，《顧頡剛全集》第1冊，頁44。

其基本觀念」。[75]以上或可看出顧頡剛受到新材料與新方法衝擊的歷程。而〈戰國秦漢間人的造偽與辨偽附言〉（民國24年7月26日）中的一段話最能體現此種情結：

> 我開始辨古史在民國十年，那時中國的考古工作只有地質調查所做了一點，社會上還不曾理會到這種事，當然不知道史料可從地底下挖出來的。那時唯物史觀也尚未流傳到中國來，誰想到研究歷史是應當分析社會的！……其後考古學的成績一日千里，唯物史觀又像怒潮一樣奔騰而入，我雖因職務的束縛，未得多讀這方面的著作，但我深知道茲事體大，必非一手一足之烈所克負荷，所以馬上縮短陣線，把精力集中在幾部古書上。我常想，也常說：我只望作一個中古期的上古史說的專門家，我只望盡我一生的力量把某幾篇古書考出一個結果。……我的工作是全部工作的應有的一部分，決沒有廢棄的道理；如果這一部分廢棄了，無論是研究考古學或唯物史觀的，也必然感到不便。[76]

羅志田便認為：

> 這段話清楚地提示了從事整理國故和古史辨諸公開始時的學術語境及此後的變化，他們的工作實際基本沒有超出文獻的範圍，但開始時卻非有意如此，而是原以為靠「整理」既存文籍

---

75 顧頡剛：〈答劉胡兩先生書〉、〈我的研究古史的計畫〉、〈古史辨第一冊自序〉、〈古史辨第二冊自序〉、〈古史辨第三冊自序〉、〈古史辨第四冊自序〉，《顧頡剛古史論文集》卷1，《顧頡剛全集》第1冊，頁201-202，293，50、52-53，94，102，124。

76 顧頡剛：〈戰國秦漢間人的造偽與辨偽附言〉，《顧頡剛古史論文集》卷7，《顧頡剛全集》第7冊，頁179-180。

就可解決問題；在認識到地下材料和社會分析兩方面的重要性後，有些人也許追隨，然顧頡剛卻選擇了縮短陣線的辦法，變為有意識地僅從事文籍考辨的工作。也就是說，當年對整理國故和古史辨最大的學術挑戰來自「地下材料」和「社會分析」所代表的兩種治史取向（而非僅唯物史觀一種）。考慮到胡適等人談「科學」時對「材料」和「方法」的強調，這兩方面的衝擊有多麼強烈不言自明。……顧頡剛既然自知在材料和方法上都已有所不足，縮短陣線也是一個不得已的選擇，它其實意味著自己承認在相當程度上從學術一線退出。整理國故的逐漸讓位於史學固因此，古史辨派即將走向衰落的造因也已隱伏於此了。[77]

從實際的研究來看亦頗能反映此一轉折。在完成〈戰國秦漢間人的造偽與辨偽附言〉後的兩年內，顧頡剛陸續發表了〈三皇考〉（民國25年1月）及〈禪讓傳說起源於墨家考〉（民國25年4月）、〈鯀禹的傳說〉（民國26年6月）、〈夏史三論〉（民國25年6月），收於《古史辨》第七冊中、下編，都是顧頡剛十多年來研究成果的總結。《古史辨》也止於第七冊。然而，這或許可以說明顧頡剛已經退出研究的第一線，卻不能說明他放棄了他的研究初衷，事實上他仍守著最後的防線，其「古史觀」研究的基調並未因此改變，並且調整為更具體的研究構想，即〈古史辨第三冊自序〉中提出的「移置」說。

顧頡剛早期在〈與錢玄同先生論古史書〉中提到研究「戰國時的東周史」、「東周時的夏、商史」，以及在〈我的研究古史的計畫〉中

---

77 羅志田：《裂變中的傳承──20世紀前期的中國文化與學術》（北京市：中華書局，2003年5月），頁248-249。

提到的「漢歸漢，周秦歸周秦，然後古史始可有切實的整理」，[78]這類
概念在他「退縮」同時仍不斷的被強調，並且逐漸深化。如〈古史辨
第二冊自序〉中曰：

> 我的理想中的成就，只是作成一個戰國秦漢史家；但我所自任
> 的也不是普通的戰國秦漢史，乃是戰國秦漢的思想史和學術
> 史，要在這一時期的人們的思想和學術中尋出他們的上古史觀
> 念及其所造作的歷史來。我希望真能作成一個「中古期的上古
> 史說」的專門家，破壞假的上古史，建設真的中古史。所以，
> 我的研究的範圍大略如下：
> （1）戰國秦漢人的思想及這些思想的前因後果；
> （2）戰國秦漢間的制度及這些制度的前因後果；
> （3）戰國秦漢間的古史和故事的變遷；
> （4）戰國以前的書籍的真面目的推測；
> （5）戰國秦漢間出來的書及古書在那時的本子；
> （6）戰國秦漢人講古籍講錯了的地方及在此錯解之下所造成
> 的史事。[79]

在〈古史辨第三冊自序〉中顧頡剛進一步提出了「移置」之法：

> 許多偽材料，置之於所偽的時代固不合，但置之於偽作的時代
> 則仍是絕好的史料：我們得了這些史料，便可了解那個時代的

---

78 顧頡剛：〈我的研究古史的計畫〉，《顧頡剛古史論文集》卷1，《顧頡剛全集》第1
　　冊，頁293。
79 顧頡剛：〈古史辨第二冊自序〉，《顧頡剛古史論文集》卷1，《顧頡剛全集》第1冊，
　　頁95。

思想和學術。……所以偽史的出現，即是真史的反映。我們破壞它，並不是要把它銷燬，只是把它的時代移後，使它脫離了所託的時代而與出現的時代相應而已。實在，這與其說是破壞，不如稱為「移置」的適宜。[80]

此說賦予原來「破壞」色彩濃厚的「古史觀」研究「建設」的意義，[81] 並且將「古史觀」研究的內涵定義的更完整。在〈古史辨第四冊自序〉中也說：

我們的破壞，並不是一種殘酷的行為，只是使它們各各回復其歷史上的地位：真的商、周回復其商、周的地位，假的唐、虞、夏、商、周回復其先秦或漢、魏的地位。[82]

〈戰國秦漢間人的造偽與辨偽〉（民國24年9月）中亦有相關說法：

我們站在歷史的立場上，看出這些說話雖是最不真實的上古史，然而確是最真實的戰國秦漢史，我們正可以利用了這些材料來捉住戰國秦漢人的真思想和真要求，就此在戰國秦漢史上提出幾個中心問題。

---

80 顧頡剛：〈古史辨第三冊自序〉，《顧頡剛古史論文集》卷1，《顧頡剛全集》第1冊，頁103。

81 參羅義俊：〈錢穆與顧頡剛的《古史辨》〉，收於陳其泰、張京華主編：《古史辨學說評價討論集》（北京市：京華出版社，2000年12月），頁411-412。另可參張京華：《古史辨派與中國現代學術走向》，頁328-329。許冠三對「移置法」也有詳細的討論，可參《新史學九十年》，頁203-206。

82 顧頡剛：〈古史辨第四冊自序〉，《顧頡剛古史論文集》卷1，《顧頡剛全集》第1冊，頁117。

秦漢間人的造偽與辨偽附言〉（民國24年）中做出「縮短陣線」的宣言，即「我只望作一個中古期的上古史說的專門家，我只望盡我一生的力量把某幾篇古書考出一個結果」。基本上他承認考古學與社會科學理論在古史建設上的積極意義，自己則選擇退守「古史觀」研究。同樣是回應新材料與新方法的衝擊，羅香林的態度截然不同，他選擇用新的觀點重新詮釋顧頡剛的史學，指出一條不同的研究路徑。然而，羅香林的文章在當時未引起注意，其後亦少有人提及，直到近年才被重新「發現」，[87]在眾多關於《古史辨》的評論文章中，他們獨具慧眼的看出這篇舊文的學術意義，從中指出顧頡剛史學與當代史學接軌的重要關鍵。

　　在新材料與新方法的衝擊下，顧頡剛仍以傳統文獻為研究對象，研究的主題是古書真偽、年代與古書中的古史等問題，當時已有落伍之嫌，不過羅香林反而就此一特色以新的視角加以詮釋，認為：

> 《古史辨》裡所登載各家對於顧先生辨論古史所下的批評，有許多纏擾不清的責難都是因為他們沒有把「史事的本身」和「寫的歷史」分別清楚的緣故。顧先生所辨論的，僅及於「寫的歷史」，或是「某一時代的人對於古史的觀念」，並沒有開展到「古代事情」的本身；無奈有些讀者，誤會其意，以為顧先生簡直就是打倒「古代事情」的本身。……歷史，本來可分為主觀的歷史，和客觀的歷史二種。所謂客觀的歷史，是指「史事的本身」，不問其有無記載，曾否經人發現，但事情的存在

---

87 如彭國良在〈一個流行了八十餘年的偽命題——對張蔭麟「默證」說的重新審視〉（《文史哲》2007年第1期）中，談到此文已經從認識論的角度檢視顧頡剛的史學觀點（頁58），在他的博士論文《顧頡剛史學思想的認識論解析》（濟南市：山東大學博士論文，2007年5月）中除了前文的內容以外，也對羅香林的文章作了介紹（頁19、44）。另外羅志田亦談到羅香林文章的現代意義，出處見前文注釋。

和真實，卻是不會有增損的；主觀的歷史，是指人們對於史事
的喻解或記述，故有人又稱牠為「寫的歷史」。同一史事（或
事情），而各人的觀點可以不同，其傳述的語句或文字，也可
以因時間空間的變遷而變遷。

（《古史辨》第一冊中篇〈與錢玄同先生論古史書〉）所謂「要
從古書直接整理出古史蹟來，也是不妥當的辦法」，這些說
話，正可以表明古代「事情的本身」與古書上所記述的古史，
是不能併為一談的，要想單從「寫的古史」去尋求「客觀的古
代事實」，那自然是辦不到的。我們校讀「寫的古史」，只能知
道那些記述古史的人對於古史的觀念、知識、或解釋罷了。我
們辨論那些「寫的古史」，只是要探討他們那些觀念、知識的
由來和變遷，及他們種種解釋的構成和依據罷了。這種辯論表
面上雖於「古代事情」的發現沒有直接的關係，然其結果，亦
自足以逐漸的走到能夠認識「古代事情」的道路上去。……不
過，「事情的認識」雖可以逐漸的趨於真切的境地，然而與
「事情的本身」，卻不能併為一談，已經過去的「事情」，到底
不能自古史的記錄以整理牠的「本身」，這是無可如何的。[88]

彭國良認為「羅香林的認識相當深刻，直接抓住了顧頡剛歷史認識論
的深層內容，那就是對歷史本體的迴避」，[89]羅志田則指出羅香林主要
的依據是「也來自西方的歷史相對論」，「涉及一些史學的基本問
題」，「能從認識論視角思考史學方法的長處與局限」，[90]他們的看法指

---

88 佛應：〈讀顧頡剛先生古史辨〉，《國立中山大學文史學研究所月刊》第1卷第1期
　　（1933年1月），頁90、92-93。

89 彭國良：《顧頡剛史學思想的認識論解析》，頁19。

90 羅志田：〈《古史辨》的時代語境和學理基礎──述羅香林少為人之的一篇舊文〉，
　　《經典淡出之後：20世紀中國史學的轉變與延續》，頁38-39、47。

出了此文在學術史上的意義。

而當代學者中，蔣俊也以類似的看法，他指出：

> 顧頡剛的這個學說，在當時有著重要的理論價值和現實意義，
> 在一定程度上，揭示了歷史認識的特點，指出：甲、人寫的歷
> 史與客觀的歷史是兩回事，客觀的歷史已一去不復返了，我們
> 只能根據人寫的歷史去認識過去。乙、人們常根據時代的需要
> 而改寫歷史，所以任何人寫的歷史，都打上了時代的印記。
> 丙、現代人應根據現代的需要重新認識歷史，他們雖然不可能
> 完全恢復古史的原來面貌，卻可以弄清哪些印記是後人打上
> 的，什麼樣的印記是什麼時代的人打上的。……在今天看來，
> 顧氏的這一學說，除了在歷史認識論方面的價值外，它還是新
> 文化運動精神向史學領域的進一步滲透，及動搖了某些著作的
> 可信性與某些歷史人物的神聖性，促進了史學家的思想解放，
> 使他們能以完全平等的眼光對待各種史料，衝破了人造的禁
> 區，從而把史學研究向科學化的道路上推進了一大步。[91]

蔣先生的說法較羅說簡要，他們都注意到「寫的歷史」中的「主觀
性」，而蔣先生更著重顧頡剛史學在「歷史認識」方面的意義。

羅香林將歷史劃分為二，「寫的歷史」是「主觀的歷史」，「史事
的本身」是「客觀的歷史」，認為透過前者我們雖能得到對過去的
「認識」，卻無法觸及過去本身。這個切入點確實有歷史相對論

---

91 蔣俊：《中國史學近代化進程》（濟南市：齊魯書社，1995年9月），頁88-89。彭國良
認為第一篇明確意識到顧頡剛史學的歷史認識論意義的是趙吉惠、毛曦的〈顧頡剛
「層累地造成中國古史」觀的現代意義〉，《史學理論研究》1999年第2期（《顧頡剛
史學思想的認識論解析》，頁23）。蔣俊應該較此文更早注意此問題。

（historical relativism）的意味。杜維運對歷史相對論的內涵有簡要的
說明：

> 歷史相對論者從學理上著手，以攻擊蘭克以來史學上的客觀與
> 絕對。歷史相對論者認為歷史不是實際發生的往事（what
> actually happened），而是史學家所寫出來的，史學家無法獲得
> 往事的全部真相，其局部知識與自由意志的選擇，促使其寫成
> 極富主觀色彩的歷史，因此史著與史著之間，是難有優劣之分
> 的，史學家與史學家之間，也不相上下，新的史著，代替舊的
> 史著，新的史學家，淘汰舊的史學家；在歷史上，只有主觀，
> 沒有客觀，只有相對，沒有絕對；客觀的歷史真相（objective
> historical truth），杳不可期，決定性的歷史因素，絕不存在。[92]

十九世紀末至二十世紀初，歐洲開始反思科學革命以來人們對史學的
樂觀態度，對歷史能否客觀、科學提出質疑，而產生歷史相對論的觀
點，影響及於美國，並在美國發揚光大，一九三〇年代的美國學者貝
克（Carl L. Becker）、比爾德（Charles A. Beard）即為代表人物。[93]當
時的中國亦頗受影響，較具代表性者為何炳松、朱謙之、常乃德。[94]
而羅志田提到當時朱謙之曾將「寫的歷史」視為《古史辨》的重心所
在，何炳松也已區分「史料」與「事實」，認為史料並非「事實」，只

---

92 杜維運：《史學方法論》（北京市：北京大學出版社，2006年5月），頁320。

93 參杜維運：《史學方法論》，頁313-328；黃進興：《歷史主義與歷史理論》，頁161-
191。相關介紹也可參王晴佳：《西方的歷史觀念》（上海市：華東師範大學，2002
年8月），第9章第3節，「相對主義和歷史的意義」。

94 關於民國初年中國的相對主義史學思潮的概況，可參張書學：《中國現代史學思朝
研究》（長沙市：湖南教育出版社，1998年2月），頁271-366。

是「事實之記載」，[95]可見羅香林的觀念有其思想背景。不同的是，羅香林不是單純的理論闡述，而是替相對主義的史學理論找到一條實踐的道路，顧頡剛的「古史觀」研究便是他認為最能契合此種觀點的史學實踐。或許可以這麼說，羅香林這篇文章不僅從認識論的角度重新詮釋了顧頡剛的史學，同時也替當時較不受重視的相對主義史學找到一條實踐之道。

（二）從「寫的歷史」到「歷史記憶」

然而，顧頡剛並非歷史相對論者，顧頡剛的研究確實以「寫的歷史」為主，但他沒有徹底切斷文獻與真實過去的聯繫，他給人文獻無法指向真實過去的印象來自早年強烈的疑古態度，他曾說「有許多古史是考古學上無法證明的，例如三皇五帝，我敢預言到將來考古學十分發達的時候也尋不出這種人的痕跡來」，「但是在書本上，我們若加意一考，則其來蹤去跡甚為明白，固不煩考古學的反證而已足推翻了。」[96]不僅不承認三皇五帝有實證的可能，根本認為文獻本身就能「反證」。不過嚴格來說，他只對記載三皇五帝的文獻徹底懷疑，並未對所有文獻徹底懷疑，其歷史認識論的立場尚未達到歷史相對論的程度。

不過羅香林、羅志田的看法仍帶來啟發，讓我們注意到相對主義史學與顧頡剛史學之間確有異曲同工之處。因此我們認為，雖然顧頡剛不是歷史相對論者，卻在某部分的古史研究中，產生了與歷史相對論類似的歷史認識論效果；這樣的效果最終也造成類似的發展，即研

---

95 羅志田：〈《古史辨》的時代語境和學理基礎──述羅香林少為人之的一篇舊文〉，
　　《經典淡出之後：20世紀中國史學的轉變與延續》，頁38、41。
96 顧頡剛：〈古史辨第二冊自序〉，《顧頡剛古史論文集》卷1，《顧頡剛全集》第1冊，
　　頁94。

究視角轉向古人的觀念與古人觀念中的古史，並且讓人注意到歷史的「主觀性」。則從當代史學的角度來看顧頡剛的史學思想，頗能看出一種從「實證史學」的土壤中開出「歷史相對主義」花朵的有趣現象。顧頡剛當然不是歷史相對論者，但正因他將研究重心放在歷史的載體「文獻」，並將研究的對象從歷史本身轉向歷史背後的「觀念」，故頗能與「歷史相對主義」的視角契合，反而為我們開啟了另一扇研究之門；當然，這是我們的後見之明，並非顧頡剛的原意。而這樣具有相對主義色彩的研究取向體現在顧頡剛的「移置」法中，並且成為顧頡剛「古史觀」研究今天仍值得繼承與開展的關鍵。

前文談到顧頡剛的古史研究在新材料與新方法的衝擊下，將研究版圖限縮在傳世文獻中的古史觀，同時也將原先較為蕪雜的想法凝鍊為「移置」的概念，成為其「古史觀」研究較為成熟的表述。顧頡剛在〈古史辨第三冊自序〉中曰：

> 我們研究史學的人，應當看一切東西都成史料，不管它是直接的或間接的；只要間接的經過精密的審查，捨偽而存真，何嘗不與直接的同其價值。……許多偽材料，置之於所偽的時代固不合，但置之於偽作的時代則仍是絕好的史料：我們得了這些史料，便可了解那個時代的思想和學術。例如《易傳》，放在孔子時代自然錯誤，我們自然稱它為偽材料；但放在漢初就可以見出那時人對於《周易》的見解及其對於古史的觀念了。又如《詩三百篇》，齊、魯、韓、毛四家把它講得完全失去了原樣：……在《詩經》的本身上當然毫無價值；可是我們要知道《三百篇》成為經典時被一般經師穿上了哪樣的服裝，他們為什麼要把那些不合適的服裝給它穿上，那麼，四家詩的胡說便是極好的漢代倫理史料漢學術史料，保存之不暇，如何可以丟

棄呢。荒謬如讖緯，我們只要善於使用，正是最寶貴的漢代宗
教史料。逞口而談古事如諸子，我們只要善於使用，正是最寶
貴的戰國社會史料和思想史料。……所以偽史的出現，即是真
史的反映。我們破壞它，並不是要把它銷燬，只是把它的時代
移後，使它脫離了所託的時代而與出現的時代相應而已。實
在，這與其說是破壞，不如稱為「移置」的適宜。[97]

基本上顧頡剛將追述古史的材料放在追述的時代中考察，也就是將古
史「客觀性」的追求轉為探討古史追述的「主觀性」，西方的歷史相
對論者也聚焦於歷史研究的主觀性上，他們對蘭克史學進行反思，其
中美國的比爾德與貝克的觀點造成較大的影響。黃進興指出：

他們的控訴約略可分作兩部分。史實部分：他們質疑史料的形
成過程中參雜許多偶然的因素；例如史料倖存的程度與真實的
過去殊不成比例，復加上記錄者的成見、階級、性別與利益往
往令史料染上有色的薄膜，致史家難以透視歷史的真相。其
次，價值判斷的部分：無論比氏所提的「參與架構」（frame of
reference）或貝氏的「意見情境」（climate of opinion）均涵蘊
著史家不免受制於自身所處的時代或個人主觀的際遇，以致無
法客觀地了解與評估史實。[98]

歷史相對論對歷史主觀性的關懷是全面性的，不管是史料本身還是

---

97 顧頡剛：〈古史辨第三冊自序〉，《顧頡剛古史論文集》卷1，《顧頡剛全集》第1冊，
　頁102-104。

98 黃進興：《後現代主義與史學研究》（臺北市：三民書局，2009年10月），頁142-
　143。

歷史書寫，都充滿著主觀性因素，因此文獻中的歷史與真實發生的過去之間，有難以跨越的鴻溝。而相對主義史學家貝克晚年的史學觀念值得注意，黃先生對此也有介紹：

> 貝氏的晚年，非常熱心於史學史的研究，他認為從史學史的把握，更能明瞭歷史的真面目。他把史學史當作思想史的一種，……觀念的真偽與否，是次要的問題，史家應注意的是它們在歷史上所發生的作用，例如不能將荷馬（Homer）的伊里亞德（Iliad）視為與歷史無關的神話，或者把李威（Livy）當作一個說書家而已，史家真正所關心的應是荷馬和李威的著作中，所透露的時代訊息，及當時人們相信的歷史事實為何，而不是去徵驗它們的可信度。[99]

貝克透過歷史主觀性的發掘，進一步轉向研究記述者本身、時代以及他們眼中的過去，他的觀點值得借鏡，可以作為「移置」說的開展方向。首先，有時代的鴻溝，才有「移置」的問題，因此上引文中所謂「間接」的「偽材料」指的便是「後人追述的古史」，此點劃定了研究的「材料與範圍」；其次，此類史料的價值在於能夠反映「後人的時代的思想和學術」，此點確認了「認識的對象」；最後，透過史料研究，得以了解追述者及其時代的思想、觀念與相關背景，同時確立追述者及其時代所認識、相信的古史的內涵，此即可能得到的「研究成果」。

而最後一點──即追述者認識、相信的古史的內涵，在當時並未被意識到，透過貝克觀點的啟發，可知此點實為「移置」說本身就帶

---

99 黃進興：《歷史主義與歷史理論》，頁179-180。

有的發展方向，也是「移置」說具有當代意義之處，由此開展，或可
與當代「記憶」的研究取向接軌。

（三）從「記憶」的角度開展顧頡剛的史學

　　近年兩岸的學者都注意到顧頡剛史學的「記憶」面向。如王明珂
指出了顧頡剛的研究觸及歷史記憶此一主題的學術背景及其不足之處：

> 民國成立前後有一波對中國古史的集體回憶（包括爭議）、失
> 憶重新建構的浪潮，包括今日學者們論之甚詳的晚清「黃帝子
> 孫歷史」爭論。古史辨運動，也是此浪潮的一部分。當時參與
> 此古史辨之學者眾多，他們對各個古代聖王存在與否，以及其
> 所代表之民族為何等議題殷切關注，並相互激辯。這些都顯
> 示，他們並非是要否定古史，而是相反，殷切盼望為中華民族
> 建立一個可靠的、科學的古史。因此可以說，顧頡剛雖提出
> 「古史層累造成說」這樣的歷史卓見，但他未能察覺當時他參
> 與的疑古、信古與重建古史爭議，仍是合理化「現在」（科
> 學、民主與民族統一之當代中國）的新一波古史建構。因此他
> 未能提出一個理論來解釋人們的群體與文化認同如何影響其回
> 憶，以及人們如何以「過去」來合理化「現在」，並合理化對
> 理想未來的追求。但我們無法以此苛責顧頡剛。[100]

廖宜方則認為：

> 如果哈布瓦赫是歐美學界探討集體記憶最重要的先驅，則中國

100　王明珂：《華夏邊緣：歷史記憶與族群認同（增訂本）》，頁169-170。

現代史學討論歷史記憶的第一人當為顧頡剛，「古史層累造成說」是解釋中國古人歷史記憶最好的理論性看法之一。顧氏此說摧毀古人擬造古史系統，這個學術傳統的疑古精神與解構方法不一定有助於重建古史，但如果將層累造成說用來解釋古人的「歷史記憶」、而非中國古史，反而更有力量。而且，儘管古史層累地造成，但史家也能夠層累地復原。不少先秦時代的相關研究即逐漸分解、重建不同層位的古史認識。

而且顧氏對於研究歷史記憶的貢獻，不只提出古史層累造成說，他更考察孟姜女傳說，揭示一套研究傳說的方法，這個方法為後來的民俗學者所繼承。考察某一傳說在歷史上的演變痕跡，同樣是在呈現不同時代的古人對相同一故事的傳承、異變與記憶。與此相近的研究是歷史人物的「形象」研究，比如「孟光像」、「竹林七賢像」、「諸葛亮像」、「顏回像」。這些研究揭露歷史人物之形象的形成與變遷，強調其形象在不同時代的側重點；這是否同樣反映歷史人物的歷史記憶？[101]

廖先生從顧頡剛的史學理論、研究方法、具體研究三方面，全面而精要的指出顧頡剛為中國「歷史記憶」研究的先驅，而談到顧頡剛的孟姜女傳說研究時，提到大陸學者趙世瑜也注意到顧頡剛傳說研究與記憶研究的關係。

趙先生談到傳說與歷史的關係時，認為「無論是歷史還是傳說，它們的本質都是歷史記憶，哪些歷史記憶被固化為歷史，又有哪些成為百姓口耳相傳的故事，還有哪些被一度遺忘，都使我們把關注點從客體轉移到主體，轉移到認識論問題上」，「歷史記憶實際

---

101 廖宜方：《唐代的歷史記憶·導論》，頁6-7。此段引文「累」字皆誤為「壘」。

上是二者之間的一個橋樑，或者說是二者背後的共同本質」。[102]傳說
的演變往往可以體現記憶的軌跡，而顧頡剛正是傳說演變研究的奠
基者，趙先生以顧頡剛的孟姜女傳說研究為中國民俗學研究的里程
碑，並舉了幾個例子說明傳說演變背後反映的社會脈絡與記憶背
景，其中提到顧誠的〈沈萬三及其家族事蹟考〉一文，指出：

> 關於沈萬三和明朝政治史事的關係有很多虛構的成分，這個傳
> 說產生和流傳的過程本身恰恰是一個歷史真實，就是說人們為
> 什麼去創作這個東西，究竟是什麼人創造出來的，傳說是怎樣
> 出籠並且流傳至今的──也就是說，人們為什麼把一個和朱元
> 璋和朱棣都不相干的人硬與他們綁在一起？這樣我們所關心的
> 問題就變成了這件事反映出來的社會輿論、造成這種社會輿論
> 的歷史動因以及後人對此的歷史記憶。[103]

趙先生的觀點說明顧頡剛的傳說研究自然可以帶出對歷史記憶的關
注。而顧頡剛的古史研究用的正是他研究傳說的方法，他在古史研究
中關注的同樣是一時代、一人群的古史觀念如何影響了古史的內容形
成與演變，自然也可以用當代的記憶研究觀點作開展。

　　總上所述，學者已經為我們指出了承繼古史辨遺產不同以往的重
要方向，讓我們思考顧頡剛的史學觀點與記憶研究接軌的問題，並注
意到羅志田所指出早期羅香林以相對主義史學觀點詮釋顧頡剛的史學

---

102 趙世瑜：〈傳說‧歷史‧歷史記憶──從20世紀的新史學到後現代史學〉，《小歷史
　　與大歷史：區域社會史的理念、方法與實踐》（北京市：生活‧讀書‧新知三聯書
　　店，2006年11月），頁73、75。

103 趙世瑜：〈傳說‧歷史‧歷史記憶──從20世紀的新史學到後現代史學〉，《小歷史
　　與大歷史：區域社會史的理念、方法與實踐》，頁78。

的說法。從相對主義史學的角度切入，我們可以看到顧頡剛強調「寫
的歷史」的「主觀性」此一重要特色，甚至挑戰了傳統關於「寫的歷
史」可以指向「真實發生的過去」的史學立場。不過顧頡剛的史學並
非相對主義史學，其史學觀念仍在實證思維的框架下，只因他的「古
史觀」研究及「移置」法將視角轉向「寫的歷史」中蘊含的「主觀
性」因素，產生了類似於歷史相對論的效果，也是「古史觀」研究開
展為「古史記憶」研究的重要條件。正因如此，雖然顧頡剛的古史研
究並非「記憶」研究，但今天若要從記憶的角度重新研究先秦古史，
仍不能忽略顧頡剛的古史研究成果。

三　本書的研究範圍、材料、主題及未來的研究計畫

（一）本書的研究範圍：從「記憶主體」的立場劃定範圍

　　承前文所述，本文旨在探索先秦文獻中的古代信息，並從「記
憶」的角度切入。然而先秦時代跨度甚大，涵蓋秦代之前至於遠古，
而每個時代都會有關於自己所處時代的記憶與對過去的記憶，此外不
同族群對本族與他族也會有不同立場的記憶，十分錯綜複雜；由於涉
及層面甚廣，因此需劃定初步的研究範圍作為進一步研究的基礎。

　　記憶研究的焦點在記憶的主體，也就是屬於誰的記憶，我們基本
上順著顧頡剛在其研究構想中作的區分──戰國以前的古史觀、戰國
時的古史觀、戰國以後的古史觀，配合本文的研究取向，初步先以
「戰國時代的古史記憶」為大方向，也就是探討戰國時代的人記憶中
的古代。當然，這樣的範圍還是非常大，顧頡剛當年也認為他定的題
目範圍太大，因此先以書為單位，從某部書中的古史觀做起。而本文
則以「記憶」的角度縮小研究範圍，從記憶主體出發，不同的個人、

群體、地域、時代等因素都會讓記憶主體對過與產生不同的距離感，而使記憶有遠近之分。廖宜方談到唐代的歷史記憶時曾指出：「當一個唐朝人回顧過去，歷史可區分成幾個較大的段落，比如『上古』、『中古』與近代；更細分則為三皇、五帝、三代、秦漢，魏晉南北朝與隋各個時代。」[104]唐代去古已遠，歷經多次改朝換代，朝代觀念已經明確，或許較易區分，而戰國時代之前雖有夏、商、周三代或虞、夏、商、周四代的概念，但由於遠古到戰國跨度甚大，不同立場追溯的過去分期不盡相同，很難找到一個記憶的共識。王樹民就曾整理出六種戰國人的古史觀，即：（1）「韓非的四世說」、（2）「風胡子的四時說」、（3）「《禮運》的大同小康說」、（4）「孟子的傳賢傳子說」、（5）「鄒衍的五德終始說」、（6）「無名氏的三皇五帝說」。[105]李學勤也指出《易經‧繫辭》中也有自己的古史觀，[106]是第七種。其中有些觀點是以自己的時代為參照點回溯古代，如《韓非子‧五蠹》有「上古」、「中古」、「近古」、「當今之世」之分：

> 上古之世，人民少而禽獸眾，……中古之世，天下大水，……近古之世，桀、紂暴亂，而湯、武征伐。今有構木鑽燧於夏后氏之世者，必為鯀、禹笑矣。有決瀆於殷、周之世者，必為湯、武笑矣。然則今有美堯、舜、湯、武、禹之道於當今之世者，必為新聖笑矣。

以及如《越絕書》以古帝代表時代：

---

104 廖宜方：《唐代的歷史記憶‧上卷導言》，頁49。

105 王樹民：〈戰國時人對於上古史的總結〉，《曙庵文史雜著》（北京市：中華書局，1997年8月）。

106 李學勤：〈深入探討遠古歷史研究的方法論問題〉，《文物中的古文明》（北京市：商務印書館，2008年10月），頁108。

> 軒轅、神農、赫胥之時，以石為兵，……黃帝之時，以玉為
> 兵，……禹穴之時，以銅為兵，……當此之時，作鐵
> 兵，……。

這兩種說法是比較完整的古史觀，其中〈五蠹〉不僅可以代表戰國人
的觀點，其時代劃分大致為遠古、虞夏、商周、當代，也較為具體，
因此本文參考〈五蠹〉的古史觀，以其「中古」為研究範圍，先探討
戰國時代對此一時期的古史記憶，而此時期主要的記憶內容便是關於
「虞夏之際」的記憶。

　　此外，我們還要對「古史」一詞的概念作一些說明。李學勤曾指
出：

> 秦代以前的歷史，中國學術界通稱為「先秦史」，是相當於
> ancient China的歷史時期，我覺得還是稱之為「古史」或「上
> 古史」，以區別於秦漢到明清的「中古史」。當然，不管用上古
> 史還是中古史，都可以再細分為若干階段。在二十世紀學術史
> 上先後出現的「古史辨」、「古史新證」、「古史重建」等等提
> 法，所用的「古史」概念都是指先秦的上古史，所以將上古史
> 稱作「古史」是有理由的。[107]

而王明珂在談出土文獻中的記憶問題時提到顧頡剛《古史辨》的學術
意義，提出了「古史記憶」一詞。[108]我們贊同二位學者的觀點，本文
用「古史」一詞的用意即在於指出本文為先秦史領域的研究，而「古

---

107 李學勤：〈古史研究的當前趨向〉，《通向文明之路》（北京市：商務印書館，2010
　　年4月），頁54。
108 王明珂：《華夏邊緣：歷史記憶與族群認同（增訂本）》，頁169。

史」一詞也較能表現記憶的遠近之分，另一方面承襲顧頡剛「戰國時的古史觀」的研究構想，將「古史觀」轉化為「古史記憶」。至於本文所用的材料主要為「追述」材料，其意義在於我們可以從這些「對古史的追述」入手，梳理當時的記憶內容，並探討戰國時代的人對過去進行了怎樣的整理、詮釋、想像、改造、甚至捏造，以及背後可能的因素。

　　綜上所述，本書以「戰國時代的古史記憶」為題，研究內容為對戰國時代的人而言較早期的歷史，而為求聚焦，初步以虞夏之際的古史記憶為主題進行研究。

（二）戰國至西漢時期的簡帛文獻可以啟發我們重新思考古史問題

　　至於研究材料方面，談古史記憶，主要的對象在於「追述」古史的材料，這方面過去只能仰賴傳世文獻，歷來也已累積了極其豐厚的成果，而近年的出土文獻中有大量的古史「追述」材料，相關究則方興未艾。出土簡帛中有許多古史記載或可與傳世文獻對應，或可補傳世文獻之不足，因此本文關注於能夠啟發我們重新思考傳世文獻中的古史問題的出土簡帛材料。

　　從出土文獻入手最大的好處在於時代問題較易解決，也可釐清傳世文獻中相關內容的時代問題。秦代對於圖書的管制造成許多先秦傳世典籍的保存或透過口傳、或由民間獻書、或藏於壁中、或藏於秘府，往往經過整理後才面世，加上歷代都有作偽、增補古書的情況，以致先秦傳世典籍或其中的內容常有作偽的爭議，誠如李學勤所說：

　　　古書是歷代傳下來的東西，它是曾經被歪曲和變化的。不管有意無意，總會有些歪曲，而考古獲得的東西就不一樣，我們是

　　直接看見了古代的遺存。現在我們有了機會，可以直接看到古
　　代的書，這就沒有辨偽的問題。[109]

而出土文獻入手最大的意義在於可以找回已被遺忘的記憶，尤其是因
人為因素而被抹煞的記憶。戰國時代的學派對立以及秦、漢的坑儒與
尊儒之間，意識形態也為人們選擇了什麼該被記住、什麼必須遺忘，
造成了記憶有核心與邊緣之分，當然也有非人為而自然消亡的記憶。
戰國出土文獻的意義便在於此，許多被有意忽視、淘汰、消滅或無意
間流失而被遺忘的記憶或見於其中，而記憶研究的重要的目的之一在
於呈現多元的記憶面貌，便需依賴出土文獻。任何新見的異本異說，
都可以讓我們找回一些被遺忘的記憶，並具有進一步探究的價值，這
也是本文所要強調的重點之一。西方的古文書學（palaeography）也
有類似的情況，如早期從「紙草（papyrus）卷」到「抄本（codex）」
的演變，宋立宏在《閱讀紙草，書寫歷史（Reading Papyri, Writing
History）》的「譯後附言」中提到：

　　從卷到抄本的過程中，最引人矚目的文化現象是基督徒特別偏
　　愛抄本，……基督教的聖經堅持採用抄本形式，而猶太教一直
　　只認可卷軸形式的聖經，這最初或許出自基督教刻意維持自身
　　宗教認同的決心。到四世紀末，新宗教最終勝利，也為卷軸作
　　為書的標準形式正式敲響喪鐘，……抄本替代卷，意味著要把
　　古代文獻典籍重新抄一遍。這對異教作品的傳世影響最大，因
　　為基督教的趣味決定了哪些希臘羅馬作家的作品值得抄，哪些
　　不值得抄。荷馬、維吉爾一直被奉為希臘拉丁文學的圭臬，為

---

109 李學勤：〈走出疑古時代〉，《走出疑古時代》，頁3。

學校課本所必選，是任何基督教文本無法取代的，自然沒有問題。相形之下，公元前三世紀前半頁的海羅達斯則無此殊榮，長期以來，他的作品只能從歷代作家的引文中窺得一斑，直到一八九一年，他較完整的七篇作品才首次出版，而這七篇作品全部來自埃及出土的一卷紙草。它們模擬了市井閒談，儘管維妙維肖，生動詼諧，但主角是鴇母、皮條客、逃學小孩、吃醋的婦人，且語涉猥褻，當然不入基督抄手的法眼。於是重抄的過程又成了審查過程，許多著作從此湮沒無聞。[110]

至於哪些簡帛材料可以體現戰國時代的思想觀念以及反映戰國時代的記憶面貌？基本上戰國時代寫定或出於戰國墓中的材料，涉及古史內容的都可以算在取材範圍內，不論這些材料中是否有自古傳鈔而來的，或能夠反映更早記憶面貌的內容，由於它們於戰國時代寫定或傳鈔而被閱讀，因此戰國時代可說是這些記憶的下限，這些記憶自然也屬於戰國時代古史記憶。當然，若能確定某些材料或內容有更早的來源，則可以進一步探討記憶的傳承問題。至於有些秦代、西漢時期寫定、流傳的資料，多成書於戰國時代或有從戰國時代流傳下來的內容，也應納入取材範圍。

（三）本書的研究主題與未來的研究計畫

本書以「虞夏之際」的「古史記憶」為主題。首章為「緒論」，談本文寫作的起點，以「記憶」的新觀點與「出土文獻」的新材料為基礎，承繼顧頡剛基於文獻的古史研究，並從其中具有當代意義的內涵出發，重新探討「戰國時代的古史記憶」。第二章為「禪讓制度與

---

110 羅杰・巴格諾爾著（Roger S. Bagnall），宋立宏、鄭陽譯：《閱讀紙草，書寫歷史》（上海市：上海三聯書店，2007年3月），頁163-164。

朝代典範──找回虞代記憶的過程」，探討的是「虞代」的記憶如何產生的問題。我們的問題是西周時代到底有沒有虞代記憶？人們如何記憶夏代之前的歷史？以及東周時期的虞代記憶為何？當時的人們如何記憶虞代？而出土文獻文提供了討論這些問題的新材料，我們認為從西周到戰國經歷了一個由「三代觀」到「四代觀」的記憶轉變過程，相關記憶因此逐漸被建構出來。第三章為「禹記憶二題──禹的出生及禹政」，談大禹感生神話與鯀禹父子傳說的記憶衝突問題與大禹感生神話的遺忘與重構等問題，以及傳世文獻中少見而在楚簡中有較完整記載的「禹政」問題。第四章為「啟記憶二題──啟得天下與上賓於天」，談啟得天下的記憶在三代觀脈絡與四代觀脈絡中的不同，說明啟的禪讓終結者的形象與聖王形象如何形成，以及從先秦賓天觀念入手，探討啟賓天傳說的演變、其與「夢遊鈞天傳說」的關係及啟佚樂亂國之負面形象如何形成等問題，最後總結全文。

　　本書承繼古史辨時期顧頡剛、童書業對虞代、禪讓制度、夏初歷史的批判研究，並透過新的觀念與新出土文獻，對相關問題作一修正與開展。而此一主題可以放在戰國時代關於「正統王朝興替的記憶」脈絡中，因此我們未來也會將研究延伸到夏商之際、商周之際等主題。另外，在正統王朝之外，我們也將進一步梳理先秦「多元族群溯源的記憶」，即關於中原周邊地區的秦、楚、吳、越等族群淵源的追溯與建構問題。這兩部分便是我們為戰國時代古史記憶立下的框架與座標。行有餘力，我們將進一步擴及關於商與西周二代中人物、事件乃至制度方面的記憶，並上探關於遠古世界古帝王、古族群的記憶，下探對戰國人而言記憶距離較近的春秋時期記憶，逐步完成我們對「戰國時代古史記憶」的完整論述。

　　以上規劃涉及的諸多問題，有許多是古史辨時期顧頡剛及其他學者談過的，且具有啟發性，因此我們的研究仍會從古史辨時期的學術

遺產出發，透過新觀念與新材料，隨時穿梭、出入這個逐漸被遺忘的「疑古時代」。

第二章

禪讓制度與朝代典範

——找回虞代記憶的過程

　　先秦是否存在「虞代」是歷史問題，也是記憶問題。就歷史問題而言，民初胡適、顧頡剛曾主張「東周以上無史」之說，後因甲骨文證明了商代確實存在而使「無史」的下限往前推至商代。當然，甲骨文的祭祀卜辭中追述了一些存在於商代之前的人物，增添了夏代存在的可能性，然而至今未有夏代文獻出土，夏世系也無法得到證明，因此學者對夏代是否存在仍未取得共識，遑論虞代。就記憶問題而言，目前所見涉及虞代的材料皆為後人所追述，無法成為證明虞代存在的直接證據，卻能告訴我們後人如何記憶虞代，因此討論的焦點便轉移到虞代何時開始出現在人們的記憶中、記憶內容為何及其如何傳承、演變、遺忘等問題上。

　　本文主題為「記憶」，我們認為西周時期並不存在「虞代記憶」，此種記憶是東周以後建構出來的，即在西周人的記憶中只有夏、商、周「三代」，東周以後才產生虞、夏、商、周的「四代」記憶；而在「找回」虞代記憶的過程中，我們不知道當時的人用了什麼材料，但在沒有非追述性的直接史料可以參照的情況下，只能暫時將這些追述的內容視為後人對夏代之前某一段過去的詮釋。

　　本文認為西周「三代觀」的古史記憶可以從「絕地天通」所體現古史觀念理解，而「四代觀」的古史記憶產生於西周與東周之交，後來在「禪讓」觀念的影響下，虞代部分的記憶內容才逐漸建構完成。

另外，在虞代記憶的建構過程中，大禹治水與征三苗成為虞代的重要事件，同時也是說明虞代記憶建構與演變最好的例子。

第一節　西周的「三代觀」古史記憶：夏代為朝代之始

一　從「禹是否有神性」的問題發展出「三代觀」概念

（一）早期學者顧頡剛、童書業、楊寬的說法

1 顧頡剛認為禹是上帝派下來的神，是周代人心目中最古的人物

民國初年顧頡剛提出了「層累地造成的中國古史」之說，成為古史辨運動最重要的理論基礎，而啟發此說的重要關鍵便在「禹」的問題上。[1]顧頡剛透過否定禹的真實性，挑戰了禹以前的歷史的真實性，他在〈與錢玄同先生論古史書〉中提出了關於「禹是否有神性」此一問題的初步論述，認為：

> 周代人心目中最古的人是禹，到孔子時有堯、舜，到戰國時有黃帝、神農，到秦有三皇，到漢以後有盤古……我以為自西周以至春秋初年，對於古代原沒有悠久的推測。《商頌》裡說：「天命玄鳥，降而生商。」《大雅》裡說：「民之初生，自土沮漆。」又說：「厥初生民，時維姜嫄。」可見他們只是把本族形成時的人作為始祖，並沒有很遠的始祖存在他們的意想。他

1　顧頡剛：〈古史辨第一冊自序〉，《顧頡剛古史論文集》卷1，《顧頡剛全集》第1冊，頁45。

們只是認定一個民族有一個民族的始祖，並沒有很多民族公認的始祖。

但他們在始祖之外，還有一個「禹」。《商頌·長發》說：「洪水芒芒，禹敷下土方。……帝立子生商。」禹的見於載籍以此為最古。……在洪水芒芒之中，上帝叫禹下來布土，而後建商國。然則禹是上帝派下來的神，不是人。……《商頌》，據王靜安先生的考定，是西周中葉宋人所作的（《樂詩考略》、《說商頌下》）。這時對於禹的觀念是一個神。到魯僖公時，禹確是人了。《閟宮》說「是生后稷，……俾民稼穡；……奄有下土，纘禹之緒。」……這詩的意思，禹是先「奄有下土」的人，是后稷之前的一個國王；后稷是後起的一個國王。他為什麼不說后稷纘黃帝的緒，纘堯、舜的緒呢？這很明白，那時並沒有黃帝、堯、舜，那時最古的人王（有天神性的）只有禹，所以說后稷纘禹之緒了。商族認為禹為下凡的天神，周族認為禹為最古的人王，可見他們對於禹的觀念，正與現在人對於盤古的觀念一樣。[2]

此段引文除了第一句話之外，皆出於一九二三年二月二十五日顧頡剛致錢玄同的信，雖非論文，卻提出了具有啟發性的觀點。

此文刊出後諸多觀點受到嚴厲批評，顧頡剛自己也不斷增補、修正舊說，如〈討論古史答劉胡二先生〉中除了前文已引用的材料外，增補了大量《詩》、《書》中關於「帝命」、「禹跡」、「旬山」、「治水」的材料，對禹的神性作了進一步論述，並提出禹的神職為「社神」之

2　顧頡剛：〈與錢玄同先生論古史書〉，《顧頡剛古史論文集》卷1，《顧頡剛全集》第1
　　冊，頁181-183。

說；同時重申禹為天所命而非堯、舜所命，古史中禹的出現早於堯、舜，並進一步提出堯、舜與禹的關係起於戰國時代鼓吹的禪讓之說，[3]又在〈古史辨第一冊自序〉中詳細回顧了研究禹的心路歷程及學術意義。[4]最後在〈鯀禹的傳說——夏史考第四章〉及〈禪讓傳說起於墨家考〉中建構了完整的「禹有天神性」及「堯、舜與禹的關係起於禪讓說」的論述。[5]

　　基本上顧頡剛一系列研究不變的主題是「禹是上帝派下來的神」，並且提出周代商、周二族對於禹的「觀念」為「最古的人」的說法，因而衍生出「禹原與堯、舜無關」與「夏代之前原無虞代」的問題。

2 童書業、楊寬提出「三代」古史系統早於「四代」之說

　　康有為曾在《孔子改制考》中以為《尚書》之〈召誥〉、〈立政〉、〈多方〉談到以古為鑒之處「皆夏殷並舉，無及唐、虞者，蓋古者大朝惟有夏、殷而已，故開口輒引以為鑒。」[6]顧頡剛承繼了此種觀念，進一步提出禹為天神、禹是周代人心目中最早的人物的論述，而顧頡剛並不否認夏代的存在，[7]自然引申出先秦只有夏、商、周三代而無虞代的古史面貌。

　　然而若無虞代，先秦文獻中關於虞代的人物、事件從何而來？顧

3　顧頡剛：〈討論古史答劉胡二先生〉，《顧頡剛古史論文集》卷1，《顧頡剛全集》第1冊。

4　顧頡剛：〈古史辨第一冊自序〉，《顧頡剛古史論文集》卷1，《顧頡剛全集》第1冊，頁45、53-56。

5　顧頡剛：〈禪讓傳說起於墨家考〉、〈鯀禹的傳說——夏史考第四章〉，《顧頡剛古史論文集》卷1，《顧頡剛全集》第1冊。

6　康有為：《孔子改制考》卷12〈孔子改制法堯舜文王考〉，收於康有為：《康有為全集》（北京市：中國人民大學出版社，2007年9月），第3集，頁148

7　參孫慶偉：《追跡三代》，頁71-76。

頡剛在〈與錢玄同先生論古史書〉中認為「東周初年只有禹，是從《詩經》尚可以推知的；東周的末年更有堯、舜，是從《論語》上可以看到的」，「我意，先有了禪讓的學說而後有《堯典》、《皋陶謨》出來，當作禪讓的實證；禪讓說是儒家本了尊賢的主義鼓吹出來的」，[8]並在〈討論古史答劉胡二先生〉中有進一步論述，提到禪讓說多見於《孟子》、《墨子》中，及「禪讓之說乃是戰國學者受了時勢的刺戟，在想像中構成的烏托邦」。[9]後來又在〈尚書研究講義戊種之二〉中主張「禪讓之說由尚賢來，尚賢之義由墨氏出而流入於儒家，故觀此篇可以明《堯典》之根本」，[10]最後在〈禪讓傳說起於墨家考〉詳細論證此一想法，主張禪讓說起於戰國時代墨家的「尚賢主義」，認為「一定要先有了戰國的時勢，才會有墨家的主義；有了墨家的主義，才會有禪讓的故事」，堯舜禪讓的故事是從墨家尚賢、尚同說的脈絡中創造出來的。[11]此外，顧頡剛在〈堯典著作時代考（尚書研究講義丙種之一）〉中還提到「戰國人每以堯、舜包於『三代』之中」，並舉《墨子》「三代聖王堯、舜、禹、湯、文、武。」（〈天志中〉、〈貴義〉）為例，認為「至漢，乃以三代廣為『四代』，《大戴記》中遂有《四代》之篇」。[12]

　　受到康有為與顧頡剛的觀點影響，童書業在〈「帝堯陶唐氏」名

8　顧頡剛：〈與錢玄同先生論古史書〉，《顧頡剛古史論文集》卷1，《顧頡剛全集》第1冊，頁184、185。

9　顧頡剛：〈討論古史答劉胡二先生〉，《顧頡剛古史論文集》卷1，《顧頡剛全集》第1冊，頁238-241。

10　顧頡剛：〈尚書研究講義參考資料（戊種之一二三四）〉，《顧頡剛古史論文集》卷8，《顧頡剛全集》第8冊，頁323-324。

11　顧頡剛：〈禪讓傳說起於墨家考〉，《顧頡剛古史論文集》卷1，《顧頡剛全集》第1冊，頁442。

12　顧頡剛：〈堯典著作時代考（尚書研究講義丙種之一）〉，《顧頡剛古史論文集》卷8，《顧頡剛全集》第8冊，頁128。

號溯源〉中進一步討論了「四代」古史系統晚出的問題。童先生承康
有為之說而增補了《詩》、《書》、《論語》中夏、商、周三代系統的材
料，茲各引二例如下：

> 我不可不監于有夏，亦不可不監于有殷。……今王嗣受厥命，
> 我亦惟茲二國命，嗣若功。(《尚書·召誥》)
>
> 上帝引逸，有夏不適逸，則惟帝降格，嚮于時夏。弗克庸
> 帝，……乃命爾先祖成湯革夏。……在今後嗣王誕罔顯于
> 天。……今惟我周王丕靈承帝事，有命曰割殷，告勑于帝。
> (《尚書·多士》)
>
> 殷鑒不遠、在夏后之世。(《詩經·大雅·蕩》)
>
> 《詩》曰：「我無所監，夏后及商，用亂之故，民卒流亡。」
> (《左傳·昭公二十六年》引《詩》)
>
> 子曰：「殷因於夏禮，所損益可知也；周因於殷禮，所損益可
> 知也；其或繼周者，雖百世可知也。」(《論語·為政》)
>
> 子曰：「周監於二代，郁郁乎文哉，吾從周。」(《論語·八
> 佾》)

在虞、夏、商、周四代系統方面，童書業以為「墨家在禹以前發現了
堯、舜，所以就連帶發現了虞代」，「夏、商、周以前又有虞代，這是
墨家的發明」，並舉《墨子》中的材料為證：

> 子胡不尚考之乎商、周、虞、夏之記。(〈非命下〉)
>
> 且惟昔者虞、夏、商、周三代之聖王。(〈明鬼下〉)
>
> 三代聖王堯、舜、禹、湯、文、武。(〈尚賢中〉、〈節葬下〉、
> 〈天志中〉、〈天志下〉、〈明鬼下〉、〈貴義〉)

又認為《墨子》明明提到虞、夏、商、周卻仍稱「三代」,「無非是因為三代這一個名詞用得太熟了,上面又添出了一代,一時改不過口來,所以糊裡糊塗地混稱四代為三代了」,而「自從墨家發現了這個虞代,於是虞、夏、商、周一個系統便成為述古的方式」。[13]楊寬也有相同的看法,並認為「不特古帝王之傳說為層累地造成,即朝代之傳說,亦因時而俱增也」。[14]

　　綜上所述,顧頡剛與童書業建構了一個屬於西周時期的「三代觀」古史框架,從禹的天神性出發,切斷禹與堯、舜的關係,而以為禹為最古之人;並提出墨家「發明」了虞代(或與禪讓說有關),因而形成了「四代觀」的古史框架。當然,早期顧頡剛僅憑禹治水為天所命或禹治水的神話性敘述就認定禹為天神、與堯舜無關,或僅憑《詩經》中的材料便認定周代人心目中最古的人是禹,都是較為武斷的說法;而關於虞代的觀念或堯、舜的傳說是否在東周以前已經出現、禪讓說是否起於墨家等問題,學者也都有不同的看法。當代的學者已透過新材料與新觀點重新檢討相關問題,我們也同意他們的說法確有可修正之處,不過顧頡剛將焦點放在不同時代與族群對禹的「觀念」上,已經觸及了「記憶」的問題,仍有參考價值,而從現有的材料來看,西周時期尚未出現「四代觀」的古史框架大致還是合理的。以下我們從當代學者對「禹是否有神性」的討論談起,並進一步透過

---

13 童書業:〈帝堯陶唐氏名號溯源〉,《童書業史籍考證論集》(北京市:中華書局,2005年10月),頁80-89。後來童先生又進一步探究墨家的堯、舜傳說從何而來,認為田氏代齊,「或許就借了堯、舜禪讓傳說來辯護自己的篡位」,可以假定「堯、舜禪讓的故事即出於田齊」,由於傳說發生於齊國,墨子曾經仕齊故受到影響,而結合其尚賢主義並「加以渲染、改變(舜起於微賤之說,絕是墨家所造無疑),而造了他特有的禪讓故事」,參〈「堯舜禪讓」說的另一種推測〉,《童書業史籍考證論集》,頁292-294。
14 楊寬:〈中國上古史導論〉,《古史辨》第7冊上編,頁105。

「絕地天通」的觀念說明西周人記憶中的第一個「朝代」應該是以大禹為始祖的「夏代」，當時並沒有「虞代」的觀念。而後再談虞代的觀念「何時出現」及「如何建構」的問題。

（二）當代學者對「禹是否有神性」的討論

1 裘錫圭對顧頡剛之說的繼承與謝維揚、李銳的批判

二〇〇二年北京保利藝術博物館收藏了一件青銅器〈𪔅公盨〉，銘文提到了大禹治水傳說，相關內容如下：

> 天令（命）禹專（敷）土，隆（墮）山叡（濬）川；迺（乃）
> 𤕝𠂤，埶（設）征，降民，監德；迺（乃）自乍（作）配，卿
> （嚮）民；成父女（母），生我王，乍（作）臣。[15]

多數學者肯定此器作於西周中期左右，首句「天命禹敷土」指出大禹治水為天所命，使學者重新思考「禹是否有神性」的問題。裘錫圭在〈新出土先秦文獻與古史傳說〉中提到，顧頡剛曾在〈討論古史答劉胡二先生〉一文中據《尚書·洪範》的「鯀陻洪水，汩陳其五行。帝乃震怒，不畀洪範九疇，……天乃錫禹洪範九疇」及《尚書·呂刑》的「（皇帝）乃命三后恤功於民，……禹平水土，主名山川」這兩篇文字中命禹者皆為上帝而非人王，認為禹當有天神性，並且古史中禹的出現早於堯、舜，禹與堯、舜本無關，而裘先生進一步據〈𪔅公

---

15 斷句從裘錫圭〈𪔅公盨銘文考釋〉，收於裘錫圭：《裘錫圭學術文集·金文及其他古文字卷》（上海市：復旦大學出版社，2012年6月），第3卷。相關文字考釋可參周寶宏：《近出西周金文集釋·𪔅公盨銘文集釋》（天津市：天津古籍出版社，2005年10月）；陳英傑：〈𪔅公盨銘文再考〉，《語言科學》第7卷第1期（2008年1月）。「𤕝𠂤」與「征」的釋讀歧異較大，暫不隸定、破讀。

盨〉重新肯定顧頡剛的結論，指出：

> 可見在較早的傳說中，禹卻是受天，即上帝之命來平治下界的
> 水土的。上引《洪範》、《呂刑》之文，與此盨銘文可以互證，
> 顧頡剛的有關意見完全正確。在這樣的傳說裡，根本不可能有
> 作為禹之君的人間帝王堯、舜的地位。顧氏認為堯、舜傳說較
> 禹的傳說後起，禹跟堯、舜傳說本來並無關係的說法，當然也
> 是正確的。[16]

裘先生對於堯、舜與禹的關係起於禪讓之說則持反對的意見，認為禹
在古代神話人物「人化」的過程中由「上帝部屬」「漸漸變成堯舜部
屬」是很自然的事，不必以禪讓解釋。[17]至於虞代是否存在的問題，
裘先生認為「很多學者已經指出，戰國古書上不但講三代，還講四
代。夏代以前還有虞代，堯、舜以至更早的某些傳說中的帝王都屬虞
代。這個時代的文化應該已經比較發達了，不然不會有『虞夏商周』
這樣的提法」，並且認為「從比較可靠的古書看，黃帝、顓頊、帝嚳
的情況跟堯、舜很不一樣」。[18]從這兩段話可知裘先生並不否認虞代存
在的可能性，並且嚴謹的表達了這樣的看法。

　　也有學者不同意裘先生的說法，如謝維揚、李銳都曾提出具體的

---

16 裘錫圭：〈新出土先秦文獻與古史傳說〉，《裘錫圭學術文集·古代歷史、思想、民
　俗卷》第5卷，頁257。後來裘先生在〈「古史辨」派、「二重證據法」及其相關問
　題——裘錫圭先生訪談錄〉中再次肯定顧頡剛指出禹有天神性以及命禹者為天而非
　堯、舜的說法，參《裘錫圭學術文集·雜著卷》第6卷，頁291。

17 裘錫圭：〈新出土先秦文獻與古史傳說〉，《裘錫圭學術文集·古代歷史、思想、民
　俗卷》第5卷，頁258。

18 裘錫圭：〈「古史辨」派、「二重證據法」及其相關問題——裘錫圭先生訪談錄〉，
　《裘錫圭學術文集·雜著卷》第6卷，頁302。

意見，謝先生之說主要有以下兩點：（1）受「天命」者不代表有神性，如《尚書・大誥》有「天休于寧王，興我小邦周，寧王惟卜用，克綏受茲命」，說明文王權力源自天，而其人並無神性。（2）上博簡〈子羔〉中禹為「天子」（天帝之子，指其有神性），又為舜臣，可見〈𫷷公盨〉之禹受「天命」不代表當時的禹傳說必無禹、舜之間有關之類的內容。[19]李先生之說主要有以下兩點：（1）禹為天所命不能說明他是神。若契、后稷指涉的對象確實存在，則「無父感生」、「天命」等都只能是當時人思維的產物，如上博簡〈孔子詩論〉中「帝謂文王」一段及《孟子・萬章上》萬章問孟子「堯以天下與舜」時雙方提到的天命之說，都是因為在當時人的思維中認為人王之成功乃因得天或上帝之命。（2）禹治水如「神跡」不能代表他是神。大禹治水可能在流傳過程中增添神跡並逐漸放大，禹治水的故事可能在文王、武王之時已經定型而時人傳之為神，因此不能以神跡的有無、多少論斷禹為神。此外，李先生也對顧頡剛的禹為最古的人王之說提出質疑，茲歸納為以下三點：（1）〈子羔〉中出現堯、舜、禹、契、稷的古史結構，不利於顧頡剛以禹「截斷眾流」，很可能當時的人即便承認始祖感生，卻非以此為歷史的開端，三代始祖之前還有堯、有虞氏及「昔者而弗世也，善與善相授也」之「昔者」。（2）西周文獻中，《尚書・呂刑》有蚩尤、重黎，《逸周書・嘗麥》有赤帝、黃帝、蚩尤、少昊，《尚書・洪範》有鯀。（3）顧頡剛的論述源於有限的《詩經》的材料，並且對「奄有下土」、「奄有下國」、「禹敷下土方，外大國是疆」在文獻中的意涵理解有誤，這些內容以及其他先秦文獻中關於「禹跡」的表述都不是為了說明「禹為歷史的開端」，

---

19 謝維揚：〈古書成書和流傳情況研究的進展與古史史料學概念——為紀念《古史辨》第一冊出版八十週年而作〉，《「疑古」與「走出疑古」》，頁400。

而是為了表示「得到居處土地」、「合法地擁有疆域」。[20]

2 郭永秉對顧頡剛之說的再繼承與寧鎮疆的再批判

李銳也提到早期劉掞藜已經就「天命」問題提出質疑，劉先生曾據《詩經‧玄鳥》「帝命武湯」及〈文王有聲〉「文王受命」、〈皇矣〉「帝謂文王」等認為以顧頡剛的標準則湯與文王都是神，當時顧頡剛有如下回應：

> 「稱天而治」、「替天行道」是古代王者的慣技。……且湯武、文王的來踪去跡甚是明白，他們有祖先，有子孫，所以雖有神話而沒有神的嫌疑。至於禹，他的來踪去跡不明，在古史上的地位是獨立的（父鯀子啟全出於偽史，不足信）。他不是周族祖先而為周族所稱，不是商族祖先而亦為商族所稱，他的神話是普遍的。地位的獨立，神話的普遍，惟有天神纔能如此！[21]

並強調「禹的最有天神的嫌疑的地方」應該是先秦文獻所載禹「敷土」、「甸山」、「治水」的記載，這些治水之功非人力所能為。[22]顧頡剛提到湯、文王的神話是人王為政治目的而造的神話，點出了二者在「天命觀」上的不同，而不同的原因在於是否有「神的嫌疑」。郭永秉對謝、李二位先生的反駁呼應了顧頡剛的觀點，其說如下：

---

20 李銳：〈由新出土文獻重評顧頡剛先生的「層累說」〉，《新出簡帛的學術探索》，頁419-420、423-429。另外李先生在〈「二重證據法」的界定及規則探析〉，《歷史研究》2012年第4期，頁132中也提到關於「天命」的問題。

21 顧頡剛：〈討論古史答劉胡二先生〉，《顧頡剛古史論文集》卷1，《顧頡剛全集》第1冊，頁220-221。

22 同上，頁221-223。

他們沒有正面解釋為何在較早的傳世和出土文獻中禹的傳說卻沒有類似文王為紂臣這類完全屬於人事的記載，只有天、帝、皇帝等命禹的記載，反而到了大家都公認的戰國時代形成的古書才有禹為堯、舜臣的記載。這種情況跟李銳先生所謂「神跡」是「逐漸放大」的講法恰好是背反不容的。帝命文王的傳說跟帝命禹的傳說本質顯然不同，似不可比附。文王伐商為取得合法性，自然要附會或編造出一套受上帝（或天）之命的說法來，這與人所共知的具有悠遠歷史的禹受天帝之命平治水土神話傳說發生原理完全不同，所以禹的治水傳說後來在理性化思潮下被「人化」改造為堯、舜之命說，文王因為人所共知是一位人王而非神，他受帝命的傳說就沒有這種演變過程的可能和必要，這是兩者本質的區別。……「天」在孟子那裡是很虛的（所以他說「天不言」），跟原始傳說中禹平治水土的人格化的上帝顯然不同。[23]

而對〈子羔〉所載堯舜禹契稷的結構，郭先生則認為「在《子羔》篇作者的時代，已經出現禹契后稷服事舜的傳說，這其實毫不足異」，[24]因此並不能證明在西周或更早的時代禹為舜臣或其治水為舜所命。

另外，近年出版的《清華五‧厚父》中也有關於禹的記載，內容如下：

王若曰：厚父！威（遹）䎽（聞）禹☐【1】川，乃降之民，建顕（夏）邦。啟惟后，帝亦弗叟（恐）啟之經惪（德）少，

---

23 郭永秉：〈這是一個根本的態度問題——《新出土先秦文獻與古史傳說》導讀〉，《古文字與古文獻論集續編》（上海市：上海古籍出版社，2015年8月），頁441。
24 同上，頁443。

命咎（皋）繇（繇）下為之卿事，茲咸又（有）神，能咎
（格）于上，【2】智（知）天之畏（威）弐（哉），龗（問）
民之若否，隹（惟）天乃永保顕（夏）邑。……【3】[25]

學者指出此篇從語言與思想來看應該是周初的《尚書》類文獻，[26]「禹
☐川」中間缺了十字左右，整理者以為「川」應為〈幽公盨〉「天命與
敷土，墮山，濬川」的「川」之類。[27]郭永秉認為「雖然簡文有殘損，
但仍可推知在此篇中禹治水所從受命的是天帝而非堯舜（仍是帶有神
性的禹），同時他是奉天之命降民建夏邦的」，[28]則〈厚父〉中的禹亦可
代表西周時代以禹治水為天所命之例。至於虞代是否存在的問題，郭
先生的看法是裘說的進一步解釋，他認為東周時代的虞代觀念不會是
戰國以後「層累地造成的」，「中國在夏之前應有一個部落聯盟時代，
古人統以『虞』來稱呼，堯、舜是有虞一代最有影響力的兩位部落聯
盟首領」。[29]

---

25 釋文基本參李學勤主編：《清華大學藏戰國竹簡（伍）》（上海市：中西書局，2015
　　年4月），頁110。斷句方面，原釋文「少」字下讀，此從馬楠改屬上讀為「經德
　　少」，參〈清華簡第五冊補釋六則〉，《出土文獻》（上海市：中西書局，2015年4
　　月），第6輯，頁224。

26 參程浩：〈清華簡《厚父》「周書」說〉，《出土文獻》（上海市：中西書局，2014年
　　10月），第6輯；郭永秉：〈論清華簡《厚父》應為《夏書》之一篇〉，《出土文獻》
　　（上海市：中西書局，2015年10月），第7輯。

27 李學勤主編：《清華大學藏戰國竹簡（伍）》，頁111。

28 郭永秉：〈這是一個根本的態度問題──《新出土先秦文獻與古史傳說》導讀〉，《古文
　　字與古文獻論集續編》，頁451；〈論清華簡《厚父》應為《夏書》之一篇〉，《出土文獻》
　　（上海市：中西書局，2015年10月），第7輯，頁118。

29 郭永秉：〈這是一個根本的態度問題──《新出土先秦文獻與古史傳說》導讀〉，《古文
　　字與古文獻論集續編》，頁447。另可參郭永秉：《帝繫新研》（北京市：北京大學出
　　版社，2008年9月），頁36-79；〈上博簡《容成氏》的「有虞迵」和虞代傳說的研
　　究〉，《古文字與古文獻論集》（上海市：上海古籍出版社，2011年6月）。

　　最近寧鎮疆也對禹的神性問題提出看法，認為〈豳公盨〉與〈厚父〉中的禹可證古人心目中的禹為人王。寧先生將〈豳公盨〉「乃自作配」的主語理解為「禹」，認為「從《詩經》的『天立厥配』看，『天』與『配』明顯不可能為一物」；又據〈厚父〉中禹與夏有關，而認為「他就不應該只是神性的。尤其從《厚父》篇『王』與夏之後人厚父對話的背景看，其實就是視禹為夏之先人，因此就無關什麼『神』、『人』之間的問題」。另外又舉《左傳·宣公十六年》羊舌職所說「吾聞之：禹稱善人，不善人遠」，而曰：「羊舌氏為春秋中期人，且其云『吾聞之』，得之更久遠史影自不待言。如果禹是『神性』的，其中的『善人』就要讀為『善神』了，問題是不言而喻的。」[30]

　　而寧先生進一步針對郭永秉談到研究「態度」問題。前引郭先生為裘先生的〈新出土先秦文獻與古史傳說〉所作的導讀之文的題目即為「這是一個根本的態度問題」，而在禹的神性問題上主張禹與堯、舜都經歷了一個「人化」的過程，早期文獻中命禹者為天、帝、皇帝而不見禹為堯、舜之臣的記載，並且提到清華簡〈良臣〉、上博簡〈子羔〉、〈舉治王天下〉、《論語·堯曰》中都有「禹為堯舜帝廷之臣」之說，而這些材料「至晚是戰國早期的作品」。[31]對此寧先生認為「這顯然是以『突變』來理解此類文獻的年代學特徵，這正是問題以及同樣反映『態度』之所在」，[32]似乎是認為這些東周文獻中禹為堯、舜之臣的說法應該前有所承，不能僅以文獻的年代下限論定所載內容的時代性，頗有將這些內容視為更早說法的延續之意。

---

30 寧鎮疆：〈清華簡《厚父》「天降下民」句的觀念源流與豳公盨銘文再釋〉，《出土文獻》第7輯，頁117。

31 郭永秉：〈這是一個根本的態度問題——《新出土先秦文獻與古史傳說》導讀〉，《古文字與古文獻論集續編》，頁441、443。

32 寧鎮疆：〈清華簡《厚父》「天降下民」句的觀念源流與豳公盨銘文再釋〉，《出土文獻》第7輯，頁117。

　　以上列舉的說法分為兩派，裘錫圭與郭永秉上承顧頡剛的說法而有所調整，謝維揚、李銳、寧鎮疆則反對顧頡剛之說。兩派學者在「態度」上的不同顯然延續了過去「疑古」與「信古」兩種路線之爭，並且對材料所能提供的訊息看法不同，前者依照材料的時代性將內容前後排比，觀其演變之跡，卻沒有完全否定後代材料中可能帶有更早的歷史訊息，而後者相信後代的材料中可能傳承了更早的內容，而有更早時代的史影。這兩種思路對理解古代歷史文化都是有意義的，不過還要看具體討論的問題或材料適合哪種路線。就禹的問題而言，誠如黃永年所說：

　　　　《燹公盨》說：「天命禹」可知銘文作者仍認為禹具有神性。
　　　　退一步說，即使此銘文作者已認為禹真有其人，禹治水真有其
　　　　事，但時在西周中期偏晚的作者距離舊古史系統所說夏代初年
　　　　已有千年之久，他講夏初人王之禹，就等於今人講一千年前北
　　　　宋的事情，其不能當作史料為人取信是誰都明白的。[33]

或許我們可以再退一步，接受西周時期的材料確有可能留下了一些真實過去的痕跡，不過我們能夠依據的最早的材料也只有透過「二重證據法」得到證明的西周中期左右「天命禹」的表述而已。

　　早期顧頡剛透過禹的神性試圖否定禹以前的古史的真實性，而上舉裘、郭二位先生雖透過出土文獻重申禹的神性並否定禹與堯、舜的關係，卻沒有否定虞代存在的可能性，至於否定禹有神性的學者基本接受傳統的四代觀古史系統。我們認為，西周時期提到「天命禹」的

---

33 黃永年：〈評《走出疑古時代》〉，收於中國社會科學院歷史研究所，中山大學歷史系編：《紀念顧頡剛誕辰110週年論文集》（北京市：中華書局，2004年10月），頁130。

材料並不能證明禹是神還是人，不過我們可以從中了解西周人對禹及
其所處時代的記憶，從《尚書・呂刑》的「絕地天通」所反映的古史
觀念及其他相關材料來看，西周人記憶中的禹確有神性，同時也是人
王，禹是當時人的古史記憶中區分不同時代的重要的記憶座標，而在
此種記憶中禹建立夏代之前並不存在虞代。

二 從《尚書・呂刑》的「絕地天通」看西周人記憶中的禹及虞代

（一）禹是上天派在人間的第一個王，夏代之前不存在虞代

1 〈呂刑〉的「絕地天通」反映了西周人對夏代前後政治變革的想像

　　西周文獻中禹治水為天、帝、皇帝所命，說明西周人的記憶中禹
確有神性，但不代表他們認為禹非「人王」，《清華五・厚父》曰：

> 王若曰：厚父！遹聞禹☒【1】川，乃降之民，建夏邦。啟惟
> 后，帝亦弗恐啟之經德少，命皋繇下為之卿事，茲咸有神，能
> 格于上，【2】知天之威哉，問民之若否，惟天乃永保夏
> 邑。……【3】

這段話追述夏之先王始自上帝命禹治平水土，而後上帝為禹降民，讓
禹在水土既平之後建立夏邦，並由啟繼承天命，開創了夏朝。〈豳公
盨〉亦曰：

> 天命禹敷土，墮山濬川；乃𤳰方，設征，降民，監德；乃自作

配，嚣民；成父母，生我王，作臣。

與〈厚父〉所述類似，「乃自作配」應該是指上帝替自己找一個治理人民的代理人。[34]而〈厚父〉中對上天立配之說有理論化的表述：

（厚父）曰：天降下民，埶（設）萬邦，复（作）之君，复（作）之帀（師），隹（惟）曰其勋（助）上帝髙（亂）下民之匿（慝）。【5】[35]

類似的內容又見於《左傳》「天生民而樹之君」（文公十三年）、「天生民而立之君」（襄公十四年），及《孟子·梁惠王下》之「天降下民，作之君，作之師，惟曰其助上帝寵之」。

我們要進一步問的是，在西周人的觀念中，禹之前的時代上天與人民之間的關係是否也是同樣的模式？《尚書·呂刑》與《逸周書·嘗麥》提供了討論此問題的材料。〈呂刑〉曰：

王曰：「若古有訓，蚩尤惟始作亂，延及于平民。罔不寇賊，鴟義奸宄，奪攘矯虔。苗民弗用靈，制以刑；惟作五虐之刑曰

---

34 裘錫圭指出：「『自作配』之意即天為自己立配，猶『作之君』之意即天為之（指民）立君。古人認為作為天下共主的王，是上帝將他立在下土以治理下民的，地上的王是天上的上帝的『配』。……天『自作配』應該就指在下土立王。」（〈燹公盨銘文考釋〉，《裘錫圭學術文集·金文及其他古文字卷》第3卷，頁154。）其他學者的說法可參周寶宏：《近出西周金文集釋·燹公盨銘文集釋》；陳英傑：〈燹公盨銘文再考〉，《語言科學》第7卷第1期（2008年1月）。關於「作配」、「配天」的觀念，可參徐難于：〈燹公盨銘：「乃自作配鄉民」淺釋──兼論西周「天配觀」〉，《中華文化論壇》2006年2月。

35 「之慝」原釋文屬下讀，學者或以為屬上讀較合理，相關討論可參郭永秉：〈論清華簡《厚父》應為《夏書》之一篇〉，《出土文獻》第7輯，頁126-127。

法，殺戮無辜。爰始淫為劓刵椓黥；越茲麗刑並制，罔差有
辭。民興胥漸，泯泯棻棻；罔中于信，以覆詛盟。虐威庶戮，
方告無辜于上。上帝監民，罔有馨香德，刑發聞惟腥。皇帝哀
矜庶戮之不辜，報虐以威，遏絕苗民，無世在下。乃命重黎，
絕地天通，罔有降格。群后之逮在下，明明棐常，鰥寡無蓋。
皇帝清問下民，鰥寡有辭于苗。德威惟畏，德明惟明。乃命三
后，恤功于民：伯夷降典，折民惟刑；禹平水土，主名山川；
稷降播種，農殖嘉穀。三后成功，惟殷于民。士制百姓于刑之
中，以教祗德。穆穆在上，明明在下，灼于四方，罔不惟德之
勤。故乃明于刑之中，率乂于民棐彝。典獄非訖于威，惟訖于
富。敬忌，罔有擇言在身。惟克天德，自作元命，配享在下。」

《墨子・尚賢中》引〈呂刑〉曰：

先王之書《呂刑》道之曰：「皇帝清問下民，有辭有苗，曰：
『群后之肆在下，明明不常，鰥寡不蓋。德威維威，德明維
明。』乃名三后……。」

句子順序與〈呂刑〉稍有不同而語意較通順。[36]一般認為〈呂刑〉為西
周時代的作品，[37]則這段具有神話色彩的內容可以反映西周人的觀點。

---

36 清人江聲、莊述祖據鄭玄之義以為〈呂刑〉該處有錯簡脫文，程元敏總結諸說將
「罔有降格」之後改為：「皇帝清問下民，鰥寡有辭于苗，曰據墨子加此一字：『群后
之逮在下，明明棐常，鰥寡無蓋。』德威惟畏，德明惟明。」屈萬里則疑「皇帝清
問下民，鰥寡有辭于苗」或應在「刑發聞惟腥」之後。參程元敏：《尚書周書牧誓
洪範金縢呂刑義證》（臺北市：萬卷樓圖書公司，2011年12月），頁364-366。

37 此篇近代學者或以為晚出，程元敏以為確為周穆王命呂侯所作，論之甚詳，參《尚
書周書牧誓洪範金縢呂刑義證》，頁296-331。而劉起釪認為此篇為呂王所作，在成書

顧頡剛很早就指出〈呂刑〉中的上帝即皇帝，[38]並有如下解釋：

> 《呂刑》之文，天帝與人民分屬兩個世界，天帝為「上」，人民為「下」，故曰：「虐威庶戮方告無辜於上」，曰「遏厥苗民，無世在下」，曰「群后之逮在下」，曰「皇帝清問下民」，曰「穆穆在上，明明在下」，無不以上天世界與地面世界分列。為其上帝居上而制下，故其所命皆曰「降」，「伯夷降典」、「稷降播種」、「降咎於苗」是也。以苗民之「泯泯棼棼，罔中於信，以覆詛盟」也，故「乃命重黎絕地、天通，罔有降格」。孰謂天上之皇帝而可以人間之帝王釋之乎？[39]

顧先生所說的「天帝與人民分屬兩個世界」，是〈呂刑〉敘述本身體現出的世界觀，反映的是書寫者或書寫者時代對夏代之前世界的認識，或者說是他們的「想像」。顧先生也指出此篇敘述所反覆使用「降」字突顯出「上帝居上而制下」此種天神宰制世人的意涵，我們認為正說明了當時人對此時期的想像是上帝派天神直接往來於天地之間與人互動、管理人間事務。裘錫圭也曾指出〈呂刑〉中「命重、黎的乃是上帝。可知在較早的傳說中，『設正』正應該是天的事」。[40]從

時代上則認為當作於西周「申呂方強」之時，同樣以為是此篇為西周作品，參顧頡剛、劉起釪：《尚書校釋譯論》（北京市：中華書局，2005年4月），第4冊，頁2093。

38 顧頡剛：〈討論古史答劉胡二先生〉，《顧頡剛古史論文集》卷1，《顧頡剛全集》第1冊，頁220。康有為在《孔子改制考》中已先指出〈呂刑〉之皇帝即上帝，顧頡剛作了進一步的論述。

39 顧頡剛：〈讀尚書筆記（三）·《呂刑》中之「皇帝」〉，《顧頡剛讀書筆記》卷11，《顧頡剛全集》第26冊，頁100。

40 裘錫圭：〈鑾公盨銘文考釋〉，《裘錫圭學術文集·金文及其他古文字卷》第3卷，頁153。

〈呂刑〉的敘述來看，蚩尤「延及于平民」說明神、人之間有所區分，蚩尤為苗民之神，其作亂影響了苗民使其在人間作刑、暴虐而無「德」，而神對人造成的負面影響也是上帝決定「絕地天通，罔有降格」的原因。

又從〈豳公盨〉、〈厚父〉的內容來看，禹在治水之後成為上帝在人間的代理人，則「絕地天通，罔有降格」之前的世界即上帝命天神直接管理人民的狀況，祂們能往來於天地之間，不是西周「天命觀」中「配天」的人王，沒有「敬德」或「失德」的問題；[41]「絕地天通，罔有降格」之後上帝便不再派天神直接管理人間，而命三后在下為民平水土、生產、創法制，則此三后有可能是天神。不過若從后稷感生而為姬姓始祖的身分來看，伯夷及禹神性的來源也可能是無父感生的天帝之子，未必就是上天派下來的神，其後禹因其功績而成為第一個配天之「人王」，開始進入以「德」決定統治者是否能受命配天的時代。因此在西周人的觀念中，禹不是天神就是天帝之子，從這個角度來看，禹還是與商湯、周文王之類的人王有所不同。

---

41 西周的天命觀強調統治者能否受命配天要看他是否能「敬德」、「保民」，「失德」、「失民」者則受天之罰。早期學者如王國維的〈殷周制度論〉、傅斯年的〈性命古訓辨證〉、郭沫若的〈先秦天道觀之進展〉、徐復觀的《中國人性論史》第2章「周初宗教中人文精神的躍動」都對相關問題提出了經典的論述。當代學者中陳來在《古代宗教與倫理——儒家思想的根源》（北京市：生活・讀書・新知三聯書店，1996年3月）以專章（第5章）詳論周代的「天命」問題，陳先生近年又有專文〈殷商的祭祀宗教與西周的天命信仰〉，《中原文化研究》2014年第2期。另外，金文中亦常見受天命的內容，呼應《尚書》中的材料，連秀麗在《周代吉金文學研究》（北京市：中國社會科學出版社，2011年4月）中有精要的整理與研究（頁122-129）。近年羅新慧又據豐富的金文材料，提出西周時期的「德」源自上帝與祖先，皆非「內得於己」，而是「外在於人」，東周時期「德」才轉向個人內在，在周代天命觀的研究上具有突破性，參〈「帥型祖考」和「內得于己」：周代「德」觀念的演化〉，《歷史研究》2016年第3期。

　　同為西周時代的〈嘗麥〉也反映了同樣的時代觀念。[42]〈嘗麥〉曰：

> 王若曰：「宗掫、大正，昔天之初，誕作二后，乃設建典，命赤帝分正二卿，命蚩尤于宇（宅于）少昊，以臨四方，司□□上天未成之慶。蚩尤乃逐帝，爭于涿鹿之河，九隅無遺。赤帝大懾，乃說于黃帝，執蚩尤，殺之于中冀，以甲兵釋怒。用大正順天卑（俾）敘，紀于大帝，用名之曰絕轡之野。乃命少昊清司馬鳥師，以正五帝之官，故名曰質。天用大成，至于今不亂。其在殷〈啟〉之五子，忘伯禹之命，假國無正，用胥興作亂，遂凶厥國。皇天哀禹，賜以彭壽，卑（俾）正夏略。[43]

這段內容講「天之初」天命諸「帝」管理大地，其中蚩尤管理少昊之地，而後作亂，黃帝平亂後命少昊「正五帝之官」，又提到啟之五子「忘伯禹之命」，則此禹為受命配天之人王，天命需透過「德」延續，與之前上天所命諸帝屬於不同的時代。則〈呂刑〉與〈嘗麥〉在蚩尤之亂與亂平後秩序重整的情節雖不同，卻有相同的時代演進觀念。

　　綜上所述，我們認為在西周人的觀念中，禹同時具有神性與人性，他被視為下凡治水的天神或天子，同時也是在人間作上帝代理人

42　李學勤指出：「《嘗麥》的文字有很多地方類似西周早較的金文，可見此篇的時代不能太晚。篇中引述黃帝、蚩尤及啟之五子等故事，與《呂刑》穆王講蚩尤作亂、苗民弗用靈等互相呼應，其時代當相去不遠。篇中王所說『如木既顛厥榴』的比喻，疑指昭王南征不復而言。據此推想，《嘗麥》有可能是穆王初年的作品。」參〈《嘗麥》篇研究〉，《古文獻論叢》（北京市：中國人民大學出版社，2010年1月，頁74。近年張懷通又從職官系統指出〈嘗麥〉確為西周文獻，論之甚詳，參〈由職官及其系統看《嘗麥》的年代〉，《《逸周書》新研》（北京市：中華書局，2013年12月）。

43　釋文參李學勤：〈《嘗麥》篇研究〉，《古文獻論叢》，頁71。

並開枝散葉的人王。這樣的雙重身分體現了西周人對夏代前後政治變革的想像，而這樣的想像很可能反映了一定程度的史影。以下我們對此種政治變革的史影作一推測。

2 〈呂刑〉的「絕地天通」反映了夏代前後政治體系變革的史影

〈呂刑〉中的「絕地天通」具有神話色彩，我們認為反映了西周人對夏代前後政治變革的想像，是一則帶有政治寓意的神話。最早對此一神話提出全面解釋的是東周時代的《國語·楚語》，其說如下：

> 昭王問於觀射父，曰：「《周書》所謂重、黎實使天地不通者何也？若無然，民將能登天乎？」對曰：「非此之謂也。古者民神不雜。民之精爽不攜貳者，而又能齊肅衷正，其智能上下比義，其聖能光遠宣朗，其明能光照之，其聰能聽徹之，如是則明神降之，在男曰覡，在女曰巫。……為之祝。……為之宗。於是乎有天地神民類物之官，是謂五官，各司其序，不相亂也。民是以能有忠信，神是以能有明德，民神異業，敬而不瀆，故神降之嘉生，民以物享，禍災不至，求用不匱。及少昊之衰也，九黎亂德，民神雜糅，不可方物。夫人作享，家為巫史，無有要質。民匱於祀，而不知其福。蒸享無度，民神同位。民瀆齊盟，無有嚴威。神狎民則，不蠲其為。嘉生不降，無物以享。禍災薦臻，莫盡其氣。顓頊受之，乃命南正重司天以屬神，命火正黎司地以屬民，使復舊常，無相侵瀆，是謂絕地天通。其後三苗復九黎之德，堯復育重、黎之後不忘舊者，使復典之。以至於夏、商，故重、黎氏世敘天地，而別其分主者也。其在周，程伯休父其後也，當宣王時，失其官守而為司馬氏。」

顧頡剛在《讀尚書筆記（三）》中有「『絕地、天通』由神話轉為人事」一條，認為昭王提出的問題顯示「此為理性發達，對於固有之神話已不能接受，故解釋故事者必以人事解釋神話，乃能符合當時之理性要求。可見《呂刑》之作必在極端信神之世，而《楚語》之作已在不甚信神之時。」[44]此說點出詮釋者與被詮釋者立場的不同及其所反映的時代差異，值得參考。事實上〈呂刑〉與〈楚語〉的「絕地天通」敘述立場並不相同。就起因而言，前者為苗民受天神蚩尤影響制虐刑而無德，後者為九黎亂德、家為巫史；就結果而言，前者為上帝遏絕苗民後命重黎「絕地天通，罔有降格」，使神不再降下，而派三后處理人民之事，後者為命重司天以屬神、命黎司地以屬民，「使復舊常，無相侵瀆」，使侍奉神的工作重回專職人員之手。〈呂刑〉對「絕地天通」這場變革的敘述著重於上帝與神的腳色，說明上帝如何調整神人關係以改變統治人間的方式；〈楚語〉則著重於「宗教事務」的變革。另外二者反映的古史觀也不同，西周時期的〈呂刑〉將禹之前理解為上帝主宰人間的神話世界，東周時期的〈楚語〉則為歷史敘述，時代演進依序為少昊、顓頊、堯、夏、商。因此我們認為探討西周人對過去的想像還是以〈呂刑〉的敘述為主。

　　歷來關於「絕地天通」的解釋非常多，[45]其中早期徐旭生將之與《左傳·昭公十七年》中郯子所述聯繫在一起仍較有啟發性，郯子之說如下：

44　顧頡剛：《顧頡剛讀書筆記》卷11，《顧頡剛全集》第26冊，頁101。

45　張京華指出自民初古史辨運動以來，關於「絕地天通」的解釋有「除史觀派與人類學之外，大致有神話學、宗教學、天文學三條途徑」，相關說法相當多，可參〈古史研究的三條途徑——以現代學者對「絕地天通」一語的闡釋為中心〉，《漢學研究通訊》第26卷第2期（2007年5月）。張先生也對歷代注疏作了詳細的整理，可參〈「絕地天通」文本撮義〉，收於方克立主編：《湘學》（長沙市：湖南人民出版社，2007年3月），第4輯。

昭子問焉，曰：「少皞氏鳥名官，何故也？」郯子曰：「吾祖
也，我知之。昔者黃帝氏以雲紀，故為雲師而雲名；炎帝氏以
火紀，故為火師而火名；共工氏以水紀，故為水師而水名；大
皞氏以龍紀，故為龍師而龍名。我高祖少皞摯之立也，鳳鳥適
至，故紀於鳥，為鳥師而鳥名：鳳鳥氏，曆正也；玄鳥氏，司
分者也；伯趙氏，司至者也；青鳥氏，司啟者也，丹鳥氏，司
閉者也。祝鳩氏，司徒也；鴡鳩氏，司馬也；鳲鳩氏，司空
也；爽鳩氏，司寇也；鶻鳩氏，司事也。五鳩，鳩民者也。五
雉為五工正，利器用、正度量，夷民者也。九扈為九農正，扈
民無淫者也。自顓頊以來，不能紀遠，乃紀於近，為民師而命
以民事，則不能故也。」

徐先生指出：

《左傳》中記郯子的話，在帝顓頊以前，著名的氏族或是「以
雲紀」，或是「以火紀」，或是「以水紀」，或是「以龍紀」，或
是「紀於鳥」，可是「自顓頊以來」，卻變了法，「為民師而命
以民事」，……看郯子說話的全文可以知道他的祖先少皞氏
「紀於鳥」是一切的官職全用鳥的名字來命名，因此類推，就
可以知道「以雲紀」的就是一切官職全用雲的名字命名，此外
以火、水、龍紀的也是一樣。這些氏族以自然物紀名，就是說
以這些自然物為圖騰。在當時圖騰是神聖的事物，一切職位以
圖騰所屬的名字為名字，也就是說這一些人全可以參與神聖的
事業。可是，帝顓頊看來，崇高神聖的事業，只能由他和南正
重、火正黎參加，或者更可以說，只能由他和重參加，就是黎
也無權干預，參加其他職位的人更不用說。他們因為無權參與

神聖的事業，所以不能以神聖圖騰所屬的名字為名字。此後職
位的名字大約就成了司徒（土）、司馬、司空（工）一類民事
的名字。把宗教的事業變成了限於少數人的事業，這也是一種
進步的現象。[46]

徐先生受觀射父的詮釋影響，認為顓頊的改革「只限於宗教範圍以
內」，[47]不過他從郯子之說延伸出「絕地天通」在制度變革上的另一
面，也讓人注意到〈楚語〉的詮釋可能有所局限。事實上，郯子是在
回答少皞氏何以以鳥名官的問題時提到顓頊對於官制的改革，並非為
了解釋絕地天通，卻讓我們看到關於絕地天通的另一種詮釋，而絕地
天通很可能反映了更廣泛的制度變革。王樹民對郯子之說有深入的討
論，他相信其說有一定程度的可靠性，因為所追述者「原為其家內或
族內之事，自有一定根源，非向壁虛造者可比」，並聯繫到〈嘗麥〉
的「少昊清司馬鳥師」，認為郯子所述少皞「為鳥師而鳥名」可與之
相印證，而指出郯子這段話說明了古代官制的起源和演進過程；即原
先以客觀事物命官，官名與職務沒有直接關聯，如《左傳·昭公二十
年》所載晏子說「昔爽鳩氏始居此地，季荝因之，有逢伯陵因之，蒲
姑氏因之，而後太公因之」，爽鳩氏為族名而非官名，其職務後世稱
為司寇，而顓頊改革之後以民事命官，官名與職務才統一起來。[48]

郯子所舉雲、火、水、龍、鳥以五個「帝」為代表，實際上自然
存在更多「帝」。以郯子所說的少皞氏為例，其一為管曆法者五氏，

---

46 徐旭生：《中國古史的傳說時代》，頁96。

47 同上，頁97。

48 參王樹民：〈「五帝」釋義〉、〈「少皞氏鳥名官」試解〉、〈中國古代早期幾個重要歷
史問題的真相〉，《曙庵文史續錄》（北京市：中華書局，2004年7月），頁31、37-
39、64-65。

其二為管民事者五氏，其三為管工事者五氏，其四為管農事職者九氏，一「帝」之官代表了該族群所屬諸氏族以其所象事物為名的整個職官系統；進一步看，如管民事的氏族中有鳲鳩氏，負責平水土之事，為後代司空之職，其他族群也會有某氏負責平水土之事，並以該氏所象之物為名。若改為以民事命官，則各族負責同一事務者便會有一通稱。

　　而《左傳・昭公二十九年》蔡史墨對魏獻子所提關於「社稷五祀」問題的回答很可能反映了「為民師而命以民事」的狀況。蔡史墨提到「夫物，物有其官」而有「五行之官（五官）」，即「木正曰句芒，火正曰祝融，金正曰蓐收，水正曰玄冥，土正曰后土」，並指出「少皡氏有四叔，曰重，曰該，曰脩，曰熙，實能金木及水，使重為句芒，該為蓐收，脩及熙為玄冥」為「三祀」，「顓頊氏有子曰犁，為祝融，共工氏有子曰句龍，為后土」為「二祀」，另外「后土」為「社」，「稷」為「田正」，而烈山氏之子柱與周棄先後為稷。此五行之官與田正應該都是以民事所命之官，而非絕地天通之前的諸「帝」之官。[49] 而此「社稷五祀」是各族在某些民事上有特殊功勞而被祀為神者，[50] 也說明在制度變革的過程中，某些氏族在其負責的事務上的表現較其他氏族傑出，而成為該事務的代表。何浩便據蔡史墨之說認為：「『五正』成員來自少皡、顓頊、共工氏族。顯然，以此三大氏族為主體的部落聯盟所形成的各個氏族部落『莫不砥屬』的局面，正是顓頊賴以改革的堅實基礎。」[51]

---

49 如此則〈楚語〉之「天地神民類物之官，是謂五官」在絕地天通前，便非蔡史墨所說的「五行之官，是謂五官」，而〈嘗麥〉之少昊「正五帝之官」若是以民事命官之傳聞異辭，則為蔡史墨所說的「五行之官」。

50 參王樹民：〈文字記載中的史前時期歷史〉，《曙庵文史續錄》，頁46-47。

51 參何浩：〈顓頊傳說中的神話與史實〉，《歷史研究》1992年第3期，頁79-80。

　　總結以上，我們認為西周人記憶中的「絕地天通」從〈呂刑〉、〈嘗麥〉中的神話角度來看，即上帝不再派遣天神直接管理各族，而由幾個受天命的人物在不同的事務上領導各族，如上帝命禹平水土、稷務農耕、伯夷制典刑。其背後的史影則可能反映了各族涉及的事務不再以各自的物象為名，而歸納為幾種類別；即各族涉及的事務不再聯繫到各自的神，不再各自稱天而治、各自為政，各族群都有負責同樣事務者，而某些氏族的能力若優於其他各族而有較大的貢獻，便成為較有權力的領導者，並且自稱或被公認為上帝在人間治理某項事務的代理人，甚至在死後被尊奉為神。再聯繫〈豳公盨〉、〈厚父〉所述，可知後來禹受命配天，成為第一個上帝在人間的全權代理人，開創了三代之始「夏代」。在西周時期的此種觀念之下，禹之前並無受命配天的王，自然也不存在其他「朝代」。當然，堯、舜傳說確實可能在東周以前已經出現，然而在西周人的記憶中他們並非受命配天的王，因此也不存在屬於他們的朝代，堯、舜很可能只代表了陶唐氏、有虞氏，如同苗民一般為眾氏族之一。

（二）大禹治水是「三代觀」古史記憶的起點

　　〈呂刑〉以「絕地天通」一事區分了三代及之前的世界，在西周人的觀念中，第一位人王是上天直接派下來治平水土而接管大地的禹，他具有神性同時也是夏人始祖，並開創了夏代，而之前的世界是由天神直接管理人民的狀態，反映了萬邦林立、各自為政的時代。這是西周人對古代政治發展的想像，在此種想像中，夏代之前的有虞氏只是眾多氏族之一，並不存在虞代。〈呂刑〉中的「絕地天通」象徵了古代政治秩序的重大變革，造就了夏、商、周三代，而天命禹治平水土一事也成為此種「三代觀」古史記憶的起點，並反映在相關內容的敘事結構上。

在〈呂刑〉中，上帝滅絕苗民並斷絕天地之間的聯繫後，命伯夷、禹、后稷三后留在人間替人們制典刑、平水土、興農事。將伯夷排在第一位是因為此篇為周穆王命姜姓的呂侯所作，而伯夷為姜姓祖神，[52]不過禹平水土應該是最先的事功，水土既平人民方能展開生活，並需要生產與秩序，因此西周人述古往往以大禹治水為開端。如《詩經‧商頌‧長發》：「洪水芒芒，禹敷下土方。外大國是疆，幅隕既長。有娀方將，帝立子生商。」說明商人在疆域上繼承禹所開創的大地，代表西周時期商人後裔宋人的觀點。又如前引〈豳公盨〉說明天在命禹治平水土之後開始在人間選定代理人，代表西周人的觀點。而前引〈厚父〉說明在命禹治平水土之後上天讓禹建立了第一個王朝，郭永秉指出〈厚父〉屬於《夏書》，可能是「在西周流傳的夏代傳說基礎之上編寫出來以順應周朝統治的一篇文章」，[53]若關於禹的部分確為夏代說法的遺存，則可代表夏人的觀點，若為西周時期所作，至少也反映了西周人的觀點。另外，讚頌魯僖公的《詩經‧魯頌‧閟宮》曰：

> 赫赫姜嫄，其德不回。……是生后稷。……奄有下國，俾民稼穡，有稷有黍，有稻有秬。奄有下土，纘禹之緒。后稷之孫，實維大王，居岐之陽，實始翦商。至于文武，纘大王之緒。

此詩以后稷之功業承自禹，如同文武的功業承自大王，為春秋時期魯人對本族始祖的追述，應該是代代相傳的說法，或許也可以代表西周時期的周族觀點。

---

52 參程元敏：《尚書周書牧誓洪範金縢呂刑義證》，頁296-331。姜姓祖神問題參顧頡剛：〈尚書研究講義參考資料（戊種之一二三四）〉，《顧頡剛古史論文集》卷8，《顧頡剛全集》第8冊，頁361。下文還會談到相關問題，此不具引。

53 參郭永秉：〈論清華簡《厚父》應為《夏書》之一篇〉，《出土文獻》，第7輯，頁131。

如前所述，顧頡剛早年在〈與錢玄同先生論古史書〉曾據〈長發〉、〈閟宮〉以為商、周二族在自己的始祖之前都共同推崇禹，是「周代人心目中最古的人」，然而從其他材料來看，周人所知最古的人並非禹，李銳已有討論，不過顧頡剛注意到的現象仍有意義，因為後來才出現的〈豳公盨〉、〈厚父〉對古史的追述仍是始於禹，並且在不同的主題中被敘述，說明此種敘述模式在西周時期應該很常見。由此可見，以禹「截斷眾流」應該是西周人的觀念，顧頡剛只是發現了此種現象並提出了屬於他的時代的詮釋。而從此種敘述模式來看，說明西周時期至少在商、周二族的記憶中，大禹治水具有記憶分界點的意義，區隔了三代與之前的世界，體現了「三代觀」的古史框架。

第二節　東周的「四代觀」古史記憶：虞代記憶的建構

一　受到西周末年「時勢」的影響而重新發現有虞氏

（一）學者對「三代」、「四代」古史系統的檢討

前文提到自康有為提出「古者大朝惟有夏、殷而已」，到顧頡剛認為「戰國人每以堯、舜包於『三代』之中」，至漢代才出現「四代」的古史系統之說，再到童書業、楊寬認為墨家「發明」了「虞代」之後，古史系統才由「三代」演變為「四代」。基本上都是認為「虞代」的觀念並非本有，而是後來才出現的。

隨著研究觀念的轉變，楊向奎提出恢復有虞氏「歷史地位」的看法，認為虞、夏兩代有世系傳說，已經發展為父系家的社會，與三皇五帝的原始時期不同，並以《國語・鄭語》、〈魯語〉及《左傳・昭公

八年》中涉及有虞氏世系的記載為例，而曰：「有虞氏也是有世系可查的，雖然其中也許漏掉了許多。在母系氏族社會時期絕對沒有世系的記載傳下來。有虞氏應當是處於氏族公社逐漸解體的時代，在這個時期內，男子家長起著領導的作用，出身與族籍不是依婦女的系統來計算，而只是依男子的系統來計算。」[54]其後王樹民也根據《國語》、《左傳》中同樣的材料認為「有虞氏的世系既可略為考定，則其歷史地位不難得出確切的結論」。[55]然而，楊、王二位先生依據的終究還是東周時代寫定的材料，只能說明後代留存了一些關於「有虞氏」的傳說，並不能證明「虞代」之存在。陳泳超則繼承古史辨時期的觀點並對前人之說作了一些修正，認為：

> 事實上，三代系統也是周秦以來最占勢力的上古史觀。這裡須重申一下，因《尚書》中的《堯典》與《皋陶謨》諸篇成書時代一般論者認為在春秋戰國之際，甚且有秦漢竄文，故不能充任早期上古史的真實資料。但是，從春秋時代起，關於堯舜的傳說逐漸多見且趨於繁盛；相應地，在夏、商、周三代之前，也多出了一個被稱為「虞」的朝代來了：……。
> 儘管在《左傳》、《國語》等早期典籍中，還出現過「黃帝」、「太皞」、「神農」、「共工」之類不少古帝名，但真正稱為朝代的只有「虞」。可見至遲從春秋時起，一種不同於夏商周三代論的古史系統亦已形成，我們稱之為虞夏商周四代論古史系統，這一系統認為在夏商周三代之前還有一個虞代，至於虞代

---

54 楊向奎：〈應當給「有虞氏」一個應有的歷史地位〉，《文史哲》1956年第7期，頁2568。

55 王樹民：〈有虞氏的世系和歷史地位〉，《曙庵文史續錄》，此篇刊於《河北學刊》第22卷第1期（2002年1月），篇名為〈夏、商、周之前還有一個虞朝〉。

　　管多遠，虞代以前又如何，在當時是不甚明瞭的。[56]

　　陳先生同意先秦古史觀念有「三代」與「四代」的不同，不過對於虞代何時出現則不同意童書業與楊寬的墨子所創之說，他認為古史辨時期的學者不信《左傳》、《國語》早於《墨子》，因此忽略這兩部書中的材料，而《左傳》、《國語》的材料可以說明最晚在春秋時代虞代的觀念已經出現；並且認為他們所引的《墨子・非命下》明明提到「商周虞夏之記」，顯然「當時已有關於四代事蹟的文字記載（所謂『記』），可證虞代之存於時人心中，當更早於墨子時代」。[57]

　　在今天普遍「信古」的風氣下，已經很少學者對此問題感到興趣，不過近年李銳重新思考「三代」、「四代」古史系統的問題，而轉向探討西周以來不同階段的人所認識的古史系統，帶有記憶研究的色彩。李先生指出：

> 我們不妨把所謂神話、傳說、古史雜揉的東西當作古人的「古史系統」來看待。因為中國古人講說它的目的不僅僅是講史，對英雄祖先的吹噓與追思，記憶與回憶，述說、選擇、爭論「過去」，而且包含了古人對開天闢地以來的許多事情的「理解」和「解釋」，對「秩序」、「規則」的確定，對「權力」的屈服，對「原因」的說明，對現實的認同或批評，對君主的規諫，對族群的鞏固，等等，許許多多東西，是一種宇宙論、政治學、歷史學、修辭學之總和。雖不乏言過其實者，但主體部分確應該是「公認」的，否則不可能讓「聽者」信服。……因此，我們需要區分周人的古史系統建構和後人的建構、追述、

---

56 陳泳超：《堯舜傳說的研究》（南京市：南京師範大學出版社，2000年8月），頁2、6。
57 同上，頁3-4。

解釋之間的差別。同時，因為周人有不同的古史系統，有一些
早期的古史系統材料當時可能尚有流傳，如今卻是前略後詳，
因此我們也不能期望解決周人古史系統所有的細節問題，只能
勾畫一個大概。[58]

在這樣的研究思路之下，李先生認為西周初年周人確實只講夏、商、
周三代的古史系統，很可能是依據先周時期的歷史認識，而其他族群
應該有自己的古史系統，其開端比周人早、提到的人物也更早，只是
在周初尚未得到周人政治上的確認，「因此，本族古史系譜不全，其
他有名的氏族後代散處，這應是周人當時建立古史系統的背景」，「那
些著名氏族的古史系統有待像堯、舜世系一樣被確認，名族之後乃至
假冒的名族後裔，都希望得到優待。如果說這一問題在周初尚不迫
切，那麼當西周的政局穩定下來之後，就會成為一大問題了」。而從
《國語·周語上》祭公謀父對周穆王所說的「昔我先王世后稷，以服
事虞、夏」來看，西周中期已經將虞納入虞、夏、商、周四代的古史
系統。至於古史系統轉變的原因，李先生認為可能與穆王時期的禮制
改革與早期制度的定型有關，包括禮器制度、冊命金文、世族制度、
禘祭、詩歌音樂、宗法制度、封建制度，而認為周代「大史、小史正
有在會同時按世系、昭穆排定位次的作用。此外還有內史、外史、御
史等史官。因此，可以想見，當時這一類史官在創建古史系統上發揮
了重要作用」。[59]

---

58 李銳：〈上古史研究之反思——兼論周人古史系統的轉變與禮制之變化〉，《河北學
   刊》第35卷第6期（2015年11月），頁66。
59 參李銳：〈上古史研究之反思——兼論周人古史系統的轉變與禮制之變化〉，《河北學
   刊》第35卷第6期（2015年11月），頁66-67；〈上古史新研——試論兩周古史系統的四
   階段變化〉，《清華大學學報（哲學社會科學版）》2016年第4期，頁100-105。

　　從上舉各家說法來看，除了楊向奎與王樹民傾向相信虞代確實存
在之外，其他學者對虞代何時出現，從漢代、墨子、春秋時期到西周
中期，不斷往上推進；並且從早期僅據三代古史系統早於四代的現象
便直接論斷虞代觀念為後起、虞代內容為後人捏造，到李銳探討不同
時代的人所認識的古史系統以及三代系統早於四代可能的成因，解釋
也越來越深入。學者的討論提供了許多值得參考的觀點，不過相關問
題仍有討論的空間。我們同意周人以外的族群應該有自己的古史，而
關於堯、舜的傳說，目前所能掌握時代最早的可靠材料只有東周時代
的文本，但確實可能在東周之前已經流傳，不過我們認為目前的材料
或許可以說明「有虞氏」存在，卻不能證明夏之前有「虞代」。下面
我們先討論「有虞氏」何時開始被周人注意此一問題，再進一步說明
「虞代」如何在「陶唐氏」、「有虞氏」傳說的基礎上被建構出來。

（二）西周末年周王室衰微的新時勢使有虞氏重新受到注意

　　在目前已知的先秦文獻中，除了時代性仍有爭議的《尚書·堯
典》、〈皋陶謨〉之外，可靠的西周文獻並無關於虞代或堯、舜傳說的
記載，因此探討相關問題依據的主要還是東周文獻。

　　《國語·周語上》記載了一則西周時期祭公勸諫穆王勿伐犬戎的
材料，提到「昔我先王世后稷，以服事虞、夏」，李銳因此認為西周
穆王時期已出現「虞代」，而舉同為穆王時期的〈呂刑〉中「皇帝」
所命伯夷、禹、后稷「三后」處在同一時代，與三代系統后稷在禹之
後不同，說明此時已有新的古史系統，即虞、夏、商、周四代型的古
史系統。[60]伯夷、后稷、禹的並列確實有別於《詩經·魯頌·閟宮》
「纘禹之緒」之類的表述，顧頡剛很早就注意到這個問題：

60　同上，頁66-67；頁103。

顧剛案：……依《魯頌》說，禹與稷本不同時；此上帝命三后
事雖不知有先後與否，似頗有同時之可能矣。伯夷者，《鄭
語》云：「姜，伯夷之後也」，《周語》云：「胙四岳國，命為侯
伯，賜姓曰姜，氏曰有呂」，又云：「申呂雖衰，齊許猶在」，
則即呂王之祖也。夫惟惟呂王之祖，故舉之於禹稷之上，為三
后之首。姜姓始祖傳說，雖以古籍散佚，他無可徵，然即此亦
可見其為上帝所降，與稷契等相類矣。

又案：自《雅》、《頌》觀之，禹、契、稷之故事皆各個獨立發
展者也，此篇乃以伯夷、禹、稷組成一個團體，是為此種傳說
之突變，自此以後處處有其聯絡性矣。然組織此團體者為上
帝，而此團體中者僅得三人，則猶是初變時情狀也。[61]

顧先生認為〈呂刑〉之三后皆「為上帝所降」，且透過上帝將各自獨
立的三后傳說聯繫在一起，可能是傳說整合的開始，強調〈呂刑〉
神話性質的敘述脈絡。對此我們以本文對〈呂刑〉的看法做進一步
討論。

上文中我們綜合相關材料認為〈呂刑〉描述的是夏代建立之前
的世界，在當時人的觀念中並非「虞代」，或者說當時的人並未以
「朝代」的觀念看待此時期的政治狀態，屬於西周時期三代觀的古
史記憶。而〈呂刑〉敘述了夏代之的政治制度變革，上帝命三后降
至人間為人們平水土、生產、創法制，象徵的是絕地天通到夏代建
立這段期間人間事務由幾個主要氏族領導的階段，是列舉此階段三
個代表性的神（或天帝之子），只能說明在西周人的記憶中伯夷、禹
及后稷是夏代之前的人物，不能說明他們處於同一朝代。

---

61 顧頡剛：〈尚書研究講義參考資料（戊種之一二三四）〉，《顧頡剛古史論文集》卷
8，《顧頡剛全集》第8冊，頁360-361。

當然，我們也同意夏代建立之前許多氏族的古史傳說在西周時代可能已經出現，其中應該包含了陶唐氏與有虞氏，但是否已經出現「虞代」的觀念，還是很難提出足夠的證據，即便西周中期可能已經出現虞、夏連稱的表述，僅〈周語上〉一例仍難以得知此「虞」的內涵為何、是否已經被視為「朝代」，而較多的材料顯示夏、商、周三代的觀念才是西周的主流記憶，這些人應該是在東周虞代觀興起後才一起被放入虞代。此外，《國語》的成書時代必然晚於西周，因此〈周語上〉的說法不能排除後人代言而以四代觀的立場書寫祭公勸諫穆王之事。

關於古史觀念的演變問題，郭永秉曾認為清華簡〈良臣〉中舜臣並無契與后稷，而〈子羔〉中二人已為舜臣，則禹被安排為舜臣可能早於契與后稷，而契與后稷被安排為舜臣並演變為影響力很大的傳說「疑應與禪讓學說風起，周天子影響力衰微，突出堯、舜尤其是舜的地位，以表達對取代周一統天下之人物的出現之期待有關」。[62]郭先生注意到兩周之際的時勢對古史建構的影響，很有啟發性，我們認為先秦的古史觀由三代轉變為四代的背景應該就是西周晚期周王室衰弱與諸侯並起的「時勢」；周王室尚未衰微之時，周人回顧歷史的動機主要在於以前朝之得失為鑑，即所謂「監于有夏」、「監于有殷」，關注的焦點在夏、商二代得、失天命的問題上，至兩周之際以降周德衰落、諸侯並起，歷史追述的立場逐漸多元化，關注的焦點由「朝代」興亡轉為「族群」盛衰，[63]不僅「有虞氏」重新回到歷史的譜系中，

---

62 此說見於郭永秉二○一三年十二月十九日於中央研究院歷史語言研究所的演講「對先秦古史傳說研究的若干反思」中，承蒙郭先生惠賜講稿。相關內容亦見於郭先生的〈這是一個根本的態度問題——《新出土先秦文獻與古史傳說》導讀〉，《古文字與古文獻論集續編》，頁443注30。不過文章中沒有「周天子影響力衰微」、「以表達對取代周一統天下之人物的出現之期待有關」這兩句，本文受此二句啟發，特此注明。

63 俞志慧指出《國語》選編各國之語的出發點在於「明德」，其背景有二，即「周德

幾個主要族群的過去也一一進入歷史的圖像中，而許多夏代之前的古族也更常被提及。[64]

　　就有虞氏而言，從西周初年武王封有虞氏之後胡公滿於陳來看，[65]周人應該知道有虞氏為夏代建立之前的重要氏族，而陳國於春秋時代尚存，當時的人對其世系也有一定的了解，《左傳》、《國語》中零星記載了有虞氏的世系，或可代表東周時期的認識，陳泳超從中整理出陳國受封以前的有虞氏世系如下：[66]

　　　顓頊⋯→虞幕⋯→瞽瞍→舜→商均⋯→虞思⋯→箕伯、直柄、
　　　虞遂、伯戲⋯→虞閼父⋯→胡公滿（有虞譜1）

在此世系中，夏代之前仍十分簡略，或可說明在三代觀古史記憶中有虞氏長期被忽略的情況下，後人對其世系的記憶已非常模糊。[67]不過

衰落」及「諸侯代興」，因此《國語》的內容大多環繞這兩個主題，參〈《國語》的文類及八《語》遴選的背景——從「語」的角度的研究〉，《古「語」有之——先秦思想的一種背景與資源》（上海市：華東師範大學出版社，2010年11月）。關於《國語》著作宗指為「明德」的問題可參張以仁：〈論國語與左傳的關係〉，《國語左傳論》（臺北市：東昇出版事業公司，1980年9月），頁38-39；〈從國語與左傳本質上的差異試論後人對國語的批評〉，《春秋左傳論集》（臺北市：聯經出版事業公司，1993年3月）。

64 《左傳》、《國語》中出現大量先秦古族的記載或可反映這樣的狀況，劉起釪曾對《左傳》、《國語》中出現的古族作了精詳而有系統的整理，可參〈我國古史傳說時期綜考〉，《古史續辨》（北京市：中國社會科學出版社，1997年4月），頁16。

65 相關內容多見於東周文獻中，如《左傳·襄公二十五年》、《左傳·昭公三年》、《左傳·昭公八年》、《國語·魯語下》、《上博七·吳命》應有一定的根據。周書燦曾論證陳、杞之封可信，參〈有關周初陳、杞封建的幾個問題〉，《西周王朝經營四土研究》（鄭州市：中州古籍出版社，2000年4月）。

66 參陳泳超：《堯舜傳說的研究》，頁12-15。

67 另外，《大戴禮記》中還有還一套有虞氏世系，可能是比較晚的說法。陳泳超將「有虞譜1」視為春秋之際的有虞譜系，而以《大戴禮記》、《世本》（《史記》承

這些內容也說明了當時確實存在「氏族」角度的有虞氏記憶，而非後人一般認識中包含堯的「虞代」記憶。《左傳·昭公八年》及《國語·魯語上》中關於有虞氏的記載也反映了此種差別：

> 陳顓頊之族也，……陳氏得政于齊，而後陳卒亡，自幕至于瞽瞍，無違命，舜重之以明德，寘德于遂，遂世守之，及胡公不淫，故周賜之姓，使祀虞帝，臣聞盛德必百世祀，虞之世數未也，繼守將在齊，其兆既存矣。（〈昭公八年〉）
>
> 夫聖王之制祀也，法施于民則祀之，以死勤事則祀之，以勞定國則祀之，能御大災則祀之，能捍大患則祀之。非是族也，不在祀典。……有虞氏禘黃帝而祖顓頊，郊堯而宗舜……幕，能帥顓頊者也，有虞氏報焉。（〈魯語上〉）

〈昭公八年〉談到陳國之先祖時追述了始封君胡公及更早的有虞氏世系，並未提及堯，而〈魯語上〉將陶唐氏的堯放在有虞氏的祀譜中，並且有虞氏已被編入大一統帝王世系中，寫定的時代可能更晚。顯然前者的有虞氏指涉氏族，後者指涉的是朝代，可能反映了東周時期古史追述從「有虞氏」演變為「虞代」的狀況。

　　另外，《國語·鄭語》記載了西周末年史伯為鄭桓公分析周衰後的天下大勢曰：

之）中的譜系為戰國秦漢間的發明，即「黃帝→昌意→高陽（顓頊）→窮蟬→敬康→句芒→蟜牛→瞽叟→舜（有虞譜2）」，認為「『有虞譜2』或有牽強之嫌」（參《堯舜傳說的研究》，頁17-19）。郭永秉進一步據《史記·五帝本紀》提到「自從窮蟬以至帝舜，皆微為庶人」，而認為有虞譜2可能是受到堯舜禪讓傳說中舜為平民說法的影響，為舜造了一個上接顓頊的平民家族世系（參《帝繫新研》，頁39-42）。

夫成天下之大功者，其子孫未嘗不章，虞、夏、商、周是也。
虞幕能聽協風，以成樂物生者也；夏禹能單平水土，以品處庶
類者也；商契能和合五教，以保于百姓者也；周棄能播制百穀
蔬，以衣食民人者也。其後皆為王公侯伯。祝融亦能昭顯天地
之光明，以生柔嘉材者也，其後八姓於周未有侯伯。……蠻羋
蠻矣，唯荊實有昭德，若周衰，其必興矣。姜、嬴、荊、羋，
實與諸姬代相干也。姜，伯夷之後也，嬴，伯翳之後也。伯夷
能禮於神以佐堯者也，伯翳能議百物以佐舜者也。其後皆不失
祀而未有興者，周衰其將至矣。……公曰：「若周衰，諸姬其孰
興？」對曰：「臣聞之，武實昭文之功，文之祚盡，武其嗣乎！
武王之子，應、韓不在，其在晉乎！距險而鄰于小，若加之以
德，可以大啟。」公曰：「姜、嬴其孰興？」對曰：「夫國大而
有德者近興，秦仲、齊侯，姜、嬴之雋也，且大，其將興乎？」

這段話反映了兩周之際以降對於周德衰落、諸侯並起此一時勢的關
心，其敘述的重點在古代名族後裔不失祀者，提到周衰後楚、齊、
秦、晉將興，也提到了虞以及有虞氏中「成天下之大功」之「虞
幕」。不過可能由於寫定的時間較晚，已將虞、夏、商、周並列而為
「四代」系統之表述。

　　另外，由於〈昭公八年〉、〈魯語上〉的虞幕之前有顓頊，顧頡剛
曾指出這兩則材料中的虞幕「非始基之君」，〈鄭語〉之虞幕與禹、
契、后稷並列，「似幕亦以為虞之首一王。雖與《魯語》意義似有不
同，而幕在虞代功德之豐隆與其地位之重要則大可見」，[68] 則虞幕為有

---

68 顧頡剛：《浪口村隨筆》，《顧頡剛讀書筆記》卷16，《顧頡剛全集》第31冊，頁
137。陳泳超與郭永秉都認為虞幕可能是有虞之始祖。參陳泳超：《堯舜傳說的研
究》，頁14；郭永秉：《帝繫新研》，頁39。

虞氏先祖應該是比較可靠的說法。而〈昭公八年〉談到有虞氏預言陳將代齊而興，以及〈魯語上〉的有虞氏被放在戰國末年定型的大一統帝王世系中，說明二者應該都是戰國時代寫定的內容，或許顓頊也可能是後人因應後起的大一統帝王世系而加。

二 東周時代因「禪讓說」的流行而建構虞代記憶

（一）三代觀到四代觀的過渡階段：在三代框架中提及堯、舜的例子

　　早期顧頡剛指出「戰國人每以堯、舜包於『三代』之中」的現象，[69]而童書業將《墨子》中的相關材料做了整理如下：

> 　且惟昔者虞、夏、商、周三代之聖王。（〈明鬼下〉）
> 　三代聖王堯、舜、禹、湯、文、武。（〈尚賢中〉、〈節葬下〉、〈天志中〉、〈天志下〉、〈明鬼下〉、〈貴義〉）

並認為「墨家在禹以前又發現了堯、舜，所以就連帶發現了虞代」，並以為墨子創立了虞代後「一時改不過口來」而將四代混稱三代，楊寬也有相同的看法，指出古史系統有一個從三代觀到四代觀的過渡階段。[70]後來劉起釪承繼顧說，總結為儒墨兩家推崇堯、舜、禹所形成的「二帝三王」歷史系統。[71]

---

69 顧頡剛：〈堯典著作時代考（尚書研究講義丙種之一）〉，《顧頡剛古史論文集》卷8，《顧頡剛全集》第8冊，頁128。

70 參童書業：〈帝堯陶唐氏名號溯源〉，《童書業史籍考證論集》，頁80-89；楊寬：〈中國上古史導論〉，《古史辨》第7冊上編，頁105。

71 劉起釪：〈我國古史傳說時期綜考〉，《古史續辨》，頁24。

　　近年由於出土戰國文獻中出現不少儒家立場的堯舜禪讓之說，學者已經指出早期顧頡剛提出的禪讓起於墨家之說有誤，也說明了堯舜禪讓傳說的流傳應該早於墨子。不過我們認為應該還是有一個從三代觀到四代觀的過渡階段，此一轉變在墨子之前已經開始，反映此一階段的表述是在三代的框架中提及堯、舜，而堯、舜傳說重新受到注意可能是因為兩周之際有虞氏重回歷史視野的關係。

　　李存山很早就根據郭店簡〈唐虞之道〉指出：

> 崇尚「禪讓」制曾經是先秦儒、墨、道等家一致的思想，即使在法家文獻《商君書‧修權》篇中也有：「公私之分明，則小人不疾賢，而不肖者不妒功。故堯舜之位（蒞）天下也，非私天下之利也，為天下位天下也；論賢舉能而傳焉，非疏父子而親越（遠）人也，明於治亂之道也。」所謂「論賢舉能而傳焉」是指實行禪讓，這種思想在當時法家治下的秦國並非大逆不道，而且《戰國策‧秦策一》中即有秦孝公行商君之法八年，「疾且不起，欲傳商君，辭不受」的記載。在商鞅死二十年後（公元三一八年），在燕國發生了燕王噲受相國子之的蒙騙而「讓國」子之的事件。……在這一「讓國」悲劇發生之後，各國有前車之鑑，再有人談禪讓之事的可能性就很小了。《唐虞之道》當寫於公元前三一八年之前，以其講「禪讓」而疑其出於縱橫家，非出於儒家，是根據不足的。[72]

李先生又在〈反思經史關係：從「啟攻益」說起〉中補充曰：

---

72 李存山：〈讀楚簡《忠信之道》及其他〉，國際儒聯編輯委員會編：《中國哲學》（瀋陽市：遼寧教育出版社，1999年1月），第20輯，頁270-271。

墨子的「尚同」、「尚賢」即主張「禪讓」，老子更崇尚聖人的「無為之治」和「小國寡民」，其反對「家天下」是可以肯定的。……從商鞅和秦國之例（《呂氏春秋・不屈》篇也有：「魏惠王謂惠子曰：『上世之有國，必賢者也。今寡人實不若先生，願得傳國。』惠子辭」），再從《唐虞之道》、《子羔》和《容成氏》等都圍繞著「禪讓」作文章看，我們似可窺見在戰國中前期出現了一個較為流行、較為寬鬆地講「禪讓」之說的大環境。我想，這與當時已經不再「宗周王」，而七國之間完全靠武力來統一天下的形勢也尚不明顯有很大的關係；與當時「士無定主」，孔門後學的思想更少束縛，因而更加解放、昂揚、甚至激進……也有很大關係。[73]

裴錫圭也曾據出自儒家的〈唐虞之道〉認為此篇之出土對顧頡剛禪讓起於墨家的說法不利，而曰：

堯舜禪讓這個廣泛流傳的上古傳說，決不可能是戰國時代某依學派所創造出來的。先秦諸子只不過是按照各自的觀點來解釋這一傳說，利用它為自己的學說服務而已。他們對堯舜禪讓的細節也許會有所捏造，但決不可能憑空捏造出這樣一個傳說來。[74]

又以為李說「除了道家為崇尚禪讓似可商榷外，其他意見都是有道理

73　李存山：〈反思經史關係：從「啟攻益」說起〉，《中國社會科學》2003年第3期，頁79。

74　裴錫圭：〈讀《郭店楚墓竹簡》札記三則〉，《裴錫圭學術文集・簡牘帛書卷》第2卷，頁366-367。

的」，進一步據時代在孟子之前或孟子同時並反映儒家思想而推崇禪讓之說的〈唐虞之道〉、〈子羔〉修正顧頡剛禪讓起於墨家的說法。[75]說明了堯、舜傳說並非墨家所造，應該是當時共想的思想資源，而儒家對堯舜禪讓的重視應該早於墨子，這也讓我們重新注意《論語》中的古史觀。

《論語》中每每提到夏、商二代，[76]雖未提及虞代卻已談到堯、舜，[77]可以代表古史觀從三代轉變為四代的過渡階段，其中〈泰伯〉中的內容值得注意：

> 子曰：「巍巍乎！舜禹之有天下也，而不與焉。」
> 子曰：「大哉，堯之為君也！巍巍乎！唯天為大，唯堯則之。蕩蕩乎！民無能名焉。巍巍乎！其有成功也；煥乎，其有文章！」
> 舜有臣五人而天下治。武王曰：「予有亂臣十人。」孔子曰：「才難，不其然乎？唐虞之際，於斯為盛。……。」

關於「唐虞」連稱的問題，古史辨時期的學者多有討論，顧頡剛、童書業都認為這樣的連稱是戰國甚至漢人所造，郭永秉作了很好的總結，而郭先生提到的顧頡剛與楊寬的說法值得注意，顧頡剛曾據《左傳・哀公八年》之「昔有過澆殺斟灌，以伐斟鄩，滅夏后相。……澆使椒求之，逃奔有虞」及《左傳・哀公六年》「《夏書》曰：唯彼陶唐，帥彼天常，有此冀方。今失其行，亂其綱紀，乃滅

---

75 裘錫圭：〈新出土先秦文獻與古史傳說〉，《裘錫圭學術文集・古代歷史、思想、民俗卷》第5卷，頁264-270。

76 見〈為政〉、〈八佾〉、〈衛靈公〉。

77 見〈雍也〉、〈泰伯〉、〈顏淵〉、〈憲問〉、〈衛靈公〉、〈堯曰〉。

而亡」，認為「《左傳》上所說的陶唐和有虞乃是夏代時的二國」，[78]加上前引《左傳‧昭公八年》中有虞氏世系的記載，認為「陶唐是到夏時纔滅亡的，有虞則從幕到瞽瞍，到舜，到遂，到思，一直傳下來，他們的國命不知至何時纔終訖。這明明白白是兩個國，和夏后氏同存在的兩個國」。[79]楊寬則舉《左傳‧襄公二十四年》、《國語‧晉語》之「昔匄之祖：自虞以上為陶唐氏，在夏為御龍氏，在商為豕韋氏，在周為唐杜氏」，認為「陶唐氏不特虞以上有之，即虞時亦有之，是陶唐氏為虞前及虞時之一諸侯」。[80]郭永秉據此進一步指出：

> 戰國古書和出土文獻中所謂的「唐虞之際」（《論語‧泰伯》）、「唐虞之道」（郭店簡《唐虞之道》）、「唐虞禪」（《孟子‧萬章》）原本應該都只是用堯的部族簡稱「唐」和舜的部族簡稱「虞」來代替「堯舜」之名（舊說以為唐虞為堯舜之號，對這些文獻而言，這種理解也未嘗不可），並非兩個朝代之義（秦漢以後古文獻中的「唐」「虞」則大多已被作為朝代名使用了，這是後來理解上起的變化）。[81]

這個結論應該是合理的。至於童書業曾提出四點論證〈泰伯〉的「唐虞之際」一章為後人加入，並認為「唐虞之際」一詞不見於先秦、漢初文獻，此章應該出於漢代，近年彭邦本對童說已逐一反駁，其中提

---

78 顧頡剛：〈討論古史答劉胡二先生〉，《顧頡剛古史論文集》卷1，《顧頡剛全集》第1冊，頁227-228。

79 顧頡剛：〈中國上古史研究講義（燕京大學）〉，《顧頡剛古史論文集》卷3，《顧頡剛全集》第3冊，頁112。

80 楊寬：〈中國上古史導論〉，《古史辨》第7冊上編，頁147。

81 郭永秉：《帝繫新研》，頁70。郭先生還舉出《唐虞之道》、《莊子‧繕性》、《管子‧法法》中唐、虞連稱確指堯、舜之例佐證，茲從略。

到定州漢墓竹簡《論語》中已有相關內容，西漢以前應該已經存在，必非漢人加入，以及郭店簡〈唐虞之道〉已有「唐虞」連稱，都是有力的直接證據。[82]而學者所舉的例子中，〈哀公六年〉所引《夏書》的「唯彼陶唐」值得注意，《夏書》今雖不存，其成書當早於《左傳》，也說明當時《書》類文獻中存在不將堯視為「虞代」人物而以「氏族」稱之之例。則唐、虞連指兩氏族相繼，而非兩個朝代相代。《論語》在三代觀的框架中提到堯、舜事蹟，卻仍以「唐虞之際」指稱夏代之前的階段，以「氏族」而非「朝代」的概念理解堯、舜，顯然體現了三代觀到四代觀過渡階段的古史觀念。

另外，還可舉一例說明東周時期古史觀念從三代到四代的演變。《左傳》與《國語》中多見四代觀及大一統帝王世系的古史記憶，不過也有三代觀的內容，並且可以反映三代觀發展為四代觀的過渡狀況。《左傳‧莊公三十二年》（周惠王十五年，西元前662年）記載了一段周惠王與內史過的對話：

> 秋七月，有神降於莘。惠王問諸內史過曰：「是何故也？」對曰：「國之將興，明神降之，監其德也；將亡，神又降之，觀其惡也。故有得神以興，亦有以亡，虞、夏、商、周皆有之。」

這段話不僅提到虞、夏、商、周四代，並且以為其興亡皆有神降之。然而，《國語‧周語上》記載了同一件事，卻只提到夏、商、周三代：

> 十五年，有神降於莘。王問於內史過曰：「是何故？固有之

---

82 彭邦本：〈傳說中的唐虞時代及其考古學印證〉，《四川大學學報（哲學社會科學版）》2015年第3期。

乎？」對曰：「有之。……昔夏之興也，融降於崇山；其亡
也，回祿信於聆隧。商之興也，檮杌次於丕山；其亡也，夷羊
在牧。周之興也，鸑鷟鳴於岐山；其衰也，杜伯射王於鄗。是
皆明神之志者也。」

關於《左》、《國》二書的關係，張以仁曾詳細檢討各家說法，指出
二書非一書分化、亦非一人所作，其中有材料來源不同的內容，也
有材料來源相同的內容，[83]不過這兩條材料是否有相同的材料來源不
得而知。早期童書業曾舉此例說明《國語》在《左傳》之前，而
曰：「《國語》凡一百九十一字，《左傳》括以三十九言，盡去敷衍枝
蔓之詞，文字遂大改觀。若《國語》在《左傳》之後，有良範在
前，其文何致退化至此？」[84]我們也認為此事《國語》的內容先於
《左傳》，不過不是因為字數繁簡，而是因古史觀念的不同。若就
《國語・鄭語》所述，象徵有虞氏之興者或為「成天下之大功」的
虞幕，然而夏所以有天下是因為舜禹禪讓，並非失德、亦不可視為
亡國，自然不會有「神又降之，觀其惡也」的狀況，顯然在內史過
的論述中原本就不存在「虞」的例子。因此《左傳・莊公三十二
年》的「神降於莘」應該是因為記述者習於四代觀的邏輯自然在
夏、商、周前加上虞，因而表述為「虞、夏、商、周皆有之」。事實
上，《國語・周語上》所舉夏「其亡也，回祿信於聆隧」之例亦見於
同樣反映三代、四代觀過渡階段的《墨子》中，即〈非命下〉之
「夏德大亂，……天命融隆火於夏之城閒西北之隅」，二者或有類似
的來源。此外，《國語・周語上》還提到「有神降於莘」之「神」為

---

83 參張以仁：〈論國語與左傳的關係〉、〈從文法、語彙的差異證國語、左傳二書非一
　人所作〉，《國語左傳論》。
84 童書業：〈國語左傳問題後案〉，《童書業史籍考證論集》，頁27-28。

丹朱，為堯之胄，並提到其後人為「狸姓」，顯示當時對三代之前的陶唐氏及其族群源流有一定程度的了解，然而未將堯歸於虞代。

綜上所述，我們認為戰國以前唐、虞應連稱是指夏代建立之前已經存在的兩個部族「陶唐氏」與「有虞氏」，而兩周之際周德衰落、諸侯代興的時勢促使三代以外的族群重新受到重視，有虞氏因此重新回到歷史的視野中，此時陶唐氏之堯將政權交給有虞氏之舜的傳說應該也逐漸流傳，當時的人在追述古史時便開始在三代之前提到有虞氏及堯、舜傳說。過去古史辨的學者認為堯舜禪讓的傳說為墨家所造，三代觀到四代觀的轉變為墨家帶起，然而出土文獻證明儒家亦大力主張禪讓且不晚於墨子，同時也說明堯舜禪讓傳說在戰國中期以前已經成為學者共同的思想資源，因此《論語》所述孔子的古史觀應該比墨家說法更能代表三代觀到四代觀的過渡階段。至於相關傳說是否一開始就涉及禹、何時開始涉及禹，目前的材料尚不足以確認這些問題，而可靠的西周材料中並沒有舜、禹相繼的記載，要進一步討論這些問題也只能等待未來能出土更多相關材料。

(二) 堯舜禪讓被塑造為政治制度的典範而產生「虞代觀」

1 孔子對堯、舜的推崇形成「虞代觀」的基礎

自康有為以禪讓說為孔子之托古改制到顧頡剛以為起於墨家之尚賢主義，民初許多學者對堯舜禪讓之事的真實性產生懷疑，同時也有學者受到西方觀念的影響以為堯舜禪讓的記載反映了古代社會的「選舉制度」。[85] 不論持懷疑立場還是解釋立場，今天已經很少學者相信先

---

85 楊希枚對早期學者的說法有詳細的整理與討論，參〈再論堯舜禪讓傳說〉，《先秦文化史論集》（北京市：中國社會科學出版社，1995年8月），頁838-853。不過文中並未提到錢穆的〈唐虞禪讓說釋疑〉及童書業的〈「堯舜禪讓」說起源的另一種推測〉這兩篇重要的文章。近年郭永秉結合新出土文獻對相關問題有精要的回顧與評價，

秦文獻中關於堯舜禪讓的記載為實錄，然而從先秦各家派對堯、舜傳說的引述與討論來看，說是某一家派所造也很難成立，更可能是當時共同記憶中的古老傳說。[86]我們同意堯舜禪讓傳說並非後人憑空捏造，其中確實可能有更早時代政治制度的「史影」，而本文的主題不在解釋此史影指向何種制度，因為學者所提到包括「部落聯盟」、「方國聯盟」、「部落國家」、「部族聯合體」、「酋邦」……等在古人的記憶中並不存在，我們要談的是在東周之前的記憶中，此史影並不指涉「虞代」，只是二氏族政權交替的傳說，後人的「虞代觀」是以堯舜禪讓的傳說為基礎逐步建構起來的。

彭邦本對「虞代」的問題曾提出具有啟發性的說法：

> 相傳堯、舜相繼為唐、虞聯盟的首領，唐堯在前、虞舜在後，是一時期的兩個階段，故文獻往往以唐虞連稱。……不過，把唐、虞並稱，是就狹義上兩者原本各自為不同的共同體，聯盟係由二者為主構成而言。而在廣義上或多數時候，因為該聯盟非常穩固並一直延續到夏朝建立，故傳世文獻又往往將類似「朝代」之義的「唐虞」簡稱為「虞」或「有虞氏」。……《左傳》、《國語》的記載，反映出春秋時代人們的歷史記憶中，夏朝以前還有一個稱為「虞」或「有虞氏」的時代（「朝代」）。[87]

並有所突破，亦值得參考。參《帝繫新研》，頁71-79；〈上博簡《容成氏》的「有虞迵」和虞代傳說的研究〉，《古文字與古文獻論集》，頁136-143。

86　楊希枚曾詳引先秦諸子提及堯舜禪讓的材料指出：「堯、舜禪讓傳說更是包括法家在內的先諸子所有重要學派普遍援引、茲以論證人際關係和治國之道的一項共同題材！換句話說，堯、舜禪讓傳說絕非先秦諸子任何一派的偽造故事，該是源遠流長的古老原始傳說之一。」參〈再論堯舜禪讓傳說〉，《先秦文化史論集》，頁817-818。前引李存山與裴錫圭的說法也透過新出土材料重申此一看法。

87　彭邦本：〈傳說中的唐虞時代及其考古學印證〉，《四川大學學報（哲學社會科學版）》2015年第3期，頁6。

彭先生指出了一個對夏代之前的記憶由「氏族」轉變為「朝代」的過程。我們認為正是由於兩周之際有虞氏、陶唐氏兩個氏族重新回到歷史的視野中，而後東周時期的學者推崇堯舜禪讓並引起廣泛討論，使這段時期習慣被理解為一個具有典範性的「時代」，進而被當作「朝代」而產生了「虞代觀」，並為之建構一個完美的「朝廷」，即後人記憶中的「虞代」。

目前可知最早推崇堯、舜的思想家是孔子，《論語》中記載了孔子及子夏對堯、舜的看法：

（1）子曰：「巍巍乎！<u>舜禹之有天下也，而不與焉。</u>」

子曰：「大哉，堯之為君也！巍巍乎！唯天為大，唯堯則之。蕩蕩乎！民無能名焉。巍巍乎！其有成功也；煥乎，其有文章！」

<u>舜有臣五人而天下治。</u>武王曰：「予有亂臣十人。」孔子曰：「才難，不其然乎？唐虞之際，於斯為盛。有婦人焉，九人而已。三分天下有其二，以服事殷。<u>周之德，其可謂至德也已矣。</u>」（〈泰伯〉）

（2）子曰：「<u>無為而治者，其舜也與？</u>夫何為哉，恭己正南面而已矣。」（〈衛靈公〉）

（3）子夏曰：「富哉言乎！<u>舜有天下，選於眾，舉皋陶，不仁者遠矣。</u>湯有天下，選於眾，舉伊尹，不仁者遠矣。」（〈顏淵〉）

（4）子貢曰：「如有博施於民而能濟眾，何如？可謂仁乎？」子曰：「何事於仁，必也聖乎！堯舜其猶病諸。」（〈雍也〉）

（5）子路問君子。……（子）曰：「脩己以安百姓。脩己以安百姓，堯舜其猶病諸！」（〈憲問〉）

上引材料顯示孔子對堯、舜有很高的評價，並且已將堯、舜、禹相提並論，不過沒有明確指出其偉大是否因為「禪讓」。楊希枚指出孔子、子夏「雖是稱美堯、舜，但也不過說，堯能法則天道，順應自然之道，而舜氏舉賢任能且淡泊名利的主君而已」，又據〈泰伯〉所載孔子所說「泰伯，其可謂至德也已矣。三以天下讓，民無得而稱焉」，認為「姑無論孔子就否曾盛道禪讓，這條材料應可證禪讓既非只是堯、舜二人所專擅的美德，且孔子也非只推崇堯、舜的禪讓」。[88]尤銳（Yuri Pines）也認為孔子稱頌堯、舜未必針對禪讓，並提到從〈泰伯〉篇讚揚泰伯之讓來看也可能《論語》中暗含堯舜禪讓的觀念，不過他認為目前沒有證據說明《論語》各篇有內在統一性，故〈泰伯〉提到堯舜與禪讓是否有關仍應存疑，因此他認為「雖然《論語》不包含關於禪讓傳說的直接證據，它卻表明在孔子的時代已經興起了將堯舜拔高為無與倫比的典範人物的潮流」。[89]而彭裕商則認為從「堯舜」、「舜禹」連言來看，孔子應該是承認禪讓的。[90]我們認為三位先生的看法是合理的，他們指出孔子已經標舉堯、舜並提出「舉賢」的觀念，孔子應該承認堯舜之禪讓，但是否稱頌則沒有明確的表示。[91]

88　楊希枚：〈再論堯舜禪讓傳說〉，《先秦文化史論集》，頁792、794。

89　尤銳：〈禪讓：戰國時期關於平等主義與君主權力的論爭〉，收於陳致主編：《當代西方漢學研究集萃‧上古史卷》（上海市：上海古籍出版社，2012年11月），頁390-391。

90　彭裕商，〈禪讓說源流及學派興衰──以竹書《唐虞之道》、《子羔》、《容成氏》為中心〉，《歷史研究》2009年第3期，頁10。

91　這裡涉及一個問題，即《論語‧堯曰》中曾提到堯、舜、禹禪讓之事曰：「堯曰：『咨！爾舜！天之曆數在爾躬。允執其中。四海困窮，天祿永終。』舜亦以命禹。」自古就有學者或以為此章晚出，崔述、顧頡剛、錢穆都有詳細的討論（參〈禪讓傳說起於墨家考〉、《論語新解》）。趙貞信對舊說作了詳細的整理，並提出此段內容（含後文商湯周武王之言）為《墨子‧兼愛》引文竄入《論語》的說法，與顧頡剛以為儒家禪讓說來自墨家遙相呼應〔參〈《論語‧堯曰章》來源的推測〉，《北京師範大學學報（社會科學）》1962年第3期〕。不過這些說法中仍存在許多問題，亦

　　然而《論語》中對「讓國」有極高的評價，在〈泰伯〉篇中以泰伯為「至德」，在〈述而〉中以伯夷、叔齊為「古之賢人」、「求仁得仁」，因此彭邦本以為孔子不僅主張舉賢，還重視禪讓。[92]不過在孔子的觀念中「讓國」的形式與內涵未必等同於「禪讓」。《論語》中的堯、舜似乎並未達到「至德」的程度，〈泰伯〉篇中談到「舉賢」而曰「舜有臣五人而天下治」、「唐虞之際，於斯為盛」，而以文王為「至德」；談到「讓」則以泰伯為「至德」，同篇中並未以堯、舜為「至德」。這讓我們想起顧頡剛早期的說法，他認為「在禪讓之說未起時，也有讓國的事，……故《論語》只有稱美泰伯的讓，而沒有稱美堯、舜的讓」，[93]退一步看，就算《論語》中稱許堯、舜的原因包含禪讓，孔子也並未直接指出，且顯然不及泰伯之讓。另外，楊希枚也曾指出孔子雖推崇堯、舜但尚未將之視為理想中的聖賢典範，如上引〈雍也〉、〈憲問〉中提到在博施濟眾與修己安人上「堯舜其猶病諸」，因此「如果說孔子推崇堯、舜，則勿寧推崇的是包括夏后、商湯、文王和武王在內的一般前代賢君那種選賢任能以安民濟眾的先王之道，也即哲人完人的治道」。[94]

未成為定論。若〈堯曰〉篇並非後人加入，或許可以反映孔子對堯舜禪讓有一定程度的認識，然而從此段文字談到堯、舜、禹之後接著商湯之「萬方有罪，罪在朕躬」及周（武王）之「百姓有過，在予一人」來看，顯然論述宗旨與禪讓無關，清代學者徐時棟於〈逸湯誓考〉中便曾指出《論語》此章歷記古帝王語言政事，全以得民心為本，「大底皆言得民心而天下治」（轉引自〈《論語·堯曰章》來源的推測〉，頁95）。則無論〈堯曰〉是否晚出，都不能證明孔子曾稱許堯舜禪讓。

92 彭邦本：〈儒墨舉賢禪讓觀平議——讀《郭店楚墓竹簡》〉，《四川大學學報（哲學社會科學版）》2000年第5期，頁121；〈《論語》中的舉賢禪讓思想〉，《齊魯文化研究》第13輯，（2013年12月）頁21。

93 顧頡剛：〈討論古史答劉胡二先生〉，《顧頡剛古史論文集》卷1，《顧頡剛全集》第1冊，頁241。

94 楊希枚：〈再論堯舜禪讓傳說〉，《先秦文化史論集》，頁792-793。陳泳超同樣據〈雍也〉、〈憲問〉認為「《論語》中未將堯舜視為最完美的仁人聖君」，而據〈泰伯〉孔

　　至於禪讓是否等於讓國，顧頡剛特別提到吳太伯、伯夷、魯隱公、弗父何、宋宣公、公子目夷、公子去疾、公子季札、公子郢、公子啟等讓國的事例「祇是貴族自己家門中的相讓，終沒有聽得把君位讓給別的姓的臣民的」，[95]顯然與禪讓不同。阮芝生也曾整理歷史上的「讓國」之事，認為其中先秦真心讓國者有十一例，即太伯、伯夷、宋宣公、邾婁叔術、宋公子目夷、鄭公子去疾、曹子臧、吳季札、楚公子申、衛公子郢、楚公子啟，這些讓國事例與「禪讓」完全不同，尤其「所讓者都屬家人兄弟，無一是平民」。[96]二位先生說明了兩周讓國之例與堯舜禪讓不同。我們認為孔子所以讚揚泰伯、伯夷而未直接稱許堯、舜很可能如顧頡剛所說，是孔子的時代背景所致，孔子生於以封建宗法為基礎的世官制度即將崩壞之時，而其思想偏向保守的路線，雖已主張舉賢臣，卻也認為「小人學道則易使」，可見「孔子決不是澈底主張尚賢主義的一個人」，[97]而孔子所讚揚的「讓」應該也是以世襲體制的「讓國」為主，不論是伯夷、叔齊的孤竹國還是泰伯的周。

　　我們認為孔子對堯、舜的認識應該是來自堯舜禪讓的傳說，而《論語》顯示孔子對堯、舜非常推崇應該也可能是因為堯、舜的用賢與禪讓，在孔子的觀念中讓國可能是更高層次，不過二者應該都屬於

子所說：「禹，吾無間然矣。菲飲食，而致孝乎鬼神；惡衣服，而致美乎黻冕；卑宮室，而盡力乎溝洫。禹，吾無間然矣。」認為「孔子心目中最推重的人是禹」。參《堯舜傳說研究》，頁26。

95　顧頡剛：〈禪讓傳說起於墨家考〉，《顧頡剛古史論文集》卷1，《顧頡剛全集》第1冊，頁457。

96　阮芝生：〈論禪讓與讓國〉，收於中央研究院歷史語言研究所：《第二屆國際漢學會議論文集：歷史與考古組》（臺北市：中央研究院歷史語言研究所，1989年6月），頁490-500。

97　顧頡剛：〈禪讓傳說起於墨家考〉，《顧頡剛古史論文集》卷1，《顧頡剛全集》第1冊，頁437-438。

禮讓的的價值。透過孔子對二人的讚揚，不僅原屬於不同氏族的領導人被放在同一個「時代」框架中敘述而成為常態，孔子所賦予的價值觀「舉賢」、「禮讓」也成為理解堯、舜的基調，之後的儒家後學與墨家都分別由此開展自己的詮釋。

2 戰國中期儒、墨二家對堯、舜形象的繼承與塑造

（1）堯形象留有早期記憶的痕跡

不僅堯舜禪讓被理論化並且受到高度推崇，戰國中期的儒、墨二家對堯、舜的形象也有進一步的塑造。如前文所述，東周時代零星記載了陶唐氏與有虞氏的世系，是遠古記憶的遺留，若堯、舜代表的是兩個氏族的首領，自然不會是出身寒微的平民身分，[98]從戰國中期儒、墨二家的文獻來看，堯的形象大多比較模糊，只有少數記載還留有早期氏族首領的影子，舜的形象則基本為平民，已非氏族之長的形象，這樣的狀況也反映了古史記憶由三代觀演進為四代觀的過渡階段。

就堯的形象而言，代表儒家的〈唐虞之道〉曰「古者堯生於天子而有天下」（簡14），陳劍認為即「傳說中堯為帝嚳之子（見《大戴禮記·帝繫》等書）而言，跟《容成氏》所述不同」，[99]林志鵬也認為反映《大戴禮記·帝繫》堯與契、后稷父為帝嚳以區別由庶民升為天子之舜，[100]郭永秉則認為〈唐虞之道〉的堯「生於天子」的形象與舜的出身卑賤形成對比，不過並未說明堯父為帝嚳，堯為帝嚳之子為大一

98　參王和：《歷史的軌跡——基於夏商周三代的考察》（北京市：商務印書館，2013年11月），頁205。

99　陳劍：〈上博楚簡《容成氏》與古史傳說〉，《戰國竹書論集》（上海市：上海古籍出版社，2013年12月），頁62。

100　林志鵬：〈郭店楚墓竹簡《唐虞之道》重探〉，收於丁四新主編：《楚地簡帛思想研究》（武漢市：湖北教育出版社，2007年6月），第3輯，頁487。

統帝王世系興起後才出現，應該晚於契、后稷為帝嚳之子之說，而大一統帝王世系中以為堯為帝嚳之子及堯代其兄摯為天子，「應該也有戰國時代關於堯出身的某些傳說背景，似乎不能完全看作憑空捏造的說法」，郭先生還聯繫了〈容成氏〉中的堯形象，指出二者對堯的說法雖不同，「但是在堯的出身並不卑賤這一點上則是一致的」。[101]另外，〈容成氏〉中提到：

> 昔尭（堯）凥（處）於丹府與藋陵之閒（間），尭（堯）戔（散）貤（施）而峕＝（待時）寅（賽—實），不寭（勸）而民力，不型（刑）殺而無頹（盜）惻（賊），甚緩（寬）而民備（服）。於是虖（乎）方【6】百里之审（中），銜（率）天下之人遺（就）奉而立之，呂（以）為天子。於是虖（乎）方囩（圓）千里，於是於（乎）豈（持）板正立（位），四向陕禾（和），寏（懷）呂（以）逨（來）天下之民。【7】[102]

郭先生認為從「處於丹府與藋陵之間」、「不勸而民力，不刑殺而無盜賊，甚寬而民服」、「方百里之中」來看，顯然堯升為天子之前是有土地人民的，而「方百里」就是指堯所掌握的土地，古帝王中湯與文王都是被描寫為由方百里而起的諸侯，相關文獻甚多，其中《墨子·非命上》的內容與〈容成氏〉非常相似，堯「應是類似於諸侯國君或方國首領性質的人」，因此〈唐虞之道〉所提出堯出身高貴的說法，和〈容成氏〉所說堯起於方百里之中應該沒有本質上的差別。[103]郭先生

---

101 郭永秉：《帝繫新研》，頁63-64。

102 釋文參單育辰：《新出楚簡《容成氏》研究》（北京市：中華書局，2016年3月），頁85-95。

103 郭永秉：《帝繫新研》，頁60-62、64。

的解釋應該是合理的，我們認為〈唐虞之道〉與〈容成氏〉中堯生
於天子及興於百里之地的形象反映的可能就是其身為一族之長的史
影。[104]至於〈唐虞之道〉中「天子」的義涵，將在下文談到「時」、
「命」問題之處作進一步討論。

　　附帶一提，不少學者認為〈容成氏〉具有墨家思想的色彩，[105]然

---

104 另外郭永秉的說法還涉及一個問題，郭先生考釋出〈容成氏〉中早於堯、舜的古
　　帝王「有虞迵」，因此認為：「『迵、堯、舜』三人都屬於虞代，虞代得名於『有虞
　　氏』；而進一步說，『有虞氏』很有可能就是一個大的部落聯盟，在這個部落聯盟
　　中，有很多部族，堯所屬的『陶唐氏』就是其中的一個。」（《帝繫新研》，頁76；
　　〈上博簡《容成氏》的「有虞迵」和虞代傳說的研究〉，《古文字與古文獻論集》，
　　頁141）。郭先生的說法很有啟發性，不過也存在一個問題，即「有虞氏」是一個
　　部落聯盟，則「禪讓」便是其中各部落的輪流執政，過去學者將之理解為一種遠
　　古的選舉制度，郭先生採用裘錫圭的「君長推選制」此一稱呼；然而〈容成氏〉
　　中列舉「尊盧氏」、「赫胥氏」、「喬結氏」……等古帝王族氏，而〈容成氏〉說這
　　些氏「之有天下也，皆不受其子而受賢」，那麼究竟是某氏之內部行禪讓，還是某
　　氏與某氏之間禪讓，從表述上來看似乎是後者，則有虞迵為有虞氏，堯是陶唐
　　氏，舜是有虞氏，堯、舜禪讓也可理解為有虞氏重新執政。不過或許也可跳脫
　　「找出史影」的邏輯而從〈容成氏〉的敘事來看，我們認為〈容成氏〉的作者可
　　能只是拼湊古史傳說，並在堯、舜之前安插了一套古帝王系統。在當時的古史觀
　　念中三代之前還有堯舜禪讓傳說，作者為鼓吹禪讓自然要在三代前安排堯、舜之
　　事，同時作者又採取了一種「歷史退化」的觀點，便在堯、舜之前安排了更理想
　　的時代。然而堯舜禪讓傳說中並未包含堯之前的狀況，堯也並非受禪而有天下，
　　因此作者只能找尋其他古史傳說加工拼湊在堯之前。先秦文獻中有不少關於古帝
　　王的零星記載，戰國時代也流傳了很多內容類似的古帝王譜系，如《莊子・胠
　　篋》、《六韜・大明》，此外《漢書・古今人表》也提供了可能源自先秦的帝王譜
　　系，而這些譜系中只有〈容成氏〉是以「政權轉移」的角度串連這些古帝王，很
　　可能是作者用「禪讓」的角度解釋當時流行的帝王譜系而「層累造成」了禪讓的
　　古史記憶。至於「有虞迵」，可能是因此保留下來的有虞氏古帝王，後來因為以
　　堯、舜為主的「虞代」典範化而被遺忘；也可能是當時人或作者捏造出來的人
　　物，故不見於《左傳・昭公八年》「幕至於瞽瞍無違命」的有虞氏譜系中。

105 趙平安：〈楚竹書《容成氏》的篇名及其性質〉，《新出簡帛與古文字古文獻研究》
　　（北京市：商務印書館2009年12月）。饒宗頤：〈由尊盧氏談到上海竹書（二）的
　　《容成氏》〉，《九州學林》第4卷第1期（2006年春季）。史黨社：〈讀上博簡《容成
　　氏》小記〉，《《墨子》城守諸篇研究》（北京市：中華書局，2011年1月）。郭永秉：

而〈非命上〉與〈容成氏〉內容相關是否也反映了其與墨家的關係，或可進一步討論。墨子曰：

> 古者湯封於亳，絕長繼短，方地百里，與其百姓兼相愛，交相利，移則分。率其百姓，以上尊天事鬼。是以天鬼富之，諸侯與之，百姓親之，賢士歸之，未殁其世，而王天下，政諸侯。昔者文王封於岐周，絕長繼短，方地百里，與其百姓兼相愛、交相利，則[106]。是以近者安其政，遠者歸其德。……是以天鬼富之，諸侯與之，百姓親之，賢士歸之，未殁其世，而王天下，政諸侯。

〈非命上〉這段話與〈容成氏〉都是講方百里之諸侯有德而得民心而王天下，後者分為兩段，先是簡6＋7的「方百里之中率天下之人就奉而立之，以為天子」，之後真正成為天子是簡10＋11＋13的「堯以天下讓於賢者，天下之賢者莫之能受也」，「天下之人，以堯為善興賢，而卒立之」。而二者的思想有所不同，〈非命上〉主張墨家的兼相愛、交相利與天志、明鬼，〈魯問〉有相關內容，即「昔者三代之聖王禹湯文武，百里之諸侯也，說忠行義，取天下。三代之暴王桀紂幽厲，讎怨行暴，失天下。吾願主君之上者尊天事鬼，下者愛利百姓」，顧頡剛曾據此認為「在《墨子》書裡，禹的出身乃是一個百里諸侯」，

〈從《容成氏》33號簡看《容成氏》的學派歸屬〉，《古文字與古文獻論集》。黃海烈：〈上博簡《容成氏》的發現及其學派歸屬問題〉，發表於「復旦大學出土文獻與古文字研究中心」網站（http://www.gwz.fudan.edu.cn/SrcShow.asp?Src_ID=443），2008年5月26日。

106 此有脫文，俞樾以為「移則分」，劉載賡以為前「移則分」應為「利則分」，吳毓江據此以為脫文處亦應為「利則分」，參《墨子校注》（北京市：中華書局，2012年2月），頁401。

「禹同湯、文、武一樣，是由諸侯升而為天子的」。[107]這段話中百里之諸侯多了禹，而同樣主張兼相愛、交相利與天志、明鬼，可知墨家對百里諸侯之有天下有一貫的說法。〈容成氏〉的堯興於方百里之地則是因「不勸而民力，不刑殺而無盜賊，甚寬而民服」，呼應文中所提到堯以前上古帝王之德，即「其政治而不賞，官而不爵，無勵於民，而治亂不关（？）」（簡43）、「不賞不罰，不刑不殺，邦無飢人，道路無殣死者」（簡4＋5），及以「始爵而行祿」為「德衰」（簡32上），顯然與〈非命上〉、〈魯問〉的觀念不同，而《墨子》談刑賞爵祿之處甚多，卻不以之為失德，可略舉一例，如〈尚同下〉曰「善人賞而暴人罰，則國必治」，則〈容成氏〉中堯所以能興於百里之「德」應非墨家思想，這也說明了〈容成氏〉的堯並非只有墨家色彩的形象，[108]可能書寫堯的部分拼湊了其他家派的材料。至於簡10＋11＋13因「善興賢」而終於被確立為天子則合於墨家的尚賢思想。

最後，《上博四・曹沫之陳》中還有一則關於堯的記載曰：

> 昔桃（堯）之鄉（饗）埜（舜）也，飤（飯）於土輴（塯），
> 欲〈歕（歠）〉於土型（鉶），【2】而𢻣（撫）又（有）天下。
> 此不貧於敚（美）而福（富）於惪（德）與（歟）？……
> 【3】[109]

---

107 顧頡剛：〈禪讓傳說起於墨家考〉，《顧頡剛古史論文集》卷1，《顧頡剛全集》第1冊，頁444。

108 上舉〈容成氏〉「刑賞」與「德衰」部分的編聯參考郭永秉之說，郭先生指出有虞氏「不賞不罰」之說見於《慎子》佚文及《莊子・天地》，並認為可能是戰國時代對有虞氏的普遍評價，其說可從。參《帝繫新研》，頁55-57；〈上博簡《容成氏》的「有虞迵」和虞代傳說的研究〉，《古文字與古文獻論集》，頁120-121。

109 參單育辰：《《曹沫之陳》文本集釋及相關問題研究》（長春市：吉林大學碩士論文，2007年4月），頁23-27。

淺野裕一指出此篇成書在春秋晚期，[110]其說可從，可知此時已出現堯有儉德的形象，文中的情節或與堯舉舜有關，至於是早期傳說的遺存還是某家派的說法則難以論定。不過後來墨家進一步配合其節用、節葬的主張對堯有儉德的形象作了進一步的塑造，如：

> 古者堯治天下，……黍稷不二，羹胾不重，飯於土塯，啜於土形，斗以酌。（《墨子·節用中》）
>
> 昔者堯北教乎八狄，道死，葬蛩山之陰，衣衾三領，穀木之棺，葛以緘之，既窆而後哭，滿埳無封。已葬，而牛馬乘之。（《墨子·節葬下》）

（2）在堯舉舜脈絡中的舜的形象以平民為主

在舜的形象方面，基本上是在堯舉舜的脈絡中提及，《論語》中除了可能晚出的〈堯曰〉所載堯命舜時所說「允執其中」該段話以外，未見堯舉舜的記載，而戰國中期儒、墨兩家的文獻中，堯舉舜成為常見的內容，其中舜幾乎都是平民的形象。如〈唐虞之道〉「舜怇於草茅之中而不憂」（簡16）、「古者堯舉舜也」（簡22），〈窮達以時〉「舜耕於歷山，陶拍於河浦，立而為天子，遇堯也」（簡2＋3），〈容成氏〉「昔舜耕於鬲丘，陶於河濱，漁於雷澤」（簡13）、「堯於是乎為車十又五乘，以三從舜於畎畝之中，舜於是乎始免笠肩（？）耨，芰芥而坐之」（簡14）、[111]「堯有子五人，不以其子為後，見舜之賢也，而欲以為後」（簡12）。《墨子》也提到「昔者堯有舜，舜有禹」（〈尚

---

110 淺野裕一：〈《曹沫之陳》的兵學思想〉，《上博楚簡與先秦思想》（臺北市：萬卷樓圖書公司，2008年9月）。

111 此句「免」之後的考釋學者看法不同，未有定論參，此暫從郭永秉之說，參《帝繫新研》，頁84-88。各家說法可參單育辰：《新出楚簡《容成氏》研究》，頁106-115。

賢下〉）及「堯舉舜於服澤之陽，授之政，天下平」（〈尚賢上〉），又
如「舜耕歷山，陶河瀕，漁雷澤，堯得之服澤之陽，舉以為天子，與
接天下之政，治天下之民」（〈尚賢中〉，〈尚賢下〉多「灰〔反〕於常
陽」），與〈容成氏〉類似。墨家還配合其主張而有舜節葬的形象，如
「舜西教乎七戎，道死，葬南己之市，衣衾三領，縠木之棺，葛以緘
之，已葬，而市人乘之」（〈節葬下〉）。而時代與思想性質尚無定論的
〈保訓〉也有「昔舜舊作小人，親耕于歷丘」（簡4）、「帝堯嘉之，用
授厥緒」（簡7）。另外，〈子羔〉中也說「堯之得舜也，……舜嗇於童
土之田」（簡6＋2）、「堯之取舜也，從諸卉茅之中」（簡5正）、「舜其
可謂受命之民也矣。舜人子也」（簡7）、「由諸畎畝之中而使君天下而
偁」（簡8），值得注意的是，文中還提到舜為「有虞氏之樂正瞽瞍之
子也」（簡1）及「舜其幼也，敏以好詩」（簡4）的說法，似乎也留下
一些舜非平民的訊息。[112]

後人對「瞽瞍」的記憶多為負面形象，此形象主要源於《尚書‧
堯典》所載四岳對堯的話中提到舜之「父頑」，及戰國中期的《孟
子‧告子上》所載公都子向孟子提問時提到「堯為君而有象；以瞽瞍
為父而有舜；以紂為兄之子且以為君，而有微子啟、王子比干」，將
瞽瞍與紂相提並論。這兩部書後來成為知識分子必讀的經典，顯然對
後人記憶造成很大的影響。而史書中的經典《史記‧五帝本紀》中對
其人其事有詳細記載，加強了此記憶的「可信度」。然而較早的文獻

---

112 「瞽瞍」之「瞍」字作「宎」，讀為「瞍」得到多數學界肯定，各家說法可參蘇建
洲：《上海博物館藏戰國楚竹書校釋（二）》（臺北縣：花木蘭文化出版社，2006年9
月）第四章〈子羔〉校釋。及夏世華：〈上海博物館藏楚竹書《子羔》集釋〉，《楚
地簡帛思想研究》（武漢市：崇文書局，2010年12月），第4輯。另可參劉洪濤的〈郭
店竹簡《唐虞之道》「瞽瞍」補釋〉，《江漢考古》2010年第4期，劉先生對相關問題有
很好的總結。而「敏以好詩」之「好」字跡模糊，早期較多學者以為是「學」字，郭
永秉指出應為「好」字，可從。參《帝繫新研》，頁79-84；〈說《子羔》簡4的「敏以
好詩」〉，《古文字與古文獻論集》。各家說法可參前引蘇、夏二文。

中如《左傳·昭公八年》追溯陳之先祖提到的「自幕至於瞽瞍，無違命，舜重之以明德」與上引〈子羔〉之說都沒有這種負面形象。陳泳超曾指出「瞽」為有虞氏之世職，從《國語·鄭語》「虞幕能聽協風，以成樂物生者也」來看，職務主要的性質是「以音律省風土」，[113]說明有虞氏原本有音律方面的專長而為掌樂之氏族。前文討論夏代之前的政治面貌時曾提到《左傳·昭公二十年》蔡史墨所說的「五行之官（五官）」，即少皞氏之重為木正句芒，該為金正蓐收，脩、熙為水正玄冥，顓頊氏之犁為火正祝融，共工氏之句龍為土正后土，以此類推，有虞氏之幕、瞽瞍應該也曾經是某一族群中的樂正。少皞氏之重、該、脩、熙「世不失職」故後人祀之，也與幕至於瞽瞍「無違命」故後不失祀意思相近，此「命」即〈呂刑〉「乃命三后」、〈豳公盨〉「天命禹」之「命」，「自幕至於瞽瞍無違命」就是指從幕到瞽瞍世代謹守上天所命之職務，即「世不失職」，因此幕、瞽瞍乃至舜應該是掌樂氏族有虞氏的領導人，而非平民。[114]至於「舜其幼也，敏以好詩」的形象或許與其氏族擅長音律的傳統有關。[115]

---

113 陳泳超：《堯舜傳說的研究》，頁156-164。

114 郭永秉並不同意有虞氏世任此官之說，他認為〈子羔〉中瞽瞍只是擔任有虞氏的樂正，而認為古籍中有虞氏的世系有兩個系統，一為君王世系、一為舜為平民的先祖世系，並以「幕」為有虞氏君王，而不承認《左傳·昭公八年》的「自幕至于瞽瞍無違命」之瞽瞍為君王（參《帝繫新研》，頁36、40-42）。我們認為陳先生提出的幕「聽協風」與瞽瞍之「瞽」的聯繫仍有意義，如正文所述，幕到瞽瞍「無違命」即指「世不失職」，如同少皞氏中的重為木正、該為金正各負責一項職務，若在顓頊以民事命官之前則如前文所引《左傳·昭公十七年》郯子所述少皞氏之「祝鳩氏，司徒也」之類。則有虞氏便是某族群中負責樂的氏族，而不是指多個氏族組成的部落或部落聯盟。

115 郭永秉提到陳泳超指出戰國後期流傳舜彈五弦歌《南風》的傳說為孔門後學所創，有教化天下的意旨，以為〈子羔〉之舜「敏以好詩」並無此類意旨，舜以樂教天下的傳說應該是戰國後期的儒家在〈子羔〉傳說的基礎上所創。參《帝繫新研》，頁83-84；〈說《子羔》簡4的「敏以好詩」〉，《古文字與古文獻論集》，頁186。

3 郭店簡〈唐虞之道〉將堯舜禪讓理論化成為政治制度的典範

　　堯舜禪讓傳說在東周時期廣為流傳，其來源可能更早，多數學者認為可能反映了夏代之前政治制度的史影，可惜目前沒有早於東周的出土文獻可以幫助我們還原傳說的原貌。顧頡剛認為古史研究若無法找到古史的「真相」可以轉而研究古史背後的「古史觀」，實際上我們也很難研究堯舜「禪讓傳說」的歷史真相，只能研究東周時期的「禪讓說」。丁四新曾指出：

> 禪讓傳說的起源與禪讓學說的起源不一樣，學說必須是構成學說的原初特質已形成，才能說學說自身具有其自身的起源。就現有的思想史料來看，把禪讓學說的起源定於春秋戰國諸子的時代是比較適當的，據此我以為禪讓學說的起源當在春秋後期或戰國前期，因為《唐虞之道》的禪讓學說已是非常成熟的理論系統了。禪讓傳說的起源則比禪讓學說的起源早的多，大約堯舜禹禪讓的歷史事實一旦成為過去，而逐漸成為人們口口相傳的故事的時候，傳說就有了自己起源的歷史特徵。因此在這種意義上說，禪讓傳說既不是起源於儒家，也不是起於墨家，而是源於先民們不斷重複的歷史記憶。[116]

這段話對「禪讓傳說」與「禪讓說」有很好的界定。我們認為不論堯舜禪讓是否真實發生，東周時期都已經成為普遍的記憶，從現有的材料來看，這些記憶內容主要仍包含在後人的禪讓說中，因為禪讓說是從堯舜禪讓傳說發展出來的。然而寄託了「學說」的堯舜禪讓傳說便不是傳說的原貌，而是新的堯舜禪讓記憶，戰國中期的儒、墨二家不

---

116 丁四新：《郭店楚墓竹簡思想研究》（北京市：東方出版社，2000年10月），頁377。

僅以自己的主張塑造了堯、舜的形象，更進一步將堯舜禪讓理論化成
為政治制度的典範，創造了一個理想中的時代，而發展出戰國時代的
「虞代觀」，成為「虞代記憶」的觀念背景。

　　儒家方面，〈唐虞之道〉是堯舜禪讓理論化最具代表性的例子，
以下分三部分討論。[117]其一是賦予堯、舜的人格及禪讓最高的價值，
使之成為道德與制度的典範。相關內容如下：

> 湯（唐）吳（虞）之道，廛（禪）而不僂（傳）。堯舜之王，利
> 天下而弗利也。廛（禪）而不僂（傳），聖之【1】盛也。利天
> 下而弗利也，忎（仁）之至也。古（故）昔臤（賢）忎（仁）
> 聖者女（如）此。……【2】……堯舜之行，忎（愛）親障
> （尊）臤（賢）。忎（愛）【6】親古（故）孝，尊臤（賢）古
> （故）廛（禪）。孝之殺，忎（愛）天下之民。廛之渙，世亡
> 忎（隱）直（德）。孝，忎（仁）之免（冕）也。【7】廛
> （禪），義之至也。六帝興於古，譽（皆）采（由）此也。忎
> （愛）親亢（忘）臤（賢），忎（仁）而未義也。尊臤（賢）
> 【8】遺親，我（義）而未忎（仁）也。古者吳（虞）舜篙
> （篤）事宓（瞽）窐，乃弋（式）其孝；忠事帝堯，乃弋（式）
> 其臣。忎【9】（愛）親尊賢，吳（虞）舜其人也。……【10】

> 亟（極）忎（仁）【19】之至，利天下而弗利也。廛（禪）也
> 者，上直（德）受（授）臤（賢）之胃（謂）也。上直（德）
> 則天下又（有）君而【20】世明。受（授）臤（賢）則民興教
> 而蠚（化）虖（乎）道。不廛（禪）而能蠚（化）民者，自生

---

117 羅新慧曾分四點討論〈唐虞之道〉中的禪讓理論，參〈《容成氏》、《唐虞之道》與
　　戰國時期禪讓學說〉，《齊魯學刊》2003年第6期，頁105。本文參照羅說分三點進
　　一步討論。

民未之又（有）也。【21】

古者堯之异（舉）舜也，昏（聞）舜孝，智（知）能羕（養）天下【22】之老也；昏（聞）舜弟，智（知）其能紀天下之長也；昏（聞）茲（慈）虗（乎）弟□□□□□【23】為民宔（主）也。古（故）其為宦（瞽）寞子也，甚孝；及其為堯臣也，甚忠；堯麈（禪）天下【24】而受（授）之，南面而王而〈天〉下而甚君。古堯之麈（禪）虗（乎）舜也，女（如）此也。……【25】[118]

此段話標舉出政權轉移制度之典範及促成此制度之人格典範。堯、舜之德為「尊賢」與「愛親」，即「義」與「仁」，推而廣之則為堯舜禪讓之「禪而不傳」與「利天下而弗利」，即「聖」與「仁」。「禪而不傳」強調尚德授賢而非血緣世襲，「利天下而弗利」強調不利己、不眷戀權位而讓賢能夠成就公利，為「公天下」之概念，[119]故由堯、舜尊賢而傳天下之賢，由愛親而愛天下之人，則聖人行禪讓之制便能使「世明」而「民化乎道」。堯、舜由內聖而外王，達到「聖之盛」與「仁之至」，可謂擁有最高道德之聖王，相較於《論語》中泰伯、文王之至德與伯夷之求仁得仁以及泰伯、伯夷世襲體制中的讓，〈唐虞之道〉的堯、舜不僅成為至德之人，堯、舜尚德授賢之讓也成為更理想的政權轉移制度。此外，文中以堯、舜為人格典範但對舜的著墨更多，堯傳位給舜是尊賢，其是否愛親則不得而知，而上引文後省略舜舉禹、益、后稷、伯夷、夔、咎繇之例，則舜能愛親、忠君、尊賢，

---

118 武漢大學簡帛研究中心，荊門市博物館編著：《楚地出土戰國簡冊合集1‧郭店楚墓竹書》（北京市：文物出版社，2011年11月），頁60-61。

119 參廖名春：〈荊門郭店楚簡與先秦儒學〉，《中國哲學》第20輯，頁47；丁四新：《郭店楚墓竹簡思想研究》，頁360-368、375-376。

具有受禪資格並且能授天下與賢者，為古代聖王典範中的典範。

　　除了將堯舜人格與禪讓制度理想化，〈唐虞之道〉又以「階段論」的角度提出此種理想的制度自古便有，而曰「六帝興於古，皆由此也」。[120]〈子羔〉也提到孔子說「昔者而弗世也，善與善相授也，故能治天下，平萬邦」（簡1）。裘錫圭指出《禮記・禮運》中孔子所說「大道之行，與三代之英，丘未之逮也，而有志焉。大道之行也，天下為公，選賢與能，講信脩睦……是謂大同。今大道既隱，天下為家」，這種認為傳子的三代之前有一個禪讓時代，並肯定其為大同盛世的觀念，與〈唐虞之道〉、〈子羔〉、〈容成氏〉一致。[121]而〈禮運〉這段話作出「天下為公」、「天下為家」的定義，其表述比〈唐虞之道〉更加理論化。

　　其二，在「受禪」方面進一步補充，以為受禪者具有最高的人格方能成就最理想的制度，然而擁有最高的人格仍不保證必然能夠受禪，關鍵因素還在於「時命」，〈唐虞之道〉曰：

> 古者堯生於天子而又（有）天下，聖以堣（遇）命，心（仁）以遣（逢）時，未嘗堣（遇）□□【14】並於大時，神明從，天地右（佑）之。從（縱）心（仁）、聖可与，時弗可及歆（矣）。夫古者【15】舜佢於草茅之中而不憂，升為天子而不喬（驕）。佢於草茅之中而不憂，智（知）命【16】也。升為天子而不喬（驕），不㬢也。淶虜大人之興，敧也。……【17】[122]

---

120 關於「六帝」的討論可參林志鵬：〈郭店楚墓竹簡《唐虞之道》重探〉，《楚地簡帛思想研究》第3輯，頁486；郭永秉：《帝繫新研》，頁145-150。

121 裘錫圭：〈新出土先秦文獻與古史傳說〉，《裘錫圭學術文集・古代歷史、思想、民俗卷》第5卷，頁266。

122 武漢大學簡帛研究中心，荊門市博物館編著：《楚地出土戰國簡冊合集1・郭店楚墓竹書》，頁61。

這段話對禪讓說的理論建構提出進一步內容，即遇命、逢時，而著重於堯。不過一般談遇命、逢時的道理以舜為堯所舉，如郭店簡〈窮達以時〉曰：

> 又（有）天又（有）人，天人又（有）分。𢼼（察）天人之分而智（知）所行矣。又（有）其人，亡其【1】殜（世），唯（雖）臤（賢）弗行矣。句（苟）又（有）其殜（世），可（何）懂〈慬（難）〉之又（有）才（哉）。舜耕於鬲（歷）山，匋（陶）𥸤（拍）【2】於河匜，立而為天子，堣（遇）堯也。……【3】[123]

又如《馬王堆漢墓帛書〔參〕·戰國縱橫家書·一九秦客卿造謂穰侯章》曰：

> 聖人不能為時＝（時，時）至亦弗失也。𢅼（舜）【203】雖賢，非適禺（遇）堯，不王也。湯、武雖賢，不當桀、紂，不王天下。三王者皆賢矣，不鬵（曹─遭）時不王。……【204】[124]

〈唐虞之道〉以堯為例較為特殊，而所謂「生於天子」指的是何種出身，其「有天下」如何遇命、逢時，文中並沒有明確的說法，或許「生於天子」所指在當時眾所皆知，故作者並未進一步說明，反而為後人留下一些問題。

---

123 武漢大學簡帛研究中心，荊門市博物館編著：《楚地出土戰國簡冊合集1·郭店楚墓竹書》，頁42。

124 裘錫圭主編：《長沙馬王堆帛書集成》（北京市：中華書局，2014年6月），第3冊，頁243。

　　若依傳統《史記・五帝本紀》的說法堯為帝嚳子，其兄摯繼帝嚳，因不善堯繼之而立，則「生於天子」便指生於有天下之帝王之家，換句話說，生於天子象徵了能夠世襲天下之主的身分，其有天下何需遇命、逢時？夏世華便認為春秋戰國時代的語境中「天子」或指天子之位、或指天帝之子，「都是與王族的神聖血統和世襲制度有內在關聯」，因此〈唐虞之道〉的作者「意在強調堯本身就具有神聖血統，對堯有天下預設了世襲制的背景」。從簡文來看並不知堯所逢之「時」為何，「但是他一定不是根據世襲原則而自然登上天子之位」，「在簡文作者來看，堯德與天子之位的結合一定要通過『時』這一偶然因素來解釋，德與位的配合沒有必然性」；然而夏先生又說「根據簡文提供的條件，堯只需在血緣範圍內突出德性優先原則就可以無需『逢時』而正當地登上天子之位」。[125] 則堯不需逢時而能世襲帝位有天下，卻又作為逢時而有天下之例，矛盾依然未解。

　　我們認為跳脫〈五帝本紀〉帶來的堯承帝嚳之天下的框架，可以有較合理的解釋。前文談到堯本為陶唐氏之首領，而〈唐虞之道〉成書之時大一統帝王世系應該尚未完成，堯為帝嚳之子的說法應該還沒出現，則其有天下便非世襲而來。〈唐虞之道〉之堯遇命、逢時而有天下，其「生於天子」之「天子」自然不是指生來便有「天子之位」，比較可能指「天帝之子」，此天子雖有血統世襲的義涵，卻不是天下領導人的世襲，而是氏族領導人的世襲。從〈子羔〉來看，作者舉禹、契、后稷之感生神話而稱之為三天子，此「天子」即天帝之子，象徵的是神聖血統，相對於舜之「人子」的平民血統；而回到當時的社會脈絡來看，禹、契、后稷都是該氏族之領導人，而禹正是「生於天子而有天下」者，契、后稷則是數代之後才有天下，此種天

---

125 夏世華：《先秦禪讓觀念研究》（武漢市：武漢大學博士論文，2009年8月），頁16。

子指涉的是具有「有天下之資格」者。據此，則堯以陶唐氏之首領而有天下，自然可以稱為「生於天子而有天下」，故其遇命、逢時應該是指從一族之君成為天下之君。至於如何遇命、逢時，文中沒有交代，或曰如〈容成氏〉之堯，但此堯「不勸而民力，不刑殺而無盜賊，甚寬而民服，於是乎方百里之中率天下之人就」，後又因「天下之人，以堯為善興賢，而卒立之」，乃因有德而受天下之民擁戴，非因時命；若夏之前的政權交替模式確為禪讓，也就是一般解釋為部落聯盟君主選舉之制，也可能就是受到推舉成為共主，但此種可能沒有文獻可供佐證，也期待未來能夠有相關材料出土，方能進一步討論。

事實上，〈唐虞之道〉「堯生於天子而有天下」該段後接著談到舜「伹草茅之中而不憂，知命也」，並非沒有談到舜，但顯然強調的是舜知命而非逢時。因此本文認為〈唐虞之道〉關於遇命、逢時的論述要表達的可能是：生於天子（具有神聖血統）之堯應知命待時，生於平民之舜亦當知命待時，有德者不論身分高低都有機會有天下，但能否有天下仍需遇命、逢時。此種舉賢不避貴賤的觀念也與墨家偏重「始賤則卒而貴，始貧卒而富」（〈尚賢中〉）的尚賢觀念有所不同。

其三，在「授賢」方面進一步補充，提出禪讓制度所以能正常運作在於授賢者知「性命」之正而能在適當的時機讓位予賢者。〈唐虞之道〉曰：

> 戲虖（乎）脂膚血勞（氣）之青（情），羑（養）告（性）命之正，安命而弗宎（夭），羑（養）生而弗戧（傷），智（知）▨【11】之正者，能以天下麞（禪）歖（矣）。
> 古者晢（聖）人廿而【25】冠，卅而又（有）家，五十而紂（治）天下，七十而至（致）正（政）。四枳（肢）朕（倦）陸（惰），耳目耴（聰）明衰，麞（禪）天下而【26】受（授）

臤（賢），退而羧（養）其生。此以智（知）其弗利也。……
【27】[126]

簡11缺字周鳳五補「養性命」三字，陳偉以為殘去二字的可能性較大
而改為「性命」二字，[127]可從。「知性命之正」指聖人於年老肉體機能
衰退之時能知肉體有限而讓賢、退而養生。丁四新以為「這種德是在
年邁體衰，力不從心，而又偏偏不肯順從自然，緊握權柄不放的情況
下，覺悟到『知其弗利』之德」，也呼應了前文的「利天下弗利」。[128]
而尤銳認為這段論述顯示「作者試圖為禪讓建立一個普遍的模式，將
其提高到政治理論的高度」，「這段文字非常接近於給君主建立一個強
制退休機制」。[129]另外，學者也對其觀念源流做出推測，夏世華以《論
語・季氏》「及其老也，血氣既衰，戒之在得」解釋，以為「年老氣
衰時，尤其需要限制它貪戀外物、好利的傾向」，[130]則這段「致政」
之說或許承襲了〈季氏〉中的觀念。而中外學者多提到《管子・戒》
中有「義，故七十而致政」的說法，[131]說明此類說法並非只見於儒家
文獻中。王博對二者文字相似之處有詳細的對照，指出〈戒〉篇內容
駁雜，思想上有「儒道融合、以道為主的色彩」，「應該是襲用了《唐
虞之道》」，[132]裘錫圭也認為〈唐虞之道〉關於禪讓的文字與上下文沒

---

126 武漢大學簡帛研究中心，荊門市博物館編著：《楚地出土戰國簡冊合集1・郭店楚
　　墓竹書》，頁61。首字周鳳五隸為「僎」，讀為「巽」，訓為「順」，可從。

127 陳偉：〈郭店竹書《唐虞之道》校釋〉，《燕說集》（北京市：商務印書館，2011年11
　　月），頁280。

128 丁四新：《郭店楚墓竹簡思想研究》，頁375-376。

129 尤銳：《展望永恆帝國─戰國時代的中國政治思想》（上海市：上海古籍出版社，
　　2013年5月），頁83。

130 夏世華：《先秦禪讓觀念研究》，頁22。

131 參武漢大學簡帛研究中心，荊門市博物館編著：《楚地出土戰國簡冊合集1・郭店
　　楚墓竹書》，頁68；尤銳：《展望永恆帝國──戰國時代的中國政治思想》，頁83。

132 參王博：〈關於《唐虞之道》的幾個問題〉，《中國哲學》1999年第2期，頁31。

有緊密的聯繫,「大概就是根據《唐虞之道》或與之類似的文章的一部分改寫而成的」,而該篇內容肯定禪讓又強調仁義,有儒家傾向,但關於禪讓的文字不談「尊賢」而特別強調「道德」,顯然是受到道家影響,「所以《戒》篇對《唐虞之道》或類似著作的禪讓說是有所改造的」。[133] 由此可見〈唐虞之道〉對堯舜禪讓的理論化在當時有一定程度的影響力。

4 戰國中期的墨家將堯舜禪讓作為尚賢理論之典範

與〈唐虞之道〉不同,在《墨子》中禪讓傳說是作為墨家「尚賢」理論的例證,誠如吳根友所說,《墨子‧尚賢》中舉堯舜禪讓為例「只是從歷史角度來論證『尚賢』的重要性,其思想的中心論證『傳賢不傳子』的最高政治權力轉移的原則」。[134] 則兩者雖然都將禪讓傳說理論化,但前者將堯、舜的人格與禪讓的價值有機的聯繫並儒家化,成為古代政權轉移制度之典範,同時促成堯舜禪讓說的情節及其義涵定型;後者將堯、舜的人格與禪讓的價值墨家化,成為尚賢理論的典範,不過就政治典範而言,三代聖王之治仍高於堯舜。因此雖然墨家主張的舉賢較儒家強調賢人出於貧賤,但從推動禪讓說的角度來看,其力道不如以〈唐虞之道〉為代表的戰國中期儒家。

首先在舉賢方面,戰國中期儒、墨兩家都強調不問出身。前文提到顧頡剛認為「小人學道則易使」,則「孔子決不是澈底主張尚賢主義的一個人」,不過他也提到《論語》中也有不少強調舉賢之例,如〈子路〉提到「舉賢才」,〈雍也〉提到「雍也可使南面」,〈憲問〉提

---

133 裘錫圭:〈讀《郭店楚墓竹簡》札記三則〉,《裘錫圭學術文集‧簡牘帛書卷》第2卷,頁366-367。

134 吳根友:〈「傳賢不傳子」的政治權力轉移程序〉,郭齊勇主編:《儒家文化研究》(北京市:生活‧讀書‧新知三聯書店,2007年6月),第1輯,頁165-166。

到公叔文子與其家臣一起做了公家的臣，孔子讚其「可以為文矣」，因此認為孔子終究是「過渡時代的人物」。[135]彭邦本進一步據指出據《史記·仲尼弟子列傳》所述雍也之父為賤人，孔子也主張「舉逸民」，且孔子本身就是降為平民者，這樣的思想內含為〈唐虞之道〉等文獻中舉賢觀念的淵源，而從《孟子》來看，「儒家的舉賢理論比墨家溫和，而且主張選賢應內外並舉，貴賤不避」。[136]墨家談堯舉舜及其他聖王之舉賢，則曰：

（1）故古者聖王之為政，列德而尚賢，雖在農與工肆之人，有能則舉之，……故官無常貴，而民無終賤，有能則舉之，無能則下之，舉公義，辟私怨，此若言之謂也。故古者堯舉舜於服澤之陽，授之政，天下平；禹舉益於陰方之中，授之政，九州成；湯舉伊尹於庖廚之中，授之政，其謀得；文王舉閎夭、泰顛於罝罔之中，授之政，西土服。（〈尚賢上〉）

（2）故古者聖王唯能審以尚賢使能為政，無異物雜焉，天下皆得其利。古者舜耕歷山，陶河瀕，漁雷澤，堯得之服澤之陽，舉以為天子，與接天下之政，治天下之民。伊摯，有莘氏女之私臣，親為庖人，湯得之，舉以為己相，與接天下之政，治天下之民。傅說被褐帶索。庸築乎傅巖，武丁得之，舉以為三公，與接天下之政，治天

---

135 顧頡剛：〈禪讓傳說起於墨家考〉，《顧頡剛古史論文集》卷1，《顧頡剛全集》第1冊，頁437-438。

136 彭邦本：〈儒墨舉賢禪讓觀平議──讀《郭店楚墓竹簡》〉，《四川大學學報（哲學社會科學版）》2000年第5期，頁124-125；〈《論語》中的舉賢禪讓思想〉，《齊魯文化研究》第13輯，（2013年12月）頁21-22。

下之民。此何故始賤卒而貴，始貧卒而富？則王公大人
明乎以尚賢使能為政。(〈尚賢中〉，〈尚賢下〉內容大致
相同）

彭先生據此認為墨家「舉用賢才的思想比儒家激進。如同儒家視堯舜
禹之際為禪讓黃金時代一樣，墨家亦將這一時代視為『尚賢事能為
政』的典範」。[137] 從〈尚賢上〉「天下平」、「九州成」、「其謀得」、「西
土服」的層次來看，堯舜禪讓確實比較受到推崇，不過需要注意的
是，舜與益、伊尹、傅說、閎夭、泰顛等人並列，主要重點還是在舉
賢於貧賤之中，闡述的是「尚賢者，政之本也」（〈尚賢上〉）的道
理，此堯舜禪讓之典範意義應該在「舉賢」而非「黃金時代」。

　　事實上墨家談治天下歸於「天」，而曰「順天意者，義政也」、
「順天意者，兼相愛、交相利」（〈天志上〉），這樣的順天意之政在
《墨子》中基本指三代聖王，而非堯舜。如〈兼愛上〉曰「故聖人以
治天下為事者，惡得不禁惡而勸愛。故天下兼相愛則治，交相惡則
亂」，〈兼愛中〉曰「欲天下之治，而惡其亂，當兼相愛，交相利」，
並舉禹及文王、武王為例；又如〈兼愛下〉曰「兼即仁矣，義矣」，
舉〈泰誓〉、〈禹誓〉、〈湯說〉以為文王、禹、湯為兼者；又如〈非命
上〉曰「義人在上，天下必治」，以為湯、文王以百里興，兼相愛、
交相利而王天下。至於堯、舜的人格則配合節用、節葬的主張而有儉
苦之形象，前文已有引述，與禪讓沒有明顯的關聯。

　　另外還有一個問題需要釐清，即《墨子》中既沒有將堯舜禪讓作
為政治制度的典範，也沒有如〈唐虞之道〉談「六帝興於古，皆由此

---

137 彭邦本：〈儒墨舉賢禪讓觀平議──讀《郭店楚墓竹簡》〉，《四川大學學報（哲學社
　　會科學版）》2000年第5期，頁120；〈《論語》中的舉賢禪讓思想〉，《齊魯文化研
　　究》第13輯，（2013年12月）頁19。

也」一樣將禪讓制度追溯到更早的時代，然而不少學者認為〈容成氏〉中有不少內容反映了墨家思想，因此將其中關於堯、舜之前的古代帝王皆行禪讓的記載認為可能是「墨家所流傳的古史系統」，[138]或認為是墨家用「順序敘述古代帝王傳說來闡明自己的理念」，「如果不是早期墨家的作品，就應該是墨家講學時講義一類的東西」；[139]則到底墨家是否曾將堯舜禪讓視為最理想的政權轉移制度，並且如同〈唐虞之道〉所代表的儒家以堯舜之前為黃金時代，便成為問題。產生此種矛盾的原因有兩種可能，其一是墨子原不談這些問題，而後受到禪讓說流行以及古史觀向上層累風氣的影響，其後學增加了這方面的內容；其二是《墨子》成書的時代禪讓說已不再流行，因此將鼓吹禪讓的部分去除，只在談尚賢之處留下堯舜禪讓之事。我們認為前者的可能性較高。首先，《墨子》對堯、舜之前著墨甚少且並未安排一個更理想的時代，反映的應該是古史觀從三代觀演進到四代觀的過渡時期，早於〈容成氏〉的古史觀；第二，墨子曾到過楚國，也曾派弟子到楚國，並留下與楚人論學的記載，楚地應該在墨子之時已接觸到墨學，[140]而前文提到，我們認為〈容成氏〉的古帝部分將「刑賞」與「德衰」聯繫在一起以為不刑不賞方為有德並非墨家思想，則很可能楚地學者或楚地的墨家後學以墨家的說法為主，加上當時流行而與

---

138 饒宗頤：〈由尊盧氏談到上海竹書（二）的《容成氏》〉，《九州學林》4卷1期（2006年春季），頁5。

139 趙平安：〈楚竹書《容成氏》的篇名及其性質〉，《新出簡帛與古文字古文獻研究》，頁251。

140 關於墨家在楚地流傳的問題可參李學勤：〈長臺關竹書中《墨子》佚篇〉，《簡帛佚集與學術史》（南昌市：江西教育出版社，2007年8月），頁332；黃海烈：〈上博簡《容成氏》的發現及其學派歸屬問題〉，發表於「復旦大學出土文獻與古文字研究中心」網站（http://www.gwz.fudan.edu.cn/SrcShow.asp?Src_ID=443），2008年5月26日；高華平：《先秦諸子與楚國諸子學》（北京市：北京師範大學出版社，2016年4月），第3章「『三墨』學說與楚國墨學」。

《莊子‧胠篋》、《六韜‧大明》類似的古帝繫統，建構了一個以禪讓政治為主的理想時代。如此或可將〈容成氏〉的古代帝王部分視為墨家系統古史觀的擴充，後來因為影響力較小或禪讓說已不流行便失傳了，而《墨子》中的正統墨家思想仍較有影響力而流傳至今。

綜上所述，關於禪讓的記載可以區分為禪讓學說與禪讓傳說，我們認為〈唐虞之道〉是完整的禪讓學說，而《墨子》中雖提到禪讓傳說，卻只是用來支持其尚賢理論、建構自己的學說，實際上並未提出完整的禪讓學說。前者大力鼓吹禪讓制，後者真的要鼓吹的是尚賢。不過二者對堯舜傳說理論化的模式雖然不同，卻都從各自的脈絡強調堯舜禪讓的典範意義，同時在學說流行與傳播的過程中，深深地影響了世人對堯舜禪讓的記憶，讓人們習慣將堯、舜視為一個「時代」，進而被當作「朝代」而產生了「虞代觀」，最後發展出有具體內容的「虞代」，而《尚書‧堯典》應該就是當時關於虞代最完整的「歷史敘述」。

（三）建構完美的「虞代」及其「朝廷」──《尚書‧堯典》

1 《尚書‧堯典》中的儒家思想與禪讓情節

《尚書‧堯典》內容時代與成書時代的問題眾說紛紜，至今沒有定論，不過一般認為從開篇之「曰若稽古」可知此篇為述古之作，其中可能有早期的材料，在流傳過程中也可能歷經增補修改，而存在反映不同時代觀念的內容。[141]若從〈堯典〉中的觀念來看，早期學者已

---

141 關於〈堯典〉時代的問題十分複雜，蔣善國在《尚書綜述》（上海市：上海古籍出版社，1988年3月）中對民初以來主要觀點有全面討論，從中可以看到過去學者關注的主題。黃啟書曾列舉古今不同主張最具代表性的觀點而有精要的整理：鄭玄

經指出不少內容受到儒家思想的影響，如錢玄同指出〈堯典〉首段關於堯「克明俊德」的部分呼應儒家修齊治平的道理，並作了如下比對：

《孟子》	《大學》	《堯典》
家之本在身。	修身。	克明俊德。
國之本在家。	齊家。	以親九族，九族既睦。
天下之本在國。	治國。	變章百姓，百姓昭明。
（天下）	平天下。	協和萬邦，黎民於變時雍。

因此他認為「《堯典》的政治思想與《孟子》、《大學》全同」，[142]顧頡剛、屈萬里、蔣善國幾位先生都承襲了此一說法。如顧先生以〈堯典〉此段反映儒家修齊治平之次第，並提到舜命夔「直而溫，寬而栗……」之說為儒家之中庸主義，及堯崩時「三載，四海遏密八音」為儒家三年之喪，故〈堯典〉非「堯、舜時之真記載」，若真有「孔子、墨子俱道堯、舜而取舍不同」的情況，「儒家何不持唐、虞時之

以為作於虞舜朝，朱廷獻以為成於周初，屈萬里以為戰國儒家述古之作，陳夢家以為出於秦代，顧頡剛以為漢武帝時所作，而勞榦則強調〈堯典〉為儒者理想世界之一種建國大綱，自成篇以後疊有增飾，為古人著書成例，與作偽無關（參〈《尚書·堯典》「納于大麓」試詮〉，《臺大中文學報》第47期（2014年12月），頁6）。早期胡厚宣以甲骨文中的四方風名證明〈堯典〉、《山海經》經中相關內容確有所本，不過近年黃懷信認為〈堯典〉厥民「析」、「因」、「夷」、「隩」有可說者，而甲骨文、《山海經》此四字為神名或祭祀名，無可說者，因此認為甲骨文、《山海經》沿襲〈堯典〉（參〈《堯典》之觀象及其傳說產生時代〉，《中原文化研究》2014年第4期，頁101-103）。然而正因甲骨文、《山海經》表述較原始樸實而難解，而〈堯典〉之敘述有系統且有可說，學者才傾向認為〈堯典〉晚出，否則便需要交代何以原本簡單易解的說法會被扭曲、簡化成不可解的內容。事實上早期蔣善國曾提出〈堯典〉將「風」改為「民」的說法，蔡師哲茂據古文字材料作了進一步的論證，證明「民」確為「風」字之誤，較為合理（參〈甲骨文四方風名再探〉，《甲骨文與殷商史》（上海市：上海古籍出版社，2013年4月），新3輯）。

142 錢玄同：〈《左氏春秋考證》書後〉，《古史辨》第5冊，頁16。

真記載——〈堯典〉——而與之質證耶」。[143]屈先生以為〈堯典〉開篇這幾句「實本儒家『修身齊家治國平天下』之思想為說。此篇之著成，不當在孔子之前」。[144]蔣先生也認為〈堯典〉首段反映了修齊治平的道理，並且「次第井然，裡面正蘊著儒家政治哲學的程序」，並對舜命虁之言與中庸思想的關係有進一步討論。[145]可知儒家的堯從《論語・泰伯》的「唯天為大，唯堯則之」，到〈堯典〉已經成為修齊治平的為政典範。在舜方面則曰「父頑，母嚚，象傲；克諧，以孝烝烝，乂不格姦」，也從《論語・泰伯》「有臣五人而天下治」、〈衛靈公〉「無為而治者」、〈顏淵〉「選於眾，舉皋陶，不仁者遠矣」等與舉賢有關的形象，轉變為至孝之人。顧頡剛曾指出《論語》談孝之處甚多而從不舉舜，可知此種形象之晚出，[146]而〈唐虞之道〉以舜事父至孝為「愛親」，則說明最晚戰國中期以舜為孝之典範的說法已經出現，又提到堯聞舜孝、悌、慈而舉舜（簡22＋23），可以呼應〈堯典〉舜克諧父、母、弟之說。而〈容成氏〉亦提到舜「孝養父母，以善其親，乃及邦子」（簡13）。

〈堯典〉為儒家所整理，蔣善國曾指出「《墨子》裡面引《書》很多，可是一句〈堯典〉也沒引」，又據羅根澤對《墨子》引經的研究指出「《墨子》所引《詩》、《書》，大體與今本不同；而孟、荀儒家書所引，卻與今本略同，那麼《詩》、《書》均經過儒家的整理，是很

---

143 顧頡剛：〈堯典著作時代考（尚書研究講義丙種之一）〉，《顧頡剛古史論文集》卷8，《顧頡剛全集》第8冊，頁64。

144 屈萬里：《尚書釋義》（臺北市：華岡出版社，1956年8月），頁3。

145 參蔣善國：《尚書綜述》，頁148-150。

146 參顧頡剛：《顧頡剛讀書筆記》卷1，《顧頡剛全集》第16冊，頁256-257；顧頡剛：《顧頡剛書信集》卷1，《顧頡剛全集》第39冊，頁535。原收於《古史辨》第1冊，頁42。

明顯的」。[147]勞幹亦曾認為「〈堯典〉為儒者理想世界之一種建國大
綱」,[148]阮芝生則透過分析〈堯典〉背後的儒家思想,認為「〈堯典〉
所記是否為歷史事實,要當別論。自思想觀之,〈堯典〉實為一篇結
構細密、寓意深遠的文字,垂教之意甚明」,[149]並且將其中堯舜禪讓
的情節分為「生讓」、「側陋」、「試可」三部分,而曰:

　　一、生讓──堯舜都不是死後才讓,而是生前主動讓位給最適
　　當的人選。堯老,「命舜攝行天子之政」(《史記》、《尚書》作
　　「受終於文祖」,《孟子》作「堯老而舜攝」。)、「堯辟位二十
　　八年而崩」(《尚書》作「二十有八載,帝乃殂落。」),舜之禪
　　禹也是一樣,「乃豫薦禹於天,十七年而崩。」二、側陋──
　　讓位的對象不必是自己的兒子,不必是貴族,而可以是平民。
　　〈堯典〉曰「明明揚側陋」,《史記》翻譯成「悉舉貴戚及疏遠
　　隱匿者」,貴戚未嘗不可(如舜傳禹),但側陋也有資格,而舜
　　正是「在下」(《史記》作「民間」)之側陋(疏遠隱匿)。三、

147 蔣善國:《尚書綜述》,頁168、15。近年出土的戰國文獻中出現了不少《尚書》中
　　的文字,尤其是清華簡中更出現多篇《書》類文獻,有助於釐清相關問題。裘錫
　　圭曾指出「清華簡的主人,顯然並未受到儒家《詩》、《書》選本的影響。他搜集
　　的《詩》篇、《書》篇,絕大部分不見於儒家選本;即使是見於儒家選本的,其篇
　　名也不相同,其文本也全都明顯有異(今傳《尚書》和《禮記》各篇所引之
　　《書》,都是儒家傳本)」,並以儒家系統的〈金縢〉與〈說命〉與清華簡本的〈金
　　縢〉、〈傅說之命〉為例,認為「從清華簡的情況來看,在戰國時代,至少在戰國
　　中期以前,《詩》、《書》的儒家選本,在儒家之外的人群中,似乎沒有多大影響」
　　(參〈出土文獻與古典學重建〉,《出土文獻》,上海市:中西書局,2013年12月,
　　第4輯,頁14)。其中〈傅說之命〉有一句與《墨子·尚同中》所引〈術令〉相
　　近,涉及《墨子》引《書》問題,將於本文第四章第二節之三略作討論。
148 勞幹:〈再論堯典著作時代〉,《禹貢半月刊》第2卷第10期(1935年1月16日)。
149 阮芝生:〈論禪讓與讓國〉,收於中央研究院歷史語言研究所:《第二屆國際漢學會
　　議論文集:歷史與考古組》,頁501。

試可——堯傳舜不但事先經過選擇而且經過試驗（試），在通
過試驗後（可）才辟位。堯之試舜，先是「釐降二女」以觀其
德，然後「慎徽五典」，然後「納于百官」，然後「賓于四
門」，然後「納于大麓」；中間又經過三年的「詢事考言」，等
到「謀事治而言可績」；亦即試驗都通過時，才使舜登帝位，
並非私相妄傳。[150]

此三部分應該是後人據傳說並據後代觀念所建構，至於哪些是可靠的
傳說、哪些是後人的改造或編造，目前沒有足夠的材料可以論定。先
秦各家對堯舜禪讓情節之「生讓」與「側陋」的核心內容敘述大致相
同，皆堯未死而讓、舜由平民被舉為天子，已成為一定程度的共同記
憶，而「試可」的情節在先秦文獻中則有很大的歧異，可能記憶尚未
定型。

在「生讓」方面，在常見的堯舜禪讓傳說中堯都是生前讓位，
〈堯典〉也只是承襲一般說法而作出了簡單的敘述。〈容成氏〉中則
提到堯、舜在年老而「視不明，聽不聰」（簡12缺文、簡17）時傳賢
不傳子，在〈唐虞之道〉中「生讓」被理論化為聖人「知性命之正」
而於七十歲「四肢倦惰，耳目聰明衰」之時主動讓賢（簡26＋27），
前文已有討論。在「側陋」方面，由《史記》的解釋可知應該是承襲
了儒家舉賢不避貴賤的觀念，而與墨家更強調舉賢於微賤不同。[151]至

---

150 阮芝生：〈論禪讓與讓國〉，收於中央研究院歷史語言研究所：《第二屆國際漢學會
  議論文集：歷史與考古組》，頁489。

151 陳泳超認為《史記》解釋為「悉舉貴戚及疏遠隱匿者」，「似含有貴戚後裔中的微
  庶後輩之意。這就與舜的身世更加貼近了」（參《堯舜傳說研究》，頁86）。我們認
  為阮芝生將之理解為通則較合理，「明明揚側陋」應該是後人據儒家思想編造用以
  說明舉才標準的對話。另外，〈堯典〉的「明明揚側陋」偽孔傳解釋為「明舉明人
  在側陋者」則為「明揚明側陋」，為今文，《史記》為古文，古國順舉漢、魏史書

於「試可」方面，〈堯典〉曰：

> 岳曰「瞽子，父頑，母嚚，象傲；克諧，以孝烝烝，乂不格
> 姦。」帝曰：「我其試哉。」女于時，觀厥刑于二女。釐降二
> 女于嬀汭，嬪于虞。帝曰：「欽哉！」慎徽五典，五典克從；
> 納于百揆，百揆時敘；賓于四門，四門穆穆；納于大麓，烈風
> 雷雨弗迷。帝曰：「格！汝舜。詢事考言，乃言底可績，三
> 載。汝陟帝位。」

戰國文獻中〈唐虞之道〉、〈子羔〉、〈容成氏〉、〈保訓〉、《尸子》都或
詳或略的談到「堯決定將舜作為禪讓候選人」到「確定要讓位給舜」
之間的事，可以與〈堯典〉比較，雖然目前尚未出現可靠的「虞代」
文獻，僅就現有材料也無法得知堯試舜的「真相」，不過比較相關材
料或能讓我們更了解此事在戰國時代是如何被記憶，以及相關記憶如
何被再記憶或遺忘。

　　〈堯典〉的敘述重點有三，在四岳報告舜「以孝」克諧其家之後
（試舜的動機），堯開始「試」舜，包括：「釐降二女」、「慎徽五
典」、「納于百官」、「賓于四門」、「納于大麓」（具體內容顯示舜內有
德而外有能），試舜過程中堯對舜「詢事考言」（過程中考察言行），
可說是最完整的「試可」情節。〈唐虞之道〉只談到堯聞舜孝、悌、
慈而能事父孝、事君忠，便說禪舜（簡22＋23＋24＋25），完全沒有
提到「試」。〈子羔〉曰「堯之取舜也，從諸卉茅之中，與之言禮，
悅」（簡5正），內容為堯訪舜談治道，〈子羔〉讚揚舜為人子而有天
下，焦點在舜，可惜內容殘缺言重，不知是否還有其他「試舜」的記

引述相關內容皆以「揚側陋」、「揚舉反陋」、「揚反陋」，知原為「明明揚側陋」，
參《史記引述尚書研究》（臺北市：文史哲出版社，1985年5月），頁89-90。

載。〈容成氏〉兼有〈唐虞之道〉、〈子羔〉的內容,而曰:

> 昔坴(舜)靜(耕)於鬲(蓏)丘,匋(陶)於河賓(濱),魚(漁)於䨷(雷)澤,孝羕(養)父母,呂(以)善亓(其)新(親),乃及邦子。堯䎽(聞)之【13】而敥(美)亓(其)行。堯於是虖(乎)為車十又五輰(乘),呂(以)三從坴(舜)於甸(畎)晵(畝)之中,……舜【14】於是虖(乎)訇(始)語堯天地人民之道。與之言正(政),敓(悅)柬(簡)呂(以)行;與之言樂,【8上】敓(悅)和呂(以)長;與之言豊(禮),敓(悅)博呂(以)不逆。堯乃敓(悅)。堯【8下】☒〔堯乃老,視不明,〕聖(聽)不聰(聰)。堯又(有)子九人,不呂(以)其子為後(後),見坴(舜)之臤(賢)也,而欲呂(以)為後(後)。【12下】。[152]

相較於〈堯典〉,〈容成氏〉的試舜動機相同,但沒有試舜的具體過程,只提到舜與堯論治道之事,可知〈容成氏〉藉舜的言行闡述思想,〈堯典〉則透過試舜具體過程的敘述彰顯舜有德有能。

劉樂賢指出《尸子》中有類似的內容,《尸子》曰:

> 舜一徙成邑,再徙成都,三徙成國,其政致四方之士。堯聞其賢,徵諸草茅之中。與之語禮,樂而不逆;與之語政,至簡而易行;與之語道,廣大而不窮。於是妻之以媓,媵之以娥,九子事之而托天下焉。(《藝文類聚》卷11,《太平御覽》卷81、135、156)

---

152 釋文參單育辰:《新出楚簡《容成氏》研究》,頁106-123。

黃錫全則認為與〈容成氏〉對照理解「覺得不是特別順暢」。[153]相較之下,《尸子》與〈容成氏〉同樣沒有試舜的內容,同樣藉舜的言行闡述思想,前者談到禮、樂、政,後者為禮、政、道。而主要差別在於舉舜之動機不同,前者以舜善為政而賢舉之,後者以孝,並且在決定讓位之時多了「妻以二女」、「九子事之」之事。《尸子》所提到舜三徙之事亦見於《管子·治國》、《呂氏春秋·貴因》,《韓非子·難三》更說「舜一從〈徙〉而咸〈成〉包〈邑〉,而堯無天下矣」,[154]可見應該是當時流傳的說法,此點也是與〈堯典〉最根本的不同。〈堯典〉以舜孝而試,試的過程中知其不僅有德且有能,而《尸子》之舜本為政有方而能致士,不待堯試而知其能,則雖然舜之賢都需要被堯認可,但《尸子》系統的說法顯然不需要〈堯典〉「試可」的情節。

　　值得注意的是,清華簡中也出現了同樣立場的記載,〈保訓〉曰:

　　昔堥(舜)舊复(作)尖=(小人),親勸(耕)于鬲(歷)茅(丘),忎(恭)救(求)中,自詣(稽)毕(厥)志,【4】不諱(違)于庶萬眚(姓)之多欲。毕(厥)有㱃(施)于上下遠埶(邇),迺(乃)易(賜)立(位)埶(設)詣(稽),測【5】㑹(陰)㿧(陽)之勿(物),咸川(順)不諄(逆)。堥(舜)既旻(得)中,言不易實兊(變)名,身茲備,惟【6】允。翼=(翼翼)不解,甬(用)乍(作)三隌(降)之憲(德)。帝先(堯)嘉之,甬

153　劉、黃之說參單育辰:《新出楚簡《容成氏》研究》,頁118-119。

154　〈難三〉從日本學者太田方、松皋圓校改,參陳奇猷:《韓非子新校注》(上海市:上海古籍出版社,2000年10月),頁908。

（用）受（授）氒（厥）緒。……【7】[155]

王連龍認為〈保訓〉舜「求中」、「得中」之事與《尸子》系統的「舜三徙」同指「營建宮室」，內容與〈容成氏〉談禹聽政三年因民之欲、近悅遠來、四海請貢而為五方號旗相應，[156]讓我們注意到三者之間的關係。自〈保訓〉公布以來，關於「中」的義涵累積了大量的討論，至今無定論，[157]但可以確定的是舜求中到得中之間的過程是堯舉舜的主因，〈保訓〉、《尸子》、〈容成氏〉未必是營建宮室之事，但內容確實可以呼應。〈保訓〉沒有「三徙」的內容，不過與《尸子》一樣都是以舜為善於為政而能得民心者，我們認為〈保訓〉中簡4的「自稽」與簡5的「賜位設稽」可以點出此段歷程的義涵。這兩個「稽」字有很多不同的解釋，我們認為原釋文將「自稽」的「稽」解釋為「考」是合理的，而「賜位設稽」的「稽」同樣應解釋為「考」，與〈堯典〉舜命九官後曰「三載考績」意思相近。又「測陰陽之物，咸順不逆」，曾振宇以為與〈容成氏〉舜命皋陶為理，其「辨陰陽之氣」、「天下大和均」含義基本相同，[158]甚是，只是〈容成

---

155 釋文參李學勤主編：《清華大學藏戰國竹簡（壹）》（上海市：中西書局，2010年12月），頁143。「㤅」原讀為「恐」，此從李銳、小狐、王輝、陳民鎮等學者之說讀為「恭」，「易」讀為「賜」從陳偉之說，參胡凱、陳民鎮集釋，陳民鎮按語〈清華簡《保訓》集釋〉，發表於「復旦大學出土文獻與古文字研究中心」網站（http://www.gwz.fudan.edu.cn/SrcShow.asp?Src_ID=1654），2011年9月11日。

156 王連龍：〈談清華簡《保訓》篇的「中」〉，《《逸周書》研究》（北京市：社會科學文獻出版社，2010年10月），頁315。

157 各家說法可參陳民鎮：〈清華簡《保訓》「中」字解讀諸說平議〉發表於「復旦大學出土文獻與古文字研究中心」網站（http://www.gwz.fudan.edu.cn/SrcShow.asp?Src_ID=1655），2011年9月19日。

158 曾振宇：〈清華簡《保訓》「測陰陽之物」新論〉，《中原文化研究》2015年第4期，頁2。

氏〉將此功屬之於皋陶，而〈保訓〉用來指涉任官得宜的結果，意思與《左傳・文公十八年》舜舉八愷、八元而「地平天成」、「內平外成」的意思差不多。依照這樣的解釋，則舜之「求中」即指：舜能順民之欲、施惠於四方之人，並且能任官而詳加考核，使官得其宜而萬事萬物都能和諧理順。

至於簡5的「自稽」即「自考」，周鳳五曾釋為「自試」，[159]雖無進一步的解釋，卻很有啟發性。上文提到《尸子》的舜與〈堯典〉的舜都需要被堯認可，但前者因賢而被認可，後者之賢是堯試舜的過程中被認可，而〈保訓〉的舜屬於前者，舜為平民卻展現出調和萬民之大賢，能得到堯的肯定非因堯之「試可」，而是舜「自試」的結果。〈堯典〉與〈保訓〉、《尸子》的敘述立場截然不同，前者堯試舜的內容中，「納于百官」、「賓于四門」為堯讓舜任官與接待賓客，屬於執政能力的考核，舜是被動進入堯的朝廷任職，後者的舜則是起於民間而能處理好所屬族群之事務，與〈容成氏〉中的堯能得地方百里之民心乃至來天下之民類似，舜是主動展現治天下之能。兩類說法的差別是明顯的。此外，時代接近的《孟子・萬章下》曰「堯之於舜也，使其子九男事之，二女女焉，百官牛羊倉廩備，以養舜於畎畝之中，後舉而加諸上位」（〈萬章上〉有類似內容），這段內容呼應〈堯典〉之「試」，而「納于百官」對應堯賜舜「百官」於「畎畝之中」，顯得較不合理。[160]

綜上所述，可知戰國中期關於堯舉舜過程的說法至少有大三類：其一為〈堯典〉堯聞舜孝而欲舉之，試後知其有德有能而讓；其二為〈容成氏〉（〈唐虞之道〉、〈子羔〉有類似內容）堯聞舜孝而欲舉之，訪舜後聞舜治天下之道而讓；其三為〈保訓〉、《尸子》堯聞舜有治國

---

159 周鳳五：〈傳統漢學經典的再生──以清華簡〈保訓〉「中」字為例〉，《朋齋學術文集・戰國竹書卷》（臺北市：臺灣大學出版中心，2016年12月），頁56。

160 陳泳超：《堯舜傳說的研究》，頁89-90。

之能而欲舉之，前者堯嘉之而讓，後者訪舜後聞舜治天下之道而讓。〈堯典〉對「試」的敘述十分詳細而有系統，舜純為被動受試者，而其他說法的舜都較具主動性，尤其〈保訓〉、《尸子》的舜有實際的治天下之能而受禪，其中〈保訓〉的舜「求中」、「得中」都靠自己，堯甚至只是陪襯。後來司馬遷著《史記・五帝本紀》雖雜有戰國諸說，但整個敘事以〈堯典〉、《孟子》為框架，此系統成為主流記憶，而出土文獻中的說法終於在有意無意間被世人遺忘。

2 虞代的「全神堂」：以舜為中心建構各族精英齊聚的「帝廷」

上文談了〈堯典〉中的儒家色彩以及堯舜禪讓機制與情節的建構，而〈堯典〉對堯、舜的「朝廷」也有進一步的建構，基本上以舜廷為主。顧頡剛曾舉《韓非子・難一》之「堯之救敗也，則是堯有失也。賢舜則去堯之明察，聖堯則去舜之德化，不可兩得也」，而認為：

> 堯在位時，問「疇咨若時登庸」，則放其以之「嚚訟」之朱對；問「疇咨若予采」，則驩兜以「靜言庸違」之共工對；問「有能俾乂洪水」之人，則四岳以「方命圮族」之鯀對。是邪佞盈朝，互為朋比，堯雖嫉惡，卒無如何。及舜受終文祖而向之凶人流於四裔，天下咸服；至放勳殂落而九官咸得其人，雖蹱蹱蹌蹌，雍容揖讓：虞庭之上何其大異於帝堯時也？此非「賢舜則去堯之明察」之確證乎？……倘賢人必待舜而後舉，凶人必待舜而後除，則篇首所言豈非虛頌堯美乎？亦將謂堯協和萬邦則有餘，自理其政事則不足乎？是則此篇所記，堯、舜之兼故大有軒輊之情，即堯之前後為人亦頗參差不能一貫。所

以然者，總由此篇主於寫舜，不暇復為堯地也。[161]

又在《中國上古史研究講義》中以為〈堯典〉中的內容「足以表現一個很燦爛的黃金時代。堯、舜時代的政治所以給後來人認為理想中的最高標準者，就因為有了這篇人文章」，並且「把『地平天成』的成績都歸到舜的身上，使得堯只成一個無用的好人」。[162]顧頡剛從〈堯典〉的敘述切入指出作者的書寫立場顯然偏重舜，從記憶的角度來看，〈堯典〉中的虞代記憶其框架為政治制度典範之堯舜禪讓，而舜廷則為朝廷之典範，將虞代營造成各族精英齊聚一堂的盛世。

顧頡剛在他早期的〈淞上讀書記（一）〉中曾有一段簡短的筆記曰：「《堯典》命『九官』，由《呂刑》『三后』的放大。《堯典》中『班瑞于群后』之『群后』，義取於《呂刑》『群后之逮在夏』」。[163]我們不敢說〈堯典〉的內容一定是從〈呂刑〉發展而來，不過從目前所能掌握的材料來看，確實呈現出一個由簡而繁的演變軌跡。在體現三代觀古史記憶的《尚書·呂刑》中，禹和后稷、伯夷為上帝所命而各司其職，此事發生在夏代建立之前尚無「朝代」之時。而在四代觀的形成過程中，夏代之前的有虞氏、陶唐氏重新回到歷史敘述中，禹、后稷、伯夷及其他重新受到注意的古族代表人物也多半成為堯、舜的臣子，後來又因為時人習慣將堯、舜看作一個時代而產生虞代觀，進而建構出只有堯、舜二帝的虞代，並且以舜為主體建構了一個「朝廷」。《論語·泰伯》曰「舜有臣五人而天下治」，雖未說明是哪五

---

161 顧頡剛：〈堯典著作時代考（尚書研究講義丙種之一）〉，《顧頡剛古史論文集》卷8，《顧頡剛全集》第8冊，頁63-64。陳泳超對此種「舜大於堯」的敘述傾向有進一步的討論，可參《堯舜傳說的研究》，頁60-65。

162 顧頡剛：〈中國上古史研究講義（燕京大學）〉，《顧頡剛古史論文集》卷3，《顧頡剛全集》第3冊，頁103。

163 顧頡剛：《顧頡剛讀書筆記》卷2，《顧頡剛全集》第17冊，頁18。

人，不過可以知道最晚在孔子之時已經出現舜以眾賢臣治天下的說法。〈唐虞之道〉中則曰：

> 墨（禹）釣（治）水，膉（益）釣（治）火，后禝（稷）治
> 土，足民羖（養）□□□【10】□豊（禮），愄（夔）守樂，
> 孫（遜）民教也。昝釆內用五型（刑），出弋（式）兵革，皐
> （罪）涇〈淫〉暴⊘【12】。[164]

具體指出六人，包括禹、益、后稷、夔、皋陶五人及「禮」字前缺文處一人，缺文陳偉認為可能是伯夷，周鳳五則認為可能禹契有關。[165]〈容成氏〉也提到禹、后稷、皋陶、契四人，即舜以禹為司空治水而民居定，以后稷為田正而民食足，以皋陶為理正而民無訟獄，以契為樂正而男女之聲定。類似的表述也見於《孟子・滕文公》之益掌火、禹疏九河、后稷教民稼穡、契為司徒。〈子羔〉則提到禹、契、后稷「三天子」事舜。而在〈堯典〉中增為九人，即禹作司空、棄作后稷、契作司徒、皋陶作士、垂作共工、益作虞、伯夷作秩宗、夔典樂、龍作納言，又提到其他賢臣如殳斨、伯與、朱、虎、熊、羆、四岳、十二牧，可謂集天下英才於一廷。而堯的帝廷則有羲、和、放齊、丹朱、驩兜、共工、四岳、鯀，有一半是負面人物，並且多在對話中提及，與舜廷各司其職的系統敘述不同，相較之下堯廷給人的印象顯得模糊不清。

傅斯年在〈夷夏東西說〉中有一段經典的論述曰：

---

164 武漢大學簡帛研究中心，荊門市博物館編著：《楚地出土戰國簡冊合集1・郭店楚墓竹書》，頁61。

165 同上，頁65。

春秋戰國的思想家，在組織一種大一統觀念時，雖不把東夷放
在三代之系統內，然已把伯夷皋陶伯益放在與舜廷中，賡歌揖
讓，明其有分庭抗禮的資格（四岳為姜姓之祖，亦是另一部
落。非一庭之君臣，乃異族之酋長。說詳姜姓篇）。《左傳》中
所謂才子不才子，與《書‧堯典‧皋陶謨》所舉之君臣，本來
是些互相鬥爭的部族和不同時的酋長或宗神，而哲學家造一個
全神堂，使之同列在一個朝廷中。「元首股肱」，不限於千里之
內，千年之間。[166]

傅先生將虞代的朝廷詮釋為「全神堂」點出了虞代記憶的建構性，而
〈堯典〉中的舜廷為虞代全神堂之典範，此種虞代記憶也因為《尚
書》的經典地位延續至今。

　　另外，〈堯典〉中對大禹治水與征三苗有簡短的敘述，而在四代
觀的古史記憶中這兩個事件可說是最重要的事件，主要是因為這兩個
事件都是三代觀古史記憶中已經存在的事件。三代觀古史記憶中的禹
治水與上帝懲罰苗民之事都發生在夏代建立之前，前文已有討論，而
在四代觀中順理成章被放在虞代，產生堯或舜命禹治水、伐三苗的
說法；又隨著鯀、禹父子治水傳說的流行，鯀也出現在虞代。這些問
題較為複雜，我們在下節進一步討論，而鯀、禹父子的問題則在下章
討論。

166 傅斯年：〈夷夏東西說〉，《傅斯年全集》第3卷，頁225。

第三節　虞代記憶的主要事件：大禹治水與征三苗

一　「四代觀」古史記憶中的大禹治水

（一）命禹治水者是堯還是舜的問題

　　如上文所述，周人的「三代觀」以禹受天命治水，功成後建立夏邦為朝代之始，治水之事與堯、舜無關。此種禹治水記憶在戰國時代仍存，如前文所提到清華簡〈厚父〉中的記載。而戰國時代更常見的是「四代觀」的禹治水記憶，治水發生在堯、舜之時，禹或為舜所命，或為堯所命，這方面的內容在出土文獻中可以《上博二·容成氏》、《上博九·舉治王天下》為代表。前文提到先秦古史觀從三代演變為四代有一段找回虞代記憶的過程，而堯、舜命禹治水之事同樣體現了此過程中對禹記憶的建構，我們可以從相關材料中梳理出此一記憶演變的軌跡。

　　在「四代觀」的脈絡中，命禹治水或為堯、或為舜，民初學者曾對此現象提出解釋，《論衡·吉驗》有「堯使禹治水」之說，《論衡校釋》注曰：

> 《竹書》：「堯七十五年，司空禹治河。」《堯典》以堯時用鯀，九載功用不成，至舜時，伯禹作司空，平水土。《史記》因之。蓋堯七十五年，正舜攝行天子政時，故古書於命禹治水，或言堯，或言舜也。[167]

在〈堯典〉中，堯命鯀治水失敗，舜於堯死後登天子之位才命禹為司空；而今本《竹書紀年》的禹治水為舜攝政之時所命，當時堯尚在

---

167 黃暉：《論衡校釋》（北京市：中華書局，2011年5月），頁84。

位，今本《紀年》堯在位一百年才「陟於陶」，而後舜讓丹朱不成才
「即天子位」，因此禹治水也可以理解為堯所命。不過注者認為古書
說命禹治水者或言堯、或言舜是因為舜攝政，忽略了〈堯典〉舜命禹
為司空是在「帝乃殂落」之後，兩種記憶明顯不同。

　　晏昌貴曾據〈豳公盨〉與〈容成氏〉對「命禹治水者」的問題作
了很詳細的討論，他認為在西周材料中命禹者為上帝，即「天」或
「帝」，東周材料中命禹者則為人王「堯」或「舜」，而西周金文中的
「天」不能理解為人王。並且也注意到今本《紀年》的記載，指出：
「在此背景下，說堯命禹，可，因堯是名義上的『統治者』，說舜命
禹，亦可，因舜是事實上的『領導者』。很顯然，這個古史的系統是
禪讓學說興起之後的產物」，[168]並且以〈容成氏〉與《孟子‧滕文公
上》中的內容為例說明，文獻內容如下：

（1）䵃（舜）聖（聽）正（政）三年，山陸（陵）不尻
　　（處），水榮（潦）不浴（谷），乃立䵼（禹）吕（以）為
　　司工（空）。䵼（禹）既已【23】受命，乃卉（草）備
　　（服）、䕅（答）著（箬）、冒（茅）芺（蒲）、䩕，手足
　　□□〔胼胝〕【15】面幹（骭）䵞（皵），䵢（脛）不生之
　　毛。□〔開〕澮（濕一塞）湝（皆）湰（流），䵼（禹）
　　親執枌（畚）㧰（耜），吕（以）波（陂）明都之澤，決
　　九河【24】之滰（過），……【25】。[169]

（2）當堯之時，天下猶未平，洪水橫流，氾濫於天下，草木
　　暢茂，禽獸繁殖，五穀不登，禽獸偪人。獸蹄鳥跡之

---

168 晏昌貴：〈《豳公盨》銘文研究二題〉，收於晏昌貴：《簡帛數術與歷史地理論集》
　　（北京市：商務印書館，2010年8月），頁253。
169 釋文參單育辰：《新出楚簡《容成氏》研究》，頁124-139。

道，交於中國。堯獨憂之，舉舜而敷治焉。舜使益掌火，
益烈山澤而焚之，禽獸逃匿。禹疏九河，瀹濟漯而注諸
海，決汝漢，排淮泗而注之江，然後中國可得而食也。

另外，郭店簡〈唐虞之道〉談堯、舜愛親尊賢，也提到舜設官分職以
「禹治水，益治火」（簡10），並籠統的歸於「虞夏之治也」（簡13），
應該也是將禹治水放在堯之時，比較接近《孟子》的說法。今本《紀
年》內容雖真假難辨，不過與其立場相同的說法見於〈容成氏〉與
《孟子》、〈唐虞之道〉中，則戰國時確已存在此種立場的記憶。

而晏先生進一步解釋此類說法與〈堯典〉的不同，認為：

> 在後來經過系統整理的古史體系中，堯──舜──禹是三個前
> 後相繼的古帝王，堯禪舜、舜繼位，直到堯崩的那段時間就被
> 抽空，於是命禹治水者就被直接記載為舜了。[170]

我們同意晏先生認為舜在攝政時命禹治水之說是「禪讓學說興起之後
的產物」此一看法，而本文認為「四代觀」的虞代歷史就是以禪讓為
主軸建立的，從「天」或「帝」命禹轉為「人王」命禹，自然會遇到
禹為哪個人王所命的問題。至於何種說法較早，很難論定，並且相關
說法很多，晏先生也提到另有一系以為命禹者為堯，見於《國語・周
語》、劉歆〈上《山海經》表〉、《鹽鐵論・論鄒》，加入此系說法後問
題更為複雜。以下我們進一步對相關說法做分類討論，今本《竹書紀
年》的內容目前尚未排除後人雜湊古書的可能性，故暫不列入討論。

關於舜命禹治水的記憶可以分成三類。學者指出〈容成氏〉中不

---

170 晏昌貴：〈《豳公盨》銘文研究二題〉，《簡帛數術與歷史地理論集》，頁254。

少內容反映了墨家思想，[171]其中禹形象也具有墨家色彩，我們認為可以與上引《孟子‧滕文公上》所載內容區別為兩種類型的禹治水記憶。第三類則是〈堯典〉中舜即位為天子後命禹為司空的說法，其中堯命鯀治水也是〈容成氏〉與《孟子》沒有的。這三類說法在當時都存在相應的「堯命禹治水」版本。

首先，《孟子‧滕文公下》曰：

> 當堯之時，水逆行，氾濫於中國。蛇龍居之，民無所定；下者為巢，上者為營窟。《書》曰：「洚水警余。」洚水者，洪水也。使禹治之，禹掘地而注之海，驅蛇龍而放之菹。水由地中行，江、淮、河、漢是也。險阻既遠，鳥獸之害人者消，然後人得平土而居之。

此說未提到舜，而命禹治水為堯，[172]我們認為應該是〈滕文公上〉舜於攝政時命禹治水的簡省，而非堯直接命禹治水。至漢代，《論衡‧感虛》有「堯遭洪水，……必舜、禹治之」、「堯、禹治洪水以力

---

171 趙平安：〈楚竹書《容成氏》的篇名及其性質〉，《新出簡帛與古文字古文獻研究》（北京市：商務印書館，2009年12月）。饒宗頤：〈由尊盧氏談到上海竹書（二）的《容成氏》〉，《九州學林》第4卷第1期（2006年春季）。史黨社：〈讀上博簡《容成氏》小記〉，《《墨子》城守諸篇研究》。郭永秉：〈從《容成氏》33號簡看《容成氏》的學派歸屬〉，《古文字與古文獻論集》。黃海烈：〈上博簡《容成氏》的發現及其學派歸屬問題〉，發表於「復旦大學出土文獻與古文字研究中心」網站（http://www.gwz.fudan.edu.cn/SrcShow.asp?Src_ID=443），2008年5月26日。

172 湯淺邦弘也注意到《孟子》兩處說法不同的問題，對〈滕文公下〉的記載提出「治水是由堯直接下命令，由禹執行。這該理解為《滕文公上》傳說的省略記述，還是反映了系統的傳說」的問題。參〈上博楚簡《舉治王天下》的堯舜與傳說〉，武漢大學簡帛研究中心主辦：《簡帛》（上海市：上海古籍出版社，2014年10月），第9輯，頁117。

役」，〈寒溫〉有「堯遭洪水，使禹治之」，而〈吉驗〉曰「洪水滔天，蛇龍為害，堯使禹治水，驅蛇龍，水治東流，蛇龍潛處」，與上引〈滕文公下〉的表述一脈相承，可見其受《孟子》之影響。

其次，與〈容成氏〉此類帶有墨家色彩的說法相應者見於《上博九・舉治王天下》中的「禹王天下」：

> 墨（禹）事先（堯），天下大水。先（堯）乃亯（就）墨（禹）曰：「气（乞）女（安）亓（其）遷（往），疋（疏）洲（川）迟（起）浴（谷），吕（以）瀆天下。」墨（禹）疋（疏）江為三，疋（疏）河【30】為九，百洲（川）皆道（導），賽（塞）尃（湖）卆=（九十），夬（決）瀆三百，百（手）丩（句）旨（指）身鯩（鱗）鮨（皵/錯），墨（禹）吏（使）民吕（以）二和，民乃聿（盡）力=，百洲（川）既【31】道（導），天下能亟（極）。……【31】[173]

此說亦強調禹之勞形，而不僅命禹者是堯，且禹事堯、堯直接命禹治水，同樣無法以舜「聽政」調和。湯淺邦弘注意到「禹王天下」中堯直接命禹及不存在鯀的問題，並且考察了先秦文獻中古聖王相提並論的例子，指出堯、禹並提的例子雖見於先秦文獻，堯、禹為君臣關係

173 釋文參考蔡偉：〈釋「百丩旨身鯩鮨」〉，發表於「復旦大學出土文獻與古文字研究中心」網站（http://www.gwz.fudan.edu.cn/SrcShow.asp?Src_ID=1993），2013年1月16日。近年《北大簡四・妄稽》簡出現「年始十五，面盡魿腊」一句，此「魿腊」即「禹王天下」之「鯩鮨」，抱小指出「鮨」應讀為「腊／昔」，為「乾枯」之義，相關討論參抱小：〈北大漢簡《妄稽》初讀〉，發表於「復旦大學出土文獻與古文字研究中心」網站（http://www.gwz.fudan.edu.cn/SrcShow.asp?Src_ID=2683），2015年12月19日；蕭旭：〈北大漢簡（四）《妄稽》校補〉，發表於「復旦大學出土文獻與古文字研究中心」網站（http://www.gwz.fudan.edu.cn/ SrcShow.asp?Src_ID=2853），2016年7月4日。

且直接對話則為首見，並認為禹的功績為舜所不能及，或許是堯、禹被聯繫在一起的原因，[174]可備一說。

最後，《孟子》、〈容成氏〉皆未提到鯀，而《尚書・堯典》中堯命鯀治水，九載弗成，舜即位後設官分職，才以禹為司空「平水土」，並且在〈皋陶謨〉、〈禹貢〉中都提到禹治水之事，為《尚書》系統的說法，《史記・夏本紀》承之。而《國語・周語》太子晉勸諫靈王治水之道有「堯用殛之于羽山。其後伯禹念前之非度，釐改制量……」之說，內容與〈堯典〉相近而命禹者為堯。如晏昌貴所說，此命禹者為堯，後世劉歆〈上《山海經》表〉曰「鯀既無功，而帝堯使禹既之」，《鹽鐵論・論鄒》曰「堯使禹為司空，平水土，隨山刊木，定高下而序九州」，皆上承《國語・周語》。[175]類似的例子還有《漢書》之〈公孫弘卜式兒寬傳〉曰「臣聞堯遭鴻水，使禹治之，未聞禹之有水也」，而〈地理志〉曰「堯遭洪水，襄山襄陵，天下分絕，為十二州，使禹治之。水土既平，更制九州，列五服，任土作貢」，還加入〈禹貢〉內容。值得注意的是，《史記・匈奴列傳》也有此類說法，即「太史公曰：……堯雖賢，興事業不成，得禹而九州寧」。戰國時代《尚書》系統的說法已有堯命禹治水與舜命禹治水的歧異，且不能以舜「攝政」說調和，至漢代猶然，甚至《史記》中同時存在二說。

總上所述，我們認為戰國時代舜命禹治水的記憶至少有三類，每類都有相對的堯命禹版本，由於《孟子》的舜命禹可以視為堯命禹，若算成一類，則總共有五個版本。究竟是先有堯命禹之說才發展出舜命禹之說，還是先出現舜命禹再補上堯命禹的脈絡，實難確定，我們認為此種記憶混亂的狀況正反映了西周以來「三代觀」到「四代觀」

---

174 參湯淺邦弘：〈上博楚簡《舉治王天下》的堯舜與傳說〉，《簡帛》第9輯，頁126。

175 晏昌貴：〈《豳公盨》銘文研究二題〉，《簡帛數術與歷史地理論集》，頁251-252。

的演變過程中禹記憶與虞代記憶的建構問題。後文將談到的鯀也存在
這樣的問題，不同的是鯀為禹父的「禹有父」記憶有助於大一統帝王
世系的建構而得以確立；而禹治水之事被安排在虞代已經可以推展出
「四代」以作為禪讓記憶的時代基礎，命禹治水者為誰能否取得共識
並不重要，且不久後戰國人對禪讓政治便失去興趣，後人便在沒有共
識的情況下各自引述不同的說法。

（二）大禹分州記憶的發展與演變

1 從禹定九州到禹分九州

　　過去關於禹分九州之說已有許多討論，大致圍繞著《尚書・禹
貢》的成書問題，從其成書時代的早晚間接推論其內容的可信度，相
關說法從夏代、西周、春秋、戰國到戰國末漢初都有；而關於禹分九
州的具體內容，學者或以為禹畫九州真有其事、或以為九州所反映的
人文地理內涵為夏代實況、或以為九州的具體內容為戰國人所擬構，
牽涉的問題十分廣泛且複雜，基本上論述的目的為「證真」或「辨
偽」。[176]我們認為目前的材料連禹是否真有其人都無法實證，更遑論
他作了什麼事，當然，從目前的材料來看，最晚在東周時代大禹治平
水土之事已成為共同記憶，我們也不認為大禹其人難以實證便一定是
虛構的人物，在此情況下，或許顧頡剛提出的「不立一真，惟窮流
變」還是比較可行的研究方向。

　　顧頡剛在〈州與嶽的演變〉（1933年）一文中比較了傳世先秦兩
漢古籍中的五種九州說，分別見於《尚書・禹貢》、《周禮・夏官司

---

176 各家說法與討論可參岳紅琴：《《禹貢》與夏代社會》（鄭州市：鄭州大學博士論
　　文，2006年5月），第2章、第5章。楊棟也有整理，參《神話與歷史：大禹傳說研
　　究》（長春市：東北師範大學博士論文，2010年12月），頁131-132。早期說法的整
　　理與研究，可參蔣善國：《尚書綜述》第5章。

馬·職方氏》（同樣內容又見於《逸周書·職方》）、《爾雅·釋地篇》、
《呂氏春秋·有始覽·有始》、《說苑·辨物》（與《爾雅》內容接
近），[177]由於內容有些出入，漢、魏經學家以《周禮》〈職方氏〉九州
為周制，《爾雅》九州為商制，《尚書》為夏制，稱為「三代九州」。[178]
這樣的解釋雖是為了彌縫諸說之歧異，卻隱含一時代有一時代之九州
說這樣的思路，而顧頡剛應該是第一個以此種視角解釋九州說來源的
學者，他很早就在〈論《今文尚書》著作時代書〉（1923年）中提出
禹的神話原來「只有治水而無分州」以及「九州之說得以成立」是因
戰國七雄擴大疆域而有統一觀念所致等說法，[179]其後又在〈秦和統一
的由來和戰國人對於世界的想像〉（1926年）中進一步認為：

> 孟子就說「今四海之內方千里者九」，這戰國時的四海比了春
> 秋時的四海真遠的多了。因為那時的四海以內有九個方千里的
> 地，所以就有了九州之說。《禹貢》上的九州，一般人都認為
> 夏朝的制度。其實夏朝的地盤只占得黃河的一角，哪能有這樣
> 偉大的計畫。九州乃是戰國的時勢引起的區畫土地的一種假
> 設，這種假設是成立於統一的意志上。因為是假設，所以各人
> 所說的不必一樣。我們在古書上，已經找得四種不同的九州
> 了。……他們總以為九州之名是禹定出來的，各種不同的九州
> 是商、周時改的制度。[180]

---

177 顧頡剛：〈州與嶽的演變〉，《顧頡剛古史論文集》卷5，《顧頡剛全集》第5冊，頁
56-59。
178 胡阿祥：〈「芒芒禹跡，畫為九州」述論〉，《九州》（北京市：商務印書館，2003年
4月），第3輯，頁39-40。
179 顧頡剛：〈論《今文尚書》著作時代書〉，《顧頡剛古史論文集》卷8，《顧頡剛全
集》第8冊，頁2。文中談到寫作「禹貢作於戰國致」的計畫時提出了這些構想。
180 顧頡剛：〈秦和統一的由來和戰國人對於世界的想像〉，《顧頡剛古史論文集》卷
5，《顧頡剛全集》第5冊，頁36。

其後在〈州與嶽的演變〉（1933年）中全面探討相關問題，提出了幾個說法：其一，春秋時河南省西部和陝西省東南部有一個以「九州」為名的地方，而春秋時代已經出現指稱「天下」的九州說，如「芒芒禹跡，畫為九州」（《左傳・襄公四年》）、「咸有九州，處禹之堵」（《叔夷鐘》）及《詩經》中諸多提到「九有」、「九圍」、「禹績」的材料所示。而春秋中葉以前的材料中幾乎不見各州的具體名稱，對「天下」的表述也以「四方」、「時夏」為主，因此「偏隅的九州變為禹跡的九州，似乎是春秋中葉的事」。其二，九州之「九」可能是虛數，「州」或由「方」演變而來，如古以「多方」稱四方邦國，又孔子引《夏書》曰「惟彼陶唐，帥彼天常，有此冀方」，或者冀州即由冀方而來。另外「州」也可能「丘」、「縣」有關。其三，春秋時有九州說，但只是「一個虛浮的觀念而已，沒有九個州的具體的地位和名稱。九個州的具體的地位和名稱乃是戰國時人的建設」，如越滅吳才有「淮、海為揚州」，中山稱王或趙滅中山才有「并州」，秦滅蜀才有「華陽黑水惟梁州」，燕破東胡才有「北方為幽州，燕也」。[181]

在此文中顧頡剛將禹的傳說原本「只有治水而無分州」推展為「有分州而無分州的具體內容」，後來顧頡剛在〈鯀禹的傳說──夏史考第四章〉（1939年）中提到《山海經・海內經》也有「帝乃命禹卒布土以定九州」、「禹鯀是始布土，均定九州」之說，認為分州的傳說起源很早。[182]並且認為九州具體內容的建構出於戰國人開拓疆域的結果。後者只是推想，沒有實證，而前者大致反映先秦文獻的狀況，

---

181 參顧頡剛：〈州與嶽的演變〉，《顧頡剛古史論文集》卷5，《顧頡剛全集》第5冊。最後顧頡剛在〈尚書禹貢注釋〉（1958年-1959年）中對相關說法作了總結。參顧頡剛：〈尚書禹貢注釋〉，《顧頡剛古史論文集》卷9，《顧頡剛全集》第9冊，頁107-117。

182 參顧頡剛：〈鯀禹的傳說──夏史考第四章〉，《顧頡剛古史論文集》卷1，《顧頡剛全集》第1冊，頁528。

也就是時代越晚的文獻九州內容越完整（顧頡剛將〈禹貢〉定為戰國文獻）。不過學者也提出後代文獻中未必不存在早期的內容的質疑，此種觀點的主要依據是相信〈禹貢〉的記載有真實的歷史背景；從記憶的角度來看，或可理解為後代文獻中的九州說也可能是更早記憶的遺存。

　　邵望平在〈《禹貢》「九州」的考古學研究〉（1987年）中將考古學文化區系與〈禹貢〉的九州對應，認為「說《禹貢》『九州』是黃河、長江流域公元前第三千年間已自然形成的人文地理區系當不至十分謬誤」，並指出：

> 筆者絕不因此認為《禹貢》「九州」就是公元前二〇〇〇年前龍山時代文化區系的記錄。文化區系客觀存在是一回事，而全面認識如此廣闊地域中的山川、植被、物質、風土並記錄成書則是另一事。《禹貢》九州篇成書至少需要兩個條件：一是文字的出現；二是凌駕於諸文化區系之上的中央王權的出現。因此《禹貢》指可能是文明時代的產物。……《禹貢》作者的地理知識還僅限於西周早期以前，即公元二千年間的「中國」，遠遠未達到戰國時其所能達到的地理知識水平。……九州篇的藍本很可能出自商朝史官之手，是商人對夏代的追記。當然也可能是西周初年對夏、商的追記。九州篇藍本的出現不遲於西周初年。[183]

這段話涉及了記憶的問題，包括〈禹貢〉是否遺留了「真實的」夏代記憶、這些記憶是誰、於何時記下的。邵先生的說法得到了許多學者

183　邵望平：〈《禹貢》「九州」的考古學研究〉，收於楊楠編：《考古學讀本》（北京市：北京大學出版社，2006年1月），頁85-86、89、100。

的認同，其中楊棟從記憶的角度予以肯定，以為〈禹貢〉為原初記憶
積累而成，從最初出於商代史官到周初史官追記，並且在周初至戰國
的流傳過程中逐漸增加各時代的內容。[184]

　　然而也有學者不同意此說，如陳立柱便提出了全面的質疑，我們
認為了除細節問題之外，陳先生的說法中以下三個觀點特別重要：其
一，將黃河、長江流域考古學文化與九州的對應，不少地方十分牽強
且主觀性極強，如「有時一個文化區對應一個州（多數），有時又是
一個文化區對應兩個州，有的考古學文化核心區不在本州兩者也可
『大致相合』，有的是否可以歸於龍山文化圈尚不能定也不影響其與
九州之一的「相合」。其二，古人記事只會記錄某方國、部族所居之
處有何山、如何祭祀，位於中央王國的什麼方位，貢物為何等，「據
人文地理區系講古代的文化物產只能是今天的考古學者」，「進貢也只
能是某族某國之貢，不可能是某區域之貢，除非有這麼一個行政區域
存在」。而古籍中州有「州牧」，是將州視為「行政單位」，〈禹貢〉以
一州為貢獻單位，也是將之視為行政單位，因此〈禹貢〉作者的視角
不會是原始的視角。其三，〈禹貢〉九州的地理描繪符合今天看到的
公元前二〇〇〇年前的考古文化區系，未必代表〈禹貢〉記錄的就是
公元前二〇〇〇年前的人文地理環境，因為從新石器時代到戰國時代
地理、氣候環境的基本狀況應無太大改變，而史官對這些內容的書寫
也較為簡略，因此〈禹貢〉所載九州合於今天看到的考古文化區系並
不能證明其為公元前二〇〇〇年前人文地理環境的實錄（換句話說戰
國人以當時的地理知識也能寫出合於今天看到的考古文化區系的內
容）。[185]我們認為陳先生的看法確實指出了一些問題。

184 楊棟：《神話與歷史：大禹傳說研究》，頁131-133。
185 參陳立柱：〈考古資料如何證說古文獻的成書時代──以《《禹貢》「九州」的考古
　　學研究》為例〉，《文史哲》2009年第3期。

　　事實上，回到「大禹治水」事件本身或許問題會比較簡單。首先，學者或就常理以為若虞夏之際真有大禹治水之事，以當時的物質條件來看，大禹不可能有能力遍治九州並區劃九州，因此「分州」必然是後人附會。再者，何時將「分州」之事附會到禹身上，至少要等能夠認識到文獻中所載九州的具體內容之時。當然，什麼時代的人有辦法認識到九州的地理、封土、貢物等內容，很難判斷，不過若「九州篇藍本的出現不遲於西周初年」，那麼何以此種系統化的內容到戰國時代才出現，若〈禹貢〉成於西周初年，又為何九州的系統與具體內容不見於其他戰國以前的文獻中，到戰國文獻中才再度出現，凡此皆讓人不得不懷疑〈禹貢〉中的九州說是戰國時代才逐漸出現而形成系統的說法。我們認為從墨家的材料及〈容成氏〉中的內容可以說明戰國之前很可能沒有系統的九州說。

2 從《墨子·兼愛中》及〈容成氏〉看禹分九州的記憶演變

在先秦文獻中，禹平水土的事蹟主要內容為「治水」，或許已提到「定九州」但無具體內容。而戰國文獻中還出現了具體的禹分九州之說，〈容成氏〉中的記載可為代表，可證系統化的禹分九州之說最晚在戰國中期已經存在。然而，由於目前沒有更早的出土文獻記載禹分九州的具體內容，無法探究此種記憶是否有更早的淵源，因此要討論禹分九州的問題仍只能依據〈容成氏〉與傳世文獻。

　　學者指出〈容成氏〉關於禹治水分州的記載與墨家有關（茲將以下兩段引文編號以利比較），《墨子·兼愛中》記載了禹治水以利四方之民的說法：

　　　　古者禹治天下，（1）西為西河、漁竇，以泄渠、孫、皇之水。
　　　　（2）北為防、原、泒，注后之邸、嘑池之竇，洒為底柱，鑿

為龍門，以利燕、代、胡、貉與西河之民。（3）東方漏之陸，
防孟諸之澤，灑為九澮，以楗東土之水，以利冀州之民。（4）
南為江、漢、淮、汝，東流之，注五湖之處，以利荊、楚、
干、越與南夷之民。

〈容成氏〉中的九州說如下（引文編號以利比較）：

（1）璽（禹）親執枌（畚）耜，呂（以）波（陂）明者（都）
之澤，決九河【24】之滶（過），於是虎（乎）夾州、滄
（徐）州訇（始）可尻（處）。

（2）璽（禹）迥（通）淮與忿（沂），東皷（注）之淯（海），
於是唇（乎）競（青）州、簹（莒）州訇（始）可尻
（處）也。

（3）璽（禹）乃迥（通）蔞（淶）與湯（易），東皷（注）之
【25】淯（海），於是虖（乎）藕州訇（始）可尻（處）
也。

（4）璽（禹）乃迥（通）三江五沽（湖），東皷（注）之淯
（海），于是唇（乎）罶（荊）州、郻（揚）州訇（始）
可尻（處）也。

（5）璽（禹）乃迥（通）沇（伊）、洛，并（併）里（瀍）、
干（澗），東【26】皷（注）之河，於是於（乎）散
（豫）州訇（始）可尻（處）也。

（6）璽（禹）乃迥（通）經（涇）與渭，北皷（注）之河，
於是虖（乎）虘州訇（始）可尻（處）也。璽（禹）乃從
灘（漢）呂（以）南為名浴（谷）五百，從【27】灘

（漢）呂（以）北為名浴（谷）五百。【28】[186]

　　《墨子》只記載了禹治水，〈容成氏〉則多了九州的內容，李零指出〈容成氏〉的九州與〈禹貢〉等書不同，只講水不講山，並按水系不同分為六塊。[187]晏昌貴進一步指出：

> 在區域化分上，《墨子》是三分，《容成氏》實際上是六分，《禹貢》、《職方氏》則是九分。這樣一來，《容成氏》中的「州」的概念可能與傳統的「九州」之州並不完全相同。我們知道，「州」的原義是指水邊可居人的高地，《容成氏》簡文涉及十二條河流（九河、三江分別算一條）和2處湖泊沼澤，簡文只是說這些水道疏通了，然後九州可以居處，我們從中是看不到「州」作較大地域範圍的概念。……「九州」的推定應從自然山川而來，而不是相反。有學者先用《容成氏》九州與傳世文獻比對，確定其地域範圍，再據此考定山川，這是不對的。[188]

二位先生都指出了從《墨子》、〈容成氏〉到〈禹貢〉所載治水內容由簡而繁的狀況，值得參考，對此我們再作一些補充。

　　首先，《墨子》的禹治水之說是九州系統尚未成形的說法。[189]據許錟輝整理，《墨子》引《尚書》四十四條，凡二十篇，在伏生二十九篇者為〈堯典〉、〈湯誓〉、〈洪範〉、〈酒誥〉、〈甘誓〉、〈呂刑〉，[190]

---

186 參單育辰：《新出楚簡《容成氏》研究》，頁130-155。

187 李零：〈三代考古的歷史斷想〉，收於李零：《待兔軒文存：讀史卷》（桂林市：廣西師範大學出版社，2011年4月），頁76。

188 晏昌貴：〈竹書《容成氏》九州考略〉，《簡帛數術與歷史地理論集》，頁265-266。

189 相關問題蔣善國已有詳細的討論，參《尚書綜述》，頁175、193-194。

190 許錟輝：《先秦典籍引《尚書》考》（臺北縣：花木蘭文化出版社，2009年9月），

二十篇中未見〈禹貢〉。然而《墨子・尚賢中》引〈呂刑〉曰：「天之
所使能者誰也？曰若昔者禹、稷、皋陶是也。……禹平水土，主名山
川。」〈尚賢上〉又曰：「堯舉舜於服澤之陽，授之政，天下平；禹舉
益於陰方之中，受之政，九州成。」前引〈兼愛中〉也記載了禹治水
以利四方之民的內容。我們認為墨子習《詩》、《書》，而《墨子》所
引《尚書》多達二十篇且《墨子》中關於禹治水之事已有完整的命禹
者、治水、定九州三個情節，卻只提到「冀州」而無系統化的九州內
容，顯然對〈禹貢〉的內容一無所知，很可能當時〈禹貢〉還沒有成
篇，且其中系統化的九州說也還沒出現，《墨子》的「九州」應該只
是「天下」的泛稱。

　　第二，《墨子》的禹治水之說具有「三代觀」的特點。「四代觀」
需要對治水之事安排虞代的內容，今本《尚書》在禹治水之前天下已
先分為十二州，即〈堯典〉舜「受終於文祖」後「肇十有二州，封十
有二山」，並且還有「十有二牧」，則虞代天下已成十二個「行政單
位」，而〈禹貢〉記載禹治水分九州，兩篇前後相承，則有禹將十二
州重劃為九州的意思。相較之下，《墨子》中雖已出現堯、舜，但僅
見於禪讓的敘述脈絡中而與治水無關，如上引〈尚賢上〉「九州成」便
與堯、舜無關，而〈兼愛中〉的禹治水之說只是說上天命禹治平水土
後，大地上的人們便能安居，亦不涉及虞代，可能是較早的說法。[191]

　　第三，〈容成氏〉的禹平水土之說晚於《墨子》之說，可能反映

　　第18章「《墨子》引《書》考」，頁280-281。關於《墨子》引《書》的問題，另可
　　參馬士遠：《周秦《尚書》學研究》（北京市：中華書局，2008年9月），第六章
　　「《墨子》引《書》與戰國初期《尚書》文本研究」。

191 此外，顧頡剛曾認為《墨子》的記載「為《禹貢》未出時禹治水觀念之綜合。禹治
　　四方之水以利四方之民，此觀念已成熟」，而《墨子》敘述治水用「為」，較〈禹
　　貢〉用「治」更接近神話的表述。參顧頡剛：《顧頡剛讀書筆記・湯山小記（七）》
　　卷8，《顧頡剛全集》第23冊，頁211-212。

了三、四代觀的過渡階段。其晚於《墨子》之說主要因為《墨子》命禹治水者為天，〈容成氏〉為舜，及〈容成氏〉出現了九州的具體名稱，「九州」已非泛稱。然而，〈容成氏〉中「揚州」、「荊州」、「豫州」、「夾州」（即「冀州」）、「盧州」（即「雍州」）[192]的地域與名稱可與其他傳世文獻中的五種九州說對應，應該不會是〈容成氏〉的作者發明的，比較可能是當時的知識分子已經開始替泛稱的「九州」安排具體區域與州名而為〈容成氏〉採用。誠如晏昌貴所說，〈容成氏〉的「州」是治水後可居之處，不像〈禹貢〉大地域範圍的「州」，用陳立柱的說法即〈容成氏〉的「州」並非「行政單位」，除〈禹貢〉外，《周禮・職方氏》詳載九州山川風土、《呂氏春秋・有始》將九州對應於九國，《爾雅・釋地》、《說苑・辨物》晚出且九州內容基本與《呂氏春秋》相同，則這五種九州說應該都是將九州視為禹所劃定的九個行政區域，而〈容成氏〉的作者雖採用了州名，卻沒有此種觀念，其內容所反映的時代應該早於其他五種九州說。[193]

---

192 相關考釋參單育辰：《新出楚簡《容成氏》研究》，頁139-147、153-155。

193 凡國棟認為〈容成氏〉的九州說可以看作《墨子》到其他傳世古籍中所見九州說之間的「過渡環節的九州論」，從〈容成氏〉將《墨子》的冀州分為夾州、徐州以及將三分變為六分來看，或許年代與《墨子》同期或稍晚，將〈容成氏〉的九州視為墨家的九州觀亦未嘗不可（參〈《容成氏》九州考論〉，收於陳偉主編：《簡帛文獻復原與解讀》北京市：中國社會科學出版社，2014年6月）。黃海烈則認為墨家曾提到「九州」而無九州的詳細內容，〈容成氏〉的九州說「正好補足今本《墨子》的闕文」（參黃海烈：〈上博簡《容成氏》的發現及其學派歸屬問題〉，發表於「復旦大學出土文獻與古文字研究中心」網站）。我們認為〈容成氏〉的九州說晚於《墨子》，其九州的具體內容可能是受到其他學派的影響加入的，未必是墨家本有的說法。學者基本上據《墨子》中的觀念說明〈容成氏〉中多見墨家思想。顧頡剛指出《墨子》中的堯、舜與禹之治水無關，則〈容成氏〉中命禹治水者為舜此一內容提供了重要的訊息，我們認為〈容成氏〉的作者採用舜命禹治水之說，相關材料可能也包含禹分九州的具體內容，〈容成氏〉的作者雖多據墨家的材料，但此處採用了其他學派的治水傳說，只有禹還是墨家自苦為極的形象。戰國時代墨家曾在楚地流傳，因此〈容成氏〉關於禹治水分州的歷史敘述也可能是楚人或

此外，三、四代觀的過渡階段常見禹的事蹟或在堯或在舜的矛盾，如前文談到命禹治水者的情況，《天水放馬灘秦簡》乙種竹簡的〈貞在黃鐘〉中「蕤賓」下有「啻（帝）堯乃韋九州」（簡272），「韋」即「圍」，指「劃分九州範圍」，[194]便是將分九州之事歸於堯（或指堯之時）。

最後，從〈容成氏〉的「青州」、「莒州」、「徐州」、「藕州」來看，〈職方氏〉的九州說上承〈容成氏〉，其他四說則為另一系統。藕州即〈職方氏〉之并州，[195]不見於其他四家。學者曾以為并州之名晚出，如顧頡剛認為此州之名可能出現於「中山稱王」（西元前323年）或「趙滅中山」（西元前295年）之時，蔣善國認為〈職方氏〉的并州為正北燕地，即〈有始〉、〈釋地〉的幽州，而〈職方氏〉另有幽州，地域延伸到東北鴨綠江流域，故并州一名晚出，應該是秦滅代、燕後將燕地稱作并州後才將原幽州改為東北區域之名，則并州得名最早在西元前二二一年之時。[196]不過〈容成氏〉出現後，學者指出「藕」、「并」義同，因此我們認為燕地於〈容成氏〉中已有此類名稱，〈職方氏〉的并州之名至少可追溯至戰國中期的〈容成氏〉系統，非先有

墨家後學以墨家材料為主，綜合其他學派的材料所編寫的。目前記載禹治水與禹分九州的材料主要見於儒家整理的《尚書》，或許〈容成氏〉的作者用的就是戰國中期以前的儒家系統說法。

194 宋華強：〈放馬灘秦簡《日書》識小錄〉，武漢大學簡帛研究中心主辦：《簡帛》（上海市：上海古籍出版社，2011年11月），第6輯，頁83。整理者將此篇歸於《音律貞卜》（簡206-300）〔甘肅省文物考古研究所編：《天水放馬灘秦簡》（北京市：中華書局，2009年8月），頁126〕。程少軒將其中十二條以鐘律為占者命名為〈十二律占〉〔程少軒：〈放馬灘簡所見式占古佚書的初步研究〉，《中央研究院歷史語言研究所集刊》第83本第2分（2012年6月），頁294〕。孫占宇命名為〈貞在黃鐘〉〔孫占宇：《放馬灘秦簡集釋》（蘭州市：甘肅文化出版社，2013年3月），頁251〕。

195 相關考釋參單育辰：《新出楚簡《容成氏》研究》，頁147-152、155。

196 蔣善國：《尚書綜述》，頁180-181。

幽州而後分出并州，應該是先有并州再參考其他系統而別立幽州。又
從青州、莒州來看，此二州地域〈容成氏〉曰「通淮與沂」，〈容成
氏〉「莒」作「篣」，整理者已指出「篣」字多見於春秋青銅器莒國之
自名，而晏昌貴進一步指出莒州得名應該是以春秋前期莒國的疆域為
背景，莒國在春秋中期以後為齊、魯等國侵略，疆域漸小，於西元前
四三一年為楚所滅，莒州當在偏北偏東的沂水流域，青州在偏西偏南
淮水流域，[197]則〈容成氏〉以「莒」名沂水一帶應該不晚於戰國早
期。而晏先生也指出〈容成氏〉的九州說不同於任何一種傳世文獻而
較接近〈職方氏〉，[198]我們認為從青（〈釋地〉作營州）、莒、徐三州
來看，〈職方氏〉可能上承〈容成氏〉，其他四家則為另一系統。茲將
相關州名及主要水、澤表列如下：

	〈容成氏〉	〈職方氏〉	〈禹貢〉	其他
青州			海岱	齊
	通淮與沂	其澤藪曰望諸，其川淮、泗，其浸沂、沭		
莒州	通淮與沂			
徐州	陂明都之澤		海岱及淮，淮、沂其乂	泗上（魯）、濟東
豫州			被孟豬	河漢之間（周）、河南

〈容成氏〉的青、莒、徐三州之水、澤在〈職方氏〉的青州中，而莒
州其地在其他四家的徐州中，〈容成氏〉亦有徐州，其中「明都之

---

197 晏昌貴：〈竹書《容成氏》九州考略〉，《簡帛數術與歷史地理論集》，頁271。
198 同上，頁276。

澤」即〈禹貢〉之「孟豬」，在其豫州之中，又其他四家的青州在〈容成氏〉、〈職方氏〉青州之北，僅名稱相同，顯然〈容成氏〉、〈職方氏〉為一系統，後者將前者三州整併為一州，再參酌另一系統別立「幽州」、「兗州」，其他四家為另一系統，惟〈禹貢〉有梁州無幽州、另三家有幽州無梁州。

二　「四代觀」古史記憶中的禹征三苗

（一）三代觀的征三苗記憶：從《尚書‧呂刑》到《墨子‧非攻下》

先秦文獻中有不少關於三苗作亂而被征伐的記載，顧頡剛曾就《尚書》中的內容梳理出三苗形象的演變，他認為：

> 《尚書》中說到他們的共有七處，可以分作三個時期。第一個時期是〈呂刑〉，它說蚩尤作亂之後，這個壞品性傳染給平民，弄得苗民成了殘忍的民族，動不動就要殺人；被殺的人到上帝前控告，上帝哀憐他們的冤枉，就降下他的威靈，把苗民滅絕了。在這一時期之中，苗的結果是何等的不幸。第二時期是〈堯典〉的「竄三苗于三危」和「北分三苗」，〈皋陶謨〉的「何遷乎有苗」和「苗頑弗即工」，〈禹貢〉的「三危既宅，三苗丕敘」，說舜時三苗頑強不服，舜把他們搬到三危，分開住著，他們也就很安定了。在這時期中，他們雖失掉了居住的自由，還無妨于生活，這個刑罰就輕鬆得多。第三時期是《偽古文》的〈大禹謨〉，說有苗昏迷不恭，以致民怨天怒，舜令禹往征，打了一個月還不服；益勸禹修德感之，禹聽了他就班師

回去；舜于是大布德教，兩階上舞著干羽；過了七十天，有苗
就自來降服了。在這個時期中，舜和苗兩方面都是極美滿的，
沒有一些兒火辣氣了。這種變遷，很可以看出古人的政治觀念：
在做〈呂刑〉的時候，他們決想不到有這樣精微的德化，在做
〈大禹謨〉的時候，他們也忘卻了那個威靈顯赫的上帝了。[199]

這段話指出了三苗形象的「層累造成」，同時也點出了三代觀與四代
觀伐三苗記憶的不同。《尚書・呂刑》曰：

> 若古有訓，蚩尤惟始作亂，延及于平民。罔不寇賊，鴟義奸
> 宄，奪攘矯虔。苗民弗用靈，制以刑；惟作五虐之刑曰法，殺
> 戮無辜。爰始淫為劓刵椓黥；越茲麗刑並制，罔差有辭。民興
> 胥漸，泯泯棻棻；罔中于信，以覆詛盟。虐威庶戮，方告無辜
> 于上。上帝監民，罔有馨香德，刑發聞惟腥。皇帝哀矜庶戮之
> 不辜，報虐以威，遏絕苗民，無世在下。乃命重黎，絕地天
> 通，罔有降格。群后之逮在下，明明棐常，鰥寡無蓋。皇帝清
> 問下民，鰥寡有辭于苗。德威惟畏，德明惟明。

《墨子》也引用了〈呂刑〉，相關內容如下：

> 昔者聖王制為五刑，以治天下，逮至有苗之制五刑，以亂天
> 下。則此豈刑不善哉？用刑則不善也。是以先王之書《呂刑》
> 之道曰：「苗民否用練，折則刑，唯作五殺之刑，曰法。」
> （〈尚同中〉）

---

199 顧頡剛：〈古史辨第一冊自序〉，《顧頡剛古史論文集》卷1，《顧頡剛全集》第1冊，
頁46。

先王之書《呂刑》道之曰：「皇帝清問下民，有辭有苗，曰：
『群后之肆在下，明明不常，鰥寡不蓋。德威維威，德明維
明。』乃名三后……。」（〈尚賢中〉）[200]

而在《墨子》中伐三苗者為禹，如：

且不唯《泰誓》為然，雖《禹誓》即亦猶是也。禹曰：「濟濟
有群，咸聽朕言，非惟小子敢行稱亂，蠢茲有苗，用天之罰，
若予既率爾群對諸群以征有苗。」禹之征有苗也，非以求以重
富貴、干福祿、樂耳目也，以求興天下之利，除天下之害，即
此禹兼也。（〈兼愛下〉）
昔者有三苗大亂，天命殛之，日妖宵出，雨血三朝，龍生於
廟，犬哭乎市，夏冰，地坼及泉，五穀變化，民乃大振。高陽
乃命玄宮，禹親把天之瑞令，以征有苗。……禹既已克有三
苗，焉磨為山川，別物上下，鄉制大極，而神民不違，天下乃
靜，則此禹之所以征有苗也。（〈非攻下〉）

《墨子》引述〈呂刑〉上帝降罰於苗民，又以為高陽命禹伐三苗，則
伐三苗之事雖發生於夏代之前，卻與堯、舜無關，並且墨子之時虞代
觀尚未確立（詳上文），在《墨子》中此事自然與虞代無關。

然而，在四代觀的古史記憶中，夏代之前為虞代，伐三苗之事順
理成章被放在虞代，而與堯、舜產生聯繫。以上引〈非攻下〉為例，
其以災異之說解釋〈呂刑〉，並且禹伐三苗為高陽所命，類似的內容

---

200 〈尚賢中〉之引文句子順序與〈呂刑〉不同，學者或以為〈呂刑〉有錯簡，參程
元敏：《尚書周書牧誓洪範金縢呂刑義證》，頁364-366。

亦見於《隨巢子》佚文，如「昔三苗大亂，龍生于廟，犬哭于市」、「三苗將亡，天雨血，夏有冰，地坼及泉，清龍生於廟，日夜出，晝日不出」、「昔三苗大亂，天命殛之，夏后受於玄宮」、「三苗大亂，天命殛之，夏后受之」，[201]亦為天命禹伐三苗。而河北定縣八角廊漢簡《六韜》中也有類似的災異內容，卻為舜伐三苗，相關內容如下：

第十三　舜伐有苗武【2230】

曰：「吾聞有苗雨血沾朝衣，是非有苗【0745】

有苗月蝕日斷，三日不解，是非□【1175】

之□乎？對曰：「未有日月斷蝕，有始【0805】

有苗三日不見日，是非有苗之□耶？對【2228】

曰：「然則有苗何以亡？」對曰：「有【0302】

有苗是謂所【1040】

之□右□蠢之水建土險也【0789】[202]

關於《六韜》的成書時代，學者的說法從春秋末期到戰國初期都有，銀雀山漢墓亦出土《六韜》，其下葬時間約為西元前一一八年，成書當在此前，而八角廊漢墓約下葬於西元前五十五年，則《六韜》最晚西漢初期已經流傳。[203]八角廊漢簡《六韜》雖殘斷，可以看到內容提到「血沾朝」、「月蝕日斷，三日不解」、「三日不見日」等災異現象及「有苗何以亡」之問，當為西漢以前流傳的說法，高貴峰曾有詳細的考證提到類似的內容亦見於《金匱》佚文，不過伐三苗者為堯，高先

---

201 參孫詒讓：《墨子閒詁》（北京市：中華書局，2009年1月），下冊，頁754-755。

202 釋文及編聯順序參張靜：《定州漢墓竹簡和上孫家寨漢墓竹簡集釋》（長春市：吉林大學碩士論文，2014年4月），頁485-486。

203 同上，頁21-22。

生指出：

> 《開元占經》三引《金匱》有：「唐帝克有苗問人曰：『吾聞有
> 苗時天雨血沾衣，有此妖乎？』」，則所發問之人，即為克有苗
> 者「堯」，八角廊《六韜》簡文中伐有苗者為「舜」，諸子的書
> 經常會把一些古帝王的事蹟、言語相混淆，故發問者極可能為
> 舜。
> 《太平御覽》四引《金匱》有「三苗之時，三月不見日」。
> 《開元占經》六引《金匱》有「三苗時，有日鬭」，「斷」與
> 「鬭」皆從「斤」，形近。
> 《開元占經》三引《金匱》，有苗滅亡原因為「誅諫者，尊無
> 功，遇人如仇，故亡耳」。[204]

日本學者石井真美子進一步提到京都大學人文科學研究所所藏唐代薩
守真所作《天地瑞祥志》卷十七中有與《金匱》相同而敘述完整的內
容，即：

> 《太公金遺〈匱〉》曰：堯克有苗乚（苗）民時而血沾衣，有
> 此妖手〈乎〉？一臣曰：「非妖之大，且有苗誅諫者，尊元
> 〈无〉功，退有能，能遇民如仇，故亡耳。」[205]

---

204 參高貴峰：〈八角廊漢簡《六韜》拾遺及考證〉，發表於武漢大學「簡帛網」（http://
www.bsm.org.cn/show_article.php?id=562），2007年5月8日。

205 石井真美子：〈《六韜》諸テキスと銀雀山漢簡の關連について〉，《立命館白川靜
記念東洋文字文化研究所研究紀要》第8號（2014年7月），頁50。此段文字「匱」
字誤為「遺」、「乎」字誤為「手」、「无」字誤為「元」，後二字為石井先生所改，
原文參高柯立選編：《稀見唐代天文史料三種》（北京市：國家圖書館出版社，2011
年1月），第3冊，頁310。

顯然同類的敘事在《太公金匱》之類的著作中又有伐三苗者為堯之
說。周鳳五曾詳舉例證說明《漢書‧藝文志》道家類的「太公」書至
少包含《隋書‧經籍志》著錄的十二種，其中《太公金匱》與《六
韜》內容有大量重複雷同，[206]或許這些《金匱》佚文的內容可以上溯
至漢、甚至戰國晚期，當然，這樣的推測需要更直接的出土材料才能
證明，目前仍無法論定這些內容確承自先秦。

　　另外，《國語‧楚語》亦有〈呂刑〉所載重黎「絕地天通」之
事，曰：

> 古者民神不雜。……及少昊之衰也，九黎亂德，民神雜糅，不
> 可方物。……顓頊受之，乃命南正重司天以屬神，命火正黎司
> 地以屬民，使復舊常，無相侵瀆，是謂絕地天通。其後三苗復
> 九黎之德，堯復育重、黎之後不忘舊者，使復典之。

原本是苗民亂德，〈楚語〉中則是九黎、三苗先後亂德，並分屬顓頊
與堯兩個時代，雖未提到堯伐三苗，不過堯「復育重、黎之後」是延
續顓頊處理九黎亂德的措施，顯然〈楚語〉中三苗亂德之事還是堯解
決的。從伐三苗的記憶在古史觀念從三代觀演進為四代觀的過程中產
生了一些歧異，這樣記憶混亂的現象普遍存在於戰國文獻中，下面我
們進一步討論其演變軌跡。

（二）虞代的征三苗記憶：從禹征三苗到堯、舜征三苗

　　在四代觀的古史記憶中伐三苗為虞代之事，如：

---

206 周鳳五：《六韜研究》（臺北市：臺灣大學中國文學系博士論文，1978年），頁341-
　　346。

虞有三苗，夏有觀、扈，商有姺、邳，周有徐、奄。(《左傳・
昭公元年》)

而戰國時代四代觀古史記憶流行之後仍有主張禹伐三苗之說，如：

帝戰於涿鹿之岳，而西戎之兵不至；禹攻三苗，而東夷之民不
起。(《戰國策・魏策二》)
☑勝不服於呂遂。禹以算（選）卒萬人勝三苗。【1233】(《銀
雀山漢墓竹簡（貳）・〔選卒〕》)[207]

不過具有代表性的四代觀伐三苗敘述是〈堯典〉中舜將各族惡人一網
打盡的「流四凶」情節，即：

（舜）流共工于幽洲，放驩兜于崇山，竄三苗于三危，殛鯀于
羽山：四罪而天下咸服。……三載考績；三考，黜陟幽明，庶
績咸熙。分北三苗。(《尚書・堯典》)
萬章曰：「舜流共工于幽州，放驩兜于崇山，殺三苗于三危，殛
鯀于羽山，四罪而天下咸服，誅不仁也。」(《孟子・萬章上》)

屈萬里以為《孟子》之時〈堯典〉已經傳世，[208]蔣善國指出《孟子》
所引「不但證明了萬章引《堯典》，並且證明了今本《堯典》裡面這
幾句話是戰國時《堯典》的原文」，[209]即便是懷疑〈堯典〉最力的顧

---

207 釋文參銀雀山漢墓竹簡整理小組編：《銀雀山漢墓竹簡（貳）》（北京市：文物出版
社，2010年1月），頁164。
208 屈萬里：《尚書釋義》，頁3。
209 蔣善國：《尚書綜述》，頁143。

頡剛也未否定《孟子》所引「流四凶」的內容可能出於當時的〈堯典〉,[210]可知「流四凶」之說在《孟子》以前已經流行,並且可能已見於當時的〈堯典〉中。而後來又有將流四凶歸於堯時之說,如:

> 宰我曰:「請問帝堯。」孔子曰:「高辛之子也,曰放勳。……流共工于幽州,以變北狄;放驩兜于崇山,以變南蠻;殺三苗于三危,以變西戎;殛鯀于羽山,以變東夷。」(《大戴禮記·五帝德》)
>
> 堯於是放驩兜於崇山,投三苗於三峗,流共工於幽都,此不勝天下也夫。(《莊子·在宥》)

對於流四凶者是堯還是舜的問題,顧頡剛曾詳舉諸異說以明記載之矛盾,並對清人強調流四凶在舜攝政之時的調和之說提出質疑,如崔述以為「當堯之時,或其才有可取,罪尚未著」,至舜攝政後其罪日顯,故「舜特體堯心,終堯之事,以成堯之美」,又如郝懿行以為「去四者雖舜,其實皆秉命於堯」。這樣的調和或源自《史記·五帝本紀》,顧頡剛指出《史記》承襲《大戴禮記·五帝德》,後者將流四凶歸於堯,故司馬遷補「舜歸而言於帝,請流共工……」。[211]對此種記載的矛盾現象,陳泳超認為「異說紛紜正是傳說本色」,「將堯舜視作同一個符號即可」。[212]

另外,除了伐三苗或在舜時或在堯時,還發展出舜或堯以德服三

---

210 顧頡剛:〈堯典著作時代考(尚書研究講義丙種之一)〉,《顧頡剛古史論文集》卷8,《顧頡剛全集》第8冊,頁64,120-129。

211 顧頡剛:〈虞初小說回目考釋〉,《顧頡剛古史論文集》卷1,《顧頡剛全集》第1冊,頁374-375。

212 陳泳超:《堯舜傳說的研究》,頁371-375。

苗之說，如：

> 三苗不服，禹請攻之。舜曰：「以德可也。」行德三年，而三
> 苗服。(《呂氏春秋‧離俗覽‧上德》)
> 禹勞心力，堯有德，干戈不用三苗服。(《荀子‧成相》)

而《上博九‧舉治王天下》中有如下內容：

> 叠（舜）王天下▁，三貥（苗）不實（賓），叠（舜）不割
> （遏）亓（其）道，不實（賽／塞）亓（其）☒。【26】[213]

王瑜楨指出可與上引《呂氏春秋‧離俗覽‧上德》互相印證，指舜不
改變其生活方式，[214]而《呂氏春秋‧恃君覽‧召類》有相反的說法，
即「舜卻苗民，更易其俗」，可見當時相關記憶之歧異。事實上〈上
德〉以舜在位時禹請伐三苗，其調和的邏輯同上引《史記》堯時舜請
流四凶。在《說苑‧君道》與《韓詩外傳》中都有類似的內容，這樣
的調和應該都是比較牽強的，否則依此邏輯是否還能進一步調和堯、
舜、禹而曰堯時舜請伐三苗而命禹伐之？

　　受到在戰國時代各家派或辯士隨意援引古史以證其說的習慣影
響，相關記憶更為混亂。此種狀況可以銀雀山漢簡《孫臏兵法‧見威
王》中的內容為例說明，相關內容如下：

> 堯伐負海之國而後北方民得不苛，伐共工而後兵寢（寢）而不

---

213 釋文參王瑜楨：〈〈舉治王天下〉譯釋〉，收於季旭昇主編：《《上海博物館藏戰國楚
　　竹書（九）》讀本》（臺北市：萬卷樓圖書出版公司，2017年5月），頁176-177。
214 同上，頁176。

起，施（弛）而不用。其間數年，堯身【251】衰而治屈，胥
天下而傳舜。舜擊讙收（兜），方（放）之宗（崇）；擊歸
（鯀），方（放）之羽；豰（擊）三苗，方（放）之危；亡有
戶（扈）是（氏）中國。有【252】苗民存，蜀（獨）為弘。
舜身衰而治屈，胥天下而傳禹。禹鑿孟門而通大夏，斬八林而
焚九□。【253】西面而并三苗□□【254】☑素佚而至（致）
利也。戰勝而強立，故天下服矣。昔者，神戎戰斧遂；黃帝戰
蜀祿；堯伐共工；舜伐劂【255】管；湯汸（放）桀；武王伐
紂；帝奄反，故周公淺之。……【256】 [215]

類似內容又見於：

> 昔者神農伐補遂，黃帝伐涿鹿而禽蚩尤，堯伐驩兜，舜伐三
> 苗，禹伐共工，湯伐有夏，文王伐崇，武王伐紂，齊桓任戰而
> 伯天下。（《戰國策・秦策》）
> 堯伐驩兜，舜伐有苗，禹伐共工，湯伐有夏，文王伐崇，武王
> 伐紂，此四帝兩王，皆以仁義之兵，行於天下也。（《荀子・議
> 兵》）

〈堯典〉流四罪皆在舜時，且分北三苗，而《孫臏兵法》之共工為堯
所伐，以舜擊三苗、禹并三苗，張震澤以為舜言於堯請流四凶，故其
事「屬之堯或屬之舜均無不可」，[216]即流四凶之事發生在堯為天子之
時，屬於前述的調和論調。不過《孫臏兵法》將共工與另三者分屬前

---

215 釋文參銀雀山漢墓竹簡整理小組編：《銀雀山漢墓竹簡（壹）》（北京市：文物出版
　　社，1985年9月），頁48。
216 張震澤：《孫臏兵法校理》（北京市：中華書局，2007年12月），頁24。

後不同時期,而《戰國策》、《荀子》以驩兜、有苗、共工分屬堯、舜、禹所伐,也有區別時代前後的意思,顯然不是同屬一個時代的表述。此外,《孫臏兵法》舜、禹之時皆提到三苗,此種三苗長期為亂之說或為兵家之主張,如銀雀山漢簡整理小組便指出《太平御覽》卷七十六引《六韜》有「古之不變者,有苗有之。堯化而取之。堯德衰,舜化而受之。舜德襄,禹化而取之」之說。[217]

　　綜上所述,伐三苗之事從三代觀的上帝降罰、禹伐三苗,演變為四代觀的舜伐三苗或堯伐三苗,後來還產生堯、舜以德服三苗的說法,並且在先秦學者隨意引證的情況下使相關記憶十分混亂;或有調和之說,將此類記憶的歧異理解為堯時舜請流四凶或舜時禹請伐三苗,又或理解為三苗長期為亂所致,然而相關記載內容千篇一律,更像是將同一事改頭換面的結果。我們認為造成這種記憶混亂的主因,應該是由於在西周三代觀的古史認識下人們對夏代之前的歷史記憶逐漸模糊,而在古史觀念轉為四代觀以後論者因各自不同的脈絡重新找回或建構虞代記憶,才產生了如此歧異的記憶內容。

---

217 銀雀山漢墓竹簡整理小組編:《銀雀山漢墓竹簡(壹)》,頁49。

第三章

禹記憶二題
——禹的出生與禹政

　　如前文所述，三代觀的禹受天命治水而建夏邦，四代觀的禹繼其父鯀治水成功而受禪，不過在上博簡〈子羔〉中出現了目前僅見的先秦大禹感生神話，則禹無父，便不可能存在繼承父業治水之事，似可呼應三代觀的禹記憶，然而〈子羔〉中的禹為舜臣，出現了四代觀中的虞代帝王，又與三代觀記憶不同，因此在三代、四代古史記憶演變的問題中，禹是否有父便成為一個比較複雜的問題。可惜竹簡殘缺，我們不知道〈子羔〉是否存在禹治水或受禪的內容，無法進一步確認其古史觀的實際面貌。

　　從有限的材料來看，戰國中期確實存在禹無父的說法，不過當時也可能同時流傳著鯀禹父子治水的傳說。我們認為，即便西周時期已經存在鯀禹父子治水的傳說，也可能在三代觀的記憶框架中不被重視，並且鯀很可能本與堯、舜無關；後來隨著四代觀記憶框架的確立，鯀禹父子治水的傳說才被重新注意，而整合進虞代記憶中，〈子羔〉反映的很可能是過渡階段的禹記憶。也就是說，戰國中期禹無父記憶與有父記憶曾經並存，而後無父記憶逐漸被遺忘，鯀禹父子治水的記憶隨著大一統帝王世系的建構而成為主流記憶。

　　另外，作為禪讓傳統的繼承者，傳世文獻中也零星記載了一些關於禹在位期間政績的內容，而上博簡〈容成氏〉中出現了更為完整的「禹政」內容，這些內容是否為更早期記憶的遺留值得進一步討論。

第一節　大禹感生神話及禹父為鯀的記憶

一　上博簡〈子羔〉所載禹無父感生的神話及其記憶脈絡

（一）〈子羔〉的禹無父感生說是否可能是捏造的

〈子羔〉中所載關於三王出生的內容如下：

> 子羔昏（問）於孔＝（孔子）曰：「厽（三）王者之乍（作）
> 也，虜（皆）人子也，而亓（其）父戔（賤）而不足爰（稱）
> 也與（歟）？殹（抑）亦城（成）天子也與（歟）？孔＝（孔
> 子）曰：「善，而昏（問）之也。舊（久）矣，亓（其）莫〔
> □□□□。禹之母，又（有）莘是（氏）之〕【9】女也，觀於
> 伊而旻（得）之，寬（懷）厽（三）【11上】念（年）而薯
> （劃）於伓（背）而生＝（生，生）而能言，是壘（禹）也。
> 离（契）之母，有𪄀（娀）是（氏）之女【10】也，遊於央臺
> 之上，又（有）𪃹（燕）監（銜）卵而陼（措）者（諸）亓
> （其）前，取而欼（吞）之，寬（懷）【11下】三念（年）而
> 薯（劃）於雁（膺），生乃唘（呼）曰：【中大3】「鉋
> （金）。」是离（契）也。句（后）稷（稷）之母，又（有）
> 訇（邰）是（氏）之女也，遊於玄咎之內，冬見芙，攼
> （搴？）而薦之，乃見人武，墾（履）㠯（以）懸（祈）禱
> 曰：「帝之武，尚吏（使）【12】☑是句（后）稷{之母}也。厽
> （三）王者之乍（作）也如是。」【13】[1]

---

[1] 簡序、釋文及考釋參裘錫圭：〈《上海博物館藏戰國楚竹書（二）·子羔》釋文注

　　關於〈子羔〉的成書時代，裘錫圭指出上博簡與郭店簡的抄寫時間不會相距很遠，應該是戰國中期之物，又從簡文字體看，定為戰國中期也很合適，並且從其鼓吹禪讓的思想背景來看，〈子羔〉、〈容成氏〉、〈唐虞之道〉應該都寫成於燕王噲禪讓事件（西元前318-314年）之前，[2]裘先生也將篇中的古史內容放在先秦古史系統發展的脈絡中，而指出：

> 《子羔》篇不像是子羔跟孔子問答的實錄，應該是作者借孔子之口鼓吹尚賢和禪讓的一篇作品。它的寫作時代當屬戰國早期或中期。所以至少在戰國早期，契和后稷皆為帝嚳之子、禹為顓頊之孫、鯀之子的說法尚未興起。退一步說，即使把《子羔》篇當作子羔跟孔子問答的實錄，也可以得出在春秋晚期這些說法尚未興起的推論。總之，這些說法應該是在進入戰國時代以後才興起的。大一統帝王世系的最後形成當然更晚，大概不會早於戰國晚期。[3]

並且認為「《子羔》篇跟郭店楚墓竹簡中的《唐虞之道》交相輝映，

釋〉，《裘錫圭全學術文集・簡牘帛書卷》第2卷，頁465-484。本文引用略有簡省。「又（有）芊」二字裘文於注7中提到：「黃人二、林志鵬、廖名春、季旭昇……補『有芊』二字似可信，但不知簡文『有芊』之」芊」寫作何字。」（頁468）本文據各家說法補入「有芊」二字。各家考釋另可參蘇建洲：《上海博物館藏戰國楚竹書校釋（二）》第四章「〈子羔〉校釋」，頁357-374，及夏世華：〈上海博物館藏楚竹書《子羔》集釋〉，《楚地簡帛思想研究》第4輯，頁173-194。

2　裘錫圭：〈新出土先秦文獻與古史傳說〉，《裘錫圭學術文集・古代歷史、思想、民俗卷》第5卷，頁254-256。

3　裘錫圭：〈新出土先秦文獻與古史傳說〉，《裘錫圭學術文集・古代歷史、思想、民俗卷》第5卷，頁263-264。

都是早期儒家宣揚尚賢思想和禪讓制的作品」，[4]郭永秉則根據子羔的懷疑精神，認為〈子羔〉應該是戰國以後的作品，成書於戰國中期的可能性較大，並指出：

> 我們很難說春秋時代（尤其是春秋晚期）沒有這類思想的萌芽。但是敢於大膽懷疑見於典籍記載的名王降生神話，恐怕確實不會是很早出現的事情。……從子羔本人的懷疑中還是能清楚地看到，他寧願相信三王本為人子但其父賤不足稱的說法，而不願盲從雖然盛傳確不合常理的三王降生神話。這種精神恰和上舉文獻中子貢懷疑黃帝四面，宰我懷疑黃帝三百年，魯哀公懷疑夔一足的本質是相當一致的。因此我認為《子羔》篇的著作年代大概不會太早，和上面這些古書所記載的情況類似，它們都不可能是春秋晚期孔子和弟子等人對話的實錄。子羔的這種懷疑也只有在戰國時代對古代神話及古史傳說懷疑思潮普遍興起的背景下，才可以得到比較合理的解釋。……如果《子羔》反映的思想確實和這些文獻可以類比，那麼此篇作於「戰國中期」的可能性似乎較大。[5]

裘、郭二位先生已經將〈子羔〉篇的成書時代作了合理的界定，可知禹的感生神話最晚在戰國中期已經出現，至於其流傳的情況及來源，目前沒有足夠的資料可以討論。由於契與后稷的感生神話見於其他先秦典籍，內容大同小異，且載於《詩經》者為商族與周族之後裔所傳，更增其可信度，而先秦的禹感生神話首見於〈子羔〉，難免可

---

4 裘錫圭：〈談談上博簡《子羔》篇的簡序〉，《裘錫圭學術文集・簡牘帛書卷》第2卷，頁444。

5 郭永秉：《帝繫新研》，頁113-114。

疑，因此我們要進一步思考的是，在宣傳禪讓的特定的記憶動機下，〈子羔〉中的禹感生神話是否有可能是捏造的。

　　這方面裘先生認為「在古史傳說中禹本為天所命，而且跟契、稷一樣有無父而生的神話，本應為天帝之子而非鯀子」，[6]肯定禹的感生神話可能有其淵源。而李學勤則認為「禹的故事不知所本，與後世所傳禹母修己見流星貫昴，又吞神珠薏苡，胸坼而生禹不同，或係不同系統的傳說」，[7]李先生特別強調〈子羔〉在禪讓觀念影響下的虛構性，而曰：

> 三王始祖的感生說，實際只是下文堯舜禪讓事蹟的陪襯。全篇的中心，是以舜為例，說明黎民有德，也可以受命為帝，而且超越三王之上。這在列國紛爭的當時形勢中，無疑是有針對性的學說見解，不能僅作為古史看。[8]

不過李先生所謂「不能僅作為古史看」的表述有些模糊，究竟是指孔子與子羔對話這件事不是古史，還是對話內容不是古史？若指內容，則哪些部分不能作古史看？是三王感生神話、還是舜以平民登帝、還是全部內容？又「不能僅作古史看」是指應作傳說看、還是視為偽作？均不得而知，對此學者或有不同解讀。[9]

6　裘錫圭：〈談談上博簡《子羔》篇的簡序〉，《裘錫圭學術文集・簡牘帛書卷》第2卷，頁444；〈新出土先秦文獻與古史傳說〉，《裘錫圭學術文集・古代歷史、思想、民俗卷》第5卷，頁263-264。

7　李學勤：〈楚簡《子羔》研究〉，《文物中的古文明》，頁364。

8　同上，頁365。李先生也曾提出類似的「疑古」觀點，如「翻閱戰國諸子的作品，不難看到很多古史記載都受到作者的觀點影響，甚或是為了適應一定觀點而加以改造的。」參〈古本《紀年》與夏史〉，《李學勤學術文化隨筆》，頁48。

9　如郭永秉認為李先生「似也承認顧頡剛先生等學者關於舜為平民受禪而登帝位為偽造之說」，理解為「舜以平民登帝非古史」，參《帝繫新研》，頁119。李銳認為「李

　　由於商、周始祖感生神話的出現不會晚於〈子羔〉，並且各自為商、周本族所流傳，相形之下禹的感生神話沒有更早的文獻淵源、或出自夏人自己敘述的文獻可以參照，似乎不能排除〈子羔〉的作者為了整齊三代始祖傳說而創造禹的感生神話。不過我們認為這樣的可能性較低。郭永秉曾提出一種想法：

> 此篇立論的事實基礎就是「天子」事奉「人子」，如果當時確有禹為顓頊之孫，契、后稷為帝嚳之子的說法，《子羔》篇的論證就完全不能成立（因為其「預設」就被取消了），這樣的話，它在文獻流傳過程當中極易遭到淘汰的命運，也很容易使得它所要宣揚的理論整體破產。……如果是作者有意迴避這種傳說，那他就更應該考慮到這樣會為自己宣傳理論造成的不利，因此「迴避」的可能性更是完全不存在。[10]

從這樣的觀念來看，如果「禹有父」的說法是當時流行的常識，而〈子羔〉的作者仍為了宣揚禪讓說捏造禹的感生神話，恐怕很難說服當時的人，因此就算當時確實存在「禹父為鯀」的說法，「禹無父感生」應該也是流傳已久的說法之一。

先生認為《子羔》篇的重點是借感生的『天子』來襯托有德的『人子』，因此商周不同源未必是『古史』，理解為「商周不同源未必是古史」，參〈由新出土文獻重評顧頡剛先生的「層累說」〉，《新出簡帛的學術探索》，頁418。

10 郭永秉：《帝繫新研》，頁120-121。

（二）〈子羔〉的大禹感生神話反映了戰國人對夏族起源地的記憶

1 大禹感生神話並非襲自契、后稷或伊尹的感生神話

　　若禹父感生說不是捏造的，那麼其中是否有較早的記憶遺存？我們認為禹的感生神話或許可以反映戰國人對夏人起源的記憶。從禹感生神話的情節來看，先秦文獻中多有類似的內容，如「懷三年」，「畫於背而生」、「生而能言」等，見於一般的感生神話或聖王出生神異狀況的敘述，學者已有引述，不需贅言，值得注意的是「觀於伊而得之」的情節。

　　「於伊」二字作「𢾙𠈌」是常見的寫法。裘錫圭等學者認為「伊」即「伊水」，[11]也有學者讀為其他字，如廖名春認為契、后稷皆「禋祀上帝於郊禖」以祈子，故將「伊」讀為「禋」，[12]蘇建洲據《帝王世紀》認為「有莘氏」見「流星貫昴」生禹，「昴」為西方星宿，故「伊」可讀為「西」，指西邊的「昴」星，並將「觀」解釋為「觀看」，[13]李承律據緯書及《論衡》所載禹感薏苡而生的材料，將「於

11　參裘錫圭：〈新出土先秦文獻與古史傳說〉，《裘錫圭學術文集・古代歷史、思想、民俗卷》第5卷，頁262。林志鵬：〈戰國竹書《子羔》篇復原芻議〉，《上博館藏戰國楚竹書研究續編》（上海市：上海書店出版社，2004年7月），頁69-70；〈楚竹書《子羔》篇補釋四則〉，《江漢考古》總第94期（2005年1月），頁87。黃人二：〈讀上博藏簡子羔書後〉，《出土文獻論文集》（臺中縣：高文出版社，2005年8月），頁215。許子濱：〈讀《上海博物館藏戰國楚竹書（二）》小識〉，發表於香港中文大學中國語言及文學系主辦：「第四屆國際中國古文字學研討會」，香港：中文大學，2003年10月15-17日。

12　廖名春：〈〈子羔〉篇感生簡文考釋〉，《上博館藏戰國楚竹書研究續編》，頁29；又見〈上博簡〈子羔〉篇感生神話試探〉，《福建師範大學學報（哲學社會科學版）》2003年第6期，頁72。

13　蘇建洲：《上海博物館藏戰國楚竹書校釋（二）》，頁361。

伊」讀為「薏苡」，艾蘭（Sarah Allan）從之。[14]就後二說而言，「感薏苡而生」或「感星而生」多見於緯書，是漢代才興起的說法；[15]用後代產生的說法反推，而將「伊」讀為「西」或將「於伊」讀為「薏苡」皆難成立，而「於」讀為「薏」、「伊」讀為「苡」純就聲音立論，無其他用例可以佐證，較為牽強。至於讀為「禋」是將「觀於伊」理解為參加祈子儀式，從文例上看也有問題，我們將禹、契、后稷之母的致孕狀況排列如下：

> 禹之母，有莘氏之女也，觀於伊而得之，懷三年而劃於背而生，生而能言，是禹也。
>
> 契之母，有娀氏之女也，遊於央臺之上，有燕銜卵而措諸其前，取而吞之，懷三年而劃於膺，生乃呼曰：「金。」是契也。
>
> 后稷之母，有邰氏之女也，遊於玄咎之內，冬見芺，攻而薦之，乃見人武，履以祈禱曰：「帝之武，尚使□是句（后）稷之母也。

---

14 參李承律：〈上博楚簡《子羔》の感生說と二重の受命論〉，《中國出土資料研究》第11號（2007年3月31日），頁74-75；艾蘭：〈楚竹書《子羔》與早期儒家思想的性質〉，《出土文獻與傳世典籍的詮釋——紀念譚樸森先生逝世兩週年國際學術研討會論文集》（上海市：上海古籍出版社，2010年10月），頁244。許子濱認為「得之」的「之」所指可能是「薏苡」，參〈讀《上海博物館藏戰國楚竹書（二）》小識〉。楊棟沒有破讀「於伊」，不過認為「『得』的東西亦有可能是感生物薏苡」，參《神話與歷史：大禹傳說研究》，頁110。

15 「感薏苡而生」見於《禮緯》、《禮含文嘉》、《尚書刑德放》等緯書（參安居香山、中村璋八：《緯書集成》，石家莊市：河北人民出版社，1994年12月，頁381、531、495）。又見於《論衡・奇怪》。「感星而生」見於《尚書帝命驗》、《河圖稽命徵》、《河圖著命》、《孝經鉤命決》等緯書（參《緯書集成》，頁369、1180、1189、1006）。本文認為前者是透過「薏苡」之「苡」與「姒」同從「以」聲的關係來解釋「姒」姓之源的後起說法，而後者呼應「西方」、「金德」，反映的是西漢末年流行的五行相生系統，而非先秦至漢初常見的五行相勝系統，顯然是晚出的說法，下文有進一步討論。

學者指出「觀」、「遊」義近，[16]可從。夏世華認為「從簡文看，『伊』
當與央臺、玄咎一例，為某種地名」，[17]而廖先生將「央臺」讀為「桑
野」，「玄咎」讀為「圜丘」，認為「遊於郊野」與「祈於郊禖」相
容、「遊於圜丘之中」就是「禋祀上帝於郊禖」，則「觀於伊而得之」
事情就清楚了，「伊」只能讀為「禋」，「指禹母參加禋祀祭天祈子求
福而中於懷孕得子」。[18]但「桑野」、「圜丘」仍是地名，本身並無
「禋」的詞意，依例「伊」也應該是地名，如何能將「伊」讀為
「禋」？其實認為地名隱含的儀式意義是一回事，詞意是另一回事，
即便認為到此地目的是參加祈子儀式，也只是地名給我們的聯想，只
能理解為「在伊地參加祈子儀式」。因此本文認為「觀於伊而得之」
即遊於伊水而孕，「伊」不需讀為他字。事實上，相較於契與后稷的
感生神話，「觀於伊而得之」沒有出現吞卵或履跡此類感生情節，正
好可以說明不是〈子羔〉作者為了整齊三王感生神話而捏造的，否則
何以會創造出「不整齊」的大禹感生神話。因此我們認為「觀於伊而
得之」應該是作者取用了當時流傳的成說。

　　然而，在戰國人的記憶中伊尹之母孕於伊水的傳說也與伊水與有
莘氏有關，並且流傳很廣，此傳說是否有可能對禹的感生神話造成影

---

16 參許子濱〈讀《上海博物館藏戰國楚竹書（二）》小識〉；林志鵬：〈楚竹書《子
羔》篇補釋四則〉，《江漢考古》總第94期（2005年1月），頁87；廖名春：〈〈子羔〉
篇感生簡文考釋〉，《上博館藏戰國楚竹書研究續編》，頁30，及〈上博簡〈子羔〉
篇感生神話試探〉，《福建師範大學學報（哲學社會科學版）》2003年第6期，頁72。
另補充一例，《呂氏春秋·季春紀》：「禁婦女無觀。」高誘曰：「觀，遊。」王利器
曰：「《孟子·梁惠王下》：『吾何修而可以比於先王觀也。』趙注：『比先王之觀
遊。』」（王利器：《呂氏春秋注疏》，頁275）。

17 夏世華：〈上海博物館藏楚竹書《子羔》集釋〉，《楚地簡帛思想研究》第4輯，頁
176。

18 廖名春：〈〈子羔〉篇感生簡文考釋〉，《上博館藏戰國楚竹書研究續編》，頁18-30；
又見〈上博簡〈子羔〉篇感生神話試探〉，《福建師範大學學報（哲學社會科學
版）》2003年第6期，頁65-72。

響，還是兩者各有淵源、獨立發展？[19]茲將相關內容對照如下（僅列西漢以前的材料）：

〔禹之母，有莘氏之〕女也，觀於伊而得之，懷三年而剖於背而生，生而能言，是禹也。（〈子羔〉）

水濱之木，得彼小子。夫何惡之，媵有莘之婦？（《楚辭·天問》）

有侁氏女子採桑，得嬰兒于空桑之中，獻之其君，其君令烰人養之。察其所以然。曰：「其母居伊水之上，孕。夢有神告之曰：『臼出水而東走，毋顧！』明日，視臼出水，告其鄰；東走十里，而顧其邑，盡為水。身因化為空桑。」故命之曰伊尹。此伊尹生空桑之故也。（《呂氏春秋·本味》）

伊尹母方孕，行汲，化為枯桑，其夫尋至水濱，見桑穴中有兒，乃收養之。（《尚書大傳》）

廖名春曾認為：「疑此『居伊水之上，孕』即簡文『觀於伊而得之』之本。如此，則簡文是將大禹出生的神話與伊尹出生的神話搞混了。」[20]我們認為這種可能性較低。從兩者的結構與內容來看，禹的感生神話結構簡單：（1）母氏族；（2）致孕過程；（3）出生的神異狀

---

19 另外還有一種可能，即伊尹傳說承襲禹的感生神話，如夏世華便認為「伊尹感生傳說是流傳在伊水附近的天生神禹以治水之傳說在後代的變化形態，《子羔》此文即其原型的一種節略表達」（〈上海博物館藏楚竹書《子羔》集釋〉，《楚地簡帛思想研究》，頁176）。這是比較大膽的假設，不過目前未見其他「更完整」的禹感生神話能夠說明伊尹感生傳說本為禹治水的傳說，禹的感生神話是否後起、是否早於伊尹傳說，目前也都沒有足夠的材料可以論定。

20 參廖名春：〈〈子羔〉篇感生簡文考釋〉，《上博館藏戰國楚竹書研究續編》，頁20-21；又見〈上博簡〈子羔〉篇感生神話試探〉，《福建師範大學學報（哲學社會科學版）》2003年第6期，頁67。

況；（4）出生後的神異狀況；內容無事件背景。而伊尹傳說結構複雜：生養狀況（1）取；（2）獻；（3）養，神諭（1）母孕；（2）夢神諭；（3）應驗；（4）化為空桑；事件背景為洪水。〈天問〉與《尚書大傳》沒有「神諭」情節。[21]除了「孕於伊水」此一情節相同之外，其他情節差異甚大，禹的故事目的僅在於點出其出生的神異性，以顯示其「天子」的身分，伊尹的故事則包含「棄子」、「洪水」兩個神話主題，故事結構完整，兩者不太可能搞混。

2 「觀於伊而生」的記憶訊息

若就「孕於伊水」的情節而言，我們認為夏始祖禹的感生神話很可能反映了戰國時代（甚至更早）的人對夏族起源地域的記憶，「觀於伊而得之」的情節在禹的感生神話中自有其存在的合理性，不需襲用伊尹傳說。

許子濱將「觀於伊而得之」的「伊」理解為「伊水」，並提到「後世文獻亦常以伊、洛為有夏之居」，[22]讓我們注意到「伊水」此地更重要的記憶背景。楊國勇曾有〈夏族淵源地域考〉一文，說明古籍中所載夏族古史傳說大多集中在河南省境內，[23]而以下三則記載或可

---

21 關於伊尹傳說結構與內容詮釋等問題，參葉懿芳：《伊尹的神話與傳說研究》（臺中：中興大學中國文學系碩士論文，2000年8月），第二章「伊尹生空桑」，其中談到伊尹傳說關於陸沉、洪水神話部分另可參鹿憶鹿：《洪水神話──從中國南方民族與臺灣原住民為中心》（臺北市：里仁書局，2002年8月），頁294-317；呂微：《神話何為──神聖敘事的傳承與闡釋》（北京市：社會科學文獻出版社，2001年12月），頁21-43。

22 參許子濱：〈讀《上海博物館藏戰國楚竹書（二）》小識〉。

23 楊國勇，〈夏族淵源地域考〉，中國先秦史學會：《夏史論叢》（濟南市：齊魯書社，1985年7月），頁280-291。又可參鄭杰祥：《夏史初探》（鄭州市：中州古籍出版社，1988年12月），頁14-22；詹子慶：《走進夏代文明》（長春市：東北師範大學出版社，2006年9月），頁97-110。

代表當時一般的看法,即《逸周書·度邑》「自伊汭延於洛汭,居易無固,其有夏之居」,《國語·周語上》「伊、洛竭而夏亡」,《戰國策·魏策》「夫夏桀之國,左天門之陰,而右天谿之陽,盧、睪在其北,伊、洛出其南」,都說明夏族活動範圍的核心以伊、洛流域為主,不過這樣的地域記憶是否包含夏族起源地則無法確定。值得注意的是,〈子羔〉中夏始祖禹的感生神話發生在伊水,隱含了夏族起源於此一區域的觀念。

先秦文獻中關於夏族起源地的記載包括:

> 昔夏之興也,融降于崇山。(《國語·周語上》)
> 其在有虞,有崇伯鯀,播其淫心,稱遂共工之過,堯用殛之于羽山。其後伯禹念前之非度,……。(《國語·周語下》)
> 乙卯,篪人奏《崇禹生開》三鍾終,王定。(《逸周書·世俘》)

〈世俘〉為西周文獻已為學者肯定,「崇禹」之「崇」為國族名稱,《崇禹生開》的內容可能是關於禹生啟的故事,應該是歌頌某種開創意義的樂舞,[24]「崇」之國族名出現在樂舞名稱中應該不會是捏造的,可知夏朝建立以前的夏族居住在「崇」地的記憶至少可以追溯到西周時期,有一定的可信度。

夏族的起源地在何處,一直是夏代史研究的難題,隨著考古的進步,起源地也經常跟著考古發掘轉移,[25]而此「崇」、「崇山」在何處

---

24 關於「崇禹生開」的解釋參黃懷信:《逸周書彙校集注(修訂本)》(上海市:上海古籍出版社,2008年3月),頁429。

25 早期對夏文化的探索以河南鄭、洛地區為主,後來多方面發展,如山西、山東、安徽、四川,參王宇信等:《中國古代文明與國家形成研究》(北京市:中國社會科學

自古就有許多不同的看法，如秦晉之間、豐鎬之間、山西霍太山、河南嵩山、山西塔兒山、豫魯交界處的古河濟之間。[26]自韋昭注《國語》以為「崇山」即今「嵩山」，學者多從其說，而成書不晚於戰國中期的〈子羔〉中記載夏始祖的感生在伊水流域，顯示最晚在戰國中期已有人認為夏興於此，在這樣的認知下「崇」、「崇山」也被限定在伊水附近，則夏族的「崇」在伊水流域的認識在戰國中期以前可能已經存在。

顧頡剛曾據韋注「崇，崇高山也。夏居陽城，崇高所近」，及王念孫對「崇」、「嵩」二字的關係，將「崇」、「崇山」理解為今嵩縣、嵩山一帶，並將商末文王所伐崇侯虎之崇定在此地。[27]近年陳劍透過出土文獻重新討論了崇侯虎之「崇」，陳先生指出一九九三年天馬——曲村遺址北趙晉侯墓地出土〈文王玉環〉中的「𤦲」就是崇侯虎之「崇」，此國名亦見於甲骨文，玉環銘文為「玟（文）王卜曰：我眾唐人弘戋（戰）𤦲人」，所載即文王伐崇之事。根據陳劍的研究，「𤦲」字與甲骨文中的「𤦲」、「𤦲」、「𤦲」等字一脈相承，為「玉琮」之表意初文，可讀為「崇」。商代的「崇」從同版卜辭出現的地名來看，地近「輛」、「貞」、「洛」，「輛」在洛水與楚人祖居地之間，「貞」即「𧶣」之簡體，讀為「蒯」，在今洛陽西南，「洛」在洛水下游，可能就是後來的洛陽，而〈𤦲父丁爵〉傳一九二七年前出於洛陽，亦可知該族居地應該距洛陽不遠，正與顧頡剛所指出其地在黃

出版社，2007年3月），頁202-220。楊棟對夏族源諸說也有詳細的介紹，包括：豫西說、晉南說、東方說、東南說、西方說、四川說，參《神話與歷史：大禹傳說研究》，頁71-76。

26 參劉鈞：〈「崇山」即「塔兒山」說新證——夏族起源新探之二〉，《中原文化研究》2015年第2期；沈長雲：〈夏后氏居於古河濟之間考〉，《中國史研究》1994年第3期。

27 顧頡剛：〈尚書西伯勘黎校釋譯論〉，《顧頡剛古史論文集》卷9，《顧頡剛全集》第9冊，頁419。

河南岸、今河南嵩縣在其境內的區域相符。[28]由此可知伊、洛流域自
商代以來至周初有一個「崇」國，應該就是崇侯虎之崇，周人對這個
崇應該很熟悉。如果〈子羔〉來源很早、甚至是夏族本身的說法，很
可能伊水流域在夏以前就有個崇國，該地自夏至商末都稱為崇，崇侯
虎之崇很可能是商滅夏後留在夏族發源地的夏遺民之國。當然，這只
是一種推論，〈子羔〉中的禹感生神話是否有更早的來源、是否為夏
族本身的傳說，目前仍無足夠的資料可以論定。

　　最後附帶一提，也有不少學者認為夏族起源於晉南，「崇山」即
陶寺遺址中的「塔兒山」。[29]近年劉釗力主此說，論證「嵩山」無「崇
山」之名，本非「崇山」，而漢代文獻中有堯葬於「崇山」的說法，
此「崇山」在冀州，可能就是陶寺遺址區域中的「塔兒山」。此山古
多異名，如「湯山」（《山海經・海外南經》）、「狄山」（《史記正義》、
《山海經・海外南經》）、「岳山」（《山海經・大荒南經》）、「蚩山」
（《墨子・節葬下》），「湯山」即「唐山」，得名與唐人、唐地有關。[30]
我們對此說提出一些不同的看法。漢人所謂「崇山」於先秦雖有四
名，無一為「崇山」，讓人懷疑是否後起之名，值得注意的是，「湯
山」之名，「湯山」即「唐山」，或由所在地之舊名「易」而來。前面
提到的〈文王玉環〉中有「唐人」，「唐」作「 𩰎 」，從「爵」省，

28　陳劍：〈釋「琮」及相關諸字〉，《甲骨金文考釋論集》（北京市：線裝書局，2007年5
　　月），頁299-307。

29　參王宇信等：《中國古代文明與國家形成研究》，頁216-217。楊棟：《神話與歷史：大
　　禹傳說研究》，頁72-73。劉釗：〈「崇山」即「塔兒山」說新證──夏族起源新探之
　　二〉，《中原文化研究》2015年第2期，頁124。沈長雲：〈夏后氏居於古河濟之間考〉，
　　《中國史研究》1994年第3期。

30　劉釗：〈「嵩山」非「崇山」辨──夏族起源新探之一〉，《中原文物》2013年第2期；
　　〈「崇山」即「塔兒山」說新證──夏族起源新探之二〉，《中原文化研究》2015年第
　　2期。

「易」聲，孫亞冰、林歡指出〈親公簋〉「王命唐伯侯于晉」之
「唐」作「易」,〈晉公盤〉「我皇祖唐公」之「唐」作「𪁪」,為唐叔
虞受封之「唐」地,此「唐」原即寫作「易」或從「易」聲的字,此
地可以追溯到甲骨文的方國「易」,甚至可能追溯到「陶唐氏」之
「唐」,此「易」國於商末與文王結盟叛商,於成王時又叛周為成王
所滅,並將地封給叔虞。[31]該地區若確實自古就稱作「易（唐）」,「易
（湯）山」為此山本名,應該不會稱為「崇國」、「崇山」。

　　綜上所述,戰國時代鼓吹尚賢與禪讓思想是禹的感生神話主要記
憶動機,此動機雖明確,被記下的內容卻非憑空捏造。目前無法得知
當時禹的感生神話究竟有多少版本,還是僅存於〈子羔〉中,而我們
認為〈子羔〉作者所選或僅存的這則神話內容中,「觀於伊而得之」
的情節符合戰國中期以前對夏族主要活動區域的認識,說明了最晚在
戰國中期已經存在夏族起源於伊水流域的記憶,而此一地域記憶也是
這則神話所以能被接受並記下的重要記憶脈絡。

二　如何理解禹無父與禹父為鯀的記憶矛盾

（一）學者對禹無父與禹父為鯀二說並存的看法

　　馬承源最早指出禹父為鯀與禹無父感生二說同時存在可能產生矛
盾：

　　　　史傳禹父為鯀,舜命之治水,九年無功而被殛,舜復命其子禹
　　　　治水,鯀不是微不足稱的人物。據辭意,似乎子羔問孔子時並

---

31 孫亞冰、林歡：《商代地理與方國》（北京市：中國社會科學出版社,2010年10月）,
　 頁330-338。

不清楚鯀禹為父子關係這類傳說，或因被殛而視之賤。[32]

裴錫圭進一步認為〈子羔〉的著作時代不可能存在三代統出一源的帝王系統，而說「至少在戰國早期……禹為顓頊之孫鯀之子的說法尚未興起」，不過在該段文字的注釋中補充曰：

> 我們認為在古史傳說中禹本為天所命，而且跟契、稷一樣有無父而生的神話，本應為天帝之子而非鯀子。《山海經》、《天問》等書所記「鯀腹生禹」神話，型態相當原始，有可能出現的頗早。但這應該是一個地方性神話，並未為一般人所承認。這一神話在古史傳說中始終不占重要地位，只是由於有禹繼鯀治水的傳說存在，這一神話所反映的鯀、禹之間的父子關係，卻逐漸為大家所承認。在大一統帝王世系的形成過程中，按照本為天帝之子的契和后稷被說成帝嚳之子的情況，禹本應被說成顓頊之子，但由於禹為鯀子的觀念已廣泛流行，只能把他安排為顓頊之孫，以容納鯀這一代。[33]

仍認為禹有父與無父二說有可能同時存在，而非先後出現。裴先生也提到顧頡剛很早便曾懷疑鯀、禹的父子關係，引述的內容較為精簡，為便於討論，我們詳引相關說法並稍作補充。顧頡剛在〈討論古史答劉胡二先生〉（1923年）中談大禹的神性時，認為「父鯀子啟全出於偽史，不足信」，又說「鯀為水中動物，古代已有此說，禹既繼鯀而

---

32 馬承源：《上海博物館藏戰國楚竹書（二）》（上海市：上海古籍出版社，2002年12月），頁193。

33 裴錫圭：〈新出土先秦文獻與古史傳說〉，《裴錫圭學術文集・古代歷史、思想、民俗卷》第5卷，頁264。

與，自與相類」，並認為禹為南方民族的神話人物。[34]後來顧頡剛在
〈夏史三論——夏史考第五、六、七章〉（1936）開頭提到：

> 墨子說上帝罰親而不善的人，舉鯀為例，因為他說鯀是上帝的
> 元子，有最親密的關係。墨子又說上帝賞賢能的人，舉禹為例
> （均《尚賢篇》）。然而墨子是反對殺其父而賞其子的辦法的
> （見《魯問篇》），即此可證到墨子時尚不以鯀與禹為父子。又
> 戰國以前的書說到禹的很多，但從沒有聯帶說鯀的（《洪範》
> 是戰國末年的作品），也可作為鯀非禹父的旁證。後來殛鯀與
> 禹的上帝變成了堯、舜，那時人對堯、舜的要求是大公無私，
> 所以《國語》和《左傳》等書中就有了鯀為禹父的說法。（孟
> 子恐尚無鯀為禹父的觀念。）[35]

在〈鯀禹的傳說——夏史考第四章〉（1939）中相關內容的表述則較
為謹慎：

> 鯀的名字出現較晚，直到《墨子》裡才見（《洪範》是《墨
> 子》以後的書）。他與禹本來有沒有關係，很是問題，因為
> 《墨子》說鯀是上帝的元子，被上帝所刑，上帝又曾任命過
> 禹；但《墨子》是反對「殺其父而賞其子」的辦法的，……所
> 以我們懷疑墨子是不以鯀、禹為父子的。不過《山海經》和

---

34 顧頡剛：〈討論古史答劉胡二先生〉，《顧頡剛古史論文集》卷1，《顧頡剛全集》第1
　　冊，頁220、229-230。後改變舊說，提出鯀、禹源於西方「九州之戎」的說法。

35 顧頡剛：〈夏史三論——夏史考第五、六、七章〉，《顧頡剛古史論文集》卷1，《顧
　　頡剛全集》第1冊，頁555-556。顧頡剛與童書業合作《夏史考》，分為十章，五、
　　六、七章先刊登，並在文章開頭紹第四章的大意提到鯀非禹父之說。

　　《天問》等記載原始神話的書裡已經把鯀、禹說成父子，或許
　　是墨家的傳說特異，或許竟是我們神經過敏，均未可知。……
　　自從鯀、禹與夏代發生了關係，夏代史的首頁方才寫的成。[36]

顧頡剛原本主張墨子「不以鯀、禹為父子」及戰國以前可能沒有「鯀
為禹父的觀念」，不過後來認為《山海經》、〈天問〉中保存著豐富的
原始神話，所載鯀生禹的神話可能更早，而未堅持原來的看法。因此
他雖然設想了「或許是墨家的傳說特異」此種有父與無父二說並存的
可能性（無父說非主流觀點），卻在後文談到《墨子・尚賢中》「昔者
伯鯀，帝之元子」該句時說「原來鯀是上帝的大兒子」，「禹是鯀的兒
子，便是上帝的孫子」，實際上還是承認有父說。[37]

　　裘先生同意《山海經》、〈天問〉所載鯀為禹父之說可能較早的觀
點，因此也注意到禹有父與無父二說並存的問題，而由於〈子羔〉所
載禹感生神話直接否定鯀為禹父，確為有父、無父並存的狀況，因此
裘先生進一步提出鯀為禹父之說當時未被一般人承認的解釋（有父說
非主流觀點）。裘先生將禹出生的傳說分為前後階段，前期以禹無父
感生為主流，後期以鯀、禹父子相繼治水為主流而併入大一統帝王世
系中。我們同意這樣的區分以及當時有父說並非主流觀點，順著裘先
生的觀點，我們對禹有父與無父兩種記憶並存及消長的現象再作一些
討論。

---

36 顧頡剛：〈鯀禹的傳說——夏史考第四章〉，《顧頡剛古史論文集》卷1，《顧頡剛全
　集》第1冊，頁500-501。

37 同上，頁502。至於鯀、禹父子關係的源頭，顧頡剛提出鯀、禹父子關係與共工、句
　龍父子關係為一傳說之分化的說法（西元509-516年）。

（二）禹有父說成為主流記憶的過程

《孟子・萬章上》曰：

> 萬章曰：「舜流共工于幽州，放驩兜于崇山，殺三苗于三危，
> 殛鯀于羽山，四罪而天下咸服，誅不仁也。象至不仁，封之有
> 庳。有庳之人奚罪焉？仁人固如是乎——在他人則誅之，在弟
> 則封之。」

此內容亦見於今本《尚書・堯典》，曰：

> 帝曰：「咨！四岳，湯湯洪水方割，蕩蕩懷山襄陵，浩浩滔
> 天；下民其咨，有能俾乂？」僉曰：「於！鯀哉。」帝曰：
> 「吁！咈哉！方命圮族。」岳曰：「异哉！試可，乃已。」帝
> 曰，「往，欽哉！」九載，績用弗成。（堯部分）
> 肇十有二州，封十有二山，濬川。象以典刑，流宥五刑。……
> 流共工于幽洲，放驩兜于崇山，竄三苗于三危，殛鯀于羽山：
> 四罪而天下咸服。……舜曰：「咨！四岳。有能奮庸熙帝之
> 載，使宅百揆，亮采惠疇？」僉曰：「伯禹作司空。」帝曰：
> 「俞咨！禹。汝平水土，惟時懋哉。」禹拜稽首，讓于稷、
> 契、暨皋陶。帝曰：「俞，汝往哉。」（舜部分）

前文對這兩個文本內容的關係已有討論，基本上學者認為〈堯典〉之
說並非沒有根據，而「流四凶」之說在《孟子》以前可能已經流行，
或許已見於當時的〈堯典〉中，此不贅述。

今本《尚書》基本由儒家整編而成，但我們無法得知當時〈堯

典〉的內容是否與今本〈堯典〉相同,而〈萬章上〉中「流四凶」之
說是為了闡述道理而被提及,事件的前因後果也沒有交代,因此《孟
子》所載沒有事件脈絡的「殛鯀于羽山」一句,並不能提供鯀為禹父
或鯀因治水失敗而被殛的訊息。事實上《孟子》也提到了堯時有洪
水,「舉舜而敷治」,而舜以禹治水(〈滕文公上〉),及「當堯之時,
水逆行,氾濫於中國。……使禹治之」(〈滕文公下〉)。則《孟子》中
「流四凶」提到鯀,堯時之洪水直接由禹平定,同樣看不出先有鯀治
水失敗跡象。而時代早於《孟子》的〈容成氏〉詳載舜命禹治水,亦
未提到堯時有鯀治水失敗之事,〈子羔〉中禹為「天子」,則禹無父自
然不存在禹承繼父業治水之事。此傳說也有另兩種情節較完整的版
本,可能早於《孟子》,即:

> 昔者伯鯀,帝之元子,廢帝之德庸,既乃刑之于羽之郊,乃熱
> 照無有及也,帝亦不愛。則此親而不善以得其罰者也。然則天
> 之所使能者,誰也?曰:若昔者禹稷皋陶是也。……禹平水
> 土,主名山川。(《墨子‧尚賢中》)
> 洪水滔天。鯀竊帝之息壤以堙洪水,不待帝命。帝令祝融殺鯀
> 于羽郊。鯀復生禹。帝乃命禹卒布土以定九州。(《山海經‧海
> 內經》、《楚辭‧天問》有類似的內容)[38]

---

38 郭璞注引《歸藏》「鯀死三歲不腐,剖之以吳刀,化為黃龍」注「鯀復生禹」,袁珂
注補充《歸藏》佚文「大副之吳刀,是用出禹」及《楚辭‧天問》「伯禹愎鯀」(聞
一多以為原作「伯鯀腹禹」),並對鯀、禹治水傳說有詳細的討論(參袁珂:《山海
經校注(最終修訂版)》,北京市:北京聯合出版公司,2013年12月,頁296-297)。
〈天問〉曰:「不任汩鴻,師何以尚之?僉曰何憂?何不課而行之?鴟龜曳銜,鯀
何聽焉?順欲成功,帝何刑焉?永遏在羽山,夫何三年不施?伯禹愎鯀,夫何以變
化?纂就前緒,遂成考功。何續初繼業,而厥謀不同?」前四句即今本〈堯典〉所
載四岳薦鯀治水之事,則〈天問〉中雖可能保存了一些早期的鯀、禹傳說,也可能
是今本〈堯典〉相關內容完成後的產物。

〈海內經〉的鯀為禹父，並非因治水失敗被殺，而〈尚賢中〉的
「帝」指高陽，[39]與舜無關，鯀亦不因治水失敗被刑，不過將鯀禹聯
繫在一起談。可見戰國中期以前「殛鯀于羽山」的說法可能已經出
現，但治水失敗未必是刑鯀之前提，而鯀、禹父子相繼治水的傳說可
能尚未流行。

　　今本〈堯典〉已經具備堯用鯀治水失敗、舜流四凶、舜舉禹治水
的情節，接近《山海經》的結構，不過在《山海經》中鯀被殺非因治
水失敗，今本〈堯典〉也未提到鯀為禹父。從〈堯典〉的敘述脈絡來
看，給人一種將「殛鯀于羽山」歸因於治水失敗的印象，不過《左
傳·文公十八年》中有一段大史克所說舜「舉十六相，去四凶」的內
容呼應〈堯典〉的記載，即舜舉高陽氏之八愷、高辛氏之八元此十六
族，而流帝鴻氏、少皞氏、顓頊氏、縉雲氏之不才子渾敦、窮奇、檮
杌、饕餮此四凶族，其中顓頊氏之不才子檮杌即指鯀，其罪為「不可
教訓，不知話言，告之則頑，舍之則嚚，傲很明德，以亂天常」，可
以看出作者並沒有將刑鯀的原因與治水失敗聯繫。

　　〈子羔〉成書於戰國中期，作者或編者應該知道鯀禹父子治水的
傳說，也很可能看過當時已有「流四凶」的〈堯典〉，一般認為〈子
羔〉屬於儒家的作品，因此我們認為〈子羔〉與當時的〈堯典〉並存
的時期，很可能是儒家古史觀中禹無父說與有父說消長的關鍵時期。
據此試作一假設：即「流四凶」之說可能先被編入〈堯典〉舜的部
分，當時的〈堯典〉可能還沒有鯀治水失敗的內容，而後《山海經》
所載（或同類型）的鯀、禹父子治水傳說逐漸流行，鯀治水失敗之事
才被編入堯的部分，而在鯀、禹父子治水傳說流行後，今本〈堯典〉
完成了禹父鯀因治水失敗被刑而後禹承父業治水成功的情節，並成為

---

39 顧頡剛:〈鯀禹的傳說──夏史考第四章〉,《顧頡剛古史論文集》卷1,《顧頡剛全
　 集》第1冊,頁540、543。

主流記憶。而後相關內容也被化約為「鯀殛禹興」的表述，如〈洪範〉曰：[40]

> 箕子乃言曰：「我聞在昔，鯀堙洪水，汨陳其五行；帝乃震
> 怒，不畀洪範九疇，彝倫攸斁。鯀則殛死，禹乃嗣興，天乃錫
> 禹洪範九疇，彝倫攸敘。」

而鯀殛禹興、鯀禹治水也成為常見的典故，如：

> 其在有虞，有崇伯鯀，播其淫心，稱遂共工之過，堯用殛之於
> 羽山。其後伯禹念前之非度，釐改制量，……。(《國語·周語
> 下》)
> 鯀鄣洪水而殛死，禹能以德修鯀之功。(《國語·魯語上》)
> 舜之刑也殛鯀，其舉也興禹。(《國語·晉語五》)
> 舜之罪也殛鯀，其舉也興禹。(《左傳·僖公三十三年》)
> 鯀殛而禹興。(《左傳·襄公二十一年》)

---

40 〈洪範〉成書時代的問題眾說紛紜，自夏代至漢初都有學者主張，近年由於西周金
文中有些詞語與〈洪範〉內容可以對應，學者又重新主張成於西周之說，相關說法
可參丁四新：〈近九十年《尚書·洪範》作者及著作時代考證與新證〉，《中原文化
研究》2013年第5期。本文沒有能力全面檢討〈洪範〉成書時代問題，不過就算
〈洪範〉中存在西周時代甚至更早的內容，我們對其鯀禹傳說是否為西周時期的說
法仍有所保留，其為後人所加的可能性不能排除。若西周已有〈洪範〉中如此明確
的鯀治水失敗而殛死，禹繼鯀治水成功而興的說法，很難想像上文所舉《孟子》、
《墨子》、〈子羔〉、〈容成氏〉材料及可以代表西周時代的觀點而提到禹治水的〈豳
公盨〉、〈呂刑〉、〈厚父〉中都沒有提到鯀治水失敗之事，這樣的「默」固不足以
「證」其必無，至少可以支持我們「疑」其不出於西周或西周時尚未成為主流說
法。當然，我們也應保留另一種可能性，即〈洪範〉中的鯀禹傳說在西周已經出
現，〈堯典〉中的內容與之一脈相承是其繁化，那麼上舉材料就可能是故意忽略禹
有父的情節或皆非主流觀點，〈子羔〉的無父感生之說則為捏造。

堯之刑也，殛鯀於虞而用禹。(《呂氏春秋‧開春》)

中古之世，天下大水，而鯀、禹決瀆。(《韓非子‧五蠹》)

今王既變鯀、禹之功，而高高下下，以罷民於姑蘇。(《國語‧
吳語》)

同時鯀、禹的父子關係也成為祭祀系統的一環，如：

昔者鯀違帝命，殛之於羽山，化為黃熊，以入於羽淵，實為夏
郊，三代舉之。(《國語‧晉語八》)

昔堯殛鯀于羽山，其神化為黃熊，以入于羽淵，實為夏郊，三
代祀之。(《左傳‧昭公七年》)

夏后氏禘黃帝而祖顓頊，郊鯀而宗禹。(《國語‧魯語上》)

夏后氏亦禘黃帝而郊鯀，祖顓頊而宗禹。(《禮記‧祭法》)

禹不先鯀，湯不先契，文、武不先不窋，宋祖帝乙，鄭祖厲
王，猶上祖也。(《左傳‧文公二年》)

另外，戰國晚期的鯀、禹傳說還有一些變體，如《汲冢瑣語》將〈晉
語八〉、〈昭公七年〉的鯀被殛於羽山、化為黃熊，改為共工之卿浮遊
敗於顓頊、化為赤熊（見《太平御覽》卷908獸部），或將鯀治水失敗
情節改為鯀反對堯讓舜而強諫於堯（見《呂氏春秋‧行論》、《韓非
子‧外儲說右上》）等，皆未能改變鯀、禹傳說的主流記憶。最後，
在鯀、禹父子關係確立的情況下，禹母自然成為鯀妻，即：

鯀娶于有莘氏之子，謂之女志氏，產文命。(《大戴禮記‧帝
繫》)

鯀娶有辛氏女，謂之女志，是生高密。(《世本》)

　　總上所述，儒家關於虞夏之際歷史的建構反映在〈堯典〉中，透過〈子羔〉中的禹感生神話，我們推測戰國中期可能是儒家古史觀中禹無父說與有父說消長的關鍵時期，或許鯀禹父子治水傳說就是此時被編入〈堯典〉中。我們認為在古史觀念從「三代」過渡到「四代」初期，三王神性猶存、堯舜事蹟尚簡，此時已存在鯀的傳說，如《墨子・尚賢中》中鯀非禹父而因「廢帝之德庸」被刑，同時也流傳著《山海經・海內經》所載鯀禹父子治水的傳說，而後者尚未流行。在四代觀成為主流的影響下，知識分子開始依據各種傳說建構堯、舜時代的事蹟，鯀禹父子治水的傳說也在此時流行，因此鯀記憶便逐步被「找回」，最後成為主流記憶。

第二節　大禹感生記憶的遺忘與再造

一　漢初大禹感生記憶的遺忘

（一）大禹感生記憶流失的原因

　　李學勤曾對禹的感生神話及〈子羔〉的流傳有如下看法：

> 禹的故事不知所本，與後世所傳禹母修己見流星貫昴，又吞神珠薏苡，胸坼而生禹不同，或係不同系統的傳說。
> 這篇文字，司馬遷著《史記》並未引及。……他看到至今保存在《大戴禮記》中的《五帝德》、《帝繫》，但未提到《子羔》，估計此篇於秦火後已經亡佚不傳了。[41]

---

41 李學勤：〈楚簡《子羔》研究〉，《文物中的古文明》，頁364、365。

郭永秉則認為秦火後〈子羔〉失傳而同為儒家文獻的〈五帝德〉、〈帝繫〉仍存，反映了更深層的原因，而曰：

> 《子羔》的這種傳說之所以沒有被司馬遷看到，最主要的原因還是這一類傳說系統與作為大一統帝王世系主要部分的三王統出一源傳說不合，已經很快地在戰國中後期被改造、異化了。……《子羔》的這種傳說又多是依憑宣揚禪讓理論而存在，禪讓學說在戰國晚期的歷史形式下遭到破產，大概也為這類傳說的被改造起到了推波助瀾的作用。[42]

他們從不同的角度指出了一種記憶斷裂的狀況。而郭先生也指出「漢代以後的緯書又大量利用遠古帝王和三王感生神話發揮五行相生為序的五德遞王說，和《詩經》、《子羔》著作時代敘述帝王降生傳說的目的已大不相同」。[43]從目前所見的材料來看，西漢前期不僅未見〈子羔〉中的禹感生神話，也沒有留下任何涉及禹感生神話的可靠記載，到了西漢末年產生的緯書中才開始出現大量的禹「感星而生」、「感薏苡而生」的神話內容，不僅內容與〈子羔〉有很大的不同，先秦文獻中也未見相關記載，應該與〈子羔〉的大禹感生神話無關，而是記憶斷裂之後在新的時空背景下重新創造的新記憶。

42　郭永秉：《帝繫新研》，頁119-120。
43　同上，頁122。

（二）《史記》與《春秋繁露》是否存在大禹感生的記憶訊息

1 《史記》中不存在大禹感生的記憶訊息

　　《史記》沒有提到禹的感生神話值得注意。《史記》中記載了契、后稷、大業、漢高祖的感生神話，其中契與后稷調和了無父感生與大一統帝王世系，漢高祖則是為了強調其為平民而受命王天下的後起感生神話，可說是開了調和觀點的「有父感生」之說的先河，[44]如果存在禹的感生神話，應該也能夠整合進大一統帝王系統。然而《史記》不僅未提到〈子羔〉，也看不到禹無父感生的記憶痕跡。這樣的情況基本有兩種可能，其一是〈子羔〉及其他禹的感生神話都已失傳，其二是司馬遷可能看過〈子羔〉或其他禹的感生神話，不過他不採信。

　　第一種可能性自然很高，今天若不是有〈子羔〉出土，我們連一則先秦的禹感生神話都看不到。不過第二種可能性也不能排除。司馬遷對史料的考證態度有其標準，以〈伯夷列傳〉中提到的「考信於六藝」為主要原則，也在〈五帝本紀〉中提到他雖四處探訪五帝傳說，仍要「不離古文者」才能採用。[45]《史記》所載契與后稷的感生神話稍異於《詩經》，而《史記》所載契母「行浴」不同於《楚辭·天

---

44 《詩經·大雅·生民》孔疏引鄭玄談今古文聖人有父、無父之對立時，便以漢高祖為例說明「有父得感生」，參陳壽祺：《五經異義疏證》（上海市：上海古籍出版社2013年10月），頁168。

45 關於司馬遷審查史料的標準，參顧頡剛：〈崔東壁遺書序一〉，《顧頡剛古史論文集》卷7，《顧頡剛全集》第7冊，頁94-97。此文一至十三部分原以〈戰國秦漢間人的造偽與辨偽〉刊於《史學年報》2卷2期（1935年9月），又收於《古史辨》第七冊上編。另外，《史林雜識初編·三代世表》也有相關討論，見《顧頡剛讀書筆記》卷16，《顧頡剛全集》第31冊，頁447-449。

問》、《呂氏春秋・音初》、〈子羔〉之「在臺」，后稷母「出野」不同
於〈子羔〉之「玄咎」，顯然來自其他系統的傳說，清人梁玉繩曾批
評「史公作《史》，每采世俗不經之語」，[46]不過若相關內容未見於
《詩經》，司馬遷恐怕也不會取用。而〈太史公自序〉中說司馬遷
「二十而南游江、淮，上會稽，探禹穴」，可能探訪過禹的傳說，然
而他對夏代材料多所存疑，在〈大宛列傳〉中便說「言九州山川，
《尚書》近之矣，至《禹本紀》、《山海經》所有物怪，余不敢言」。
可知禹的感生神話若非失傳，很可能因為沒有經典可以佐證而被捨
棄。〈子羔〉是戰國時代推闡禪讓理論的作品，並非經典，而《尚
書》、《左傳》、《國語》都是禹父為鯀的系統，司馬遷就算看過〈子
羔〉或其他禹的感生傳說，恐怕也不會採信。

　　另外，從《史記・三代世表》中張夫子問褚少孫的一段話，也可
以說明西漢後期禹的感生神話可能已經失傳。張夫子問曰：「《詩》言
契、后稷皆無父而生。今案諸傳記咸言有父，父皆黃帝子也，得無與
《詩》謬乎？」褚少孫回答曰：「不然。《詩》言契生於卵，后稷人跡
者，欲見其有天命精誠之意耳。鬼神不能自成，須人而生，奈何無父
而生乎！」又提到「舜、禹、契、后稷皆黃帝子孫也」，[47]問者若知禹
感天而生，何不一併提出，而褚少孫回答中也提到禹，卻只提契與后
稷的感生神話，顯然禹不在有感生神話之列，可知當時禹的感生神話
很可能已經失傳，或不被採信。

2　《春秋繁露》中不存在大禹感生的記憶訊息

　　《春秋繁露》沒有提到禹的感生神話亦值得注意。馬承源在原考

46 梁玉繩：《史記志疑》（臺北市：臺灣學生書局，1970年7月），頁29。

47 關於褚少孫補史記的問題，可參趙翼：《廿二史劄記校證（訂補本）》（北京市：中
　　華書局，2005年1月），「5褚少孫補史記不止十篇」，頁7-9

釋中提到〈子羔〉中「劃於背而生」的情節可與《春秋繁露‧三代改制質文》中的「禹生發於背」之說參照，[48]何以《春秋繁露》中提到「禹生發於背」之說卻沒有禹感生之說，也可稍作探討。〈三代改制質文〉中的相關內容如下：

> 四法修於所故，祖於先帝，故四法如四時然，終而復始，窮則反本。四法之施，天符授聖人王法，則性命形乎先祖，大昭乎君王。
>
> 故天將授舜，主天法商而王，祖錫姓為姚氏。<u>至舜，形體大上而員首</u>，而明有二童子，性長於天文，純於孝慈。
>
> 天將授禹，主地法夏而王，祖錫姓為姒氏。<u>至禹，生發於背，形體長，長足骈，疾行先左，隨以右，勞左佚右也</u>，性長於行，習地明水。
>
> 天將授湯，主天法質而王，祖錫姓為子氏。謂契母吞玄鳥卵生契，契生發於胸，性長於人倫。<u>至湯，體長專小，足左扁而右便，勞右佚左也</u>，性長於天文，質易純仁。
>
> 天將授文王，主地法文而王，祖錫姓為姬氏。謂后稷母姜原履天之跡而生后稷，后稷長於邰土，播田五穀。<u>至文王，形體博長，有四乳大足</u>，性長於地之勢。[49]

董仲舒論「四法」之更替，以商、夏、質、文為序，配以受命之王舜、禹、湯、文王，並強調四王「性命形乎先祖」，從「祖錫姓」談起，即四王皆有祖，傳到他們時顯現出神異的形體相貌而稱王。則

---

48 馬承源：《上海博物館藏戰國楚竹書（二）》，頁195。

49 張世亮，鍾肇鵬，周桂鈿譯注：《春秋繁露》（北京市：中華書局，2012年6月），頁259。

〈三代改制質文〉之禹與舜、湯、文王並列，皆非無父感生，與〈子羔〉禹、契、后稷並列，皆無父感生的邏輯完全不同。在董仲舒的架構中，禹是一個有父祖而王天下者，如果不是當時〈子羔〉或其他禹的感生神話已經失傳，就是雖有流傳卻不為董仲舒採信。

　　裘錫圭曾指出〈子羔〉的內容可以說明漢以後文獻中禹、契生自母背、母胸的神話有頗為古老的來源，而《詩·大雅·生民》說姜嫄「不坼不副」，應該就是以「脩己背坼而生禹，簡狄胸剖生契」這類神話為背景的。[50]因此需要進一步思考〈三代改制質文〉中此一情節從何而來。承上所述，亦有兩種可能：其一，若禹的感生神話已失傳，董仲舒看到的可能是只提到禹出生的神異狀況而沒有感生情節的說法，類似的例子如清華簡〈楚居〉的「妣㜈……生侸叔、麗季。麗不從行，潰自脅出」，《世本》的「陸終娶於鬼方氏之妹，謂之女嬇，是生六子，孕而不育，三年，啟其左脅，三人出焉，啟其右脅，三人出焉」，及《史記·楚世家》的「陸終生子六人，坼剖而產焉」，都是非無父感生而有出生神異狀況的傳說。由於董仲舒看到的文獻「禹生發於背」不是在感生說的脈絡中表述，因此自然將「禹生發於背」與其他出生後的神異象徵相提並論。其二，若董仲舒看過〈子羔〉或其他禹的感生神話，也可能為了牽合他建構的舜、禹、湯、文王四王「性命形乎先祖」系統而刪去感生情節。其實從上引〈三代改制質文〉前後文看，四王都有形體異表的描述，而「禹生發於背」並不屬於此類內容，將其列入其實有些突兀，如果「禹生發於背」來自記載禹感生神話的文獻，董仲舒大可與感生情節一併刪除，實無獨留此說的必要，或許董仲舒沒看過〈子羔〉及其他禹感生神話的可能性較高，則「禹生發於背」來自非記載感生神話的先秦文獻。

---

50 裘錫圭：〈新出土先秦文獻與古史傳說〉，《裘錫圭學術文集·古代歷史、思想、民俗卷》第5卷，頁263。

　　也有學者懷疑「四法」可能晚出，如蘇輿曾認為「四法一節，乃緯家說，疑為羼入」，又說：「此篇即感生之說所本。《說文》『姓』字下云：『古者神聖母感天而生子，故曰天子。』又時見於緯書，並今文家說。然疑非董子原文。」[51]不過余治平認為比較「四法」與《緯書·春秋緯》中的文字，雖有觀點相似或相通之處，仍不足以推證其源於緯書。[52]事實上契與后稷的感生神話先秦已有，關於聖人形體長短與形貌異表的內容也見於先秦文獻，[53]如《孟子·告子下》「文王十尺，湯九尺」，《荀子·非相》中更多論及聖人形體長短的內容，並且提到「禹跳湯偏，堯舜參牟子」之說，而「舜二瞳子」、「文王四乳」另見《淮南子·修務》，亦非始於緯書。若就禹的部分來看，更可確定非出自緯書，禹之「疾行先左，隨以右，勞左佚右也」本於先秦文獻，如《莊子·盜跖》「禹偏枯」、〈非相〉之「禹跳」、《呂氏春秋·行論》「步不相過」（又見〈求人〉），而〈非相〉楊倞注引《尸子》之「禹之勞，十年不窺其家，手不爪，脛不生毛。偏枯之病，步不相過，人曰禹步」，說法較完整。這些禹的形象源自大禹治水後疲憊的步伐或患偏枯之疾的樣子，反映的是治水的記憶。而緯書中禹的神異形貌與董仲舒所述差別很大，黃復山曾列舉相關內容，至少見於十種緯書，[54]茲舉較完整的二例如下：[55]

---

51 蘇輿：《春秋繁露義證》（北京市：中華書局，1996年9月），頁184、213。

52 余治平：《董子春秋義法辭考論》（上海市：上海書店，2013年6月），頁216-217。

53 顧頡剛曾談到戰國時代與緯書中帝王形貌的描述的不同，參《中國上古史研究講義（燕京大學）》，《顧頡剛古史論文集》卷3，《顧頡剛全集》第3冊，頁359-362。吳從祥則對戰國時代與緯書中禹形貌的不同有進一步的比較，提出前者突出禹治水之勞苦，仍為人而非神，後者則不像人的樣子，參〈緯書政治神話與禹形象的演變〉《齊魯學刊》2009年第3期，頁43。

54 黃復山：《東漢讖緯學新探》（臺北市：臺灣學生書局，2000年2月），頁110-111。

55 安居香山、中村璋八：《緯書集成》，頁1258、431。

禹長九尺有六，虎鼻、河目、駢齒、鳥喙、耳三漏，戴成鈐，
襄玉斗，玉骭履己。(《洛書靈準聽》)

脩己剖背，而生禹於石紐。虎鼻彪口，兩耳參鏤，首戴鉤鈐，
匈懷玉斗，文履己，故名文命。長九尺九寸，夢自洗河，以手
取水飲之，乃見白狐九尾。金興則白狐九尾。(《尚書中候考河
命》)

值得注意的是第二則引文，對照「四法」中的禹，除了生於背相同以
外，多了生於石紐之說，形體也有了具體的長度，形貌也與治水無
關，最後再加上金德象徵，較董仲舒的敘述豐富許多，當為晚出之
說。而黃先生所舉十條資料中七條有「耳三漏」，此形貌亦見於《淮
南子・脩務》，應該也是來自先秦相人術之類的資料，若緯書也有先
秦文獻淵源，董仲舒顯然與緯書作者有不同的選擇，此亦可知「四
法」並非由後出緯說羼入。至於「四法」中無禹感生的內容，緯書中
的禹或感薏苡而生或感星而生，也可以說明「四法」非緯說羼入。

　　綜上可知董仲舒之說前有所承，非羼入後代緯書之說，而「禹生
發於背」應該是先秦流傳下來的說法，雖不能排除來自〈子羔〉或其
他禹感生神話的可能性，但更可能是來自沒有感生情節的大禹傳說。

(三)西漢前期是否存在不同於〈子羔〉的大禹感生神話

　　最後還要再談一個問題，即西漢前期是否存在不同於〈子羔〉的
大禹感生神話。《淮南子・脩務》有「禹生於石」之說，東漢高誘注
曰：「禹母脩己，感石而生禹，坼胸而出。」〈脩務〉的「禹生於石」
與「契生於卵」並列，似可將「生於石」理解為「感石而生」，因此
學者如顧頡剛、楊寬、孫作雲、于省吾等多以此為據討論「禹生於

石」的神話意義，[56]神話學者葉舒憲更以「禹生於石」為據，認為「禹是石頭母親裂開胸所生出的」、「禹母修己有化石頭變形的能力」，並為鯀、禹、啟出生的神話建構了一組男人化熊、女人化石的二元神話系統。[57]然而先秦文獻中似未見禹母感石而生或化石而生的記載，不禁讓人懷疑「禹生於石」是否可信。

〈脩務〉原文列舉堯、舜、禹（「禹耳參漏，是謂大通」）、文王、皋陶、禹（「禹生於石」）、契、史皇（「史皇產而能書」）、羿等人謂之「五聖」、「四俊」，並稱為「九賢」，王引之早有深入的考證，認為「禹生於石」之「禹」當為「啟」，論點有四：（1）大禹感生說最早見於緯書，其中「禹之生，或以為感流星，或以為吞薏苡，無言生於石者」，（2）大禹傳說與「石」有關者為「禹生石紐」之說，而「石紐乃地名，禹生石紐，猶言舜生於諸馮，文王生於岐周，非謂感石而生也」，（3）晉唐人所注古書、唐宋類書中多引禹妻塗山氏化石生啟之說，皆稱見於《淮南子》，內容卻未見於今本，則《淮南子》許慎本本作「啟生於石」，諸書所引即許慎注「啟生於石」之注文，[58]

---

56 楊棟對相關書法有簡要的整理，可參《神話與歷史：大禹傳說研究》，頁117-118。

57 葉舒憲：《熊圖騰：中華祖先神話探源》（上海市：上海錦繡文章出版社，2007年7月），頁114-115。

58 《淮南子》許高二注於北宋初年相雜，關於二本的流傳、相雜與版本等問題，可參李秀華：《《淮南子》許高二注研究》（北京市：學苑出版社，2011年7月）。另外，馬驌《繹史》引禹妻塗山氏化石生啟之說稱見於《隨巢子》，而唐宋類書、晉唐人所注古書所引皆稱出自《淮南子》，包括郭璞注《山海經‧中山經‧泰室之山》、《漢書‧武帝紀》顏師古注、《太平御覽‧地部十六》、《北堂書鈔‧后妃部》等，阮廷焯認為《繹史》所引「未詳何據」。《隨巢子》見於《漢書‧藝文志》、《七錄‧子錄》、《隋書‧經籍志》、《唐書‧藝文志》、《意林》，至《宋史‧藝文志》、《崇文總目》已無此書，或已亡佚，馬驌生於明清之際，所見《隨巢子》未必可信，《隨巢子》未必有禹妻塗山氏化石生啟之說。再者，孫詒讓舉《隨巢子》佚文有「史皇產而能書」、「禹產於碨碅碅石，啟生於石」（見於唐宋類書），認為〈脩務〉用《隨巢子》之文，「碅石」疑即《帝王世紀》中「禹生石紐」的「石紐」，參孫詒讓：《墨子閒詁‧墨子後語》（北京市：中華書局，2001年4月），頁754。「石紐」之說

（4）〈脩務〉所舉「九人謂之九賢，又謂之五聖四俊。若既言『禹耳參漏』，又言『禹生於石』，則僅八人，不得稱九也」。[59]說當可從，則〈脩務〉的「禹生於石」應為「啟生於石」之誤，非禹的感生神話。

　　從目前所見的資料來看，西漢前期不僅未見〈子羔〉中的禹感生神話，也沒有留下任何涉及禹感生神話的可靠記載，而西漢前期兩部重要的著作《史記》與《春秋繁露》皆未見禹的感生神話，很可能〈子羔〉與相關記載都已失傳，或者司馬遷、董仲舒可能因各自的寫作立場而不信感生之說。從記憶的角度來看，前者代表了記憶的自然消亡，後者是有意的抹殺不同立場的記憶，不論哪一種可能都造成了記憶的斷裂。歷史之「默」未必能「證」必無某人、事、物，而「默的現象」卻能讓我們思考何以「默」的原因，並提供關於某人、事、物的記憶訊息。

二　從漢代緯書看大禹感生記憶的再造與發展

（一）兩種漢代重編新造的大禹感生神話

1　感星而生的大禹感生神話

　　西漢末年以降出現了不少禹的感生神話，多見於緯書中，顧頡剛指出：

　　　　我們從以上許多話中可以歸納出讖緯書的時代：它至早不能過

　　王引之已辨，而阮廷焯同樣據《隨巢子》佚文，認為〈脩務〉所本為「啟生於石」，應較合理。

59　所引王引之之說及上注所引阮廷焯之說參張雙棣：《淮南子校釋》（北京市：北京大學出版社，1997年8月），頁1977-1978。

王莽，至遲可以到唐，其中的材料大部分是東漢初期的。於是
我們可以在讖緯書中抽出它們所記載的古史，而觀察東漢初期
的人的古史觀念。……他們的古史說，自當有戰國以來沈澱在
下層而至此方透露的，本不能說它完全是西漢末漢東漢出的思
想和傳說。但是，這許多材料，哪些是戰國的，哪些是秦、漢
間的，哪些是西漢的，哪些是漢、新間的，哪些是東漢的，本
文上固然沒有說明，我們也苦於旁證不足，無從判別。[60]

這也說明了緯書中的古史可能有寫定時代的記憶痕跡，也可能有更早
時代的記憶遺存。[61]尤其緯書中確實存在有更早的來源的古史材料，[62]
此種情況增添了考定古史記憶源流的困難，而探討緯書中的感生神話

---

60 顧頡剛：《中國上古史研究講義（燕京大學）》，《顧頡剛古史論文集》卷3，《顧頡剛
　　全集》第3冊，頁333-334。劉向、歆父子校書之前並無緯書，到了王莽召集通「天
　　文圖讖」者「記說廷中」後才開始集中材料編集成書，因此緯書產生不能早於王
　　莽，參上引書，頁332-333，鍾肇鵬：《讖緯略論》（臺北市：洪葉文化事業公司，
　　1994年9月），頁1-27。此觀點的最早見於張衡上疏中：「若夏侯勝、眭孟之徒以道術
　　立名，其所述著，無讖一言。劉向父子，領校秘書，閱定九流，亦無讖錄。成哀之
　　後，乃始聞之。」（《後漢書‧張衡傳》）
61 葛兆光認為讖緯之學的基礎來自戰國時代的「一般知識」，即數術之學，漢代「精
　　英思想」與「一般知識」互相借對方提升自己，緯書在此脈絡中產生，並且將不成
　　系統的數術知識引入當時主流的宇宙理論，參葛兆光：《中國思想史》（上海市：復
　　旦大學出版社，2001年12月），第1卷，頁277-295。冷德熙從緯書轉化先秦古史傳說
　　的角度，認為「緯書政治神話的造作，則是於漢代文化背景下，出於現實政治生活
　　的原因，在繼承先秦宗教觀念（如天命觀）、直接改造古史傳說的基礎之上建立起
　　來的。而這種政治神話所以產生並執行其特殊的社會政治功能，則反映了緯書作者
　　及其時代的象徵性思維特徵」，參冷德熙：《超越神話──緯書政治神話研究》（北
　　京市：東方出版社，1996年5月），頁40。
62 如顧頡剛提到的商、周始祖的感生說及安居香山提到的黃帝傳說等。參顧頡剛：
　　《中國上古史研究講義（燕京大學）》，《顧頡剛古史論文集》卷3，《顧頡剛全集》
　　第3冊，頁338；安居香山、中村璋八：《緯書集成‧解說》，頁71-72。

同樣會面對此一問題。林素娟曾從記憶的觀點看漢代感生神話，認為：

> 漢人以什麼形象「記憶」傳說中的感生神話，有其存在的文化
> 脈絡，此時「記憶」的本身，已進入了詮釋的歷程，並含有對
> 既有歷史的重新組構和敘事。同樣，古史傳說中的感生神話，
> 於漢人的宇宙觀及政教的需要下或許顯得不夠充盡和零星，因
> 此有必要進行諸神聖帝王譜系的建構，以使帝王的感生系譜能
> 完整且符應漢代的宇宙觀和政教需要，此時之建構當然亦包含
> 著對於歷史的詮釋。[63]

說明了記憶的動機與目的不僅可能重新「詮釋」過去，甚至可能「創
造」過去。就緯書中的禹感生神話而言，不僅內容與〈子羔〉有很大
的不同，先秦文獻中也未見相關記載，很有可能是因應新的觀念或需
求而創造的。

　　緯書中的禹感生神話基本分為兩大類，各有其產生背景，最常見
的一類是感「星」而生。林素娟將此類內容界定為「漢代氣化宇宙論
下的星氣感生說」，她指出緯書中因天象、日月星辰之氣感生的記載
很多，是漢代感生說有別於前代的最大特色，其中感星精而生者最
多，並被安排在五行相生系統中，而曰：

> 漢代流傳聖王感生事蹟，大多數在戰國以前頗難尋得線索，即
> 使存在，形象上與戰國以後的記載頗有出入。而星精感生之說
> 往往配合五行、五德終始、三統等漢代盛行諸說，可以推斷漢

---

63 林素娟：〈漢代感生神話所傳達的宇宙觀及其在政教上的意義〉，《成大中文學報》
　　第28期（2010年4月），頁38。

代流傳的聖王感生自星精之說，實是秦漢以後有系統的建構使然。[64]

可見此類感生神話的後起性質，而緯書中禹感星而生的神話也是在此種觀念脈絡中產生的，相關記載如下：[65]

> 禹，白帝精，以星感脩紀，山行見流星，意感栗然，生姒戎文禹。（《尚書帝命驗》）
> 修己見流星，意感，生帝戎文禹，一名文命。（《河圖稽命徵》）
> 修己見流星，意感，生帝文命，我禹興。（《河圖著命》）[66]
> 命星貫昴，修紀夢接，生禹。（《孝經鈎命決》）
> 流星貫昴，修紀感而生禹。（《列星圖》）

---

64 林素娟：〈漢代感生神話所傳達的宇宙觀及其在政教上的意義〉，《成大中文學報》第28期（2010年4月），頁40。關於「漢代氣化宇宙論下的星氣感生說」，參頁50-65。另外，楊建軍也談到緯書中的感生神話與五行相生系統的關係，認為緯書中五行相生系統的感生神話是後來編造的，並對漢代感生說「精」的概念有簡要的討論，參〈遠古帝王及三王感生神話考〉，《西北民族研究》2000年第2期，頁183、185。更早談到感星而生者可參蒙梓：〈中國的感生神話〉，《學術研究》1991年第6期，頁93-94。

65 以下一至四條引自安居香山、中村璋八：《緯書集成》，頁369、1180、1189、1006。第五條引自李昉：《太平御覽》（石家莊市：河北教育出版社，2000年3月），第1卷，頁62。

66 此條《緯書集成》列於《河圖·著明》下（頁1189），「興」作「與」，日本原版如此（見安居香山、中村璋八：《緯書集成》，東京：漢魏文化研究會，1959年3月，卷6，頁105）。陳槃曰：「《緯書集成》本作《河圖·著明》，未詳所據。」並認為「『著命』，漢人常辭」，「『著命』云者，明帝王所以受命之謂也。」（參〈古讖緯書錄解題（六）〉，《古讖緯研討及其書錄解題》，上海市：上海古籍出版社，2010年7月，頁446）。又《緯書集成》此條典出《太平御覽》卷135，「與」本作「興」。

以上內容與〈子羔〉中的禹感生神話沒有交集，學者已經注意到此種差別並指出緯書中的禹感生神話是為了配合五行體系而造的，[67]基本上禹感星而生的神話反映了五行中的「金德」，楊建軍指出：

> 少昊、夏禹同為金德，二人的感生均與金星有關。金星位配西方，西方金德之帝與之聯繫在一起，是再自然不過的。又昂宿是西方白虎七宿中的一宿，他也參與了夏禹的感生。[68]

對此我們可以再作一些補充。

從簡略的情節來看，如「白帝精」、「以星感」、「命星貫昂」、「流星貫昂」應該都是「金德」的象徵。五行系統中白色屬金，「白帝精」自為「金德」象徵，《春秋元命包》亦有「夏，白帝之子」的說法。[69]而「以星感」之「星」，鄭玄注曰「金精也」，此「金精」劉書惠認為即「太白」，[70]為「五星」系統，如《春秋文曜鉤》中所載「東方木精，曰歲星」，「南方火精，曰熒惑」，「西方金精，曰太白」，「北方水精，曰辰星」，「中央土精，曰鎮星」。[71]不過此「星」若從「二十八宿」系統理解，也可能指西方「參星」，同樣是「金德」的象徵，如《春秋感精符》有「蒼帝之始二十八世。滅蒼者翼也，滅翼者斗，滅斗者參，滅參者虛，滅虛者房」，注曰：

---

67 參吳從祥：〈《論衡》中的禹形象探析〉，《紹興文理學院學報》第32卷第2期（2012年3月），頁40-41；李勉、俞方潔：〈從「聖人無父」到「帝王世系」——先秦秦漢感生神話評議〉，《重慶工商大學學報（社會科學版）》第33卷第1期（2016年2月），頁111。

68 楊建軍：〈遠古帝王及三王感生神話考〉，《西北民族研究》2000年第2期，頁184。

69 安居香山、中村璋八：《緯書集成》，頁595。

70 劉書惠：《部分出土文獻中的神話傳說研究》（長春市：東北師範大學碩士論文，2009年5月），頁28。

71 安居香山、中村璋八：《緯書集成》，頁676。

堯，翼之星精，在南方，其色赤。舜，斗之星精，在中央，其色黃。禹，參之星精，在西方，其色白。湯，虛之星精，在東方，其色黑。文王，房之星精，在東方，其色青。五星之精。[72]

這裡禹為「參之星精」，而《春秋合誠圖》有「赤帝之精，生於翼下」，《春秋元命包》有「房者，蒼神之精」、「蒼帝精感姜嫄而生」，[73]則赤帝精為「翼」，蒼帝精為「房」，白帝精即「參」。

「命星貫昴」、「流星貫昴」則是直接附會西方星象，「命星」亦可能指「太白」，「昴」在西方，同樣呼應「金德」。《呂氏春秋·有始》曰：「西方曰顥天，其星胃、昴、畢。」高注曰：「西方，八月建酉，金之中也，金色白。故曰顥天。昴、畢，西方宿，一名大梁，趙之分野。」[74]陸機〈答賈長淵〉「大辰匿耀，金虎習質」一句《文選》注引《石氏星經》曰：「昴者，西方白虎之宿也。太白者，金之精。太白入昴，金虎相薄，主有兵亂。」[75]此類星象又見於《春秋文曜鈎》，如「太白入昴，天子以歲誅」，另有「太白貫胃」、「太白貫畢」之類，亦為兵戎之象。[76]至於「流星貫昴」當時亦有記錄，如《春秋文曜鈎》「流星入昴，四夷交兵，白衣之會，若貴人有急下獄，期三年」。[77]

西漢時期仍用戰國流行的鄒衍五行相勝系統排列古代帝王，即黃帝土德、禹木德、湯金德、文王火德，而產生漢為水德（繼周之火德）或土德（繼秦之水德）的爭議，至西漢末年漢為火德之說發明

---

72 同上，頁741。

73 安居香山、中村璋八：《緯書集成》，頁766、592、593。

74 王利器：《呂氏春秋注疏》，頁1227。

75 李善注：《文選》（臺北市：文津出版社，1987年7月），卷24〈贈答二〉，頁1139。

76 安居香山、中村璋八：《緯書集成》，頁693。

77 同上，頁702。

後，才以五行相生的系統重新排列古代帝王，[78]而緯書作者替這些帝王創造相應於新德的感生情節，禹便從木德轉為金德。〈子羔〉中的禹感生神話雖未提及五行理論，不過據裘錫圭考釋，契「生乃呼曰：鉈」的「鉈」即「金」，呼應《呂氏春秋・應同》的「商為金德」，屬於五行相勝系統，並且黃帝土德、周得火德可能在鄒衍以前已經存在，[79]而在此種系統下禹應為「木德」，顯然緯書中呼應金德的禹感星而生神話是漢代觀念影響下的產物，是西漢末以降為符合新帝王系統而創造的「政治神話」，[80]而非流傳自先秦。

2 感薏苡而生的大禹感生神話

緯書中另一類禹感生神話是感「薏苡」而生，如：[81]

> 禹母脩己，吞薏苡而生禹，因姓姒氏。而契姓子氏者，亦以其母吞鳦子而生。（《禮緯》）
> 夏姒祖，以薏苡生。（《禮含文嘉》）
> 禹姓姒，祖昌意，以薏苡生。殷姓子氏，祖以玄鳥子生也。周姓姬氏，祖以履大人跡生也。（《尚書刑德放》）

---

78 這方面顧頡剛已有非常詳細的研究，參《中國上古史研究講義（燕京大學）・讖緯》，《顧頡剛古史論文集》卷3，《顧頡剛全集》第3冊，頁314-375；〈五德終始說下的政治與歷史〉、《秦漢的方士與儒生》，《顧頡剛古史論文集》卷2，《顧頡剛全集》第2冊。

79 裘錫圭：〈釋《子羔》篇「鉈」字並論商得金德之說〉，《裘錫圭全學術文集（簡牘帛書卷）》第2卷。

80 漢代以五行觀念建構的古史系統主要是因應政治目的而生，顧頡剛論之甚詳，參前引書。關於緯書「政治神話」的概念可參冷德熙：《超越神話——緯書政治神話研究》，頁33-43。

81 以下三條引自安居香山、中村璋八：《緯書集成》，頁381、531、495。

此類感生說與五行系統無關，未見於緯書以前的文獻，[82]從前後文看，我們認為可能是為了解釋「姒」姓的來源而造，契、后稷的感生自古相傳，只能由成說附會，故較為牽強，而禹的感生當時可能無成說或無具有影響力的成說，因此創造了透過「薏苡」之「苡」與「姒」同從「以」聲的關係來解釋「姒」姓之源的說法，如此若合符節的解釋反而使造偽之跡更明顯。至於造偽的邏輯，應該是受到當時流行以聲訓的方式解釋觀念或事物的淵源此種習慣的影響。早期聲訓頗多穿鑿，學者已有討論，[83]張以仁曾對此種現象的產生背景有綜合

---

82 早期不少學者認為薏苡是夏族的圖騰，如李玄伯、孫作雲、于省吾等，這方面楊棟有精要的回顧，楊先生自己則認為薏苡應非圖騰，而是一種「神顯」（參《神話與歷史：大禹傳說研究》，頁110-114）。圖騰說之外，聞一多的〈匡摘尺牘〉中有「芣苢」一篇（1934年），認為禹母所吞之「薏苡」就是《詩經・周南・芣苢》中的「芣苢」，有「宜子」的功能。「芣苢」即「胚胎」，為雙關隱語，也是《逸周書・王會》中的「桴苡」，而〈周南〉的作者應為夏禹的後裔。同時也提到馬援從交阯回來曾帶了一車薏苡，不過功能似乎對懷孕有害（參《聞一多全集（一）・神話與詩》，臺北市：里仁書局，1993年9月，頁343-356）。另外，日本早期神話學者出石誠彥（1896-1942）曾根據西方學者對世界各地「異常出生」（supernatural birth）傳說的研究，並舉了一些生於植物（vegetable substance）之例討論禹感薏苡而生的神話，也提到《後漢書・馬援列傳》中薏苡「能輕身、省慾，以勝瘴氣」及注引《神農本草經》曰薏苡能「除筋骨邪氣久服輕身」等說法，推測或與禹母感薏苡生禹有關〔參〈上代中國の異常出生說話について〉，《支那神話傳說の研究》（東京：中央公論社，1943年11月），頁151-152；原刊於《民族學》第4卷4號（1929年1月）〕。日本學者加藤常賢則不同意「薏苡」為圖騰之說，並以他習用的透過文字通假關係討論古姓的方式，認為姒姓為已姓分族（參加藤常賢：〈支那古姓氏の研究──夏禹姒姓考〉，《中國古代文化の研究》，東京：明德出版社，1980年8月）。也有學者認為此種傳說是捏造的，如吳從祥認為此說可能是受到吞卵而生之說的影響而編造，不過他又認為「吞薏苡而生，可能源於較早的古老傳說」（參〈緯書政治神話與禹形象的演變〉，《齊魯學刊》2009年第3期，頁43，及〈《論衡》中的禹形象探析〉，《紹興文理學院學報》第32卷第2期，2012年3月，頁41）。

83 如沈兼士、龍宇純、張以仁、徐芳敏等，楊秀芳在〈聲韻學與經典詮釋〉中有簡要的回顧，參《文獻及語言知識與經典詮釋的關係》（臺北市：臺灣大學出版中心，2004年6月），頁120-121。另可參蔣紹愚：《古漢語詞彙綱要》（北京市：北京大學出版測，1992年6月），頁159-164。

性的研究，指出先秦已有此類聲訓的習慣，如《左傳・宣公三年》有「石癸曰：吾聞姬、姞耦，其子孫蕃。姞，吉人也。后稷之元妃也」，在儒家「正名」思想產生後，由《論語・子路》之「必也，正名乎」、《荀子・正名》到董仲舒《春秋繁露・深察名號》，正名觀念逐漸深化，而執著於名實問題，進一步要求名與實之間的絕對關係，聲訓便成為主要的工具，也使此種附會情形在漢代廣為流行。張先生舉例甚詳，此略引幾例說明，如：

> 季康子問政於孔子。孔子對曰：「政者，正也。」（《論語・顏淵》）
>
> 哀公問社於宰我。宰我對曰：「夏后氏以松，殷人以柏，周人以栗，曰：使民戰栗。」（《論語・八佾》）
>
> 君者，善群也。群道當，則萬物皆得其宜，六畜皆得其長，群生皆得其命。（《荀子・王制》，〈君道〉亦有相關說法）
>
> 從之成群曰君。（《逸周書・謚法》）
>
> 侯能成群謂之君。（《逸周書・太子晉》）
>
> 君者，不失其群者也。（《春秋繁露・滅國》，〈深察名號〉亦有相關說法）
>
> 君者，何也？曰：群也。為天下萬物而除其害者謂之君。（《韓詩外傳》卷五）
>
> 君者，群也。理物為雄，優劣相決，以期興將。（《孝經鉤命決》）
>
> 君之為言群也。（《白虎通・號》，〈三綱六紀〉亦有相關說法）
>
> 魄，白也。魂，芸也。白，明白也。芸，芸動也。形有體質，取明白為名。氣為噓吸，取芸動為義。（《孝經援神契》）
>
> 妹，昧也。猶日始入，歷時少，尚昧也。（《釋名・釋親屬》）

上引《荀子》以「群」釋「君」及其下諸例可說明此類說法的影響力，而緯書、小學著作中此類聲訓之例尤多。[84]因此本文認為緯書中將「姒」姓與「薏苡」聯繫應該是受到此種觀念影響所產生的說法。

《尚書刑德放》該條為《白虎通・姓名》所引，《白虎通・日月》亦引《尚書刑德放》之文，則《尚書刑德放》最晚西漢末年已經成書，[85]另外，王充也於《論衡・奇怪》中提到「禹母吞薏苡而生禹，故夏姓曰姒；卨母吞燕卵而生卨，故殷姓曰子；后稷母履大人跡而生后稷，故周姓曰姬」，[86]雖然王充是為了批判這些說法不可信而引用，不過可以說明至少在西漢末年禹母感薏苡而生禹的說法已經有一定程度的流傳及影響。徐興無指出緯書中的帝王系統是用天道排列，聖王之間沒有血緣關係，完全拋開了宗法思想，並且表現在對姓氏來源的解釋上，如《易緯是類謀》有「聖人興起，不知姓名，當吹律定聲，以別其姓」，《春秋演孔圖》有「孔子曰：丘援律而吹命，陰得羽之宮」，羽為北、黑、水，孔子為黑帝子、水精，《孝經援神契》有「聖王吹律有姓」，與感生神話不知其父的邏輯吻合。[87]說明五行系統下的感生神話也有相應的得姓之說，因此感薏苡而生可能是帝王感生神話以五行相生系統大量創造之前，純粹為解釋三代族姓來源而造的說法。又從《國語・周語下》說禹「皇天嘉之，祚以天下，賜姓曰『姒』」及《春秋繁錄・三代改制質文》的「祖錫姓為姒氏」來看，得姓皆與感生說無關，則此說的產生可能不會早於西漢初年。

另外，《尚書刑德放》有「祖昌意」，與《禮緯》、《禮含文嘉》之

84　以上參考張以仁：〈聲訓的發展與儒家的關係〉，《張以仁語文學論集》（上海市：上海古籍出版社，2012年11月）。

85　陳槃：《古讖緯研討及其書錄解題》，頁446。

86　吞薏苡之說又見〈講瑞〉、〈恢國〉、〈詰術〉。

87　徐興無：《讖緯文獻與漢代文化建構》（北京市：中華書局，2003年3月），頁197。

說不同，前者顯示禹為有父感生，後者為無父感生。《尚書刑德放》此條輯自《太平御覽》，現存最早的《白虎通》版本為元大德五年無錫州學刻本，[88]舊本原作「禹姓姒，祖以億生」，盧文弨抱經堂叢書本據《太平御覽》改為「禹姓姒氏，祖昌意，以薏苡生」，注曰「此條舊多訛脫，全據御覽補正」，後附〈校勘補遺〉中則據小字本、元大德九年刻本校曰「昌意二字不當增」。[89]清人陳立以上引二條「禮緯」與《吳越春秋》皆無「祖昌意」，認為「小字本無『昌意』二字。案班氏用感生之說則不信《大戴記》，其不以禹祖昌意明矣」，「此昌意不當增」，[90]何者為原貌不能論定，或許「祖以億生」本為「祖以薏生」，而「祖昌意」是後人為附會「薏苡」之「薏」而加，也未可知，不過如果原本就有「祖昌意」，則西漢末已經出現有父感生此類調和觀點的禹感生神話。

總上所述，緯書中的禹感生神話與〈子羔〉無關，且各自有不同的記憶脈絡，不論感薏苡而生還是感星而生，都是為了現實目的附會「金德」與「姒姓」而創造的新記憶，為早期禹感生神話之遺存的可能性不大。

（二）大禹感生記憶的發展

前文提到《尚書刑德放》中的禹感生神話可能是有父感生的內容，而確為此種調和觀點的禹感生神話見於《吳越春秋・越王無余外傳第六》：

88　陳立：《白虎通疏證・出版說明》（北京市：中華書局，1994年8月），頁3。

89　班固：《白虎通》（民國12年夏五月北京直隸書局影印抱經堂叢書本），卷3，頁16下，〈補遺〉，頁9下。

90　參陳立：《白虎通疏證》，頁405。

　　鯀娶於有莘氏之女，名曰女嬉。年狀未孳，嬉於砥山，得薏苡
而吞之，意若為人所感，因而姙孕，剖脅而產高密。家於西
羌，地曰石紐。石紐在蜀西川也。[91]

此說整合多種禹出生的傳說，來源較雜，禹有父母為〈帝繫〉、《世
本》系統，[92]而結合感薏苡而生之說，調和有父與無父感生二說，感
生地「砥山」的來源不可考。出生方式為「剖脅」而生，常見於楚人
傳說，如〈楚居〉之「妣隹」與《世本》之「女嬇」，與〈子羔〉、
〈三代改制質文〉生於「母背」及《論衡‧奇怪》「禹、卨逆生，闓
母背而出」之說稍有不同。值得注意的是多了「家於西羌，地曰石
紐」之說。

　　「家於西羌」之說本於《新語‧術事》「文王生於東夷，大禹出
於西羌，世殊而地絕，法合而度同」，[93]《史記‧六國年表》「夫作事
者必於東南，收功實者常於西北，故禹興於西羌，湯起於亳，周之王
以豐鎬伐殷」，《鹽鐵論‧國病》「禹出西羌，文王生北夷」。李學勤認
為《新語》作時挾書令未除，此說必起於先秦，司馬遷應該是以此為
本。[94]然而當時並未言明「西羌」為何地，到了東漢趙曄作《吳越春
秋》則將之聯繫到蜀地「石紐」，或本於揚雄《蜀王本紀》：

　　禹本汶山郡廣柔縣人，生於石紐，其地名痢兒畔，禹母吞珠孕

---

91 周生春：《吳越春秋輯校彙考》（上海市：上海古籍出版社，1997年7月），頁101。

92 「女嬉」，〈帝繫〉、《世本》作「女志」；「高密」，〈帝繫〉作「文命」，參黃懷信：
　《大戴禮記匯校集解》（北京市：中華書局，2008年7月），頁763。

93 王利器舉《孟子‧離婁》有「舜生於諸馮，遷於負夏，卒於鳴條，東夷之人也」，
　認為「文王」為傳鈔者涉《孟子》文而將「大舜」誤為「文王」，並且文王不當列
　於大禹之前。參王利器：《新語校注》（北京市：中華書局，2012年7月），頁50。

94 李學勤：〈禹生石紐說的歷史背景〉，《走出疑古時代》，頁136。

禹，坼副而生。[95]

禹生石紐之說首見於此，此書可能成於西漢末年，目前未見更早的記載，很難知道此說何時產生，[96]而漢晉之間蜀地多有流傳，如譙周《蜀本紀》（《三國志·秦宓傳》注引）、《三國志·秦宓傳》、常璩《華陽國志·蜀志》都載有此說，對其他地區也有影響，除了《吳越春秋》之外，如緯書《尚書中候考河命》、[97]《水經注·沫水》、《帝王世紀》都載有此說，禹生石紐說很可能是由蜀地傳布出去的。

　　由於此說的蜀地背景，使人懷疑是否為漢代蜀地士人所造，早期馮漢驥便曾有如下質疑：

揚、譙、秦、常四人，生於禹後二千餘年，何以能知禹生於四川之汶山郡，廣柔縣，石紐鄉，刳兒坪？又何以如此其詳且細？陸賈司馬遷不過言「禹興於西羌」而已。何以司馬遷所不言者，彼三人知之？豈非神話傳說，愈傳而附會愈多？愈加詳細？……有人說：「不然！揚、譙、秦、常四人皆蜀人，以蜀

95　揚雄：《蜀王本紀》（臺北市：藝文印書館據問經堂刊洪頤煊輯經典集林本影印，1967年），頁3下。

96　楊棟對禹生石紐的研究狀況有精要整理，早期學者曾據禹生石紐說論述夏民族源於四川，如陳志良、羅香林、姜蘊剛、林民均，亦有主張禹生石紐說不可信者，如馮漢驥，近年李學勤重新強調禹生石紐傳說起源較早，也帶起一股研究風潮，代表學者有林向、李紹明、馮廣宏、段渝、譚繼和、謝興鵬等（參楊棟：《神話與歷史：大禹傳說研究》，頁75-76、87-98）。蒙默繼續強調「禹生石紐」說之可疑，認為與讖緯之說一脈相通（參〈「禹生石紐」續辨〉，《蜀學》（成都市：八蜀書社，2009年12月），第4輯）。

97　內容為「脩己剖背，而生禹於石紐」（安居香山、中村璋八：《緯書集成》，頁431）。《洛書靈準聽》、《洛書》中有「有人出石夷掘地代」亦為同事（黃復山：《東漢讖緯學新探》，頁111-112）。「石夷」又見《焦氏易林》：「舜升大禹，石夷之野。」（〈乾之〉、〈師之〉、〈兌之〉、〈既濟之〉）

人言蜀事，自較信確。」然正因渠等為蜀人，知其言之不可靠。何以言之？中國人之鄉土觀念極重，誰都想挪幾個先聖先賢，為他的家鄉生色。[98]

王明珂更以蜀人「攀附」華夏族群的角度解釋「禹生石紐」說的興起，王先生認為「蜀人除了對黃帝的攀附，更間接透過黃帝後裔——『禹』」，並指出，西漢時文翁於蜀地力興文教，培養出嚴遵、張寬、司馬相如、揚雄等人，不過當時蜀人面對中原人時仍自覺處於華夏邊緣，因此「『禹興西羌』記憶在漢代蜀地士人間自然很受重視——華夏聖人大禹出生於西方，如此自然也沖淡了本地的邊緣性，他們還對此加添新的註腳，宣稱大禹出生在蜀的汶山郡」，禹生汶山之說主要見於漢揚雄《蜀王本紀》、三國譙周《蜀本紀》、晉常璩《華陽國志》。另外，西漢時期蜀地士人透過攀附黃帝、大禹以強調華夏認同並沖淡自己的邊緣地位的情結，深刻的影響了後代蜀地士人，如《華陽國志》有一段誇耀蜀地的文字曰「故上聖則大禹生其鄉，媾姻則黃帝婚其女」，又如《三國志》中，廣漢太守夏侯纂曾輕蔑得問蜀人秦宓蜀地士人比起其他地方士人如何，秦宓回應曰：「禹生石紐，今之汶山郡是也。」都能反映他們以蜀人、蜀地與黃帝、大禹有關為榮，並藉此強調自己的華夏認同。[99]

不過「禹生石紐」說近年出現了出土文獻的依據，二〇〇四年重慶市雲陽縣出土東漢熹平二年〈漢巴郡朐忍令景雲碑〉記載了楚人後

---

98 馮漢驥：〈禹生石紐辨〉，《川大史學·馮漢驥卷》（成都市：四川大學出版社，2006年12月），頁23-24。

99 參王明珂：《英雄祖先與弟兄民族：根基歷史的文本與情境》（臺北市：允晨文化事業公司，2006年9月），頁102、106；《華夏邊緣：歷史記憶與族群認同（增訂本）》（杭州市：浙江人民出版社，2013年11月），頁283-284。

裔景雲的祖先於漢初遷至蜀地之事，曰：「大業既定，鎮安海內。先人伯沈，匪志慷慨，術禹石紐，汶川之會。」[100]李學勤據此認為：

> 經過平定呂氏之後，大概是漢文帝時期，他的先人可以從長安出來，自由遷徙。……這一家族到了大禹的石紐，汶川之會，到了我們這個地方──北川。我認為，這個碑最重要的就是表明漢初的時候，所有人都知道這裡有大禹的石紐，時間不是在刻碑的東漢熹平時期，也不是景雲所處的漢和帝時期，……大家知道，那個時候經常都在打仗，哪有功夫去編造故事，可見這個傳說一定是先秦的。[101]

這樣的看法恐怕有些樂觀，碑文說「景雲的祖先來到了大禹出生地與汶川的交會處」，只能說明東漢人知道這個傳說，東漢人述古自然可用當時流行的傳說表述，並不能說明他們依據的是西漢初年乃至更早的文獻或傳說。孫華指出〈樊敏碑〉追述樊敏先人入蜀，亦有「濱近聖禹，飲汶茹汸」的內容，與〈景雲碑〉如出一轍，而認為「漢代這些豪族大姓遷徙入蜀，他們都會遮掩他們被迫遷入蜀的事實，而要尋找一些冠冕堂皇的理由。追尋夏禹的出生地，就是很有說服力的理由之一」。[102]因此從碑文的製作動機來看，或許他們都有些以此地為榮

---

100 相關論文較多，基本可參魏啟鵬：〈讀三峽新出東漢景雲碑〉，《四川文物》2006年第1期。程地宇：〈《漢巴郡朐忍令景雲碑》考釋〉，《三峽大學學報（人文社會科學版）》第28卷第5期（2006年9月）；袁延勝：〈新出《景雲碑》及相關問題〉，《中原文誤》2007年第3期；孫華：〈漢朐忍令景雲碑考釋補遺〉，《中國歷史文物》2008年第4期；李喬：〈從《景雲碑》看景氏起源及漢代以前的遷徙〉，《中原文物》2009年第4期。

101 李學勤：〈在「全國大禹文化研討會」上的演講〉，《通向文明之路》（北京市：商務印書館，2010年4月），頁45。

102 孫華：〈漢朐忍令景雲碑考釋補遺〉，《中國歷史文物》2008年第4期，頁54。

的意味，才會將此傳說作為典故寫入碑文。至於這樣的記憶是否有更早的淵源，目前沒有定論，[103]如前文所述，本文認為戰國時代對禹出生的記憶，不論是鯀為禹父還是與無父感生的神話，都以崇山地區、伊洛流域為主流，而在處士橫議的戰國時代中，任何歷史素材不論真假都可能成為論據，卻不見禹生石紐之說，在詳載各種世系資料的〈帝繫〉與《山海經》中也未載此說，漢代以前禹生石紐的「記憶」是否存在，實在可疑。

另外，《蜀王本紀》的「吞珠」可能是從吞「薏苡」演變而來的。緯書中吞珠之說見於漢高祖之感生神話，另外珠亦多見於其他與感生無關的內容，如：[104]

> 含始吞赤珠，刻曰：玉英，生漢皇。（《詩含神霧》）
> 執嘉妻含始游雒池，赤珠出，刻曰：玉英，吞此者為王客。以

---

103 茲舉目前較重要的兩種看法為例。李學勤認為傳說的時代可以提前，他以《大戴禮記・帝繫》中「昌意娶於蜀山氏，蜀山氏之子謂之昌濮氏，產顓頊」一段，聯繫到禹生於西羌之說，作為禹生石紐傳說產生的歷史背景，並提出三種可能：其一是羌人入蜀以前蜀人自身的傳說，基於《華陽國志》之以高陽封其支庶於蜀為本；其二是羌人帶入蜀地，以《新語》之禹興西羌說為本；其三是夏人自己的傳說，以〈帝繫〉「昌意娶於蜀山氏」為本。至於何種可能較可信，暫不能判斷（參〈禹生石紐說的歷史背景〉，《走出疑古時代》，頁135-138）。認為傳說不可信者，如早期馮漢驥在〈禹生石紐辨〉中主張禹生石紐說起於禹興於西羌說，汶川羌人以汶山郡為西羌，又受《淮南子・脩務》中禹生於石之說的影響，而將「西羌」附會到「石紐」，楊棟順著馮說進一步認為「禹生於石」之所以變為「禹生於石紐」，是夏族或羌人後裔將傳說帶到蜀地，由於蜀地原有大石傳說使禹生於石更容易流傳，傳到石紐後便以「石紐」為新的「符號」取代「石」，即「夏遺民帶入四川的傳說禹當地文化融合而產生的置換變形」（參楊棟：《神話與歷史：大禹傳說研究》，頁91、95-96）。不過前文提到本文認為王引之提出《淮南子・脩務》的「禹生於石」原為「啟生於石」的說法可信，因此我們對「禹生石紐」從「禹生於石」而來的說法持保留態度。

104 以下出自安居香山、中村璋八：《緯書集成》，頁463、826、807、369、1255。

其年生劉季，為漢皇。(《春秋握誠圖》)

吐珠於澤，誰能不含。宋均注曰：珠出於野澤之中，誰能不含
取以為寶也。(《春秋保乾圖》)

虞聖舜在側陋，光耀顯都，握石椎，懷神珠。注曰：懷珠，以
喻聖性。椎讀曰錘，神珠喻聖性。(《尚書帝命驗》)

人有方面，日衡，重華，握石椎，懷神珠。(《洛書靈準聽》)

漢高祖感生神話是為了讓平民出身的漢高祖有「天命」，具備王天下
的資格與合理性，非原始的感生神話，於《史記・高祖本紀》首見，
本無吞珠之說。緯書中增加此一感生情節在於加強漢高祖的高貴與神
聖性，不過也遠離了早期吞卵、履跡之類感生神話的原始性。其他資
料中的珠亦皆神聖的象徵。《蜀王本紀》之「吞珠」很可能受到緯書
中此種觀念的影響，應該不會早於感薏苡之說，而比較可能是因薏苡
似珠之形象而改。[105] 後來感生物從「珠」的意象又發展出「石子如
珠」、「月精如雞子」之說，如：

---

105 楊建生、劉書惠都提到宋代李石《續博物志》卷七「薏苡一名㯕珠」，說明感珠可
　能是感薏苡的另一種說法，可備一說，不過未見於更早的記載（參楊建軍：〈遠古
　帝王及三王感生神話考〉，《西北民族研究》2000年第2期，頁184；劉書惠：《部分
　出土文獻中的神話傳說研究》，頁31，又見〈從《子羔》篇看三代始祖感生神
　話〉，《古籍整理研究學刊》2010年第3期，頁105）。另外，有一個東漢的典故或許
　可以幫我們增添一點想像，《後漢書・馬援列傳》曰：「初，援在交阯，常餌薏苡
　實，用能輕身省慾，以勝瘴氣。南方薏苡實大，援欲以為種，軍還，載之一車。
　時人以為南土珍怪，權貴皆望之。援時方有寵，故莫以聞。及卒後，有上書譖之
　者，以為前所載還，皆明珠文犀。馬武與於陵侯侯昱等皆以章言其狀，帝益怒。
　援妻孥惶懼，不敢以喪還舊塋，裁買城西數畝地槀葬而已。賓客故人莫敢弔會。
　嚴與援妻子草索相連，詣闕請罪。帝乃出松書以示之，方知所坐，上書訴冤，前
　後六上，辭甚哀切，然後得葬。」此即「薏苡明珠」、「薏苡之謗」的典故，人們
　對薏苡與珠作形象上的聯繫可能自古已然。

堯理天下，洪水既甚，人民墊溺，大禹念之，乃化生於石紐山
泉。女狄暮汲水，得石子如珠，愛而含之，有娠，十四月生
子。(《遁甲開山圖》)¹⁰⁶

女狄暮汲石紐山下泉水中得月精如雞子，愛而含之，不覺而
吞，遂有娠，十四月生夏禹。(《遁甲開山圖》榮氏解)¹⁰⁷

此內容已是後人對禹感生神話多次轉手再詮釋的結果，「石子如珠」、
「月精如雞子」所指為何，本文便不深究了。

　　綜上所述，《蜀王本紀》中的禹感生神話應該是由緯書中禹感生
的情節與禹生於石紐的情節拼湊而來，而禹生石紐說蜀地色彩濃厚，
目前無法肯定漢代以前是否已經產生，後來《吳越春秋》又吸收《蜀
王本紀》之說再加上禹出西羌之說成為較「完整」的文本。

　　《蜀王本紀》、《遁甲開山圖》中未提及禹父為鯀，而《吳越春
秋》中已是有父感生此種調和觀點的禹感生神話，並整合禹生於石紐
之說，內容已經很完整，其中感生說取感薏苡而生，可能是因為具有
標明族姓的性質較能符合族群神話的脈絡。西漢時期基於不同觀念與
需求創造出禹感星而生與感薏苡而生兩種說法，並分別因各自的記憶
目流傳，如《白虎通‧姓名》論及「姓」之意涵引《尚書刑德放》
曰：「禹姓姒，祖昌意，以薏苡生。」而《潛夫論‧五德志》曰：「脩
紀，見流星，意感生白帝文命戎禹。」以緯書五行相生的系統將禹放
在金德一系，在〈志氏姓〉中禹姒姓則為堯所賜，可見這兩種感生情
節確有分別而不相混。不過到西晉皇甫謐的《帝王世紀》中，卻進一
步將感薏苡而生與感星而生兩種不同性質的感生情節拼湊在一起，並

---

106 馬驌：《繹史》(光緒15年金匱浦氏重修本)卷11，頁1下注文所引。
107 黃奭：《黃氏逸書考》(臺北市：藝文印書館據民國14年王鑒修補本影印，1972年)，
　　頁5上。

將薏苡稱為「神珠」，較《吳越春秋》更進一步，相關內容如下：

> 伯禹夏后氏，姒姓也。其先出顓頊，顓頊生鯀，堯封為崇伯。
> 納有莘氏女曰志，是為修巳。山行（已上依《蜀志·秦宓傳》注，
> 《初學記》九補正），見流星貫昴，夢接意感慄然（二字依《藝文》十
> 補），又吞神珠薏苡（《蜀志》注作臆圯），胸拆〈坼〉而生禹於石
> 紐（《史記·六國表》集解引皇甫謐云：「《孟子》稱『禹生石紐，西夷人也』，
> 按《孟子》無此文，故不補入」）。[108]

《帝王世紀》具有古史傳說集成的特性，陳泳超曾就堯、舜傳說有精
彩的討論，[109]在禹的感生神話方面，戰國以來不同時期與禹出生有關
的情節層層積累，經過不同時代的傳述者或刪或改、或承或創，形成
了如《帝王世紀》中集大成的內容。其中禹之先世承自戰國末期的
〈世本〉、〈五帝德〉、〈帝繫〉之類文本，胸坼而生雖異於〈子羔〉之
剖背而生，應該也有先秦的淵源，感星而生、感薏苡而生則是拼湊西
漢末年以來流行的說法，再加上蜀人系統的出生地，終於產生了集先
秦兩漢大成的「完整」文本。從〈子羔〉到《帝王世紀》，我們看可
以到關於禹出身的古史記憶層累造成的整個過程。

---

108 皇甫謐：《帝王世紀》（上海市：商務印書館據指海本排印，1936年6月），頁14，
　　收於王雲五主編：《叢書集成初編》。「夢接意感慄然」為整齊諸本內容而成，各本
　　或作「意感」（《初學記》九）、「夢接意感」（《蜀志》注、〈夏本紀〉正義、《初學
　　記》九、《御覽》八十二、《路史》後紀十二）、「意感慄然」（《藝文》十），參徐宗
　　元：《帝王世紀輯存》（北京市：中華書局，1964年6月），頁48-51。
109 陳泳超：《堯舜傳說研究》，頁151-155。

第三節　上博簡〈容成氏〉中的禹政記憶

一　禹聽政三年近悅遠來、四海請貢而為號旗以定天下

　　先秦文獻中關於禹治天下的記載少且零散，上博簡〈容成氏〉公布後，出現了較完整的「禹政」內容，讓我們有比較明確的依據可以討論禹治天下的問題。目前反映三代觀古史記憶的材料中並沒有提到禹建夏邦後的政績，三代觀的禹記憶也不在禪讓制度的框架中（詳下節），而〈容成氏〉中的禹政是禹受禪之後的政績，因此我們暫時將此內容視為關於禪讓傳統繼承者的記憶，這樣的記憶或許帶有禪讓制度鼓吹者的主觀色彩，所改造甚至編造的。

　　晏昌貴在〈容成氏〉出版後不久便討論了其中的「禹政」問題，指出梁任昉曾說「湯刑禹政，不足禁奸」，是古有所謂「禹政」，《鬻子》有〈禹政〉篇，惜已亡佚，而文獻所載禹治水分州事或在堯、舜之時，非禹聽政後之事，民初疑古大家首重禹事之辨，亦未嘗措意於禹政，至〈容成氏〉出，才出現關於禹政的材料。[110]晏先生當時據陳劍的編聯討論，「禹政」內容在簡18＋19＋20＋21＋<u>31＋32</u>＋22＋33＋34中，後來郭永秉考釋出簡32中的「有虞逈」而將之移出禹的部分，而簡31「方為三俉」之事學者亦多以為非禹事，[111]因此本文關於禹政的討論即以簡18至簡22、簡33為主。另外，簡34涉及禹讓皋陶、益的內容與啟有關，於下節討論。

　　〈容成氏〉曰：

　　　　壴（禹）聖（聽）正（政）三年，不折（製）革，不釰（刃）

---

110 晏昌貴：〈《容成氏》中的「禹政」〉，《上博館藏戰國楚竹書研究續編》，頁358-359。
111 編聯相關問題參單育辰：《新出楚簡《容成氏》研究》，頁1-12。

金，不鉻（略）矢。田無剗（蔡），厇（宅）不工（空），闢（關）市無賦。壐（禹）乃因山陞（陵）坪（平）徑（隰）之可坿（封）邑【18】者而緐（繁）實之。乃因近呂（以）暂（知）遠，迲（去）蟲（苛）而行柬（簡）。因民之欲，會天地之利。夫是呂（以）逮（近）者敓（悅）絧（怡），而遠者自至。四淘（海）之內盈（及），【19】四淘（海）之外皆青（請）杠（貢）。【20】[112]

這段話敘述禹受禪後去兵息民、鼓勵農耕關市、充實都邑人口財富、為政簡約而不苛刻，使天下人民與四方諸國親附。晏昌貴舉出了幾則古書中類似的內容值得注意，即：

> 故得道之兵，車不發軔，騎不被鞍，鼓不振塵，旗不解卷，甲不離矢，刃不嘗血，朝不易位，賈不去肆，農不離野，招義而責之，大國必朝，小城必下。因民之欲，乘民之力，而為之去殘除賊也。（《淮南子‧兵略訓》）
>
> 舜崩，有禹代興，禹卒受命，乃遷邑姚姓于陳。作物配天，修德使力，民明教，通于四海，海之外，肅慎、北發、渠搜、氐、羌來服。（《大戴禮記‧少閒》）
>
> 子曰：「禹立三年，百姓以仁遂焉，豈必盡仁？」（《禮記‧緇衣》，上博、郭店〈緇衣〉略同）[113]

《淮南子》為具體的為政用兵之道，內容與〈容成氏〉略同，而後二者僅強調禹修德使民明教、百姓仁，是為政的效應，並以之闡述儒家

---

112 釋文參單育辰：《新出楚簡《容成氏》研究》，頁171-176。

113 參晏昌貴，〈《容成氏》中的「禹政」〉，《上博館藏戰國楚竹書研究續編》，頁360。

思想，顯然〈容成氏〉不是儒家式的論述。而這段話的重點在於鋪陳禹的政績能使人民親附、各國朝貢，帶出以下內容：

>
>
> 雩（禹）朕（然）句（後）訇（始）為之唐（號）羿（旗），呂（以）祙（辨）亓（其）宕（左）右，思（使）民毋寁（惑）。東方之羿（旗）呂（以）日，西方之羿（旗）呂（以）月，南方之羿（旗）呂（以）它（蛇），【20】宙（中）正之羿（旗）呂（以）澳（熊），北方之羿（旗）呂（以）鳥。……【21】[114]

此段內容未見於先秦古書，學者一般將之聯繫到《周禮·司常》之九旗，即「日月為常，交龍為旂，通帛為旜，雜帛為物，熊虎為旗，鳥隼為旟，龜蛇為旐，全羽旞，析羽為旌」，並談到這些旗幟圖像或源於原始的圖騰徽幟，如晏昌貴認為簡文五方號旗或與古代民族的圖騰信仰有關，中央為熊圖騰、南方為蛇圖騰、北方為鳥圖騰，並認為禹建號旗意義有二，一為別尊卑等級，二為按地域劃分族群。[115]夏世華進一步認為立五方之旗應該是「重組萬國，將之納入一個統一政治系統的過程中而立定的旗號」，象徵著「天下政權的建設」。[116]葉舒憲則特別強調中央「熊旗」的圖騰意義，認為從黃帝號有熊到大禹的中央熊旗，以熊為圖騰象徵一脈相承。[117]另外，黃海烈則將此段聯繫到《墨子·旗幟》：「守城之法，木為蒼旗，火為赤旗，薪樵為黃旗，石為白旗，水為黑旗，食為菌旗，死士為倉英之旗，竟士為雩旗，多卒

---

114 釋文參單育辰：《新出楚簡《容成氏》研究》，頁176-179。
115 晏昌貴，〈《容成氏》中的「禹政」〉，《上博館藏戰國楚竹書研究續編》，頁361-362。
116 夏世華：《先秦禪讓觀念研究》，頁66。
117 參葉舒憲：〈大禹的熊旗解謎〉，《民族藝術》2008年第1期。

為雙兔之旗，五尺童子為童旗，女子為梯末之旗，弩為狗旗，戟為旌
旗，劍盾為羽旗，車為龍旗，騎為鳥旗。凡所求索旗名不在書者，皆
以其形名為旗。城上舉旗，備具之官致財物，之足而下旗。」以為
〈容成氏〉此段有墨家的痕跡。[118]

　　事實上戰國時代在軍事閱兵、田獵或朝會等事以旗幟區別身分、
地域是普遍的習慣，在先秦禮書中有很多相關記載，[119]如：

> 及國之大閱，贊司馬頒旗物：王建大常，諸侯建旂，孤卿建
> 旜，大夫士建物，師都建旗，州里建旟，縣鄙建旐，道車載
> 旞，斿車載旌，皆畫其象焉，官府各象其事，州里各象其名，
> 家各象其號。（《周禮・司常》）
> 諸侯覲於天子……上介皆奉其君之旂置於宮，尚左。公侯伯子
> 南接就旂而立。（《儀禮・覲禮》）

而先秦文獻中除了上引《墨子・旗幟》所述之外，還有很多實際例
子，如《左傳》中提到鄭伯的「蝥弧」、齊國的「靈姑銔」、趙簡子的
「蜂旗」，及《穆天子傳》中的「日月之旗」等。[120]即便旗幟圖像可
能源自早期的圖騰信仰或具有辨識族群的作用，到了戰國時代也已有
新的使用脈絡，如禮書所示，因此〈容成氏〉中禹為民辨別方位而以
立五方號旗的內容，或許反映的是當時觀念而非遠古狀況，[121]即作者

---

118 參黃海烈：〈上博簡《容成氏》的發現及其學派歸屬問題〉，發表於「復旦大學出土
　　文獻與古文字研究中心」網站（http://www.gwz.fudan.edu.cn/SrcShow.asp?Src_ID=
　　443），2008年5月26日。
119 參錢玄：《三禮通論》（南京市：南京師範大學出版社，1996年10月），頁242-247。
120 參任慧峰：《先秦軍禮研究》（北京市：商務印書館，2015年5月），第四章「軍旗」。
121 楊棟就以為〈容成氏〉禹為五方旗的原因類似《周禮・司常》的「國之大閱」，參
　　楊棟：《神話與歷史：大禹傳說研究》，頁108。

在鋪陳禹的善政使人民親附、各國朝貢之後，利用當時所知的旗幟觀念建構了禹用旗幟劃分天下之事，以說明禹透過五方號旗確立了統治的格局。

　　戰國時代旗幟的運用深入基層，上至王公諸侯，下至州里都鄙，如《周禮・鄉師》曰：

> 凡四時之田，前期，出田灋法于州里，簡其鼓鐸、旗物、兵器，修其卒伍。及期，以司徒之大旗致眾庶，而陳之以旗物，辨鄉邑，而治其政令刑禁，巡其前後之屯而戮其犯命者，斷其爭禽之訟。

田獵時鄉師有以旗致眾、辨鄉邑的任務，還有執法、平訟的職責。而《孟子・萬章上》曰：

> 禹薦益於天，七年，禹崩，三年之喪畢，益避禹之子於箕山之陰。朝覲訟獄者不之益而之啟，曰：「吾君之子也。」謳歌者不謳歌益而謳歌啟，曰：「吾君之子也。」

其談到得天下民心者亦以「朝覲訟獄」為指標，可見在當時人的政治觀念中，從治鄉到治國，「聚民」與「息爭」都是最重要的事。〈容成氏〉講禹治天下亦不出此二事，為五方號旗即象徵著禹能聚天下之民，下文討論的禹建鼓於廷則是息天下之爭。這應該是〈容成氏〉作者書寫此段的主要觀念背景。

二　禹行儉為天下表率而建鼓於廷以平獄訟

〈容成氏〉曰：

> （禹）肰（然）句（後）㠯（始）行㠯（以）會（儉），衣不
> 裘（襲）媺（美），飤（食）不童（重）昧（味），朝不車逆，
> 穜（舂）不糗（毇）米，劓（截）不折骨。裘（製）【21】表
> （服）鞁（皮）尃（附）。……【22】
> □〔下不〕亂泉。所曰聖人，亓（其）生賜（易）羕（養）
> 也，亓（其）死賜（易）牀（葬），迲（去）蠱（苛）匿
> （慝），是㠯（以）為名。……【33】[122]

這兩段話談的是禹定天下後以身作則力行儉樸的生活，如衣、食不求
精，迎客不以車，米、肉、衣皆粗製等，而「下不亂泉」該段郭永秉
有詳細的討論，指出「應當就是說禹下葬時，墓壙下部不絕泉水的意
思，這和《墨子・節葬下》的說法完全相同」，「『所曰聖人』云云，
應是《容成氏》敘述完禹葬的傳說之後，作者對禹的評價，此句亦在
解釋禹得『聖人』之名的原因——去苛行儉，易養易葬」。[123]這樣的
典範符合墨家節用、節葬的思想。不過也有學者認為上引前段呼應
《論語・泰伯》中的禹「菲飲食，而致孝乎鬼神；惡衣服，而致美乎
黻冕；卑宮室，而盡力乎溝洫」；[124]或曰後段類似《禮記・檀弓下》
記孔子觀吳季札葬子「坎深不及泉，其斂以時服。既葬而封，廣輪揜

---

122 釋文參單育辰：《新出楚簡《容成氏》研究》，頁179-187、194-198。

123 郭永秉：〈從《容成氏》33號簡看《容成氏》的學派歸屬〉，《古文字與古文獻論
　　集》，頁151-152。

124 晏昌貴，〈《容成氏》中的「禹政」〉，《上博館藏戰國楚竹書研究續編》，頁363。

坎，其高可隱也」，孔子以其「合禮」。[125]則似又與儒家有關。我們認為從葬的方面來看，郭永秉指出《說苑・修文》中有與《禮記》類似的內容而觀葬者為子貢，《說苑・反質》有與〈容成氏〉類似的內容而禹改為堯，[126]或許儒、墨二家都談過同樣的葬俗，而儒家以禮的觀點標舉季札，墨家則列舉堯、舜、禹之節葬，以為厚葬非聖王之道（《墨子・節葬下》），還是有所區別，〈容成氏〉應該是屬於墨家的表述方式。

〈容成氏〉在敘述禹以身作則行儉而為天下表率之後繼續談到：

> 蠆（禹）乃聿（建）鼓於廷，吕（以）為民之又（有）詁（訟）告者軒（鼓）安（焉）。擊（擊）鼓，蠆（禹）必速出，各（冬）不敢吕（以）寒匂（辭），頮（夏）不敢吕（以）脣（暑）匂（辭）。【22】[127]

這段話大致的意思是禹於立一鼓於朝廷中，人民有獄訟者可擊此鼓，禹不論寒暑都會立刻傾聽民意並為民解決紛爭。單育辰已將先秦文獻中與此段話相關的記載作了詳細的整理，[128]茲分類引述如下。

---

125 彭裕商，〈禪讓說源流及學派興衰——以竹書《唐虞之道》、《子羔》、《容成氏》為中心〉，《歷史研究》2009年第3期，頁9。

126 郭永秉：〈從《容成氏》33號簡看《容成氏》的學派歸屬〉，《古文字與古文獻論集》，頁146-150。

127 釋文參單育辰：《新出楚簡《容成氏》研究》，頁187-194。其中「詁」（圖）字的解釋較有爭議，李零的原釋文認為是「訟」的異體字，學者或釋為「謁」、「訴」或「愬」、「欲」等，單育辰認為此字應為「訟」，並指出楚文字「訟」之訛體較多，如《曹沫之陳》簡34「獄訟」之「訟」作圖，《上博九・史蒥問於夫子》簡7「獄訟」之「訟」作圖。參《新出楚簡《容成氏》研究》，頁193。

128 單育辰：《楚地戰國簡帛與傳世文獻對讀之研究》（北京市：中華書局，2014年5月），頁310-311。

第一類，禹聽五聲以開言路：

（1）禹治天下也，以五聲聽。門懸鐘、鼓、磬、鐸，而置鞉，以得四方之士。為銘簨簴曰：「教寡人以道者擊鼓，教寡人以義者擊鐘，告寡人以事者振鐸，語寡人以憂者擊磬，語寡人以獄訟者揮鞉。（《鬻子‧上禹政》）

（2）禹之時，以五音聽治，懸鐘、鼓、磬、鐸，置鞉，以待四方之士，為號曰：「教寡人以道者擊鼓，諭寡人以義者擊鐘，告寡人以事者振鐸，語寡人以憂者擊磬，有獄訟者搖鞉。」（《淮南子‧氾論》）

第二類，列舉古聖王開言路之事：

（3）黃帝立明臺之議者，上觀於賢也。堯有衢室之問者，下聽於人也。舜有告善之旌，而主不蔽也。禹立諫鼓於朝，而備訊唉。湯有總街之庭，以觀人誹也。武王有靈臺之復，而賢者進也。……名曰嘖室之議。（《管子‧桓公問》）

（4）禹立建鼓於朝，而備訴訟也。（《三國志‧魏志‧文帝紀》裴松之注引《管子》）

（5）禹立建鼓於朝，而備辭訟。（《路史》卷22引《管子》）

（6）禹居人上，慄慄如不滿日，乃立建鼓。（《路史》卷22引《太公金匱》）

第三類，列舉古聖王開言路之事而無禹：

（7）堯有欲諫之鼓，舜有誹謗之木，湯有司過之士，武王有
戒慎之鞀。（《呂氏春秋‧自知》）

（8）堯置敢諫之鼓，舜立誹謗之木，湯有司過之士，武王有
戒慎之銘。（《鄧析子‧轉辭》）

（9）堯置敢諫之鼓，舜立誹謗之木，湯有司直之人，武王立
戒慎之鞀，（《淮南子‧主術》）

（10）帝堯……置敢諫之鼓，天下大和。（《太平御覽》卷18引
《帝王世紀》）

（11）臣聞禹立誹謗之木，欲以知過也。（《說苑‧反質》）

這些內容雖大同小異，不過有一些細節上的差別可以進一步思考。首
先第三類的（7）至（10）是比較一致的說法，（11）屬於同一系統而
誤舜為禹，或因當時利用古聖王人物合理化自己的說法時人物本可以
隨意替換。〈容成氏〉應該不屬於第三類的系統，此類與鼓聯繫的是
堯，且其內容表述整齊，或許是戰國晚期的說法。[129] 至於第一、二類
與鼓聯繫的是禹，第一類的鼓、鞀功用不同，第二類與〈容成氏〉更
為接近，而（3）的「諫鼓」，黎翔鳳以為「『建』為立朝律，則『建
鼓』為朝廷所樹之鼓，較『諫鼓』義勝」，[130] 則（4）至（6）的內容
或為《管子》原貌。誠如于凱所言，「裴注所引更與〈容成氏〉相
合」，而《淮南子》之「鼜」是一種較小而有柄的鼓，「『有獄訟者搖
鼜』等，與〈容成氏〉『禹建鼓於廷』說接近，而又有所鋪張」。[131] 第

---

129 戰國時代兩種系統曾經並存，不僅上引（2）、（9）《淮南子》的〈氾論〉、〈主術〉
分別留下了兩個系統的說法，《初學紀》卷9引《說苑》有「禹之化天下也，以五
聲聽，門懸鐘、鼓、磬、鐸而置鞀，以待四方之士」也與上引（11）《說苑‧反
質》的系統不同。

130 黎翔鳳：《管子校注》（北京市：中華書局，2006年4月），頁1049。

131 于凱：〈上博楚簡《容成氏》疏劄九則〉，《上博館藏戰國楚竹書研究續編》，頁381。

一、二類為不同系統的敘述，而在禹的部分有交集，由〈容成氏〉可知，至少在戰國中期以前已經出現禹立鼓以開言路的傳說，則「有獄訟者搖鞀」與「立建鼓於朝，而備辭訟」兩類內容或為此類傳說的分化。

　　此類說法學者或以為是後人託禹以闡述治道的附會之說。如清人崔述在《夏考信錄》中曾有「辨縣鐘鼓磬鐸之說」，認為「此皆形容聖人善之誠，非真有此事也。後世君門萬里，下情不能上達，於是設鼓以防壅蔽」，又曰「其文殊淺弱，非虞、夏時語，而道義與事亦不得分為三，其為後人形容之語甚明」。[132]陳泳超則認為《管子·桓公問》中及其他類似的說法「不過是借先生之名論說廣開言路的意思」，「刊載此說的書籍，一般都成於戰國末或秦漢間，故此說之起，或與秦代鉗民之口的高壓政策有關」，陳劍則認為據〈容成氏〉可以將此說興起的時代提早。[133]如前文所述，我們認為〈容成氏〉的敘述脈絡接近《孟子·萬章上》所載啟天下歸心之「朝覲訟獄者不之益而之啟」，即「有天下者」具備的條件，而〈容成氏〉談禹政說禹聽政三年近悅遠來、四海請貢，此處又說禹不辭寒暑以應人民「訟告」之

---

132 崔述著，顧頡剛編：《崔東壁遺書》（上海市：上海古籍出版社，1983年6月），頁116。葉舒憲認為〈容成氏〉中關於禹為號旗之事帶有原始的圖騰記憶，禹建鼓之事則有神話與信仰的背景，並且在禹建鼓的問題上，不同意崔述以《淮南子·氾論訓》禹以五音聽治之事「非真有此事也」，並認為崔述之說「至使鐘鼓磬鞀四種樂器是否可能在夏代出現的問題，懸而未決，也使《淮南子》作者蒙上造偽的陰影」（參葉舒憲：〈《容成氏》夏禹建鼓——五論「四重證據法」的知識考古範式〉，《民族藝術》2009年第1期；〈大禹的熊旗解謎〉，《民族藝術》2008年第1期）。我們認為夏代有沒有這些樂器與〈容成氏〉或〈氾論訓〉所載大禹事蹟是否為真無關，而旗、鼓就算有葉先生所說的文化內涵，也無法說明〈容成氏〉之禹建旗、鼓之事為實錄。並且由於二事是否為實錄無從考證，因此可以追溯相關內容是否帶有更早的記憶痕跡，自然也可以探究是否帶有寫定時代的記憶脈絡，而本文關注的焦點在後者。

133 陳劍：〈上博楚簡《容成氏》與古史傳說〉，《戰國竹書論集》，頁71。

事，呼應了《孟子》中的觀念，因此我們認為〈容成氏〉禹政部分應
該是戰國時代的觀念背景下的書寫；不過與《孟子》不同的是，〈容
成氏〉成書可能早於《孟子》，並且更具體的引述禹為號旗與建鼓於
廷的傳說。至於所採用的傳說是前有所承還是改造其他傳說或新創造
的傳說，由於材料不足，只能等待未來有相關材料出土，才能進一步
討論。

最後附帶一提，《上博九・舉治王天下》有不少關於禹的記載，
簡文雖然殘缺，還是可以看出其強調禹治水與平天下之功，如：

> 五年而天下正。一曰：壘（禹）事先（堯），天下大水。……
> 【31】……二曰：壘（禹）奉埅（舜）童（重）惪（德），敌
> （施）於四或（國），悆（誨）弖（以）裝（勞）民，幾而晝
> （盡）力。壘（禹）衰（奮）中疾志，又（有）欲而弗【32】
> 遺（違）；深僧（陟）固足（疏），又（有）礼（功）而弗旻
> （廢）＿。三曰：壘（禹）王天下卲（昭），大止（志）不厶
> （私）▨【33】
> 弃（棄）身＿，生行裝（勞）民＿，死行不祭＿，前行晝（建）
> 礼（功），中行固同，冬（終）行不〔窮〕▨【34】[134]

「一曰」為治水之功，即「前行建功」，省略處提到禹的形象與〈容
成氏〉類似，上節已有討論。「二曰」為禹承舜之德施惠於四方並一
心為民服務，即「中行固同」，這部分可以呼應〈容成氏〉中禹政的
階段，「同」或有禹之善政使天下人民、四方諸國歸附之意。而禹棄
身勞民、死而不祭、大公無私的形象也與可以呼應〈容成氏〉中行

---

134 釋文參馬承源：《上海博物館藏戰國楚竹書（九）》（上海市：上海古及出版社，
　　2012年12月），頁227-234。

儉、不辭寒暑為民止爭、易養易葬及讓天下給皋陶、益等內容。「禹王天下」的部分對禹的一生作出總評，雖然簡文殘缺，仍能看出大致的內容，應該可以作為四代觀禹記憶的總結。

第四章
啟記憶二題
──啟得天下與上賓於天

　　在一般的認識中，夏初為先秦古史發展的重要轉折階段，禹受舜禪讓，啟繼禹有天下，啟成為禪讓傳統的終結者。然而三代觀的古史記憶不談禪讓，則禹、啟父子的形象不受禪讓觀的影響，而四代觀古史記憶強調禪讓，才產生禹、啟父子二人終結禪讓的形象與評價。

　　就啟而言，若三代觀的禹得天下與禪讓無關，則啟繼禹有天下自然沒有終結禪讓的問題；四代觀的禹是受舜禪讓而得天下，才會產生戰國學者對啟終結禪讓之事提出評論，同時也可以看到各自的記憶立場，其中也有以禹為禪讓終結者的觀點。進一步看，啟在先秦文獻中存在一種佚樂的負面形象，與啟上賓於天的傳說有關，我們認為賓天傳說雖僅見於戰國文獻中，但應該有更早的淵源，而最初的傳說可能不涉及道德批判的問題；先秦關於啟的記載亦多見於出土《歸藏》與傳世《歸藏》佚文，從相關材料來看，《歸藏》中關於啟的傳說應該是從當時流傳的說法中整理、改寫而來，具有晚出的性質。另外，戰國人對啟的記憶還涉及了夏初亂國之事，或以為是啟個人的佚樂失德所致，而其佚樂的形象又與賓天傳說有關。我們認為夏初政局或許尚未穩定，但最初啟的政局問題並未與賓天傳說作因果關係的連結，此種的形象很可能是後人的「歷史解釋」。

第一節　啟得天下的歷史傳說與記憶脈絡

一　三代觀：非禪讓脈絡中的啟得天下記憶

從古至今，關於禹如何得天下的記憶都是以舜禹禪讓為主流，至清人崔述因《尚書》中未明載禹受舜禪而對此事產生懷疑，認為「自舜及位以後，但記其詢岳，咨牧，命官，考績，而禪與之事未有一言及之者，則舜未嘗以帝為授禹明矣」，顧頡剛進一步認為舜禹禪讓說始見於《孟子・萬章上》：「昔者舜薦禹於天，十有七年，舜崩，三年之喪畢，禹避舜之子於陽城，天下之民從之若堯崩之後不從舜也。」《墨子》中則只有堯舜禪讓，無舜禹禪讓，如：

> 古者堯舉舜於服澤之陽，授之政，天下平；禹舉益於陰方之中，授之政，九州成。(〈尚賢上〉)
> 禹、湯、文、武，百里之諸侯也，說忠行義取天下。(〈魯問〉)
> 昔者禹征有苗，湯伐桀，武王伐紂，此皆立為聖王。(〈非攻下〉)

而曰：「我們的猜想，墨子時的傳說，大約是說舜崩後，有苗強大作亂，禹把他征滅，便自己做了天子。」[1]然而出土文獻〈容成氏〉中明確指出舜不以其子為後而讓禹（簡17），顯然在孟子以前已經存在舜禹禪讓的內容，這樣的記憶應非憑空出現。不過我們認為無論是否

---

[1] 以上參顧頡剛：〈禪讓傳說起於墨家考〉、〈鯀禹的傳說——夏史考第四章〉，《顧頡剛古史論文集》卷1，《顧頡剛全集》第1冊，頁444-449。童書業有類似的看法，參《春秋左傳研究》（北京市：中華書局，2006年8月），頁14-15。

真的有舜禹禪讓之事，就目前所見反映三代觀古史記憶的文獻中都被略去不談。三代觀的禹受天命治水有功後，天為之作邦，如〈豳公盨〉「天命禹敷土」後上帝「降民，監德；乃自作配」，上帝以禹為人間的代理人，清華簡〈厚父〉則在天命禹治水成功後明確指出：

> 乃降之民，建夏邦。啟惟后，帝亦弗恐啟之經德少，命皋繇下為之卿事，茲咸有神，能格于上，【2】知天之威哉，問民之若否，惟天乃永保夏邑。【3】

這段話不僅以為上帝為禹降民、建邦，還直接談到啟繼禹，既無舜禹禪讓，亦無禹讓皋陶、益之事，若非作者的記憶中不存在禪讓之事，就是禪讓完全不需要被提及，則沒有禪讓的古史觀在「啟得天下」的敘述中自然也不會出現「破壞禪讓傳統」這樣的負面形象。

　　因此我們認為，啟得天下的形象取決於堯、舜、禹禪讓的記憶是否存在或是否被重視。三代觀的古史記憶以夏為第一個「朝代」，禹為夏代第一位君王，統治權、土、民都是上天所賜，雖然此種記憶的表述帶有神話性質，而實際上所謂「禪讓」其背後的史影也確實可能是禹得到天下的方式，但三代觀的古史記憶並不重視此種制度，甚至可能刻意遺忘此種制度。西周人在意的是君主如何得到天命、保有天命，王朝如何永續經營，在這樣的邏輯下，對啟的評價也著重在他是否得天命、能否保有天命的問題上，而不會在是否破壞禪讓的問題上。因此啟繼禹之位象徵的是夏朝的開展，而非禪讓傳統的終結，是「偉大的開端」，而非「歷史的退步」，同時啟是否能保有禹所傳下來的夏代的天命也會是三代觀古史記憶中啟形象的重點。我們認為《逸周書·世俘》的〈崇禹生開〉反映的便是「偉大開端」的啟記憶。〈世俘〉曰：

癸酉〈丑〉，薦殷俘王士百人，籥人造，王矢琰，秉黃鉞，執
戈，王入，奏庸大享一終。王拜手稽首。王定，奏庸大享三
終。甲寅，謁我〈戎〉殷於牧野。王佩赤白旂。籥人奏
《武》。王入。進《萬》，獻《明明》三終。乙卯，籥人奏《崇
禹生開》三終，王定。[2]

關於〈崇禹生開〉的內涵，劉師培認為：

> 籥人奏崇禹生開三終，孔注《崇禹》、《生開》皆篇名。案「崇
> 禹」即夏禹，猶鯀稱崇伯也。開即夏啟。《崇禹生開》當亦夏
> 代樂舞，故實即禹娶塗山女生啟事也，孔云皆篇名似非。[3]

〈崇禹生開〉本事為何已不可考，也無法得知是夏人還是商、周人所
作，目前唯一可知的是它出現在西周文獻〈世俘〉所載的周初典禮
中。顧頡剛與李學勤都指出此篇應為西周文獻，基本為學界接受，[4]
因此至少可以代表西周人對「禹生啟」一事的認識。

　　〈世俘〉中庚戌、辛亥、壬子、癸丑、甲寅、乙卯六天是武王克

2　「癸丑」原作「癸酉」，「我殷」原作「戎殷」，《崇禹生開》「三終」原作「三鍾
　終」，據學者意見修改，參黃懷信：《逸周書彙校集注（修訂本）》，頁427-429。

3　黃懷信：《逸周書彙校集注（修訂本）》，頁429。顧頡剛在討論「禹娶塗山女生啟的
　故事」時也說〈崇禹生開〉既成了樂名，定是古代的一件大故事」，或許是受到劉
　說的影響。參〈鯀禹的傳說——夏史考第四章〉，《顧頡剛古史論文集》卷1，《顧頡
　剛全集》第1冊，頁551。

4　近年張懷通對此問題又有進一步研究，重申此篇確為西周文獻，應該是對原始記錄
　謹慎編輯的結果，參〈由獻俘禮看《世俘》的年代〉，《逸周書》新研。夏含夷也
　對此問題有深入的討問，參〈武王克商的「新」證據〉，收於黃聖松等譯：《孔子之
　前：中國經典誕生的研究》（臺北市：萬卷樓圖書公司，2013年4月）。

商後回國行祭祖、獻俘、告天等典禮的整個過程，[5]甲寅之前獻俘、
祭天、告殷罪、正邦君，至甲寅告伐殷於牧野之事，奏《武》、進
《萬》、獻《明明》，乙卯獻馘，奏〈崇禹生開〉。這些樂舞的內涵應
該與典禮的內容互相呼應。[6]先秦文獻中「某生某」大多見於家族或
政權的譜系記載，即某族或某王朝統治者的「世系」，「崇禹生開」或
許有繼往開來的內涵，其中的啟並不帶有先秦文獻中終結偉大禪讓傳
統這樣的形象。劉師培認為〈崇禹生開〉是以「禹娶塗山女生啟的故
事」為背景的樂舞，我們認為更可能指「啟繼承禹為王」，象徵著歷
史上第一個朝代的正式開展，是稱頌啟繼禹之業的樂舞，用在武王克
殷後於周廟的祭祖、獻俘、告天等典禮中，應該有讚頌武王繼文王伐
紂成功而後必將開創新時代的意義。顧頡剛曾指出：

> 武王的開國典禮是當時看作極重大的一件事，這件事已為「弔
> 民伐罪」的學說所掩蔽，但到戰國時還傳頌在人們的口頭，所
> 以古籍中也時有述及。《樂記》云：「武王伐殷，薦俘、馘於京
> 太室」（這是《樂記》的逸文，為蔡邕《明堂論》所引）。所謂

5　〈世俘〉中有兩段典禮干支重疊，本文所引為第一段，過去學者有錯簡的解釋，而
　　認為出於不同史官或記錄不同禮制，相關問題張懷通有詳細的討論，而張先生認為
　　兩段分別為內史與太史所記，第一段典禮內容較雜，包括行政、祭祖、獻俘、告天
　　等，典禮主體是「冊命」，第二段為獻俘禮，參〈《世俘》錯簡續證〉，《《逸周書》
　　新研》。

6　陳致指出《武》在《大武》創制以前已經作成，應該就是《詩經・周頌・武》亦即
　　《禮記・祭統》提到的《武宿夜》，《萬》為商人之樂，在商代禮制中的作用可能相
　　當於周人之《大武》，而《詩經・大雅・大明》首句為「明明在上」，內容從殷周聯
　　姻生文王、文王有天命，講到文王生武王、武王繼文王伐商，很可能就是《明明》。
　　參陳致：《從禮儀化到世俗化：《詩經》的形成》（上海市：上海古籍出版社，2009年
　　12月），頁73-75、157-168；〈「万（萬）舞」與「庸奏」：殷人祭祀樂舞與《詩》中三
　　頌〉，《詩書禮樂中的傳統：陳致自選集》（上海市：上海人民出版社，2012年10月）。

「京太室」就是這文所說的「周廟」。又《呂氏春秋・古樂》
云：「武王歸，乃薦俘、馘於京太室」，這也說明了本篇「維四
月既旁生霸」以下是武王歸周後的事。這事除〈世俘〉以外不
見於其他古籍，然戰國時人仍在傳誦，可見這實在是震古鑠今
的一回大典禮，因為這禮節太隆重了，所以人們忘記不了。[7]

〈世俘〉在戰國時代應有流傳，孟子所見〈武成〉或即〈世俘〉，[8]或
許在儒家古史觀成為主流後邊緣化，然而〈世俘〉留下了關於武王克
商後祭祀樂舞活動的記載，也在無意間留下了〈崇禹生開〉這個樂舞
及所體現的商周之際的啟記憶，在這樣的記憶中的啟不存在禪讓制度
終結者的形象。

　　清華簡〈厚父〉也反映了西周的三代觀古史記憶，不過其中啟與
〈崇禹生開〉的開國氣象略有不同。〈厚父〉曰：

> 啟惟后，帝亦弗恐啟之經德少，命咎繇下為之卿事，茲咸有
> 神，能格于上，【2】知天之威哉，問民之若否，惟天乃永保夏
> 邑。……【3】

如同其他西周時期的「書」類文獻一樣，這段話關心的是統治者的
「德」之有無與「天命」能否常保的問題。禹受天命治水而建夏邦，
而啟似乎因「經德少」而有失天命的危機，幸有皋陶為天所命佐啟而
撥亂反正使夏能常保天命，這樣的表述與《尚書・呂刑》上帝命三后
負責人間事務的神話式表述類似。

7　顧頡剛：〈逸周書世俘篇校注、寫定與評論〉，《顧頡剛古史論文集》卷9，《顧頡剛
　　全集》第9冊，頁247。

8　同上，頁244-245。

　　不過這段話中並沒有說明其失德的內容，也不強調此事，啟沒有
受到太多責難。此段關於啟的部分或可與《逸周書・嘗麥》對應，[9]
〈嘗麥〉曰：

　　　　昔天之初，誕作二后，……其在殷〈啟〉之五子，忘伯禹之
　　　　命，假國無正，用胥興作亂，遂凶厥國。皇天哀禹，賜以彭
　　　　壽，卑（俾）正夏略。

如前所述，〈嘗麥〉同樣是禹以前沒有虞代的三代觀記憶，若二者所
指為同一事，則啟之經德少或為導致五子之亂的原因，而皋陶對應彭
壽。值得注意的是〈嘗麥〉更不強調啟是否失德，其對應於蚩尤者為
「忘伯禹之命」的五子，顯然〈嘗麥〉比〈厚父〉更無意突顯啟的負
面形象，或許周初的啟尚未出現像後世那樣淫佚康樂的形象。而後代
亦有類似〈嘗麥〉的觀點，如《國語・楚語》曰：

　　　　堯有丹朱，舜有商均，啟有五觀，湯有大甲，文王有管、蔡，
　　　　是五王者，皆有元德也，而有姦子。

同樣罪在「五子（五觀）」而不在啟，〈楚語〉的啟甚至與其他聖王並
列而有「元德」。而《墨子・非樂上》所引〈武觀〉曰：「啟乃淫溢康
樂，野于飲食，將將銘，莧磬以力，湛濁于酒，渝食于野，萬舞翼
翼，章聞于天，天用弗式。」郭永秉將〈厚父〉與之比較，以為啟之
「經德少」及〈厚父〉文末談到的「酒誥」內容與〈武觀〉中啟之無
德與湛酒有密切關聯。[10]我們同意〈厚父〉與〈武觀〉的內容有關，

9　參郭永秉：〈論清華簡《厚父》應為《夏書》之一篇〉，《出土文獻》第7輯，頁130。
10　同上。

並且〈武觀〉的內容也可能受到西周天命觀的影響，不過我們認為〈武觀〉的啟形象可能是為了解釋夏初之亂而用啟賓天傳說進一步塑造的，此一問題我們在下文談啟賓天傳說的部分再進一步討論。

二　四代觀：禪讓脈絡中的啟得天下記憶

（一）啟終結禪讓傳統而得天下——兼談「禹德衰」的問題

1 啟攻益而得天下

隨著禪讓傳說的流行及虞代觀的確立，舜禹禪讓之說也成為主流記憶，至於禹如何將政權移交給下一位領導者，傳世先秦文獻中的一般說法是禹禪讓給益，而後啟與益之間又有一次政權轉移，啟於是終結了禪讓傳統。然而，終結禪攘的啟何時開始取代不在禪讓框架中的啟成為記憶的主流，由於材料不足，很難進一步討論，不過戰國時代兩種說法曾經並存，可知當時早期的記憶仍有遺留。而啟如何終結禪讓在戰國時代存在諸多異說，反映了啟的此種形象確立之後歷史詮釋權的爭奪，最後儒家的記憶成為主流。

目前所見最早的禹禪讓之說見於〈容成氏〉：

> 墨（禹）又（有）子五人，不㠯（以）亓（其）子為逡（後），見【33】咎（皋）咎〈陶〉之臤（賢）也，而欲㠯（以）為逡（後）。咎（皋）秀（陶）乃五壤（讓）㠯（以）天下之臤（賢）者，逑（遂）爯（稱）疾不出而死。墨（禹）於是虐（乎）壤（讓）嗌（益），啟於是虐（乎）攻嗌（益）自取。【34】[11]

11 釋文參單育辰：《新出楚簡《容成氏》研究》，頁194-200。

先秦文獻一般只提到禹讓益，並無禹讓皋陶的說法，原釋文指出《史記‧夏本紀》中有類似的說法，即「帝禹立而舉皋陶薦之，且授政焉，而皋陶卒。封皋陶之後於英、六，或在許。而后舉益，任之政。十年，帝禹東巡狩，至於會稽而崩。以天下授益」，[12]可見當時存在此類說法仍存，並被司馬遷認可而保留下來，而在啟、益關係上《史記》承繼的是《孟子》之說。不過同為戰國文獻的〈厚父〉則曰「啟惟后，帝亦弗恐啟之經德少，命皋繇下為之卿事」，啟並未與益爭天下，皋陶亦未死亡，二說顯然不能相容，我們認為〈厚父〉反映的是三代觀的記憶，此種差別為應該是時代不同所致，當時並未強調啟「終結禪讓」的形象。

　　〈容成氏〉中的啟則是禪讓的終結者，從作者之推崇禪讓來看，似乎啟的行為很難被認可，李銳便認為〈容成氏〉夏代為十六世是以啟為開國之君，以別於行禪讓之禹，或有頌禹而抑啟之意，[13]不過〈容成氏〉也說「〔啟〕王天下十有六年〈世〉而桀作」（簡35中），還是以啟為「王天下」者，而「禹於是乎讓益，啟於是乎攻益自取」的表述也比較平實，沒有對啟多作討論或批判，[14]其區隔禹、啟的目的或許更多是為了反映時代的轉變而非批判啟。當然，在作者的觀念中啟開啟的新時代仍代表著一種歷史的「退化」。[15]

12　馬承源：《上海博物館藏戰國楚竹書（二）》，頁277。

13　參李銳：〈上博館藏楚簡（二）初札〉，發表於「簡帛研究」網站（http://www.jianbo.org/Wssf/2003/lirui01.htm），2003年1月6日。

14　簡35中上下皆殘，單育辰指出「作」字上有編繩痕跡，應是中間的編繩（《新出楚簡《容成氏》研究》，頁201），則「啟」上有缺文而上接「攻益自取」（簡34），單先生估計可能有九字，因此中間若確有缺文，也有可能是以簡單一句話敘述啟終結禪讓的意義或作批判。

15　關於先秦歷史觀的問題，王建文的《戰國諸子的古聖王傳說及其思想史意義》與王樹民的〈戰國時人對於上古史的總結〉都有詳細的研究，前者指出了歷史觀的模式又線性與循環二種，線性又分為進化與退化兩類，後者整理出戰國時代流傳的六種

　　戰國文獻中還有不少關於啟、益相爭的內容，學者都已提倒，相關說法的立場多有不同，如古本《竹書紀年》有三條佚文如下：

> 益干啟位，啟殺之。（《晉書‧束皙傳》）
> 益為啟所誅。（《史通‧疑古》）
> 后啟殺益。（《史通‧雜說》）[16]

李存山認為「益干啟位」說明權力的合法性在啟，在《竹書紀年》中啟殺益是歷史事實，而「益干啟位」則有作者的價值判斷，〈容成氏〉的說法可能才是「較早的對當時『傳說』的一種『原始』記述」。[17]不過林錦榮認為「『干』字似意味著帝位原為啟所有，而非益。所以，禹究竟有沒有禪讓帝位予益？此間不無疑問。但從戰國當時已定型的世襲制來看，啟承禹即位，是理所當然耳，而益之求，則顯然是『干帝位』了」，[18]則《竹書紀年》的記載也可能是啟繼禹位而益與啟爭天下的記憶，或者在政治立場上不接受禪讓而對啟攻益之事做的詮釋。

　　不過戰國時代的主流觀點還是禹讓益，而在啟、益關係上另有幾種與〈容成氏〉不同的說法，如《楚辭‧天問》曰：「啟代益作后，卒然離蠥，何啟惟憂，而能拘是達？」游國恩對此句的解釋為「禹本

　　古史觀，林錦榮引述二說並進一步探討了〈容成氏〉中退化的古史觀。參林錦榮：《上博楚竹書〈容成氏〉研究》（臺北市：臺灣大學中國文學系碩士論文，2007年7月），頁184-204。

16 方詩銘，王修齡：《古本竹書紀年輯證（修訂本）》（上海市：上海古籍出版社，2005年10月），頁2。

17 李存山：〈反思經史關係：從「啟攻益」說起〉，《中國社會科學》2003年第3期，頁77。

18 林錦榮：《上博楚竹書〈容成氏〉研究》，頁187。

禪益而啟奪之」,「啟雖正位,益或仍謀攻奪」。[19]又如《韓非子・外儲
說右下》記燕王讓子之事時提到潘壽之言(《戰國策・燕策一》類似
內容為鹿毛壽所說)曰:

> 古者禹死,將傳天下於益,啟之人因相與攻益而立啟。
>
> 禹愛益而任天下於益。已而以啟人為吏。及老,而以啟為不足
> 任天下,故傳天下於益,而勢重盡在啟也。已而啟與友黨攻益
> 而奪之天下,是禹名傳天下於益而實令啟自取之也。(《韓非
> 子・外儲說右下》)
>
> 禹授益而以啟為吏,及老,而以啟為不足任天下,傳之益也。
> 啟與支黨委攻益而奪之天下,是禹名傳天下於益,其實令啟自
> 取之。(《戰國策・燕策一》)

此類說法以陰謀論的角度詮釋禹讓益,則終結禪讓之罪在禹不在啟。

另外,孟子承認禹讓益而啟、益之間並無爭天下之事。《孟子・
萬章上》曰:

> 萬章問曰:「人有言:『至於禹而德衰,不傳於賢而傳於子。』
> 有諸?」孟子曰:「否,不然也。天與賢,則與賢;天與子,
> 則與子。昔者,舜薦禹於天,十有七年,舜崩,三年之喪畢,
> 禹避舜之子於陽城,天下之民從之,若堯崩之後不從堯之子而
> 從舜也。禹薦益於天,七年,禹崩。三年之喪畢,益避禹之子
> 於箕山之陰。朝覲訟獄者不之益而之啟,曰:『吾君之子

---

19 游國恩:《天問纂義》,《游國恩楚辭論著集》(北京市:中華書局, 2008年4月),頁
194。

也。』謳歌者不謳歌益而謳歌啟,曰:『吾君之子也。』丹朱之不肖,舜之子亦不肖。舜之相堯,禹之相舜也,歷年多,施澤於民久。啟賢,能敬承繼禹之道。益之相禹也,歷年少,施澤於民未久。」

本文第二章第二節談到孔子對「讓國」者十分推崇,如吳太伯、伯夷、叔齊之類不願繼位而避居遠方者,而阮芝生進一步指出「禪讓」與「讓國」是不同的概念,[20]這段話很明顯是以「讓國」解釋啟、益關係,由於時人將禪讓美化為理想時代的理想制度,而明明禹讓益而終結禪讓的是啟,時人卻仍將終結禪讓的「罪」歸於禹,因此孟子用儒家向來稱許的「讓國」,即用益避讓啟來解決啟「不義」的疑慮,也因此將啟塑造為天下歸心的賢者。[21]最後司馬遷選擇了〈容成氏〉立場的禹禪讓說與《孟子》立場的啟、益關係,《史記‧夏本紀》曰:

帝禹立而舉皋陶薦之,且授政焉,而皋陶卒。封皋陶之後於英、六,或在許。而后舉益,任之政。十年,帝禹東巡狩,至於會稽而崩。以天下授益。三年之喪畢,益讓帝禹之子啟,而辟居箕山之陽。禹子啟賢,天下屬意焉。及禹崩,雖授益,益之佐禹日淺,天下未洽。故諸侯皆去益而朝啟,曰:「吾君帝禹之子也」。於是啟遂即天子之位,是為夏后帝啟。

此一記憶也因儒家思想的主流地位與《史記》的史學經典地位而成為

---

20 阮芝生:〈論禪讓與讓國〉,《第二屆國際漢學會議論文集:歷史與考古組》,頁490-500。

21 口試委員林宏明先生提醒筆者,相較於舜、禹之繼位,啟的部分還提到朝覲訟獄者、謳歌者,顯然更強調其天下歸心,或可反映記憶塑造的痕跡。

主流記憶。顧頡剛便曾談過此類啟記憶此消彼長的狀況，認為「一場征誅的慘劇變成了揖讓，我們真不能不佩服儒家改造古史的聰明手段！到了漢代，儒家的古史說統一了人們的信仰」，「自此以後，益讓啟，天下歸啟的說法便成為世人所公認的夏代史，大家看見了反儒家的益干啟位，啟殺益等話，就無不認為異端邪說了」。[22]誠如李存山所說：

> 從經史關係上說，史的「損益」往往受到經的影響。《唐虞之道》、《子羔》篇的「禪而不傳」，《容成氏》的「啟攻益」、「湯攻桀」等等，這些都是被以往的經、史所「損」（「減」）掉的東西。當我們從「禪而不傳」或「至於禹而德衰」的思想中發現早期儒家還有一種比肯定「湯武革命」、「王道政治」更具理想性和批判性的意識時，就可以說這些新出土的、曾經被「損」掉的「邊角廢料」不僅在它們的那個時代有其正當性，而且在我們的這個時代也會啟發新知。[23]

進一步看，被儒家立場記憶取代的啟攻益之說很可能曾經是主流記憶，但此種記憶是否也可能淘汰了更早的主流記憶？從有限的西周材料來看，不論禪讓制度是否存在似乎都不是當時記憶的重點，西周時代關心的是世襲王朝能否永續保有天命，歷史的「功用」也主要在提供古代得失天命的典範與教訓，至今我們還無法在公認為西周時代的材料中找到有關禪讓的記載。在此種邏輯中，即便存在關於啟的材

---

22 顧頡剛：〈夏史三論——夏史考第五、六、七章〉，《顧頡剛古史論文集》卷1，《顧頡剛全集》第1冊，頁553、564-567。

23 李存山：〈反思經史關係：從「啟攻益」說起〉，《中國社會科學》2003年第3期，頁85。

料並且與禪讓制度有關，也可能沒有歷史「價值」而不書寫、或用禪讓以外的角度書寫，而作為樂曲名的〈崇禹生開〉及清華簡〈厚父〉則提供了非禪讓脈絡的啟記憶，對我們而言，前者屬於「無意史料」，後者為出土文獻，都具有一定程度的史料意義，或許可以說明西周時期主流的啟記憶與禪讓無關，在禪讓傳說興起後啟才被放到禪讓的脈絡中，而產生（或找回）啟攻益之類的記憶，啟的形象也因此成為禪讓傳統的終結者。

2 今本《竹書紀年》中的啟、益關係為拼湊而來之偽作

在啟、益關係的材料中，還有一類具有爭議性的材料，即今本《竹書紀年》中的記載。自民初王國維作《今本竹書紀年疏證》以來，學界基本認為此書為偽書，但也有學者主張其中有真材料，甚至認為全書與原本相去不遠，西方學者倪德衛（David S. Nivison）、夏含夷（Edward L. Shaughnessy）便力主後說。[24]本文沒有能力探討此書真偽的問題，僅對其中關於啟的記載提出一點看法，本文認為相關內容為後人雜湊的可能性較高，應非戰國時代的記憶。

---

24 相關討論可參邵東方：《今本竹書紀年論集》（臺北市：唐山出版社，2002年2月）。另可參張富祥：《〈竹書紀年〉與夏商週年代研究》（北京市：中華書局，2013年10月）；程平山：《竹書紀年考》（北京市：中華書局，2013年12月）。倪德衛與夏含夷的著作也有譯本可參，如倪德衛著，魏可欽等譯：《〈竹書紀年〉解謎》（上海市：上海古籍出版社，2015年6月）；夏含夷著，周博群等譯：《重寫中國古代文獻》（上海市：上海古籍出版社，2012年12月），第3章、第4章。相關論文又見於夏含夷：《夏含夷古史異觀》（上海市：上海古籍出版社，2005年12月）；《興與象：中國古代文化史論集》（上海市：上海古籍出版社，2012年2月）；黃聖松等譯：《孔子之前：中國經典誕生的研究》（臺北市：萬卷樓圖書公司，2013年4月）；張叔一等譯：《夏含夷古史異觀》（上海市：上海古籍出版社，2016年4月），第2集。

倪德衛曾將《今本竹書紀年》的文本以四十字為一簡的設定還原為竹簡形式，啟、益關係的部分被安排在第七十三到七十五簡（如右圖），[25]並認為：

> 第074簡至第075簡：《晉書‧束皙傳》載「益干啟位，啟殺之」（第073簡「禹薦益於天」）據我估計，第一批晉代編輯者（280-282）以「今本」說法代之，第二批編輯者（公元290年及其後）則將他改了回來。但也存在一種可能性，即「古本」材料取自汲縣其他出土文獻。就第一種可能性來說，難處在於，人們必得假定，首批晉代編輯者嚴格記錄了所刪文字，後又製作一篇相同字數的簡文代替。但事實上，這些晉代編輯者對簡文字數並不關心。[26]

基本上倪德衛否定「益干啟位，啟殺之」為《竹書紀年》原文，認為今本的「禹薦益於天……」才是原文，古本的說法可能來自其他汲冢出土的文獻。

就啟益關係而言，今本《竹書紀年》與「益干啟位，啟殺之」相對的是一系列事件，包括：

（1）禹立四十五年。禹薦益於天。七年，禹崩，三年喪畢，天下歸啟。

	5		
	15	14	13
01	益	齊	奚
02	山	啟	愛
03	就	。	龍
04	國	元	哉
05	王	年	寵
06	帥	帝	於
07	師	即	是
08	伐	位	曳
09	有	于	尾
10	扈	夏	而
11	大	邑	逝
12	戰	大	禹
13	于	饗	立
14	甘	諸	四
15	。	候	十
16	六	於	五
17	年	鈞	年
18	伯	臺	
19	益	諸	
20	薨		
21	祠	候	禹
22	之	從	薦
23	。	帝	益
24	八	歸	於
25	年	於	天
26	帝	冀	七
27	使	都	年
28	孟	大	禹
29	涂	饗	崩
30	如	諸	三
31	巴	候	年
32	蒞	於	喪
33	訟	璿	畢
34	。	台	天
35	十	。	下
36	年	二	歸
37	帝	年	啟
38	巡	費	
39	狩	候	
40	舜	伯	
	075	074	073

---

25 倪德衛：《〈竹書紀年〉解謎》，頁154。

26 同上，頁177-178。關於汲冢竹書的整理可參夏含夷：《重寫中國古代文獻》第3章、第4章。

（2）二年，費侯伯益出就國。

（3）六年，伯益薨，祠之。

不論古本之說是否出自《竹書紀年》，〈容成氏〉已證其確為戰國時代的記憶，因此本文關注的問題在於今本《竹書紀年》所載是否是戰國時代的古史記憶；更仔細的說，上引（1）、（2）、（3）或許能找到先秦的文獻對應，但它們以今本《竹書紀年》中的排序方式所體現的歷史敘述，是否存在於戰國時代人們的記憶中。

王國維已指出（1）出自《孟子》、（3）出自《越絕書》，至於（2）沒有舉出可能的出處，而認為「蓋故與古本立異。觀後附注於『伊尹自立』云『誤以攝政為真』。於『太甲殺伊尹』云『文與前後不類』，則此易其本文，彼則加以案語，蓋正文與注出於一人所蒐集也」，[27]程平山認為今本《竹書紀年》「成書的時代晚於《資治通鑑前編》，乃明人偽作」，而認為（2）採《皇王大紀》、《資治通鑑前編》。[28]當然，支持今本為真者也可以認為《越絕書》、《皇王大紀》、《資治通鑑前編》的說法襲自今本《竹書紀年》。

或許由於（2）不如（1）、（3）可以找到先秦的相關內容，因此較不受注意，其實（2）中益「出就國」一事，上承（1）下啟（3），對於探討（1）→（2）→（3）這樣的歷史敘述是否為戰國時代的古史記憶是很關鍵的內容。

我們先從（3）「六年，伯益薨，祠之」談起，《越絕書·吳內傳》曰：

---

27 王國維：《今本竹書紀年疏證》，收於方詩銘，王修齡：《古本竹書紀年輯證》，頁213。

28 程平山：《竹書紀年考》下冊，頁1161、1187。

夏啟獻犧於益。啟者，禹之子。益與禹臣於舜，舜傳之禹，薦
益而封之百里。禹崩，啟立，曉知王事，達於君臣之義。益死
之後，啟歲善犧牲以祠之。《經》曰：「夏啟善犧於益。」此之
謂也。

關於「《經》曰」，錢培名指出：

> 「經曰夏啟善犧於益」，據此文「經曰」二字，則知此篇晉公
> 子重耳反國定天下，齊公子小白亦反齊國而匡天下，堯有不慈
> 之名，舜有不孝之行，舜用其仇而王天下，桓公召其賊而霸諸
> 侯，夏啟獻犧於益，湯獻牛荊之伯，舜之時，鯀不從令，湯以
> 文聖，文王以務爭，武王以禮信，周公以盛德等語，皆其所謂
> 經也。各立一語為綱，而下為之傳。[29]

此《經》所指為何今不可考，不過此篇寫作時代應流傳有「夏啟獻犧
於益」之說，且很可能與先秦其他史事同收於一書中。《越絕書》著
者與成書時代頗有爭議，余嘉錫曾指出：

> 自來以《越絕》為子貢或子胥作者，固非屬實，而如《提要》
> 及徐氏說，以為純出於袁康、吳平之手者，亦非也。余以為戰
> 國時人所作之《越絕》，原係兵家之書，特其姓名不可考，於
> 《漢志》不知屬何家耳，要之，此書非一時一人所作。《書錄
> 解題》卷五云：「《越絕書》十六卷，無撰人名氏，相傳以為子
> 貢者，非也。蓋戰國人所為，而漢人又附益之耳。」斯言得之
> 矣。[30]

---

29 轉引自李步嘉：《越絕書校釋》（武漢市：武漢大學出版社，1992年7月），頁90。
30 余嘉錫：《四庫提要辨證》（北京市：中華書局，1986年1月），頁382-383。

根據余先生的觀點,「夏啟獻犧於益」之說或許在漢代之前已經出現。

關於《越絕書》的記載,一般關注的是「益死之後,啟歲善犧牲以祠之」可能是(3)的來源,其實「薦益而封之百里」亦值得注意。趙雅麗曾指出《越絕書》材料多有源自《史記》者,或沿襲或增改,[31]可見其受《史記》之影響頗深,而「薦益而封之百里」的說法應該是來自《史記・秦本紀》:

> 女華生大費,與禹平水土。已成,帝錫玄圭。禹受曰:「非予能成,亦大費為輔。」帝舜曰:「咨爾費,贊禹功,其賜爾皁游。爾後嗣將大出。」乃妻之姚姓之玉女。大費拜受,佐舜調馴鳥獸,鳥獸多馴服,是為柏翳。舜賜姓嬴氏。大費生子二人:一曰大廉,實鳥俗氏;一曰若木,實費氏。

大費即伯益,〈秦本紀〉所載實為伯益受封之事。《越絕書》的作者應該知道《孟子・萬章上》「禹薦益於天」的說法,不過他將之與〈秦本紀〉之說融合為「薦益而封之百里」,則益在啟即位前已受封為諸侯,並取消了禹讓益的情節,而後益為啟臣,啟「曉知王事,達於君臣之義」,故在益死後「歲善犧牲以祠之」。而《越絕書》的「薦益而封之百里」或與今本《竹書紀年》(2)「費侯伯益出就國」有關,我們認為今本《竹書紀年》拼湊前說有兩種可能。

其一,「就國」一般指諸侯前往自己的封國、封地,可能是《越絕書》先建構出「益受封而後啟祭益」的敘述內容,才衍生出「益就國而後啟祭益」的敘述。即今本《竹書紀年》的作者將《越絕書》去掉的《孟子》之說改回兼顧二說的敘述,也就是拼湊了《孟子》與

---

31 趙雅麗:《《越絕書》研究》(福州市:福建師範大學碩士論文,2007年4月)第3章。

《越絕書》的內容，而用「就國」涵蓋曾經受封之事，同時用以詮釋「益避讓啟」。事實上，「費侯伯益出就國」這樣的表述出於先秦的可能性不大。「就國」一詞於兩漢文獻中多見，為漢代習用之詞，遍搜先秦文獻，僅得《戰國策・齊策四》「孟嘗君就國於薛」一例。用來描述先秦人物者見於《史記》〈齊太公世家〉「武王已平商而王天下，封師尚父於齊營丘。東就國，道宿行遲」，〈管蔡世家〉「餘五叔皆就國」，也是漢人所寫，用來描述傳說人物之例則見於東漢趙曄所著《吳越春秋・吳太伯傳》「后稷就國為諸侯」，「費侯伯益出就國」也是類似的表述，比較可能是後人所寫。

　　其二，益「就國」之事未見於先秦文獻，而見於《皇王大紀》、《資治通鑑前編》（注中引《皇王大紀》之說，正文未提到「就國」），前者曰：

> 八載，……王崩於越。啟賢，能敬承繼王之道，伯益奉啟踐天子位，……啟元載甲申，二載啟既除喪，伯益歸政就國於箕山之陰，生二子，一曰大廉，實鳥俗氏，二曰若木，實費氏。

從「就國」後接「生二子……」可知《皇王大紀》也採用〈秦本紀〉之說，而將「益避禹之子於箕山之陰」詮釋為「歸政就國」，比《越絕書》更進一步調和了《孟子》之說。這樣的詮釋受到金履祥肯定，他在《資治通鑑前編》注中曰：

> 益之相禹異於禹之相舜，禹之相舜異於舜之攝堯，其時異，其事亦不同。孟子俱以薦言者，推堯、舜、禹之心也，其俱以避言者，推舜、禹、益之心也。當時事跡固自有不同，故胡氏明年書益歸政就國，而不言避，是為得之。

《孟子》、《皇王大紀》、《越絕書》都有各自的敘述脈絡，由此看來，也可能今本《竹書紀年》所載啟、益關係的三條內容分取自《孟子》「薦益於天」、《皇王大紀》「伯益歸政就國」、《越絕書》「夏啟獻犧於益」，由三者拼湊而來。

3 「禹德衰」的思想背景

禹在西周時代的材料中是治平水土、有功於天下者，這樣的形象到東周不僅沒有轉變，還成為「天下」的象徵，如先秦傳世與出土文獻中「禹賣」、「禹績」一詞所示，不過在戰國文獻中，卻出現了「禹德衰」的說法。主要見於《孟子·萬章上》及《莊子·天地》，前者以為禹是破壞禪讓傳統的元凶，後者以為禹是以賞罰亂政的元凶。另外，「德衰」之說，亦見於〈容成氏〉，不少學者以為指禹，實則不然。

〈容成氏〉曰：

> 於是於（乎）訇（始）篡（爵）而行录（祿），呂（以）殹
> （讓）於又吳＝迵＝（有虞迵，有虞迵）曰：悳（德）速蓑
> （衰）。【32】

「又吳＝迵＝」原釋文為「來（？），亦＝迵＝」，「有虞迵」為郭永秉所釋。[32]陳劍曾據原釋文將此簡編於禹事之中，而曰：

> 「曰德速蓑（衰）」可能與《孟子·萬章上》所謂的「萬章問
> 曰：人有言『至於禹而德衰』」有關。萬章所敘是以「不傳於

---

32 參郭永秉：〈上博簡《容成氏》的「有虞迵」和虞代傳說的研究〉，《古文字與古文獻論集》。

賢而傳於子」為禹之德衰，《漢書・刑法志》則云：「禹承堯舜
之後，自以德衰而制肉刑。」又《莊子・天地》：「子高曰：昔
堯治天下，不賞而民勸，不罰而民畏。今子賞罰而民且不仁，
德自此衰，刑自此立，後世之亂自此始矣。」簡文前文言堯之
前「不賞不罰，不刑不殺」，堯時「不勸而民力，不刑殺而無
盜賊……其政治而不賞，官而不爵，無勵於民」，而禹「使爵
而行錄」，禹之「德衰」或即指此而言，跟《莊子・天地》文
相類。[33]

陳先生舉出先秦文獻中兩類「禹德衰」之說，其一見於《孟子・萬章
上》萬章對孟子的提問中，可知當時流傳了禹因破壞禪讓傳統而德衰
之說，其二為《莊子・天地》中伯成子高所說，主張禹行賞罰制度為
德衰的指標，反映了天下之亂始於此時，二者敘述立場明顯不同，而
陳先生認為簡32編排在禹事中則〈容成氏〉之禹德衰與《莊子・天
地》相類。白於藍則認為大多數傳世典籍中的禹之德並未衰，而傳世
典籍中對啟則或有貶抑之辭，又〈容成氏〉中對禹無一字為貶義，且
《帝王世紀》中有啟「貴爵而尚齒」之說，因此將簡32編排在簡34
「啟於是乎攻益自取」後，[34]則簡32的「德速衰」指啟破壞禪讓，偏
向萬章提出的立場。另外，郭永秉指出「又吳迵」應理解為「有虞
同」，並將簡32移至簡4＋5前，認為「德衰」為有虞同之前的事而非
禹事，而曰：

　　《慎子》佚文謂：「孔子云：『有虞氏不賞不罰，夏后氏賞而不

---

33 陳劍：〈上博楚簡《容成氏》與古史傳說〉，《戰國竹書論集》，頁69。

34 白於藍：〈《容成氏》編聯問題補議〉，《華南師範大學學報（哲學社會科學版）》，頁
93-94。

罰，殷人罰而不賞，周人賞且罰。罰，禁也；賞，使也。』」
慎到是齊宣王、湣王之際的法家，其活動年代與《容成氏》的
著作年代應該是十分接近的。他對有虞氏治政原則的概括與
《容成氏》完全相同，可見這是戰國古史傳說對有虞氏的普遍
評價。[35]

我們認為郭先生的說法較為合理，則〈容成氏〉之禹並未德衰，德衰
者為「有虞迵」之前的古帝王（可能是簡35B的「□汤氏」），同時啟雖
為禪讓傳統的終結者，在〈容成氏〉中並不以他為「德衰」的代表。

《莊子·天地》所記載的禹受禪後「伯成子高辭為諸侯而耕」之
事又見於《呂氏春秋·恃君覽·長利》、《新序·節士》，崔述在《夏
考信錄·辨始亂之說》中曾批評《呂氏春秋》所載伯成子高之事曰：
「蓋楊氏之徒為黃、老之說者皆好援古而非今，故造為此言，借唐、
虞以毀三代；呂氏之客無知而妄採之耳。」[36]道家往往透過否定儒家
推崇的古聖王的形象以闡述自己的道理，伯成子高以為禹行賞罰而德
衰應該也是此類說法，而〈容成氏〉中虞代以前的古帝之所以「德
衰」亦因行賞罰，與〈天地〉所述相同，二者關於堯之時不賞不罰的
描寫也很類似，都以「刑賞」為指標衡量古代政治與歷史演進；不同
的是《莊子》中「德」往往代表太古淳樸的理想社會，並且認為人類
的歷史是逐漸失去「德」的過程，[37]而禹為「德衰」的記憶座標，〈容
成氏〉之「德衰」則在夏代之前，以「始爵而行祿」為「德衰」（簡

---

35 郭永秉：〈上博簡《容成氏》的「有虞迵」和虞代傳說的研究〉，《古文字與古文獻
論集》，頁120-121。

36 參崔述著，顧頡剛編：《崔東壁遺書》，頁115。

37 參佐藤將之：《荀子禮治思想的淵源與戰國諸子之研究》（臺北市：臺灣大學出版中
心，2013年12月），頁89。

32上），雖同以「刑賞」為「德衰」之指標，背後的理想世界、記憶座標皆不相同。另外，「刑賞」此一標準也見於郭先生所引法家的《慎子》佚文中，並非用以闡述「德衰」，可見同一標準在當時存在各自表述的狀況，其中僅道家以為禹德衰。因此從有限的材料來看，關於「禹德衰」的說法主要是在「刑賞」的問題脈絡中提出的，並非「禪讓」。

至於《孟子·萬章上》萬章引述以禹為破壞禪讓傳統的元凶的禹德衰之說從何而來，自然不會是〈容成氏〉，因為〈容成氏〉中的禹不曾破壞禪讓傳統，並且〈容成氏〉的德衰也不指破壞禪讓制度；也不會是道家說法，因其德衰與禪讓無關。因此萬章提到的「禹德衰」之說或許是前文提到《戰國策·燕策一》中「禹名傳天下於益，其實令啟自取之」之類陰謀論說法的主張者利用當時的流行的「德衰」之說所造的。

（二）啟賢而能繼禹及啟為聖王的記憶

在四代觀的框架中，啟雖為禪讓政治的終結者，卻未必被賦予負面的形象。事實上西周三代觀本不以世襲為惡，其重視的是君王是否能有天命、繼承者能否保天命的問題，因此如清華簡〈厚父〉中的啟雖「經德少」，用賢臣皋陶亦能保夏之天命。如前所述，因四代觀興起後強調禪讓而帶起批判禹、啟的風潮，不過在戰國中期禪讓學說開始沒落後，啟又重新擺脫負面形象，因此在四代觀的框架中，也存在另一種以啟為聖王的內容。

最具代表性的說法出自前引《孟子·萬章上》「天與賢，則與賢；天與子，則與子」，「禹薦益於天，七年，禹崩，三年之喪畢。益避禹之子於箕山之陰。朝覲訟獄者不之益而之啟，……謳歌者不謳歌益而謳歌啟」之說，孟子口中的禹也曾讓益，與〈容成氏〉相同，不

同的是啟並未與益爭天下，其有天下是因為得民心。孟子的說法將禪讓與世襲的合理性都歸於「天意」，則啟的形象並非主動破壞禪讓傳統的竄位者，而是能繼承禹之道的賢君，而禹在〈容成氏〉中正是一個「朝覲訟獄者」願意歸附的聖君（詳前文）。

《左傳・昭公四年》也有啟為聖王形象的記載，如：

> 夏啟有鈞臺之享，商湯有景亳之命，周武有孟津之誓，成有岐陽之蒐，康有酆宮之朝，穆有塗山之會，齊桓有召陵之師，晉文有踐土之盟。

這些例子是楚椒舉勸諫楚靈王合諸侯於申應「慎禮」所舉，而後椒舉又在「楚子示諸侯侈」時列舉反例曰：

> 夫六王、二公之事，皆所以示諸侯禮也，諸侯所由用命也。夏桀有仍之會，有緡叛之。商紂為黎之蒐，東夷叛之；周幽為大室之盟，戎狄叛之，皆所以示諸侯泆也，諸侯所由棄命也。

值得注意的是，《左傳・哀公七年》有「禹合諸侯於塗山」之事，《國語》作「禹致群神於會稽之山」，《韓非子・飾邪》作「禹朝諸侯之君會稽之上」，也是流傳很廣的傳說，不過楚椒舉並未援引此例，而以啟代表夏代與湯、武、承、康、穆並列為「六王」與桀、紂、幽相對，可見啟之聖王形象。

類似的啟形象也見於出土戰國文獻，《上博九・舉治王天下》：

> 上（尚）父乃言曰：「夫先四帝＿、二王之〔道〕▨【16】▨啟行五尾（宅），湯行三起（起）。」文王曰：「道又（有）戰

（守）唇（乎）﹂？」上（尚）父曰：「黃帝▨（？）光，先
（堯）▨【17】視憊（？），湯▨善視訶。」文王曰：「道又
（有）要唇（乎）？」……【14】[38]

鄔可晶認為簡14可能接於簡17後，指出：

> 從簡16的「先四帝、二王」，簡17的「啟行五厇（宅），湯行三
> 起」來看，「視憊」很可能指啟而言，與湯正合「二王」之
> 稱。簡17末尾說「黃帝▨光，堯……」，與簡14的〔啟〕……
> （所缺之字可能為「▨□」）視憊，湯▨善視訶」同例，顯然
> 當連讀。頗疑簡17下部殘去之字中，還有說舜的一句話；這樣
> 一來，黃帝、堯、舜、禹、啟、湯，剛好湊成「夫先四帝二
> 王」之數。文王問完「道有守乎」（見簡17）後，緊跟著問
> 「道有要乎」（見簡14），也是很合適的。[39]

啟之前稱為「帝」，則啟為夏代聖王代表且為古代聖王之首。或許
《左傳・昭公四年》未提到「禹」也可能是將禹視為更高等級的
「帝」。前文提到李銳指出〈容成氏〉夏代為十六世是以啟為開國之
君，以別於行禪讓之禹，也將啟與禹作區隔，或許戰國時代曾流行這
樣的觀念，不過〈容成氏〉以啟為禪讓時代的終結者，與此處啟的聖
王形象有所不同。

　　另外，在四代觀的禪讓脈絡中也有留存了三代觀啟形象的內容，
即《國語・楚語》曰：

---

38 參鄔可晶：〈《上博（九）・舉治王天下》「文王訪之於尚父舉治」篇編連小議〉，《中
　國文字》新39期（2013年12月），頁92。

39 同上，頁98。

> 堯有丹朱，舜有商均，啟有五觀，湯有大甲，文王有管、蔡，
> 是五王者，皆有元德也，而有姦子。

類似內容又見於《韓非子・說疑》：

> 其在記曰：「堯有丹朱，舜有商均，啟有五觀，商有太甲，武
> 王有管、蔡。」五王之所誅者，皆父兄子弟之親也，而所殺亡
> 其身殘破其加者何也？以其害國傷民敗法類也。

不過此內容雖提到啟之時有「五觀之亂」，卻仍以啟有「元德」而與堯、舜、湯、文（或武）並列為「五王」，這種啟形象雖在四代觀的禪讓脈絡中，既無「攻益自取」而破壞禪讓傳統的形象，亦無清華簡〈厚父〉之「經德少」、《墨子》所引〈武觀〉之「淫溢康樂」等負面形象，則啟之聖王形象更為徹底。

　　啟的聖王形象亦見於漢初的文獻。漢初諸呂之亂平定後，大臣欲擁立代王為帝，或勸進、或建議靜觀其變，而代王猶豫不決時作了一次占卜，《史記・孝文本紀》記載曰：「卜之龜，卦兆得大橫。占曰：『大橫庚庚，余為天王，夏啟以光。』」此事亦見於《漢書・文帝紀》，唐顏師古注引張晏之說：「先是五帝官天下，老則嬗賢，至夏啟始傳嗣，能光先君之業。文帝亦襲父跡，言似啟也。」這段記載的內容不論是否為真，都反映了作者承襲了戰國時代的啟為聖王的記憶，啟能繼禹並光大夏朝的形象或許受到孟子之說的影響，不過亦頗能呼應〈崇禹生開〉所體現讚頌啟繼禹業之開創性的三代觀記憶，或許此占辭也可能源自更早的材料。

綜上所述，戰國時代確有以啟繼禹有天下為是而不以破壞禪讓傳統非之的看法，這樣的記憶或許是與《孟子》一樣在重新詮釋禪讓的脈絡中形成的，或者也可能是在此種脈絡中重新找回三代觀的「啟繼禹而開創了夏代」的記憶。

第二節　啟上賓於天的神話傳說與記憶軌跡

一　啟賓天傳說的演變：從甲骨文的「賓于帝」談起

（一）甲骨文「賓于帝」的敘述脈絡

《楚辭·天問》的「啟棘賓商〈帝〉，九辯、九歌」，指的是啟登天得《九辯》、《九歌》以下之事，類似的內容又見於《山海經·大荒西經》、《歸藏》佚文，王家臺秦簡《歸藏》中也有相關資料。其中〈天問〉「賓帝」、〈大荒西經〉「嬪于天」學者或以為與甲骨文中的「賓于帝」有關。

甲骨文中關於「賓于帝」、「賓于某祖」較具代表性的卜辭如下：

（1）甲辰卜，敵貞：下乙賓于咸。

　　貞：下乙不賓于咸。

　　貞：下乙〔賓〕于帝。

　　貞：下乙不賓于帝。

　　貞：大甲賓于咸。

　　貞：大甲不賓于咸。

　　貞：大〔甲〕賓于帝。

　　貞：大甲不賓于帝。

貞：咸賓于帝。

貞：咸不賓于帝。

　　《醉古》260（《丙》39＋《乙補》1635＋《乙補》
1708＋碎甲）[40]

（2）丙寅卜：□貞：父〔乙賓〕于祖乙。

　　貞：〔父乙〕不〔賓于祖〕乙。　　　　　《合》1657正

　　王占〔曰〕：賓，隹易日。

　　王占曰：父乙賓于〔祖乙〕。　　　　　《合》1657反

（3）癸丑卜：上甲歲，伊賓。

　　弜賓。　　　　　　　　　　　　　　　《合》27057

（4）貞：其卯羌，伊賓。

　　王其用羌于大乙，卯更牛，王受又。　　《合》26955

（5）甲申卜，喜貞：翌乙酉唐歲，黃尹其賓。

　　　　　　《契合》326（《合》22750＋《合》23568）[41]

這五例中的「下乙」指「祖乙」，[42]「大乙」、「唐」、「咸」皆指「成
湯」，[43]「父乙」即武丁父「小乙」，而「伊」、「黃尹」皆指伊尹。[44]

---

40 林宏明：《醉古集》（臺北市：萬卷樓圖書公司，2011年3月），頁163。

41 林宏明：《契合集》（臺北市：萬卷樓圖書公司，2013年9月），頁219。

42 參胡厚宣：〈卜辭下乙說〉，北京大學四十週年紀念刊編輯委員會編：《北京大學四十週年紀念文集》（北京市：北京大學出版組，1938年2月編印，1940年1月初版），乙編上。後收於《甲骨學商史論叢初集》（成都市：齊魯大學國學研究所專刊，1944年）。

43 參蔡哲茂：〈論殷卜辭中的「𢆶」字為成湯之「成」──兼論「𠭯」「𠭯」為咸字說〉，《中央研究院歷史語言研究所集刊》第77本第1分（2006年3月）。

44 關於伊尹、黃尹是否為一人的問題，學者看法不同，蔡師哲茂曾有詳細的討論，認為二者皆指伊尹，參〈殷卜辭「伊尹𡉚示」考──兼論它示〉，《中央研究院歷史語言研究所集刊》第58本第4分（1987年12月）。而上引例（5）為林宏明先生綴合，

人物間的關係包括「祖乙賓于成湯」、「祖乙賓于帝」、「大甲賓于成
湯」、「大甲賓于帝」、「成湯賓于帝」、「小乙賓于祖乙」、「伊尹賓于上
甲」、「伊尹賓于成湯」等，皆地位低者賓於地位高者。

　　學者討論「賓于帝」時多引用（1）的內容，如胡厚宣在〈卜辭
下乙說〉中曰：

　　35. 甲辰卜，設，貞下乙𡧍于帝。（十三次）
　　「𡧍」即「賓」，有「配」義，〈天問〉「啟棘賓帝」，〈大荒西
　　經〉「夏后啟上三嬪于天」。言下乙賓于帝，是下乙之德，固可
　　以配天也。[45]

這段解釋雖然簡短，但指出了兩個方向：一是將「賓」解釋為
「配」，並提及後代的「配天」觀念，後來的學者進一步由此談到
商、周「祖先觀念」演變的問題；二是聯想到夏啟的傳說，後來的學
者理解夏啟登天傳說一般都會提到甲骨文中的「賓于帝」。大約同
時，陳夢家提出了另一種看法，他在〈商王名號考〉文末「附記二」
中對胡厚宣所引「下乙賓于帝」該條卜辭提出了解釋：[46]

　　並指出齊文心認為伊尹、黃尹非一人其中一項論點是卜辭有伊尹配享先王的卜問卻
　　未見黃尹配享先王之卜問，而此組綴合即為反證，並且黃尹配享的先王為成湯，也
　　可說明黃尹確為伊尹，參《契合集》，頁219。

45 胡厚宣：〈卜辭下乙說〉，《北京大學四十週年紀念文集》乙編上，頁52。相關內容又見
　　〈甲骨文所見殷代之天神〉，《責善半月刊》第2卷第16期（1941年11月）；〈殷代之天神
　　崇拜〉，《甲骨學商史論叢初集》。

46 陳夢家於「附記二」曰：「關於下乙即祖乙說，胡厚宣有文在『北大四十週年紀念
　　刊』發表，茲承胡君以節略見示。」其「節略」內容包含胡厚宣所引全部35條卜辭
　　及一段說明下乙即祖乙的文字，參陳夢家：〈商王名號考〉，《燕京學報》第27期
　　（1940年6月），頁139。「附記二」文末注明「三月六日補記」，即民國29年3月6日。

卜辭說他賓于帝，即上天賓見上帝。《楚辭・天問》「啟棘賓帝，九辯九歌」，《山海經・大荒西經》「夏后啟上三嬪于天，得九辯與九歌以下」，《孟子・萬章下》「舜尚見帝，帝館甥于貳室，亦饗舜，迭為賓主。」戰國這兩個傳說，今由下乙的賓于帝，可知並屬可信，乃是古人的一種信仰。開三嬪于天而下，這個賓字是賓客的賓，……。[47]

陳夢家也聯想到夏啟傳說，關於「賓」字的看法則從詞義解釋為「賓客」之賓，並注意到此類表述可能有一個「信仰」的基礎，這便涉及了先秦「祖先觀念」的問題。以上二說都是初步的解釋，雖存在一些問題卻是有啟發性的說法，後人基本依循著這兩條思路開展出更全面的討論，我們不應忽視早期的觀點。

　　胡厚宣後來在〈殷卜辭中的上帝與王帝（下）〉進一步總結曰「賓于帝即配于帝，配于帝猶言配于天」，並補充了《逸周書・太子晉》的「上賓于帝所」。[48]胡厚宣所引內容為例（1），未提到「某祖賓于某祖」的辭例，當時此版雖尚未綴合完整，不過所引《合》1402（《丙》39）仍有「賓于咸」的內容，顯然「配天」之說不能解釋所有「某賓于某」的卜辭，並且以「配」釋「賓」遷就「配天」的解釋而未考慮「賓」字其他可能的解釋。[49]陳夢家則針對更完整的辭例（包含了上引（1）、（2）、（3）、（4）的內容）作了進一步的討論，涉及的人物除了下乙之外還包括父乙、咸、大甲、伊尹等，指出卜辭中

---

47 陳夢家：〈商王名號考〉，《燕京學報》第27期，頁142。

48 胡厚宣：〈殷卜辭中的上帝與王帝（下）〉，《歷史研究》1959年第9期，頁89。

49 晁福林很早就注意到胡厚宣忽略同版「某祖賓于某祖」的辭例，並且認為此類辭例不利於「配天」的解釋，參〈論殷代神權〉，《中國社會科學》1990年第1期，頁110-111，及〈卜辭所見商代祭尸禮淺探〉，《考古學報》2016年第3期，頁360。

「先王先公賓於帝，先王先公互賓」的情況，關於（1）、（2）的「賓帝」，認為「所謂賓帝，發展為周人的配天。後世傳說，還保存了一些原始的意義」（即啟賓天傳說），[50]關於（3）、（4）的「伊賓」則認為是「伊尹附祭於先王」。[51]另外在此類卜辭的觀念方面也有進一步開展。陳夢家雖與胡厚宣一樣認為「賓帝」與「配天」有關，不過他注意到商代可能沒有「天」的觀念，而以觀念演變的角度指出商代的「賓帝」到西周發展為「配天」，同時周代也遺存了商代「賓帝」觀念的表述，如「有嚴在帝所」、「在帝左右」。[52]

于省吾對「賓帝」的問題也有進一步解釋，他與陳夢家一樣從「賓」的詞義入手解釋為「賓主」之「賓」，作動詞用，而曰：

> 貞問「咸」和大甲或下乙是否作賓于上帝。賓為賓相或賓輔之義。這是說咸、大甲或下乙是否死後升天作輔于上帝。上帝為主，則賓為輔佐。《詩‧文王》一章：「文王陟降（往來），在帝左右」；又六章：「殷之未喪師，克配上帝」。其言「左右」，言「配」，也與「賓」義相仿。[53]

同時他也注意到「伊賓」的卜辭，認為是「配享」、「從祀」的意思。[54]

上述說法都有不少學者認同，不過也有一個明顯的問題，就是

50　陳夢家：《殷虛卜辭綜述》（北京市：中華書局，2004年4月），頁573。

51　同上，頁363。

52　陳夢家：《殷虛卜辭綜述》，頁580-581。這方面劉桓有進一步討論，還提到「在先王左右」，參〈殷墟卜辭「大賓」之祭及「乍邑」、「宅邑」問題〉，《甲骨集史》（北京市：中華書局，2008年10月）。

53　于省吾：《澤螺居詩經新證澤螺居楚辭新證》（北京市：中華書局，2003年4月），頁173-174。

54　于省吾：《甲骨文字釋林》（北京市：中華書局，1979年6月），頁206-207。

「賓于帝」與「伊賓」看似同類的卜問卻有不同解釋。前者一律以文獻中登天、在帝左右理解，或曰配天、或曰死後升天輔助上帝，然而此種解釋或許能讓我們理解卜問背後的觀念，卻不能告訴我們此類卜問要解決的具體問題是什麼，[55]再者「伊賓」若理解為配享，那麼與「賓于某祖」同版的「賓于帝」是否也能理解為「配享」？若能，一般認為卜辭所示商人並不直接祭祀「帝」，難道「賓于帝」也能解釋為「配享」嗎？這些問題仍難以解決，而學界還有另一種說法嘗試疏通兩類材料。

早期郭沫若將「王賓」之「賓」釋為「儐」，即「儐導」之義，得到多數學者認同，[56]而學者或從「王賓」卜辭的「賓」字理解此類卜辭，如晁福林以為（1）的「賓」即「迎迓或迎神以祭」，[57]常玉芝以為「即賓迎之意」。[58]近年關於「伊賓」的解釋有新的說法，王挺斌

---

55 近年郭靜云提出「賓于帝」指「殷王歷經死亡、升天而賓見上帝的過程」的說法〔見《夏商周：從神話到史實》（上海市：上海古籍出版社，2014年5月），頁346〕。張惟捷認為卜辭所決之疑與生人活動有關，罕見對先祖死後世界的卜問，已指出其謬誤（參〈從古文字的角度談《夏商周：從神話到史實》的若干問題〉，《歷史研究》2016年第1期，頁133）。因此我們認為卜辭的表述與背後的觀念固然可能反映當時人對死後世界的想像，但卜問的內容應該會涉及現實。胡厚宣曾認為商人是透過「在帝左右」的祖先與帝溝通表達請求之事〔參〈殷卜辭中的上帝與王帝（下）〉，《歷史研究》1959年第9期，頁104、109〕。張光直同意此說，而曰：「上帝可以由故世的先王直接進謁，稱為『賓』；殷王祈豐年或祈天氣時，訴其請求於先祖，先祖賓于上帝，乃轉達人王的請求」（參〈商周神話之分類〉，《中國青銅器時代》，臺北市：聯經出版事業公司，1994年12月，頁300）。然而賓于帝的卜辭中並無祈求豐年或天氣的卜辭，很難證明卜辭具體祈求的內容為何，同時二說亦未考慮同版卜辭中「某祖賓于某祖」的辭例，與祖先溝通並不需要透過另一祖先，同版的賓于帝便未必是轉達請求的意思，故其說仍未完善。

56 參郭沫若：《卜辭通纂》第39片考釋，頁243-246。張玉金對「賓」字的用法及「王賓」卜辭有詳細的研究，參〈論賓字句的句法結構〉，《古漢語研究》1993年第2期。

57 晁福林：〈論殷代神權〉，《中國社會科學》1990年第1期，頁110-111。

58 常玉芝：《商代宗教與祭祀》（北京市：中國社會科學出版社，2010年10月），頁

指出「伊賓」與「王賓」文例完全相同，應該是同樣的意思，因此認為「伊賓」是卜問是否讓伊尹「迎導」其他先王。茲舉兩例對照如下：[59]

　　　庚午卜，大貞：妣庚歲，王賓。

　　　貞：勿賓。　　　　　　　　　　　　　　　　《合》23356

　　　癸丑卜：上甲歲，伊賓。

　　　弜賓。　　　　　　　　　　　　　　　　　　《合》27057

　　　〔丙申〕卜，旅貞：翌丁酉小丁歲，王其賓。　《合》23051

　　　甲申卜，喜貞：翌乙酉唐歲，黃尹其賓。　　　《契合》326

王先生的辭例比較有其合理性，不過他提到「過去所謂的『伊賓』是伊尹配享的說法可能是不存在的」以及從《屯南》2342「王令𣂆尹取祖乙魚」即商王命令先臣伊尹以說明「伊賓」也可能是王命伊尹迎導先王的情況，我們認為仍可商。就前者而言，以上引卜辭為例，也可理解為卜問請伊尹作儐陪同成湯或上甲一起前來受祭，即祭祀時伊尹配享、從祀成湯或上甲，卜辭以某祖「儐導」某祖的表述或許反映了對祖先死後世界的想像，但卜問的內容涉及的是實際的祭祀需求，故上引卜辭實際要卜問的事未必是「賓」字的字義所能決定。再者，我們認為王命地位接近成湯的先臣伊尹也不太合理，卜辭亦無此類例子，《屯南》2342的「𣂆」字漫漶，「伊」的部件學者摹寫各有不同，

─────────

251。常先生並未進一步說明，不過書中多次提到王賓卜辭之賓為賓迎之意，如頁67、93。

59　參王挺斌：〈說「伊賓」〉，《中國文字》（臺北市：藝文印書館，2015年7月），新41期。

且或以為「旅尹」為生人、為「旅」族之族尹，[60]故「旅尹」是否指死去的伊尹仍待進一步證明。

王先生未提到「某賓于某」的卜辭，最近晁福林在這方面有進一步研究。晁先生認為王賓、伊賓、某賓于某等卜辭的「賓」都是「儐導」之義，並且將卜問內容落實到祭祀活動，認為都是指儐導「神尸」。晁先生舉（1）為例指出：

> 實際是在貞問大乙、大甲、下乙諸祖先神和帝的神尸的排序。……和「王賓」類卜辭相比，此儐導不是彼儐導，「王賓」卜辭的儐導者是商王，而《合集》1402則指進入祭典場所時，哪位先王之尸走在「帝」（或「咸」）之尸前面。商周兩代的祭典上，神尸非一。《禮記‧禮器》有「旅酬六尸」之說，……所謂「旅酬」，指賓、主飲宴時相互敬酒，交錯相勸，其樂融融在焉。祭尸旅酬當在繹祭之時，其意味現實社會中可以飲宴旅酬為歡，天國神靈降臨人間時，在祭典上也可以再現此事，眾尸（如「六尸」）可以互相敬酒勸侑，已顯示融洽氣象。[61]

晁先生的說法很有想像力，為我們提供了一個祭祀的情境，並說明將「賓」解釋為「儐導」卜問的仍可能是一種合祭的狀況。不過還是會遇到「帝」是否能直接祭祀的問題，同時也難以確定商代的「帝」是否能有「神尸」。[62]

---

60 參拙著：《殷墟花東H3甲骨刻辭所見人物研究》（臺北縣：輔仁大學中國文學系碩士論文，2009年7月），頁228-229。

61 晁福林：〈卜辭所見商代祭尸禮淺探〉，《考古學報》2016年第3期，頁360-361。

62 晁先生在二十多年前曾全面檢討胡厚宣對卜辭「帝」的研究，當時已主張此類卜辭的「賓」為「迎迓」之義，並且認為帝的權勢並沒有凌駕祖先，而認為同版「某祖

　　這些問題目前似乎還難以解決，因此我們暫時對兩種狀況都提出推測。其一是將（1）、（2）與（3）、（4）、（5）分開解釋，則「賓迎」與「為賓」一體兩面，「伊賓」可能同於「王賓」，「賓」指「賓迎」的意思，卜辭可以理解為「詢問這次祭祀是否請伊尹為儐陪同某祖一同前來受祭」，在實際的祭祀中伊尹還是可能從祀某先王；而在「帝」不被祭祀的前提下，「賓于帝」、「某祖賓于某祖」之「賓」則理解為「為賓」，至於卜問先王為賓于帝，或地位低的先王為賓于帝位高的先王實際要解決的問題是什麼，則有待進一步探究。其二是將（1）、（2）、（3）、（4）、（5）的「賓」都以「儐導」解釋，則就祖先死後世界的想像而言，地位低的祖先可以儐導地位高的祖先，地位高的祖先可以儐導帝，而在祭祀的邏輯中則是請某神儐導某神前來受祭，因此此類卜辭可以理解為「詢問這次祭祀是否請某祖為儐陪同某祖一同前來受祭」，地位低者便是從祀者，「儐導」的詞義與「配享」的解釋可以並存。至於「帝」如同祖先是可受祭的對象，亦有待更多證據證明。

賓于某祖」的辭例可以說明帝與祖先地位相同，又認為「殷代的『帝』類似於後世出現的具有濃厚自然品格的天，也可以說殷代的帝與天是合而為一的概念」（參晁福林：〈論殷代神權〉，《中國社會科學》1990年第1期，頁110-111）。晁先生在〈卜辭所見商代祭尸禮淺探〉中進一步認為帝可有神尸，不過沒有對帝的性質作解釋。早期胡厚宣曾經提到一條卜辭「癸亥卜：翌日辛帝降，其入于𡧊大宎，在𡧊。」（《合》30386）認為意思是帝下降人間（參〈殷卜辭中的上帝與王帝（下）〉，《歷史研究》1959年第9期，頁32），朱鳳瀚進一步認為：「由此可知帝是人格化的。『帝降』於商地某宮室後，商王是否要舉行祭祀仍是不得而知，此種情況夏商王對於帝或可能有其他的崇拜儀式。」（參〈商人諸神之權能與其類型〉，收於吳榮曾等著：《盡心集：張政烺先生八十壽辰論文集》，北京市：中國社會科學出版社，1996年11月，頁71）。帝或可降於人間，但不知是否受祭、如何受祭，可惜僅此一例很難進一步研究。此外，林宏明先生曾有一版綴合為「□□卜：其禱禾于帝☒」〔《契合》126（《合》33330＋34147）〕而《英》2286也有「戊戌卜：其禱年于帝☒」，林先生指出若下方殘文為用牲則為殷人祭祀帝的材料，若為天干則帝即某先王，此問題需要靠進一步綴合才能確定，參《契合集》，頁149。

不過無論是哪一種解釋,「賓于帝」應該都反了映商人對祖先死後世界的想像,祖先應該是「在帝左右」的,這樣的觀念為周人繼承,同時在神話或巫術的語境中轉為人能登天為上帝之賓客(「賓」若為「儐導」義,則是在語境中從「迎請」之義轉為「作客」之義)的「登天遊歷」想像,這樣的表述應該就保留在戰國文獻的「賓天」傳說中。值得注意的是,《逸周書・度邑》中有如下內容:

> 予有不顯,朕皋皇祖不得高位于上帝。汝幼子庚厥心,庶乃來班朕大環,茲于有虞意。乃懷厥妻子,德不可追於上,民亦不可答于朕下,不賓在高祖。[63]

「高位於上帝」與「賓在高祖」指「在帝(高祖)左右」的意思,用「賓」字還有甲骨文表述的遺存,不過「賓」與「高位」對應反映了作者將「賓」理解為「位列」之意,[64]或許觀念上「為賓」的義涵已開始逐漸為「在……左右」所取代。

(二)「啟棘賓商」、「開上三嬪于天」及其他相關記載

《楚辭・天問》曰:「啟棘賓商,《九辯》、《九歌》。」《山海經・大荒西經》曰:「開上三嬪于天,得《九辯》與《九歌》以下。」都提到啟登天的傳說,且用「賓」、「嬪」等字表述。

「啟棘賓商」一句歷來解釋分歧沒有定論,[65]而「棘」、「賓」、「商」三字中,「商」字即「帝」之訛,較早得到合理的解釋,[66]而

---

63 黃懷信:《逸周書彙校集注(修訂本)》,頁476-478。

64 可能因此朱右增以「列」解釋「賓」字,而將該句解釋為「朕死不從乎高祖之列」,參黃懷信:《逸周書彙校集注(修訂本)》,頁478。

65 各家說法可參游國恩:《天問纂義》,《游國恩楚辭論著集》第2卷,頁201-212。

66 清代學者朱駿聲、王闓運已提出此「商」為「帝」字之誤的看法,之後得到古文字資

「棘」字長久以來難有定論，近年徐廣才據「棘」與「力」、「來」的
通假關係指出「棘」應讀為「陟」，較諸說合理，[67]至於「賓」字，如

料的佐證，于省吾舉《陳侯因資敦》的「帝」寫作「啻」為例，「啻」多隸為「商」，
與「商」形近易訛，參于省吾：《澤螺居詩經新證　澤螺居楚辭新證》，頁173。黃靈
庚、徐廣才又補充一例，即銀雀山漢簡《孫臏兵法・見威王》中「帝奄反，故周公淺
（踐）之」的「帝」即「商」之訛字。參黃靈庚：《楚辭章句疏證》（北京市：中華書
局，2007年9月），頁1087；徐廣才：《考古發現與《楚辭》校讀》（北京市：線裝書
局，2009年12月），頁195。

67 參徐廣才：〈《天問》新箋三則〉，《古籍整理與研究學刊》2014年第2期。徐廣才指
　出「棘」與「力」、「來」通，而從「力」、「來」字可讀為「陟」，「棘」應可通
　「陟」，其通假之例包含傳世、出土文獻，十分詳細，茲不具引。徐先生指出
　「棘」為見母職部，「陟」為端母職部，先秦文獻中牙、舌音互通的例子很多，就
　音理而言，「棘」應可通「陟」。總結曰：「雖未找到『棘』、『陟』直接相通的例
　子，但從它們皆可與『力』聲『來』聲相通情況看，二字相通亦應無問題。」（參
　徐廣才：〈《天問》新箋三則〉，《古籍整理與研究學刊》2014年第2期，頁50-51）從
　徐文所舉之例來看，「棘」字與從「力」、從「來」之字相通的例子先秦多見，而三
　字聲音相近（「棘」為見母職部，「來」為來母之部、「力」為來母職部，聲近韻
　同），先秦來母與見母可能同鈕，則三字甚至可能讀音相同，說明這三個字（或作
　為聲符）互相替換可能是當時的用字習慣，用「力」、「來」、「棘」記錄同一個詞在
　當時應該是可被接受的。關於上古音見母與來母的關係可參馬建東：《來母的生
　存：見母來母古或同紐》（北京市：中國社會科學出版社，2015年2月）。目前
　「陟」這個詞已有用「力」、「砳」、「勑」記錄之例，如：（1）《清華一・周武王有
　疾周公所自以代王之志》「武王力，成王猶幼」，「力」讀為「陟」；（2）《清華三・
　周公之琴舞》「砳降其事」，「砳」讀為「陟」；（3）《尚書・皋陶謨》「勑天之命」，
　《史記・夏本紀》作「陟天之命」。因此用「棘」記錄「陟」也是有可能的。又從
　徐文所舉的例子來看，較常見的狀況是出土文獻用「力」、「來」，傳世文獻用
　「棘」，也可能「啟棘賓商〈帝〉」的「棘」原為從「力」或「來」的字，讀為
　「陟」，後來用「棘」寫定。因此本文認為「啟棘賓商〈帝〉」的「棘」讀為
　「陟」，即「啟上賓於帝」，應該是迄今最合理的說法。其實清人已經注意到關於
　「棘」與從「力」字聲音上的關係。《廣雅》有「羈、鞿，勒也」，王念孫在《廣雅
　疏證》中指出：「《玉篇》：「鞿，古核切，勒也，亦作革。」「鞿」《廣韻》：「鞿，轡
　首也。」《爾雅》「轡首謂之革」《郭注》云：「轡，靶勒，《小雅・蓼蕭篇》『鞗革沖
　沖』《毛傳》云：『鞗，轡也，革，轡首也。』」鞿、鞿、革竝同，勒與鞿、革古亦
　通用。……案：《小雅・斯干篇》「如矢斯棘」《韓詩》「棘」作「朸」，《神農本草》
　云「天門冬，一名顛勒」，《博物志》云「天門冬，一名顛棘」，古者革、鞿、鞿三

前文所述，學者很早就將之與甲骨文「賓于帝」的「賓」相提並論，不過卜辭雖能體現當時人對祖先死後世界的觀念，卻應該是針對現實問題的具體卜問，而非神話傳說的敘述，我們認為卜辭與啟傳說應該是同一信仰觀念在不同語境中的表述，誠如于省吾區分卜辭與傳說的不同曰：「卜辭貞問先臣、先王之賓帝與否，都是就已死者言之，而啟之賓天，得《九辨》與《九歌》，則就生時言之。」[68]已經點出了語境不同的問題。如前文所述，卜辭「賓」不論是「迎請」祖先或帝接受祭享還是「為賓」於祖先或帝，在神話或巫術的語境中都可轉化為登天為賓於帝；而在祭祀中可能涉及配享或期他祭祀內容，在神話傳說中便是某人登天遊歷以及自由往來於天地之間的情境。

西周時期基本已經不用「賓于帝」而是用「在帝左右」之類的說法表述祖先升天的情境，而〈天問〉、〈大荒西經〉中仍用了甲骨文習用的「賓」，甲骨文「賓」字或從「女」作「嬪」，也說明了啟登天神話或有較早的淵源。若再考量文獻的性質，「在帝左右」之類的說法基本出現在金文及《書》類文獻中，屬於官方的的主流記載，可知周代繼承了商代的祖先觀念而作了創造性的轉化而用新的表述方式記載於官方的文本中，不過舊的表述方式卻保存於非主流的、口傳的神話或數術類文本中。此外，在戰國至西漢文獻中還存在一些涉及「賓天」的內容，也是神話性質的敘述，比較特別的是還出現了指稱「死亡」的用法。

字同聲，棘之通作枊、勒，猶革、鞦之通作勒矣。（頁243）朱駿聲在《說文通訓定聲》「勒」下也提到《廣雅》之「鞦，勒也」，並舉《穆天子傳》「勒七粹之士」之「勒」注「猶勞也」，認為「勒」應通「勑」（頁225）。清人雖已注意到「棘」與從「力」聲字的關係，卻沒有聯想到《天問》「棘」的讀法可從這方面思考，而徐先生在新出楚簡的啟發下突破了前人的瓶頸，是透過出土文獻成功校讀傳世文獻的重要範例。

68 于省吾：《澤螺居詩經新證　澤螺居楚辭新證》，頁174。

　　在〈天問〉與〈大荒西經〉中，「啟棘（陟）賓商〈帝〉」、「開上
三嬪于天」之後從天上帶下樂舞，是啟在天地間自由上下的「登天遊
歷」情境。同樣內涵的「賓於帝」也見於《馬王堆帛書・二三子
問》，即：

　　　　二厽（三）子問曰：「《易》屢（屢）稱於龍＝（龍，龍）之德
　　　　何如？孔＝（孔子）曰：「龍大矣！龍荆（形）䁝（䁝）叚
　　　　（假／假／格）賓於帝，倪神聖之德也。」【1上／94上】[69]

張政烺曰：「䁝，《說文》：『升高也。』叚讀為假，《說文》『至也』。
亦作假，《淮南子・齊俗》『乘雲升假』，注：『假，上也。』」陳劍指
出「賓」字即「為賓客」之義，都是合理的解釋。[70]近藤浩之則認為
「䁝假」義同《莊子》中的「上僊」（〈天地〉）與「登假」（〈德充
符〉、〈大宗師〉），[71]可參，不過近藤先生將「假」讀為「遐」，訓為
「遠」則有問題。「登假」一詞王引之於《經義述聞》卷十九「陟
恪」條曰：

　　　　「叔父步恪，在我先王之左右，以佐事上帝」，杜注曰：「陟，
　　　　登也；恪，敬也。」《大雅・文王集傳》引或說曰：「陟恪當為
　　　　陟降。」引之謹案：恪讀為格，《爾雅》曰：「格、陟、登，陞

---

69 裴錫圭主編：《馬王堆帛書集成》第3冊，頁40。本文引用稍有刪改。
70 同上，頁40。此句常見「龍形遷，假賓于帝」的斷句，解釋也有不同，如金春峰認
　　為「形遷」就是「形體飛升」，「假」即「至」，參《《周易》經傳梳理與郭店楚簡思
　　想新釋》（臺北市：臺灣古籍出版社，2003年4月），頁133。連劭名認為「遷」義為
　　「變易」，參《帛書周易疏證》（北京市：中華書局，2012年6月），頁204。
71 近藤浩之：〈《帛書易傳》二三子篇的龍〉，朱伯崑主編：《國際易學研究》（北京
　　市：華夏出版社，1998年5月），頁387。

也。」是格與陟同義。陟格謂魂升於天也。既言陟而又言格者，古人自有複語耳。《莊子‧德充符篇》「彼且擇日而登假」，〈大宗師篇〉「是知之能登假於道也」，若此假與格同，格亦登也。《楚辭‧離騷》「陟陞皇之赫戲兮」陟亦陞也。[72]

王國維在〈與友人論《詩》、《書》中成語書〉有更詳細的解釋，[73]基本上「陟降」、「陟恪（各、格）」、「登假」、「登遐」等意思相同且前後二字同義。而〈天地〉曰：「（聖人）千歲厭世，去而上僊，乘彼白雲，至於帝鄉。」「僊」一般理解為「仙」之異體，不過「僊」、「遷」互通之例於先秦兩漢甚多，[74]《說文》「遷」字義即「登也」。則「上僊」讀為「上遷」，即「上登」之義，故該句指聖人乘白雲上登於帝鄉。可知「零假」與「上僊」、「登假」、「陟降」、「陟恪（各、格）」都是指「登」、「升」、「陟」、「上」之類的意思，因此〈二三子問〉的「零假賓於帝」即上為帝之賓，與〈天問〉的「棘（陟）賓商〈帝〉」是同樣的表述，這樣的表述至西漢仍存。

先秦文獻中的「賓天」也有代指「死亡」的用法，如《逸周書‧太子晉》曰：

> 師曠見太子，稱曰：「吾聞王子之語高於泰山，夜寢不寐，晝居不安，不遠長道，而求一言。」王子應之曰：「吾聞太師將來，甚喜而又懼。吾年甚少，見子而懾，盡忘吾其度。」……王子曰：「……吾聞汝知人年長短，告吾。」師曠對曰：「汝聲

---

72 王引之：《經義述聞》（臺北市：世界書局，1975年5月），下冊，頁456。

73 王國維：〈與友人論《詩》、《書》中成語書〉，《王國維全集》第8卷，頁31-32。

74 參高亨：《古字通假會典》（濟南市：齊魯書社，1997年7月），頁118。宗福邦等編：《故訓匯纂》（北京市：商務印書館，2004年3月），頁157。

清汗，汝色赤白，火色不壽。」王子曰：「吾後三年，將上賓
于帝所，汝慎無言，□將及汝。」師曠歸，未及三年，告死
者至。

陳逢衡曰：「上賓，猶登遐也。賓於帝所，言在帝左右也。」[75]已經對
「上賓于帝所」作出合理的解釋，不過嚴格來說，「登遐」應該僅指
「上」，並非「上賓」。李守奎以為此「上賓於帝所」為「死的婉
稱」，[76]是合理的理解，這裡的「上賓於帝所」顯然沒有在天地間自由
上下的「遊歷」意涵。

　　關於〈太子晉〉的淵源，黃沛榮認為可能源自《國語》，所據即
《藝文類聚・儲宮部・儲宮》所引：

　　《春秋外傳》曰：「靈王二十二年，穀、洛龍鬥，將毀王宮，
王欲壅之。太子晉諫曰：『晉聞古之長民者，不墮山，不崇
藪，不防川，不竭澤。』靈王不從。」又曰：「師曠見太子晉
曰：『吾聞太子之語，高於太山，願聞一言。』太子曰：『吾聞
太師之來，喜而又懼，汝知人年長短吉凶也。』師曠曰：『君
色赤，君聲清，火色不壽。』太子曰：『然，卻後三年，吾上
賓于帝，汝慎無言，殃將及汝。』太子時年十五，後三年而
卒。」[77]

黃先生認為「春秋外傳即是國語」，「太子晉篇首尾俱全，其文辭又較

75 黃懷信：《逸周書彙校集注》，頁1032。

76 清華大學藏出土文獻研究與保護中心編：《清華大學藏戰國竹簡（壹）》，頁184。

77 歐陽詢主編：《藝文類聚》，收於董治安主編：《唐代四大類書》（北京市：清華大學
　出版社，2003年11月），頁872。

國語平易；且類聚所引，為無韻之文，此篇則泰半有韻，故其本於國語而敷衍成文的可能性或許較大」。[78]學者指出〈太子晉〉是早期「俗賦體」的作品，可能是由民間藝人或宮廷中的下層藝人表演，而〈太子晉〉被收於史書或可說明其曾流行於貴族社會中，《戰國策》中的項橐、甘羅故事與敦煌寫本〈孔子項托相問書〉可能分別受到〈太子晉〉的內容與形式影響。[79]由此可知先秦太子晉故事應該有兩種不同的敘述脈絡，史書的表述為「上賓于帝」，賦體的表述為「上賓于帝所」。另外，與《春秋外傳》類似的內容又見於《潛夫論・志姓氏》、《風俗通・正失》，分別作「上賓于帝」、「上賓于天」，都是指稱「死亡」的用語。

另外，與此相關表述的還見於清華簡〈楚居〉：

> 麗不從行，渭（潰）自髀（脅）出，妣厲賓于天，咠（巫）𢤶（咸）賅（刻）亓（其）髀（脅）㠯（以）楚，氏（抵）【簡3】今日楚人。……【簡4】[80]

此「賓于天」學者多以為指妣厲死亡，[81]其他說法如陳民鎮以為指登

---

78 黃沛榮：《周書研究》（臺北市：臺灣大學中國文學研究所博士論文，1976年7月），頁343

79 參伏俊璉：《俗賦研究》（北京市：中華書局，2008年9月），頁81-85。又見伏俊璉：〈師曠與小說《師曠》〉，《貴州社會科學》第2010年第4期（總第244期），頁62-64。

80 參清華大學出土文獻研究與保護中心編：《清華大學藏戰國竹簡（壹）》，頁181。「𢤶」字讀為「咸」從復旦大學出土文獻與古文字研究中心研究生讀書會：〈清華簡《楚居》研讀札記〉，發表於「復旦大學出土文獻與古文字研究中心」網站（http://www.gwz.fudan.edu.cn/SrcShow.asp?Src_ID=1353），2011年1月5日。「賅」讀為「刻」詳下文。

81 如此篇的整理者李守奎、李學勤及黃靈庚。參李守奎：〈論《楚居》中季連與鬻熊事蹟的傳說特徵〉，《清華大學學報（哲學社會科學版）》2011年第4期，頁35；李學

天治傷，江林昌與孫進以巫術通天神話理解為靈魂登天，認為不能以現代思維理解為死亡，劉濤以為指妣隞組織了祭天地的祭祀活動。[82]祭祀之說乃據聞一多舊說發揮，單周堯已經指出聞說之誤，[83]而靈魂登天之說認為後來巫咸「賒」（未解釋字義）其已折損的肋骨而後妣隞復生，不過靈魂登天既非死亡何來復生？至於「賓于天」指「死亡」還是指具有神話性質的「登天」，或可透過「賒其脅以楚」的解釋來理解。原考釋將「賒」讀為「該」，訓為「包」，宋華強讀為「綦」，訓為「結」，是指將妣隞破裂的脅部纏包或結紮起來。[84]陳民鎮則將「賒」讀為「改」，理解為用荊條替換妣隞的肋骨為之治傷。[85]另外有不少學者將「賒」讀為「刻」，王寧引《玉篇》「刻，割也」解釋，梁濱、黃靈庚皆引《廣雅・釋詁》「刻，分也」、「刻，畫也」解釋，單周堯同意王、梁之說，並補充了不少「刻」義為「割」的例

勤：〈清華簡《楚居》中的古史傳說〉，《中國史研究》2011年第1期，頁57；黃靈庚：〈清華戰國竹簡《楚居》箋疏〉，《中華文史論叢》2012年第1期，頁68。

82　陳民鎮：〈清華簡《楚居》集釋〉，發表於「復旦大學出土文獻與古文字研究中心」網站（http://www.gwz.fudan.edu.cn/SrcShow.asp?Src_ID=1663），2011年9月23日；江林昌、孫進：〈《楚居》「脅生」、「賓天」的神話學與考古學研究〉，清華大學出土文獻研究與保護中心編：《清華簡研究》（上海市：中西書局，2012年12月），第1輯，頁296，又刊於《文史知識》2013年第3期，頁36；劉濤：〈清華簡《楚居》中所見巫風考〉，《船山學刊》2012年第2期，頁78。

83　單周堯：〈讀清華簡《楚居》「渭自脅出」與「巫并賒亓脅以楚」〉，《先秦史研究動態》2013年第2期（總第56期），頁51-53。

84　清華大學出土文獻研究與保護中心編：《清華大學藏戰國竹簡（壹）》，頁184；宋華強：〈清華簡《楚居》「比隹」小議〉，發表於「簡帛」網站（http://www.bsm.org.cn/show_article.php?id=1393），2011年1月20日。

85　陳民鎮：〈讀清華簡《楚居》札記（二則）〉，發表於「復旦大學出土文獻與古文字研究中心」網站（http://www.gwz.fudan.edu.cn/SrcShow.asp?Src_ID=1509），2011年5月31日，又見陳民鎮：〈清華簡《楚居》集釋〉，發表於「復旦大學出土文獻與古文字研究中心」網站，2011年9月23日。

子，王芳則引《說文》「刻，鏤也」解釋。[86]本文認為「賅」字讀為
「刻」較為合理，而梁濱、黃靈庚提到的「刻，分也」值得注意，
《廣雅‧釋詁》曰：

> 剖、判、譬、劈、擘、裂、參、離、墳、析、斯、坼、笵、
> 刐、異、劇、別、刻、班，分也。[87]

「刻」應該有「剖分」之義。王念孫《廣雅疏證》對「刻」未有注
解，錢大昭《廣雅疏義》則以《玉篇》「刻，割也」解釋，[88]《廣雅》
成書在《玉篇》之前，目前所見先秦兩漢傳世文獻中雖未見「刻」字
訓為「剖分」的例子，幸有《廣雅》留下一點蛛絲馬跡。學者一般將
熊麗之異常出生傳說聯繫到楚陸終六子自脅而生以及禹、契生自胸或
背出的傳說，而本文認為與「賅其脅以楚」表述最接近的應該是《歸
藏》佚文中的禹出生傳說「鯀死三歲不腐，剖之以吳刀，化為黃龍」
及「大副之吳刀，是用出禹」，與「賅」字相應的即「剖」、「副」，
「賅其脅以楚」應該是指以荊條剖妣隹之脅，是交代熊麗「濆自脅
出」的細節，並說明說明「楚人」稱「荊」的由來，而不是指妣隹登
天接受治療，「賓於天」還是理解為死亡較合理。

---

86 王寧之說見於陳民鎮：〈讀清華簡《楚居》札記（二則）〉該文下之「學者評論」；
梁濱：〈名楚考〉，《懷化學院學報》第30卷第7期（2011年7月），頁97；黃靈庚：
〈清華戰國竹簡《楚居》箋疏〉，《中華文史論叢》2012年第1期，頁69；單周堯：
〈讀清華簡《楚居》「渭自脅出」與「巫并賅亓脅以楚」〉，《先秦史研究動態》2013
年第2期，頁49-50，原發表於中國先秦史學會、清華大學出土文獻研究與保護中
心、武漢大學中國地域文化研究所主辦：「楚簡楚文化與先秦歷史文化國際學術研
討會」，2011年10月29-31日；王芳：〈楚國國名考〉，《蘭州教育學院學報》第28卷第
5期（2012年8月），頁28。

87 王念孫：《廣雅疏證》（北京市：中華書局，2004年4月），頁21。

88 劉永華注：《廣雅疏義校注》（北京市：中華書局，2015年6月），頁71。

（三）《歸藏》中的啟登天記憶與《歸藏》的晚出性質

上文談到《楚辭・天問》與《山海經・大荒西經》的啟登天神話留有早期觀念的「賓（嬪）」字而可能源自早期文本，不過兩者內容仍有不同，〈天問〉僅有「啟棘賓商〈帝〉，《九辯》、《九歌》」一句，而〈大荒西經〉曰：

> 西南海之外，赤水之南，流沙之西，有人珥兩青蛇，乘兩龍，名曰夏后開。開上三嬪于天，得《九辯》與《九歌》以下。此天穆之野，高二千仞，開焉得始歌《九招》。

內容較多，並且提到「乘兩龍」，〈海外西經〉也有相關內容曰：

> 大樂之野，夏后啟於此儛《九代》，乘兩龍，雲蓋三層。左手操翳，右手操環，佩玉璜。在大運山北。一曰大遺之野。

郭璞作注時已引當時所見的《歸藏》資料與之互相參證，今王家臺秦簡《歸藏》出土，與傳世本佚文有不少類似的內容，亦有未見於佚文者，可知《歸藏》最晚戰國時代應該已經存在。

王明欽認為出土《歸藏》「接近楚文字，應為戰國末年的抄本」，[89]而關於《歸藏》的成書時代，王先生則以《禮記・禮運》所載孔子曰「吾得乾坤焉」，注曰「得殷陰陽之書也，其書存者有《歸藏》」，認為《歸藏》成書於西周末年到春秋初期，[90]而李學勤則從《歸藏》中

---

89 王明欽：〈王家臺秦墓竹簡概述〉，收於艾蘭、邢文編：《新出簡帛研究》（北京市：文物出版社，2004年12月），頁28。

90 王明欽：〈試論《歸藏》的幾個問題〉，收於古方等編：《一劍集》（北京市：中國婦女出版社，1996年10月），頁107。

的卜例認為：

> 所謂卜例，恐怕大都是虛擬的。所依託的卜問者有的是實有的
> 歷史人物，有的屬於神話傳說，據已知材料，把簡文與輯本加
> 在一起，計有：女過（媧）、黃帝、蚩尤、豐隆、舜、鯀、夏
> 后啟、羿、恆我（嫦娥）、河伯、桀、殷王、〔伊〕小臣（伊
> 尹）、武王、穆王天子或穆王子（穆天子）、赤烏、宋君、平
> 公、北敢（？）大夫，等等。這裡面的「平公」（簡300），考
> 慮到其他人物都是著名常見的，應該不是宋平公就是晉平公。
> 看簡文還有「宋君」，或許宋平公的可能更大。宋平公在位年
> 是公元前五七五至前五三二年，所以無論「平公」何指，都是
> 春秋晚期的人。由這一點也可知道，我們討論的這種《歸藏》
> 是相當晚出的。……王家臺簡《歸藏》是流行於戰國末的一種
> 筮書，……其卜例繇辭文氣不能與《周易》相比，不會很古是
> 肯定的。[91]

李家浩也認為出土《歸藏》可能是戰國晚期秦人的抄本，又進一步考
察簡本與傳世本卦名、卦辭的不同，認為二本非同一系統，傳世本可
能是漢代抄本，是北方的傳本，而簡本可能是楚地傳本。[92]朱淵清則
分析出土《歸藏》中與穆天子有關的資料，認為「王家臺《歸藏》內
容多出《穆天子傳》，而王家臺《歸藏》必成書於《穆天子傳》之後
殆無疑義」，朱先生認為《穆天子傳》是「戰國初魏方士敷衍周穆王
故事而成」，[93]則出土《歸藏》成書當在戰國初年之後。

---

91 李學勤：《周易溯源》（成都市：巴蜀書社，2005年12月），頁295。

92 李家浩：〈王家臺秦簡「易占」為《歸藏》考〉，《安徽大學漢語言研究叢書・李家
　　浩卷》（合肥市：安徽大學出版社，2013年7月），頁321。

93 朱淵清：〈王家臺《歸藏》與《穆天子傳》〉，《周易研究》2002年第6期，頁12、10。

　　就《歸藏》中關於啟的部分而言，有些內容應該有更早的淵源，
如登天傳說，不過大多可以看出後人改造的痕跡，可能是作者蒐羅先
秦流傳的各種夏啟傳說改造為卜筮之例，具有晚出的性質，而非傳說
原貌，因此我們認為《歸藏》中的啟形象反映的應該是戰國時代數術
知識系統中的啟記憶。

　　出土《歸藏》中有啟乘龍登天的占卜事例，如：[94]

　　　　明夷曰：昔者夏后啟卜乘飛龍以登於天而攴（枚）占□□◪。

傳世《歸藏》佚文曰：[95]

　　　　夏后啟筮：御飛龍登于天，吉。（《山海經》郭璞注引《歸藏·
　　　　鄭母經》）
　　　　明夷曰：昔夏后莖〈筮〉乘飛龍而登于天，而牧占四華陶陶
　　　　〈皋陶＝〉曰：吉……。」（《博物志》卷9引）
　　　　明夷曰：昔夏后啟上乘龍飛以登於天，皋陶占之曰：吉。（《太
　　　　平御覽》卷九二九引《歸藏》）
　　　　明夷曰：夏后啟筮御飛龍升於天。（《路史·後紀》十四引《歸
　　　　藏·鄭母經》）
　　　　昔夏后啟筮乘飛龍而登于天，占于皋陶，皋陶曰：吉而必同，
　　　　與神交通；以身為帝，以王四鄉。（《太平御覽》卷82引《史
　　　　記》）[96]

---

94 本文所引出土《歸藏》辭例參王明欽的〈王家臺秦墓竹簡概述〉，《新出簡帛研
　　究》。《歸藏》佚文校改亦從之。
95 本文所引《歸藏》佚文據嚴可均：《全上古三代文》（北京市：中華書局，1991年10
　　月）及馬國翰：《玉涵山房輯佚書》（臺北市：文海出版社，1974年12月）所輯。
96 見《山海經》郭璞注所引。

此條占辭中「乘（御）飛龍登（升）天」的表述較〈天問〉「賓帝」
〈大荒西經〉「嬪於天」更為直白，且沒有早期用語的痕跡，顯然是
更晚的表述形式。

　　同樣是登天的內容，出土《歸藏》也有以啟登天為負面形象的例
子：

　　　　寡曰：不仁。昔者夏后啟是以登天，啻（帝）弗良，而投之淵
　　　　寅。共工以□江□╱。

此種負面形象與其他文獻中啟的負面形象不同，這裡的啟直接被上帝
否定，甚至被打入「淵寅」，又提到「共工」，讓我們聯想到「流四
凶」之事。此事先秦流傳甚廣，內容大同小異，僅用字不同，如《尚
書・堯典》：「流共工於幽州，放驩兜於崇山，竄三苗於三危，殛鯀於
羽山。」（《孟子・萬章上》、《大戴禮記・五帝德》同而「竄」作
「殺」），而《莊子・在宥》中記此事無鯀，僅流「三凶」，其中「投
三苗於三峗」所用「投」字正同出土《歸藏》同。再者，上引文獻中
鯀被殛於「羽山」，《山海經・海內經》為「羽郊」，而《國語・晉語
八》「鯀違帝命，殛之於羽山，化為黃熊，以入于羽淵」（《左傳・昭
公七年》同），「羽淵」與「淵寅」類似。另外，戰國時代「共工」與
「鯀」更常相提並論，除了同在「四凶」之中，《國語・周語下》有
共工、鯀先後治水不利而被刑之事，《韓非子・外儲說右商上》鯀與
共工相繼諫堯並應讓天下與舜而被誅之事等。最後，郭璞曾於〈大荒
西經〉中引《歸藏・開筮》「不得竊《辯》與《九歌》以國於下」，啟
的形象亦與〈海內經〉「鯀竊帝之息壤以堙洪水」同為「竊」上天之
物而下，[97]以上都說明了鯀、啟之事有類化的可能。綜上所述，先秦

97　袁珂：《山海經校注（最終修訂版）》，頁349、395。

文獻中的啟僅有登天之事，未見得罪上帝被刑之事，更無與共工相提並論的情況，由此可知，出土《歸藏》此條顯然是把啟傳說與鯀傳說類化而混同。

另有一條殘文可能也可能與啟登天的傳說及其負面形象有關，即：

困曰：昔者夏后啟卜亓（其）邦尚毋有吝而攴（枚）占☐。

王明欽認為：

「貞卜其邦」就是筮占所統治的國家有無災難，一般來說，祇有一國之君纔有權力貞卜其邦，考察簡及傳本《歸藏》佚文，祇有夏啟及其以後的殷王有貞卜其邦的記載。而夏啟以前，女媧、黃帝、蚩尤、恆娥、鯀、舜、禹等神話中的人物，絕無貞卜其邦之說，這也足以證明夏啟不是神話中的上帝，而是後世的國君。[98]

目前我們無法看到完整的《歸藏》資料，很難確定在當時的《歸藏》中是否啟以前的古帝王「絕無」貞卜其邦的內容，就算《歸藏》中啟以前的古帝王確無貞卜其邦之說而啟為第一位人王，也只能說明這是《歸藏》作者或其成書之時的觀念。出土《歸藏》中卜問「其邦尚毋有咎」、「其邦尚無有吝」有六次，此類卜問亦見於包山、望山、葛陵等楚墓的祭禱簡中，[99]而《歸藏》與楚簡不同的是後者是真實的卜筮記錄，前者卜問內容多有傳說背景，而〈大荒西經〉郭注引〈開筮〉

---

98 王明欽：〈《歸藏》與夏啟的傳說——兼論臺與祭壇的關係及鈞臺的地望〉，《華學》
　　（北京市：紫禁城出版社，1998年11月），第3輯，頁214。
99 倪晉波：〈王家臺秦簡《歸藏》與先秦文學〉，《晉陽學刊》2007年第2期，頁108。

曰「不得竊《辯》與《九歌》以國於下」，則《歸藏》中亦有關於啟耽於樂舞而不利於國的內容，因此我們認為這裡的「貞卜其邦」反映的可能是當時流行的啟佚樂而致國亂的傳說，即《墨子》所引〈武觀〉或〈離騷〉中關於啟的內容（詳下文）。

此外，出土與傳世《歸藏》中以下幾條也與啟登天傳說有關：

> 灌曰：昔〔者〕夏后啟卜曶▨。
> 薔（晉）曰：昔者▨▨卜曶帝薔（晉）之虛作為☐▨。
> 薔（晉）曰：昔者夏后啟卜曶帝薔（晉）▨。

傳世《歸藏》佚文有類似的內容：

> 昔者夏后啟筮享神於晉之墟，作為璿臺，於水之陽。（《文選》卷46王元長〈三月三日曲水詩序〉注引《歸藏》）
> 夏后曰：啟筮享神於晉之靈臺，作璿臺。（《太平御覽》卷177引《歸藏》）
> 昔者夏后啟筮享神於大陵而上鈞臺，枚占皋陶曰：不吉。（《太平御覽》卷82引《歸藏》，《初學記》卷22引至「鈞臺」）[100]

前文提到《左傳·昭公四年》中啟的「鈞臺之享」與其他著名盟會並列，啟代表夏代與湯、武、成、康、穆並列為「六王」，顯然是正面

---

100 類似的文字還有很多，比如《太平御覽·居處部五》有「《山海經》曰：享神於大陵，而上鈞臺」，誤「鈞」為「釣」，應該也是《歸藏》佚文，李家浩指出馬國翰輯《連山》佚文「啟筮享神於大陵之上」，應該也是《歸藏》佚文，將「而上」誤記為「之上」並忘了「鈞臺」二字。參李家浩：〈王家臺秦簡「易占」為《歸藏》考〉，頁320。

的形象，不過《歸藏》的內容是「享神」並「作璿臺」，占辭為「不吉」，應該是將「享」與「作臺」與啟佚樂的作負面形象聯繫在一起。顧頡剛與童書業很早就將傳世《歸藏》佚文的內容與啟的賓天傳說及《左傳》的「鈞臺之享」聯繫在一起，認為：

> 這鈞臺之享，《左傳》的作者是把它說成享諸侯的。但我們看了《左傳》「禹合諸侯於塗山」（哀公七年），《國語》作「禹致群神於會稽山」（《魯語》下）。《國語》的文字比《左傳》古，則「禹致群神」是原始神話，而「禹合諸侯」是晚出的人話。以此類推，啟本是有神性的人物，其享諸侯怕也是享群神傳說的演變。所以《歸藏·啟筮篇》就說：
> 昔夏后啟享神于大陵而上鈞臺，枚占皋陶，曰，不吉！（《太平御覽》八十二引）
> 《歸藏》雖是晉以後人的偽作（漢代已有《歸藏》，見桓譚《新論》，後來的《歸藏》當是附益漢本之文而成），但多錄有古傳說，可證夏啟有享神的事。《歸藏》又說：
> 昔者夏后享神于晉之墟，作為璿臺於水之陽。（同上引）
> 「璿臺」當就是「鈞臺」，而「鈞臺」實就是「天臺」（天曰「大鈞」），《史記·趙世家》記趙簡子之帝所，與百神游於鈞天，廣樂九奏《萬舞》；則啟享鈞臺與啟賓天竊《九辨》、《九歌》的傳說很有關係。[101]

童書業在《春秋左傳研究》有比較精簡的敘述：

101 顧頡剛：〈夏史三論——夏史考第五、六、七章〉，《顧頡剛古史論文集》卷1，《顧頡剛全集》第1冊，頁576。

「鈞臺」即「天臺」(天曰大鈞,故稱「鈞天」),《歸藏》(《太平御覽》八十二引)有啟享神而上鈞臺之說,又有「作璿臺」之說。「璿臺」即「鈞臺」,啟之「鈞臺之享」或即「賓天」之說之人話化乎?[102]

由於他們當時不信任先秦古書,常以神話歷史化的角度詮釋文獻內容,此處亦認為《歸藏》內容較為原始,並且將早期的「賓天」神話與《歸藏》的「上鈞臺」神話混唯一談,事實上《山海經》、《楚辭》僅提到啟的樂舞之事而不涉及「作臺」、「享神」,並且沒有提到「竊」樂舞以下。另外,《歸藏》提到「晉之虛」、「大陵」,王明欽指出都在晉地,[103]「晉之虛」指的應該是《左傳・定公四年》所載唐叔受封之「夏虛」,顯然是後人編造或改造傳說時所加,我們認為比較可能的情況是先有早期的啟賓於天的神話,而後產生關於啟佚樂的說法及史書中鈞臺之享的事蹟,《歸藏》的作者再將之融合改寫為啟為臺、享神之事,並以之為佚樂的負面形象而用作「不吉」之例。

　　另外朱淵清亦曾舉出一則出土《歸藏》中關於啟的記載可能晚出之例,即「訟曰:昔者□□卜訟啟□□□▨」,朱先生認為此條源於《穆天子傳》卷五,穆天子觀夏啟所居,入於啟室後筮獵於太室山得「訟」卦之事。[104]

102 童書業:《春秋左傳研究》,頁22。

103 王明欽:〈《歸藏》與夏啟的傳說——兼論臺與祭壇的關係及鈞臺的地望〉,《華學》第3輯,頁222。

104 朱淵清:〈王家臺《歸藏》與《穆天子傳》〉,《周易研究》2002年第6期,頁11。

二　「賓天傳說」與「夢遊鈞天傳說」的關係

朱熹在《楚辭集注》中對〈天問〉「啟棘賓商」注曰：

> 竊疑棘當作夢，商當作天，以篆文相似而誤也。蓋其意本為啟
> 夢上賓於天而得帝樂以歸，如《列子》、《史記》所言周穆王、秦
> 穆公、趙簡子夢之帝所，而聞鈞天廣樂、九奏萬舞之類耳。[105]

又在《楚辭辨證》中進一步說明：

> 「啟棘賓商」四字，本是啟夢賓天，而世傳兩本，彼此互有得
> 失，遂致紛紜不復可曉。蓋作《山海經》者所見之本「夢天」
> 二字不誤，獨以賓、嬪相似，遂誤以賓為嬪，而造為啟上三嬪
> 于天之說，以實其謬。王逸所傳之本，賓字幸得不誤，乃以篆
> 文夢、天二字中間壞滅，獨存四外，有似棘、商，遂誤以夢為
> 棘，以天為商，而於《注》中又以列陳宮商為說。……且謂屈
> 原多用《山海經》語，而不知《山海》實因此書而作；三嬪又
> 本此句一字之誤，其為紕漏，又益甚矣。[106]

朱熹因為〈天問〉中啟的賓天傳說與《列子》、《史記》所載幾則夢遊
鈞天的傳說情節類似，先入為主的認為後者是此類傳說的原貌，而以
前者遷就後者，將「啟棘賓商」的「棘」、「商」解釋為「夢」、「天」
二字篆形之誤，頗為牽強。若「夢」、「天」二字「獨存四外」，可補
之字何其多，怎會補出難以通讀的「棘」、「商」？事實上從古文字的

角度看，很早就有學者指出「商」字為「帝」字之誤，而近年徐廣才提出「棘」字通「陟」之說，較以往舊說合理，「啟棘賓商」或應為「啟陟賓帝」，相關說法前文已有討論，茲不贅述。

朱熹並未說明兩種傳說之間是否有源流關係，不過他將啟的賓天傳說與幾則夢遊鈞天的傳說聯繫在一起仍有啟發性。常金倉也曾將兩者相提並論，並進一步談到傳說間的關係。常先生曾主張戰國時代有「歷史的神話化」的現象，並以《山海經》為例說明這場「戰國時期的造神運動」，[107]其中特別以啟的賓天傳說為例說明此傳說的神話化過程及其後起性質，認為：

> 《山海經》中啟的形象可能就是墨書的演繹，墨書「萬舞翼翼，章聞於天」，可能就是《山海經》啟上賓天，得九歌九辯而舞九代的原型。……人類很早就開始神話他們的文化英雄和君主頭人，《詩．大雅．文王》：「文王在上，于昭于天」、「文王陟降，在帝左右」，前引融降崇山，回祿信隧，都是神靈光顧人間信仰的表達。《逸周書．太子晉》：「吾後三年，上賓于

107 關於「歷史的神話化」，常先生認為：「凡與自然神發生過一些糾葛並或多或少具有神異故事的人物，如取帝『息壤』，以湮洪水的鯀，得應龍鴟鴞之助疏通江河的禹，射九日保禾稼的羿；上賓九天的啟，為帝司夜的『二八神』，無一不是歷史上為民興利除害的英雄。在戰國時代十分盛行的方士仙術渲染下成了半神半仙之人，因為他們原本就是傳說人物，所以根本不存在所謂『神話的歷史化』，倒是十足的「歷史的神話化」了。」（見〈中國神話學的基本問題：神話的歷史化還是歷史的神話化〉，《二十世紀古史研究反思錄》，北京市：中國社會科學出版社，2005年10月，頁144）。關於「戰國時期的造神運動」，常先生認為：「《山海經》中絕大多數的志怪神話並非史前文化的『遺存』，而是戰國時代根據特定社會需求對前賦文做出的新綜合。記錄在儒家經傳上的傳說故事也不是神話的歷史化，倒正是《山海經》神話的原始素材。」（見〈《山海經》與戰國時期的造神運動〉，《二十世紀古史研究反思錄》，頁168）。

帝所」,《史記·趙世家》說趙簡子有疾五日不知人事,七日而
寤曰:「我之帝所甚樂,與百神游于鈞天,廣樂九奏萬武,不
類三代之樂,其生動人心」,秦穆公也有相同的故事,夏后啟
神話即使不是趙簡子、秦穆公故事的複製品,也必在此信仰渲
染下炮製出來的。[108]

常先生認為賓天傳說是受到夢遊鈞天傳說影響所造,原型是《墨子》
中的啟,本文有不同看法。首先是關於啟佚樂的負面形象如何形成的
問題。我們認為《山海經》中的啟並無此種負面形象,並且用字上也
反應較早的傳說面貌,而清華簡〈厚父〉、《逸周書·嘗麥》是較早的
文獻而啟也沒有具體的負面形象,《墨子》所引〈武觀〉可能是以天
命觀為背景利用啟賓天傳說形塑了啟的負面形象,用以解釋夏初之亂
(詳下文)。因此應該是《山海經》中的啟形象影響了《墨子》中的
啟,而非後者影響前者的歷史神話化。第二是關於啟的賓天傳說與夢
遊鈞天傳說背後的信仰觀念。〈文王〉「在帝左右」、〈太子晉〉「上賓
於帝所」的觀念為古人對死後世界的想像,可以追溯到商代的「賓
帝」,而《山海經》中的「嬪于天」與〈天問〉的「賓帝」的登天傳
說是此種觀念神話化的表述,二者將原始的「賓帝」加入了想像力描
繪出啟登天遊歷的故事情節,而夢遊鈞天的傳說又將此類情節放到夢
中,成為具有「預言」性質的故事,因此「賓天傳說」反而更可能是
「鈞天神話」創作的來源。
　　趙簡子與秦穆公的「鈞天神話」見於《史記·趙世家》:

　　趙簡子疾,五日不知人,大夫皆懼。醫扁鵲視之,出,董安于

---

108 常金倉:〈《山海經》與戰國時期的造神運動〉,《二十世紀古史研究反思錄》,頁
　　153-154。

問。扁鵲曰：「血脈治也，而何怪！在昔秦繆公嘗如此，七日而寤。寤之日，告公孫支與子輿曰：『我之帝所甚樂。吾所以久者，適有學也。帝告我：「晉國將大亂，五世不安；其後將霸，位老而死；霸者之子且令而國男女無別。」』公孫支書而藏之，秦讖於是出矣。獻公之亂，文公之霸，而襄公敗秦師於殽而歸縱淫，此子之所聞。今主君之疾與之同，不出三日疾必間，間必有言也。」居二日半，簡子寤。語大夫曰：「我之帝所甚樂，與百神游於鈞天，廣樂九奏萬舞，不類三代之樂，其聲動人心。有一熊欲來援我，帝命我射之，中熊，熊死。又有一羆來，我又射之，中羆，羆死。帝甚喜，賜我二笥，皆有副。吾見兒在帝側，帝屬我一翟犬，曰：『及而子之壯也，以賜之。』帝告我：『晉國且世衰，七世而亡，嬴姓將大敗周人於范魁之西，而亦不能有也。今余思虞舜之勳，適余將以其胄女孟姚配而七世之孫。』」董安于受言而書藏之。以扁鵲言告簡子，簡子賜扁鵲田四萬畝。他日，簡子出，有人當道，辟之不去，從者怒，將刃之。……當道者曰：「主君之疾，臣在帝側。」簡子曰：「然，有之。子之見我，我何為？」當道者曰：「帝令主君射熊與羆，皆死。」簡子曰：「是，且何也？」當道者曰：「晉國且有大難，主君首之。帝令主君滅二卿，夫熊與羆皆其祖也。」簡子曰：「帝賜我二笥皆有副，何也？」當道者曰：「主君之子將克二國於翟，皆子姓也。」簡子曰：「吾見兒在帝側，帝屬我一翟犬，曰『及而子之長以賜之』。夫兒何謂以賜翟犬？」當道者曰：「兒，主君之子也。翟犬者，代之先也。主君之子且必有代。及主君之後嗣，且有革政而胡服，并二國於翟。」簡子問其姓而延之以官。當道者曰：「臣野人，致帝命耳。」遂不見。簡子書藏之府。

事亦見〈扁鵲倉公列傳〉,「秦讖」作「秦策」,〈封禪書〉也提到秦穆公之事:

> 秦繆公立,病臥五日不寤;寤,乃言夢見上帝,上帝命繆公平晉亂。史書而記藏之府。而後世皆曰秦繆公上天。

整段故事中「夢遊鈞天」的情節只是一個引子,重點在夢中上帝的預言晉「七世而亡」並將以「孟姚配而七世之孫」(七為誤字,應為十世之孫趙武靈王),以及趙將「滅二卿」、「克二國於翟」、「革政而胡服」、「并二國於翟」等事,明顯有後人編造的痕跡。白國紅認為這則神話是趙簡子或趙氏後人編造的,目的在於利用神話塑造當時「北進戰略」的合法性與神聖性,[109]未考慮內容出現關於趙武靈王的預言背後的意義。蔡師哲茂很早就指出整個故事應該是趙武靈王時所編造的,是為了現實目的而編寫的一則「政治神話」。由於此篇文章較難取得,茲詳引如下,蔡師指出:

> 值得一提的是,<u>鈞天神話產生的背景。武靈王五年娶韓女為夫人,十六年吳廣人女孟姚,生子何,且立為后,這是一件備受爭議的事</u>,因為趙氏自趙武接受韓厥(韓獻子)之助後,又向晉侯強調「成季之勳,宣孟之忠」,意即趙衰、趙盾輔佐晉公室的功勞,晉侯「乃立武而反其田焉,使趙武恢復了地位和財產,趙韓兩家的關係應一直不錯。今<u>武靈王廢韓女而立孟姚,其間所引發的政治利益之衝突當然可觀,而武靈王所受的壓力自然不輕,此其一。十九年,武靈王又革政胡服,遭到國內貴</u>

---

109 白國紅:《春秋晉國趙氏研究》(北京市:中華書局,2007年6月),頁133-134。

族像公子成（武靈王之叔）、趙文、趙造、趙俊、周裕（武靈王之傅）等人的強力反對，但武靈王強調「今騎射之備，近可以便上黨之形，而遠可以報中山之怨」，「今胡服之意、非以養欲而音樂志也。」（《國策・趙策》）所以二十四年（公元前三〇二年），就「命吏、大夫、奴遷于九原，命將軍、人夫、適子、戍吏皆貂服」（《竹書紀年》）也就是說，一面移民實邊，一面將胡服騎射推廣到邊地九原（今內蒙古包頭市西），而且，不僅遣戍的下級軍官或身分低賤者皆胡服，連貴冑子弟、將軍、大夫、適子這些類似後代羽林軍的近衛親軍也實行胡服，因此在國內遭到相當人的反對壓力。鈞天神話中對武靈王的革政胡服和娶孟姚一事都有預言，顯然是十九年左右武靈王製造出來作為政治改革和立孟姚為后的依據，用以杜塞反對派之口。

像這種類似的政治神話當然也屢見後代史書，通常是有野心的政客故意製造出來的一套天命在己、興衰命定的說辭用以神化自己，打擊對手的方法。武靈王製造出鈞天神話，當然也不可能只為了自己的施政和婚配，他一向以「欲繼襄王之業，啟胡翟之鄉」「念簡襄之跡，計胡狄之利」（《國策・趙策》）自居，而原過三神之令神話，竹中朱書告訴襄子說：「余將賜女林胡之地，至于後世，且有伉王，赤黑，龍面而鳥噣，鬢〔廯〕髭䐡，大膺大胸，脩下而馮，左衽界乘。」同樣的把襄子後代將出武靈王，且將滅林胡及胡服騎射都點出，無疑的這也是武靈王製造出來的，和鈞天神話應同出一源，神話中強調武靈王繼承趙襄子的志業更是明顯。

鈞天神話並不以趙衰之佐晉文公，或趙盾之執政於晉靈公或趙武為晉平公之正卿三人作神話之主角，而以趙簡子之滅范氏、

中行氏，趙襄子之滅代，和武靈王滅中山三人作配合，主要的原因是強調三者在開疆拓土有重大貢獻於趙，可以說繼承晉國「狄之廣莫，於晉為都」(《國語‧晉語》)的政策，而在此一神話製造後不久，武靈王二十五年三路出兵，滅了中山國，實現了他「胡地、中山吾必有之。」(《國策‧趙策》)的夢想，鈞天神化的預言，可以表現出趙國在三家分晉前後擴張國土，伸張國勢的三個階段、其中尤以武靈王之滅林胡、樓煩、黑姑、中山等，甚至「欲從雲中、九原直南襲秦」(〈趙世家〉)，大陸已故史學家翦伯贊作詩頌揚他說「騎射胡服捍北疆，英雄不愧武靈王。」他的意志力使趙國自簡襄以來達到了國力的高峰，鈞天神話頌揚簡襄，而歸結於武靈王，正由於他內革國政，外拓狄土的一個英雄君王。[110]

〈趙世家〉中這段記載透過「夢遊鈞天」這樣的奇幻情節「解釋」了趙國的歷史發展，建構了屬於趙國的政治神話，而蔡師指出了此種解釋的現實動機與敘述手法，解構了這則政治神話，同時也以錢穆所指出扁鵲傳說時代跨度過長恐有錯謬為據，認為：「史上扁鵲未必真見過趙簡子，鈞天神話借扁鵲之言秦穆公的故事來襯托其真實性恐怕只是因為後來扁鵲的醫術名聞天下的關係吧！」[111]這裡涉及了一個細節的問題，即扁鵲所言秦穆公之事（即「秦讖」）是趙簡子鈞天神話作者「捏造」的，還是「引用」的。顧炎武曾以此則神話中出現的「秦讖」認為「讖」始於秦人，[112]顧頡剛也認為此秦、趙之讖是目前所見

---

110 蔡哲茂：〈三家分晉趙國何以得天獨厚：趙簡子「鈞天神話」的意義〉，《中央日報》，第17版「長河」，1991年6月14日。

111 同上。

112 黃汝成：《日知錄集釋：全校本》（上海市：上海古籍出版社，2006年12月），卷30「圖讖」，頁1696-1697。

最早的「讖」的材料，[113]而陳槃則認為「方士喜依託秦穆故事以媚秦。始皇喜方士，此秦穆神話之託，可能即在此時。又比傅趙簡，殆用為陪襯」。[114]不過在〈趙世家〉、〈扁鵲倉公列傳〉中秦穆公之事都是於趙簡子之事中附帶提到的，讓人懷疑秦穆公夢遊鈞天的內容可能是為了利用扁鵲之言增加趙簡子故事的可信度而編造的，我們或許可以從故事的書寫者（即史官）的角度切入思考「夢遊鈞天」情節的來源。

這段故事最早見於《史記・趙世家》，蔡師哲茂指出《左傳・昭公三十一年》有「趙簡子夢童羸而轉以歌」之事，不見〈趙世家〉，「可見〈趙世家〉的這些『夢話』和《左傳》大概是來自不同的系統」。[115]藤田勝久也指出「〈趙世家〉春秋時代部分以《左傳》的年代記事為主要內容，同時也包含有其他的傳說，其結構非常複雜」，並且認為〈趙世家〉中「不見於其他資料的預言記事另有來源」。[116]至於材料來源為何，今已難考察，不過從故事內容中或許可作一些推測，其中董安于這個人物值得注意。高木智見注意到這則傳說中董安于的角色，他據《左傳・昭公十五年》所記載趙國史官的淵源「辛有之二子董之晉，於是乎有董史」，及《世本》「夏啟封支子於莘。莘、辛聲相近，遂為辛氏。周有辛甲、辛有」，將董氏族源追溯至夏啟，並整理出先秦文獻所見辛、董二氏著名人物，[117]而認為：

---

113 顧頡剛：《中國上古史研究講義（燕京大學）》，《顧頡剛古史論文集》卷3，《顧頡剛全集》第3冊，頁314-315。

114 陳槃：〈論早期讖緯及其與鄒衍書說之關係〉，《古讖緯研討及其書錄解題》，頁107。

115 蔡哲茂：〈三家分晉趙國何以得天獨厚：趙簡子「鈞天神話」的意義〉，《中央日報》，第17版。

116 藤田勝久著，曹峰、廣瀬薰雄譯：《《史記》戰國史料研究》（上海市：上海古籍出版社，2008年1月），頁275。

117 高木智見：《先秦社會思想》（上海市：上海古籍出版社，2011年3月），頁294-300。

記錄簡子這些語言的就是董安于。如前所述,傳說董安于遠祖
夏啟到天界,給人間帶回樂曲和舞蹈。因此,趙簡子說自己在
意識矇矓中升天,「與百神游」,這對於世世代代傳承祖先傳說
的董安于來說,無疑具有特別的意義。[118]

陳夢家指出《世本》為戰國末(成書約在西元前234-228年)趙人所
作。[119]因此董氏是否源出夏啟,雖不能由戰國末年編寫的《世本》得
到證明,卻可知戰國末年趙國史官記憶中的趙國董史世系源出夏啟,
這應該也是當時的董氏族群對自己族源的認知,則夏啟的傳說應該可
以說是董氏記憶中的本族的傳說。因此這則「鈞天神話」很可能是戰
國時代的趙國史官(可能就是董氏)運用董史家族的傳說,以預言的
形式創作的「政治神話」,故事中說「董安于受言而書藏之」應該也
是刻意利用董史氏中的著名人物強調故事的可信度。如果我們大膽假
設這則故事出自董氏史官,那夢遊鈞天之事就是董史運用本族的啟賓
天傳說加工製成的政治神話,而〈趙世家〉還記有另一則孝成王夢乘
龍登天之事:

> (孝成王)四年,王夢衣偏裻之衣,乘飛龍上天,不至而墜,
> 見金玉之積如山。明日,王召筮史敢占之,曰「夢衣偏裻之衣
> 者,殘也。乘飛龍上天不至而墜者,有氣而無實也。見金玉之
> 積如山者,憂也。」

啟賓天的情節也有乘龍升天的版本,可見此類題材多見於趙國的「夢

---

118 同上,頁299。

119 陳夢家:〈世本考略〉,《西週年代考、六國紀年》(北京市:中華書局,2005年7
　月),頁194-195。

話」中，編寫者或許也與董史家族有關。在這些故事中，「賓天傳說」作為敘述的素材被放入夢境之中而產生了「夢遊鈞天」、「夢乘龍登天」之類的情節，並成為整個預言中的一環。

綜上所述，本文認為《楚辭·天問》與《山海經》中用「賓（嬪）」這個詞彙表述登天之事，有較早的淵源，因此「鈞天神話」很可能源自「賓天傳說」，而非影響了「賓天傳說」的形成。「鈞天神話」是根據夏族早期傳說作的改寫，改寫者則可能是夏族在趙國的後人董氏，而「夢遊鈞天」的情節成為整個預言趙國歷史發展的故事中最重要的前提。

三 從〈厚父〉到〈武觀〉、〈離騷〉：夏初之亂的歷史解釋

最後，我們再回過頭來談上節留下的問題，看看啟賓天的傳說對啟的負面形象有什麼影響。前文提到《逸周書·嘗麥》與清華簡〈厚父〉代表的三代觀古史記憶中，啟並沒有具體的負面形象，相關內容如下：

> 啟惟后，帝亦弗恐啟之經德少，命皋繇下為之卿事，……【2】……天乃永保夏邑。……【3】（〈厚父〉）
> 其在殷〈啟〉之五子，忘伯禹之命，假國無正，用胥興作亂，遂凶厥國。皇天哀禹，賜以彭壽，卑（俾）正夏略。（〈嘗麥〉）

郭永秉認為五子作亂之事與啟的部分「表述極似，很可能是夏代傳說傳流演變分化之異」，並認為啟之「經德少」及〈厚父〉文末談到的

「酒誥」內容與《墨子》所引〈武觀〉中啟之無德與湛酒有密切關聯。[120]《墨子・非樂上》曰：

> 乃言曰：「嗚呼！舞佯佯，黃言孔章，上帝弗常，九有以亡。上帝不順，降之百殃，其家必壞喪。」察九有之所以亡者，徒飾樂也。於《武觀》曰：「啟乃淫溢康樂，野于飲食，將將銘，莧磬以力，湛濁于酒，渝食于野，萬舞翼翼，章聞于天，天用弗式。」

〈厚父〉與〈嘗麥〉人物略有不同，很難判斷何者比較可信，不過可以看出在西周時代的記憶中，啟在位時似有執政危機或一場亂事，而後由賢臣皋陶、彭壽撥亂反正。至於二者與〈武觀〉的關聯可進一步討論。

〈厚父〉所載內容不見於傳世文獻，〈武觀〉被引用的部分也沒有提到有何亂事發生，不過《墨子》所引〈武觀〉承前「九有之所以亡者，徒飾樂也」的觀點，可知〈武觀〉中的啟應該是淫佚亂邦之例，「湛濁」即「沉湎」。[121]

先秦文獻中，夏初除了〈嘗麥〉中的「五子」之亂外還有〈書序〉提到的太康失國之事，如：

> 太康失邦，昆弟五人，須于洛汭，作五子之歌。（〈書序〉）
> 夏后帝啟崩，子帝太康立。帝太康失國，昆弟五人，須于洛汭，作五子之歌。（《史記・夏本紀》）

---

120 郭永秉：〈論清華簡《厚父》應為《夏書》之一篇〉，《出土文獻》第7輯，頁130。
121 吳毓江：《墨子校注》（北京市：中華書局，2012年2月），頁391。

〈夏本紀〉為漢代文獻，將太康失國歸於啟崩之後，為學者接受，其
根據為何、是否確為啟崩後之事雖無證據可證，但太康有國當在繼位
之後，故確非啟在位時後的事。至於〈書序〉的太康失邦與〈嘗麥〉
之五子之亂是否為同一件事，我們認為〈嘗麥〉亂事為彭壽平定，與
〈書序〉的五子離散有所不同，因此二者非同事的可能性較大。至於
〈武觀〉則比較可能屬於〈厚父〉、〈嘗麥〉的系統，反映的應該也是
啟在位時的事。

　　學者討論夏初之亂時常提到的材料如下：

（1）堯有丹朱，舜有商均，啟有五觀，湯有大甲，文王有
管、蔡，是五王者，皆有元德也，而有姦子。（《國語·
楚語》，《韓非子·說疑》有類似的內容）

（2）虞有三苗，夏有觀、扈，商有姺、邳，周有徐、奄。
（《左傳·昭公元年》）

（3）啟征西河。（《北堂書鈔》所引《竹書紀年》佚文）

（4）（啟）十一年，放王季子武觀于西河。十五年，武觀以
西河叛。彭伯壽帥師西征，武觀來歸。（今本《竹書紀
年》）

（5）啟《九辯》與《九歌》兮，夏康娛以自縱。不顧難以圖
後兮，五子用失乎家巷。（《楚辭·離騷》）

這些材料中今本《竹書紀年》內容似晚出而牽合諸說，故暫存疑。[122]
一般認為（1）、（2）、（3）的「五觀」、「觀」、「征西河」即「武觀」

---

122 參王國維：《今本竹書紀年疏證》，收於方詩銘，王修齡：《古本竹書紀年輯證》，
頁214。程平山：《竹書紀年考》，頁1188。

之亂，[123]（2）之族屬、地望未有定論，暫不討論，而（1）的「五觀」與其他「姦子」並列，當為一人非五人，（3）的「西河」為啟所征，自非太康有國之後的事，（1）、（3）應該都是啟在位時的事，由此可以知道戰國人的記憶中夏初確實並不平靜。不過這些內容是否即「武觀」之亂，沒有進一步的證據可以進步證明，或許是不同的事，或許為一事之分化，只能說都是關於啟在位之時政局不穩的記憶。

　　至於〈離騷〉則是最常與〈武觀〉相提並論的材料，值得注意的是，這些材料中也只有〈武觀〉與〈離騷〉涉及啟登天的傳說並對啟作出批判，我們認為這兩種說法很可能帶有作者的主觀意圖。

　　戰國時代流行啟登天得樂舞的神話傳說，見於《楚辭・天問》、《山海經・大荒西經》、〈海外西經〉，這些內容並不涉及啟是否失德的問題，且很可能更早以前就已流傳。《竹書紀年》有「夏后開舞九招」（《山海經・大荒西經》注引）的記載，則此類說法亦見於戰國史書。顧頡剛與童書業對〈武觀〉中的啟形象曾有如下說法：

> 在這篇書裡，禹的兒子啟是一個淫溢康樂的壞人，他既好樂又好酒，簡直是夏初的桀、紂；他為天所弗式，當然沒有什麼好結果。墨家拿啟來做一個「非樂」的箭垛，他們是有根據的。……（引者按：原文引用《山海經》、《歸藏》等資料，此不具引）啟會乘龍上天，自然是個神性人物；他的傳說特別與音樂有關，或許原來是個樂神。墨家借了這個樂神來做「非樂」的箭垛，並替他添上了一件酗酒的罪名，好在酒與樂本來

123　相關說法可參游國恩：《離騷纂義》，《游國恩楚辭論著集》，頁210-221。吳毓江：《墨子校注》，頁390。徐元誥：《國語集解（修訂本）》（北京市：中華書局，2006年4月），頁484。楊伯峻：《春秋左傳注（修訂本）》（北京市：中華書局，2006年9月），頁1206。方詩銘，王修齡：《古本竹書紀年輯證》，頁3。

是聯帶的（墨家所謂「樂」是廣義的，酒也是「樂」的一種）。[124]

此說注意到啟形象的「類型」如同桀、紂，不僅在〈非樂上〉中食樂並論，好酒食的形象也是當時一般認知中暴君的形象，指出了此種形象可能是墨家根據更早的「神話」所編造的。我們認為此說或有可商之處。

前文提到蔣善國認為「《墨子》所引《詩》、《書》，大體與今本不同；而孟、荀儒家書所引，卻與今本略同，那麼《詩》、《書》均經過儒家的整理，是很明顯的」，[125]裘錫圭則據出土《書》類文獻指出「從清華簡的情況來看，在戰國時代，至少在戰國中期以前，《詩》、《書》的儒家選本，在儒家之外的人群中，似乎沒有多大影響」。[126]那麼墨家是否對《書》類文獻也進行了整理？馬士遠指出墨子並未如儒家以《書》為教，只是援引以證成己說而已，並且《墨子》中同一篇《書》往往多有異文，反映了墨離為三而各派不同取捨所致，因此也可看出墨家未有統一版本的《書》，則墨家所用的《書》可能更近原貌。[127]以《清華三・說命中》簡6的「惟口起戎出好」為例，原釋文已指出《禮記・緇衣》引〈說命〉作「惟口起羞，惟甲冑起兵」，《墨子・尚同中》所引〈術令〉（即〈說命〉）作「唯口出好興戎」，與簡文較近，[128]不僅說明此條引文非儒家系統，而「惟口起戎出好」

---

124 顧頡剛：〈夏史三論──夏史考第五、六、七章〉，《顧頡剛古史論文集》卷1，《顧頡剛全集》第1冊，頁557-558、564。

125 蔣善國：《尚書綜述》，頁168、15。

126 裘錫圭：〈出土文獻與古典學重建〉，《出土文獻》第4輯，頁14。

127 參馬士遠：《周秦《尚書》學研究》第10章第1節「墨子《書》學考論」。

128 李學勤主編：《清華大學藏戰國竹簡（參）》（上海市：中西書局，2012年12月），頁127。

與「唯口出好興戎」文字、意思基本相同，若二者同源或墨子所引出
於清華簡的版本，都說明墨子此條引用對原文未多作修改，[129]而先秦
的〈說命〉或許曾被儒家改動。[130]如此看來，〈武觀〉也可能沒有經
過修改，而是因適合闡述墨家思想而被選擇使用的《書》，其內容未
必為墨家所編造。再者，〈武觀〉對啟的批判也符合西周天命觀下關
於失德之君的批判，尤其是「戒酒」觀念，或許有更早的淵源。

　　然而先秦關於啟的說法中，「沉湎於酒，渝食於野」的形象僅見
於此，究竟是〈厚父〉與〈武觀〉其中一說比較可信，還是西周時期
已對啟有不同的表述，以目前的材料來看很難判斷。不過〈厚父〉有
幾項指標說明觀念上與經儒家整理過的《書》類文獻仍有不同，如不
談虞代、禪讓、鯀治水失敗等，其與〈豳公盨〉同為「天命禹」治水
也有西周時期的特色。因此我們推測，如果不是墨家對〈武觀〉進行
了改造，就是西周史官寫作此篇之時，利用傳說對夏初之亂作了「歷
史解釋」，也就是將亂國解釋為啟之佚樂所致，如同其他失德之君一
樣，以強化以史為鑑的功能，也因此相較於啟在〈厚父〉中僅被描述

---

129 學者從用詞方面比對清華簡〈傅說之命〉與殷卜辭、《尚書‧盤庚》，指出多有相
　　近之處，推測應有較早的來源。參付強〈從賓組卜辭看清華簡《說命》的用詞〉，
　　發表於「簡帛研究」網站（http://www.confucius2000.com/admin/list.asp?id=5518），
　　2013年1月7日，〈從賓組卜辭看清華簡《說命》的用詞續考〉，發表於「清華大學
　　出土文獻研究與保護中心」網站（http://www.ctwx.tsinghua.edu.cn/publish/cetrp/
　　index.html），2013年5月9日；程浩：《《書》類文獻先秦流傳考——以清華藏戰國竹
　　簡為中心》（北京市：清華大學博士論文，2015年6月），頁108-111。

130 魏慈德先生曾比對出土、傳世〈說命〉及先秦文獻中的〈說命〉引文，推測「先
　　秦本《說命》曾被改動，而改動後的文句再被增補入《緇衣》中，甚者可能連
　　《文王世子》、《學記》中所引的〈兌命〉文，都是相同的情形」，並認為「或可推
　　測儒家學者欲加入更多符合儒家的思想觀點於篇文中，而又將所改動的文字，增
　　補到如《緇衣》、《學記》這類同樣闡述儒家文化的篇章中」。參〈楚地出土戰國書
　　籍抄本與傳世文獻同源異本關係試探〉，《出土文獻》（上海市：中西書局，2016年
　　10月），第9輯，頁106。

為「經德少」，其負面形象顯然被放大許多。

〈離騷〉的問題較多，主要由於「五子用失乎家巷」所指為何未有定論。清人王引之的說法影響較大，他以「巷」讀為「閧」並以「失」為衍文，而認為「五子胥興作亂，所謂家閧也」，則〈離騷〉、〈嘗麥〉為一事，在啟之世，非指太康失邦。[131] 不過徐廣才則認為〈嘗麥〉由「五子胥興作亂」之「胥」可知不可能指一人，又以為「失」非衍文，當讀為「逸」，「五子用失乎家巷」指「太康兄弟五人因而逃離家園。這樣解釋正可與『太康失邦，昆弟五人，須于洛汭』相呼應」，[132] 則〈離騷〉、〈嘗麥〉與〈書序〉為同一事，在啟崩之後。前文談到〈嘗麥〉的「五子」之亂為彭壽平定，在啟之時，與〈書序〉之五子離散在太康之時有所不同，因此〈嘗麥〉與〈書序〉非同事的可能性較大，那麼究竟〈離騷〉如王引之認為與〈嘗麥〉同事，還是如徐廣才認為與〈書序〉同事，難有定論。我們認為或許可以換個角度看，過去討論相關問題時往往將〈離騷〉中屈原的說法當作「史料」，然而屈原之說只是他對夏初之亂的評論，啟「不顧難以圖後兮」就是他的「解釋」，若從王說，則屈原的觀點與〈武觀〉接近，若從徐說，則屈原是用〈天問〉的啟登天傳說解釋太康失國。屈原的「解釋」應該是他當時心情的投射，至於他的根據為何？是當時流行的觀點、還是他自己對歷史的認知，在文獻解釋還存在疑義的情況下無法得知。

由〈武觀〉、〈離騷〉可知，戰國時代存在啟淫佚康樂的形象，或許也跟啟得位不正當的形象一樣是當時流行的記憶，如古本《竹書紀年》曰：

---

131 游國恩：《離騷纂義》，頁218-219。
132 徐廣才：《考古發現與《楚辭》校讀》，頁95。

（1）益干啟位，啟殺之。（《晉書・束皙傳》）

　　益為啟所誅。（《史通・疑古》）

　　后啟殺益。（《史通・雜說》）

（2）夏后開舞九招也。（《山海經・大荒西經》注）

（3）啟征西河。（《北堂書鈔》卷13）[133]

由於《竹書紀年》原本失傳，我們從零星佚文無法得知文本全貌與作者的敘述立場，是否還有其他內容、還是啟的事蹟在當時已經很少，皆不得而知；不過從讀者的角度來看，在啟的部分剛好只留下了這三條佚文：（1）為啟得位不正當，（2）、（3）為啟淫佚而致國亂，很可能反映了讀者對啟事蹟的興趣，或許不是巧合。

　　顧頡剛曾說：

> 我久覺得啟這個人，除了儒家經典以外都是說他不好的，自從孟子說了「啟賢，能敬承繼禹之道」，又造出朝覲訟獄謳歌的人不到益那邊去而到啟這邊來的故事，啟纔變作一個好人，而他的不好的行為全送給太康收受了。
>
> 啟在儒家以外的傳說裡，不但是個淫昏之主，就是他的得位也是不正當的。……啟被禹認為不足任天下的，他與益又都有奪位自立的嫌疑，他做了天子以後又有「淫溢康樂」的昏德，他是一個怎樣不賢的人物！他是禹的一個怎樣不肖的兒子！但是禹的這個不肖子到了儒家的學說裡卻變成了一個克家的令子了：……（引者按：舉孟子答萬章啟賢而得天下之說）[134]

133　方詩銘，王修齡：《古本竹書紀年輯證（修訂本）》，頁2-3。

134　顧頡剛：〈夏史三論——夏史考第五、六、七章〉，《顧頡剛古史論文集》卷1，《顧頡剛全集》第1冊，頁553、564-567。

顧頡剛認為儒家製造了「啟賢」的事蹟並成為主流記憶，使人們逐漸
遺忘啟得位不正當與淫佚康樂的記憶，而出土文獻讓我們對此種記憶
此消彼長的狀況有更多的了解。而在北大簡〈周訓〉中記載了東周昭
文公以古人之言告誡共太子的內容，其中提到：

> 禹貳（敕）啟曰：「免務好唯，而戒毋作非，□國失，【32】▢
> 弗好務，將或代之。諸置嗣者，莫立不治。自昔及今，從古以
> 來，剴（豈）【33】有不賢而可任國哉？今女（汝）不能蒽
> （聰）明元聖，期何以獨祭祀？」【34】¹³⁵

此篇內容在戰國晚期已經定型，思想傾向符合戰國中晚期至西漢早期
「黃老道家」的宗旨，為戰國時人的依託之言，¹³⁶內容雖非實錄卻可
以看出當時人對啟形象的記憶。此段話與「湯武儆大甲」並列，兩段
話內容大同小異，都是告誡繼位者好善而賢者能任國、反之將被取代
的道理，啟與相傳亂德而為伊尹流放之大甲相提並論，應該是被視為
同類人物，或許啟佚樂失德的記憶至西漢仍存，只是沒有被司馬遷
採納。

　　不過被儒家立場記憶取代的啟佚樂危國之說即便曾經流行，卻未
必如顧頡剛所認定為啟原本的形象，當時古史辨學者對古書多所懷
疑，習慣以神話歷史化的角度詮釋歷史記載，前文也有談到，然而在
〈厚父〉中啟雖「經德少」，卻無明顯負面敘述，在西周時期的文獻
〈嘗麥〉中「忘伯禹之命」者也不是啟，即便啟登天得樂舞的神話可
能已經流傳，當時並沒有與夏初之亂作連結。因此我們認為啟佚樂危

---

135 北京大學出土文獻研究所編：《北京大學藏西漢竹書（參）》（上海市：上海古籍出
　　版社，2015年9月），頁125。

136 參韓巍：〈西漢竹書《周馴》若干問題的探討〉，《北京大學藏西漢竹書（參）》。

國之說未必是「真實」的啟形象，此種記憶也可能淘汰了更早的主流記憶。由於目前相關材料仍不足，只能暫時作一推論，期待日後能有更進一步的材料出土，讓我們對夏初歷史及先秦人記憶中的夏初歷史有更進一步的認識。

第五章
結語

第一節　古史研究的新材料與新觀點

一　以文獻為主體的古史研究

　　李學勤曾將近代的疑古、辨偽思潮定義為「古書的第一次大反思」，而近年大量出土戰國秦漢簡帛書籍，李先生認為促成了「對古書的第二次反思」；第一次反思顛覆了當時人對古書、古史的既定印象，而此次反思李先生則期望能為古書、古史帶來重建。

　　然而出土的戰國秦漢簡帛仍是文獻，除了成書的時代下限可以確定以外，其內容仍然有疑古、辨偽的需要，因此林澐便特別強調即便戰國文獻中存在〈五帝德〉、〈帝繫姓〉之類的材料，「也只是戰國人對黃帝以來的世系的看法。對不對還是要審查的」。我們認為除此之外，還應注意到文獻中的古史與真實發生的過去之間的區別。當代史學對此已有深刻的反思，指出歷史研究的對象並非過去本身，而文獻記載的古史可能帶有記錄者本身及其所處時代的種種立場、成見，或者可能受到記錄方法與工具的先天限制，讓我們與「歷史真相」的距離更遠。因此不論我們研究歷史的目的是否為了找尋真實的過去，如果我們面對的材料是文獻，那麼研究的主要對象就是人們對歷史的「敘述」及其背後的「觀念」，也因此我們便不只是處理「過去是什麼」的問題，還需要思考「過去如何被記憶」的問題，簡帛文獻亦然。

二 結合古史辨的學術遺產及當代的記憶研究開展古史記憶研究

記憶研究基本上源自西方，社會學家莫里斯・哈布瓦赫在二十世紀初提出了「集體記憶」的概念，也使研究者「開始注意到記憶形成的各個層面以及記憶形成這一過程在民族建構、族群構成和文化變遷等方面所扮演的重要角色」，深刻的啟發了後來的記憶研究者。當代記憶研究最具代表性的學者為法國的皮耶・諾哈及德國的揚・阿斯曼與阿萊達・阿斯曼夫婦，他們都對哈布瓦赫的集體記憶理論有所承繼與開創。英國史家彼得・柏克則特別關注記憶的社會性，他將「新文化史」涉及的議題分為七類，其中一類即「記憶社會史」。這些學者都是目前西方學界的重量級學者，作品皆極具啟發性。另外，記憶研究或許也該有些批判性。記憶不等於過去，歷史若是選擇性記憶與選擇性遺忘的結果，卻宣稱此結果為真實的過去，甚至要求他人「記住」，無疑是一種迫害。因此歷史學者不該服務於特定立場並參與其記憶的「建構」，而應時時保持批判的態度「解構」特定立場的記憶，我們認為這是面對歷史研究中的記憶課題時應該秉持的精神。

近年兩岸學者也積極引介西方的記憶研究，而出土文獻的研究領域中也開始出現涉及記憶主題的研究。我們認為，以記憶的角度研究簡帛中記載的古史或許可以先問它們反映的是誰的記憶、什麼族群的記憶、什麼時代的記憶等問題，進一步可以探索記憶的時代性、可以建構記憶的軌跡、可以尋找記憶的源頭，並且從記憶中探索真實存在的過去。我們今天擁有大量的先秦出土文獻，未來仍可能不斷找到新的先秦出土文獻，而在學者積極引介下，我們對西方記憶研究理論與實踐的理解將會不斷深入，因此我們相信，現在正是全面開拓先秦歷史記憶此一研究領域最好的時機。

　　在古史研究的領域中，顧頡剛已經注意到歷史主觀性的問題，頗有記憶研究的意味，因此此類研究的先驅或可追溯至顧頡剛，我們也對他的史學觀點也作一點介紹。

　　顧頡剛在〈與錢玄同先生論古史書〉中正式提出了「層累地造成的中國古史」以及「古史觀」研究的構想，此構想是他全面討論古史層累造問題的基礎研究，文中提到準備探討不同時代的古史觀及不同古書中的古史觀。具體的研究實踐包括收於《古史辨》第七冊中的〈三皇考〉、〈禪讓傳說起源於墨家考〉、〈鯀禹的傳說〉、〈夏史三論〉等文章，都是極具影響力的著作。當時古史研究的主流開始轉向考古材料，此時顧頡剛仍堅持文獻中的古史研究，卻頗有退縮的意思，不過他仍進一步深化研究構想，提出將古史材料「移置」於其成書時代，作為研究當時思想學術的材料，有意識的將焦點放在古史書寫背後的記憶脈絡。羅香林在當時便以新的視角詮釋顧頡剛的史學，認為顧頡剛致力於「寫的歷史」、「某一時代的人對於古史的觀念」的研究，沒有發展到「客觀的古代事實」，將歷史分為「主觀的歷史」與「客觀的歷史」。此一詮釋在當時並沒有引起注意，顧頡剛自己恐怕也沒有體會到其中的開展性，不過當代學者提到羅香林的觀點觸及到歷史認識論的問題，有西方歷史相對論的背景，或許指出了一個古史研究的發展方向。

　　雖然顧頡剛不是歷史相對論者，卻在某部分的古史研究中產生了與歷史相對論類似的歷史認識論效果；這樣的效果最終也造成類似的發展，即研究視角轉向古人的觀念與古人觀念中的古史，並且讓人注意到歷史的「主觀性」。這樣具有相對主義色彩的研究取向體現在顧頡剛的「移置」法中，並且成為顧頡剛「古史觀」研究今天仍值得繼承與開展的關鍵，或可與同樣重視歷史主觀性的「記憶」研究接軌。近年兩岸的學者都注意到顧頡剛史學的記憶面向，而廖宜方更直接認

為「中國現代史學討論歷史記憶的第一人當為顧頡剛」。我們今天擁有大量的出土文獻，並且因此重新重視以文獻為主體的古史研究，其實可以承繼古史辨時期留下的研究成果，並且採用出土文獻以及記憶的研究取向，以新材料與新觀點進一步修正舊說、開展新說，從「古史觀」研究走向「古史記憶」研究。

第二節　從三代到四代：虞代記憶的建構

一　西周時期三代觀的古史記憶中不存在虞代

民國初年顧頡剛提出了「層累地造成的中國古史」之說，成為古史辨運動最重要的理論基礎，而啟發此說的重要關鍵便在「禹」的問題上。顧頡剛透過否定禹的真實性挑戰禹以前的歷史的真實性，而「禹是否有神性」的問題，以及「夏代之前是否有虞代」的問題也成為論述的重點；當時以顧頡剛為首的學者們不僅認定禹是上帝派至人間的天神，也提出先秦原無虞代，只有夏、商、周三代。

早期的說法實驗性強，僅靠傳世文獻也往往疑之太過，隨著地下材料與先秦文獻大量出土，已不再是主流議題。不過近年陸續出現關於禹的出土材料也讓相關問題重新受到注意，〈豳公盨〉與清華簡〈厚父〉中的禹都是天神的形象，學者也指出前者作於西周中期左右，後者從語言與思想來看應該是周初的《書》類文獻，則可以代表西周時期的禹記憶。我們認為將《尚書‧呂刑》、《逸周書‧嘗麥》、《國語‧楚語》、《左傳‧昭公十七年》、〈豳公盨〉、〈厚父〉等文獻中涉及夏代之前的記載聯繫起來，可以看到一個遠古時代政治演進的圖像，基本上反映出西周時期對夏代之前世界的想像中應該不存在虞代。而〈呂刑〉提到的「絕地天通」是理解夏代前後政治

制度演變的關鍵，同時反映了前後兩個世界的不同：前者就想像層面而言，是上帝派諸神管理人間的世界；就實際面而言，此時期指涉的是萬邦林立的時代，各部族有代表自己部族「帝」作為神權政治的來源，並以各自的圖騰系統命名各種職官；而「絕地天通」後上帝便不再派神管理人民，就實際面而言，則是夏代以前的某個時期制度開始變革，打破部族各自稱天而治的模式，各族共同的事務整合為幾個類型，以實際內容命名，而擅長某些職務的氏族逐漸擁有主導權，即〈呂刑〉之「乃命三后，恤功于民」、《左傳》之「為民師而命以民事」以及蔡史墨所說為三族所壟斷的「五行之官」所反映的狀態，此共同事務非一族、一神所專，領導者名義上仍稱「天命」，最後演進為一人受命配天，即作為上帝在人間的代理人替上帝主宰人間事務的狀況。

綜上所述，「絕地天通」後上帝便不再以神直接管理下民，改由上帝選定一個在人間的代理人，此時大禹為天所命至人間治水，因有功而成為第一個上帝在人間的代理人，即第一個受命「配天」的人王，建立了夏朝，開啟了三代。此種沒有虞代的歷史認識即為「三代」的古史觀，而「三代觀」古史記憶的起點即大禹治水。

二 東周時期堯舜禪讓成為典範促成四代觀的虞代記憶

我們認為虞、夏、商、周的四代觀是東周時期才確立的。關於虞代何時出現的問題，古史辨時代之後的學者曾主張「恢復」虞代在歷史中的地位，如楊向奎與王樹民，而後學者對虞代何時出現，從漢代、墨子、春秋時期到西周中期，不斷往上推進，解釋也越來越深入，值得注意的是，李銳從不同時代的人所認識的古史系統切入思考相關問題，具有記憶研究的眼光。而李先生從〈呂刑〉認為西周穆王

時期已有四代系統，我們則認為〈呂刑〉反映的可能還是三代系統。我們認為先秦的古史觀由三代轉變為四代，應該與西周晚期周王室衰弱與諸侯並起的「時勢」有關。周王室尚未衰微之時，周人回顧歷史的動機主要在於以前朝之得失為鑑，即所謂「監于有夏」、「監于有殷」，關注的焦點在夏、商二代得、失天命的問題上，至兩周之際以降周德衰落、諸侯並起，歷史追述的立場逐漸多元化，關注的焦點由「朝代」興亡轉為「族群」盛衰，不僅「有虞氏」重新回到歷史的譜系中，幾個主要族群的過去也一一進入歷史的圖像中，而許多夏代之前的古族也更常被提及。

在主流的古史記憶之外，當時應該也有許多關於夏代之前氏族的傳說，有虞氏與陶唐氏的傳說應該就是在兩周之際重新被「憶起」的，而東周時期在儒、墨二家對傳說的繼承與改造之下，成為具有典範性「歷史」。從孔子以堯、舜聯稱來看應該知道堯、舜禪讓的傳說，孔子雖亦未以之為「至德」，不過對堯、舜仍有很高的推崇，同時特別強調其「舉賢」的價值觀，而「禪讓」也與孔子推崇的「讓國」同樣有「禮讓」的價值觀，因此透過孔子對二人的讚揚，不僅原屬於不同氏族的領導人被放在同一個「時代」框架中敘述而成為常態，孔子所賦予的舉賢與禮讓的價值觀也成為理解堯、舜的基調，之後的儒家後學與墨家都分別由此開展自己的詮釋。

而戰國中期的出土文獻提供我們理解孔子之後儒、墨二家如何建構堯、舜形象以及堯舜禪讓理論的材料。基本上有虞氏的舜與陶唐氏的堯原本應該是兩個部族之長，應非平民，在〈容成氏〉、〈唐虞之道〉中堯還留有早期氏族首領的影子，舜的形象則基本為平民，只有〈子羔〉中的舜疑似留下了一些非平民的訊息。值得注意的是從出土戰國文獻來看，戰國中期以前似有鼓吹禪讓的風潮，其中〈唐虞之道〉具有指標性的意義，在〈唐虞之道〉中堯、舜由內聖而外王，達

到「聖之盛」與「仁之至」，可謂擁有最高道德之聖王，相較於《論語》中泰伯、文王之至德與伯夷之求仁得仁以及泰伯、伯夷世襲體制中的讓，〈唐虞之道〉的堯、舜不僅成為至德之人，堯、舜尚德授賢之讓也成為更理想的政權轉移制度。同時又在受禪者的條件與禪讓的時機上有進一步的發揮，前者不僅要有至德還需「遇命逢時」，後者則當知「性命之正」而能在適當的時機授賢。至於過去為古史辨學者指為禪讓傳說製造者的墨家，在理論化方面不如儒家，不同於儒家將禪讓制度理論化而成為典範，墨家則是將堯舜禪讓墨家化，成為用來支持其尚賢理論、節用、節葬等理論的例子。從推動禪讓說的角度來看，其力道不如以〈唐虞之道〉為代表的戰國中期儒家，不過二者對堯舜傳說理論化的模式雖然不同，卻都從各自的脈絡強調堯舜禪讓的典範意義，同時在學說流行與傳播的過程中，深深地影響了世人對堯舜禪讓的記憶，讓人們習慣將堯、舜視為一個「時代」，進而被當作「朝代」而產生了「虞代觀」，最後發展出有具體內容的「虞代」，而《尚書‧堯典》應該就是當時關於虞代最完整的「歷史敘述」。

　　在〈堯典〉中我們可以看到明顯的儒家色彩，而其禪讓敘述也更加系統化，基本可分為「生讓」、「側陋」、「試可」三部分。先秦各家對堯舜禪讓情節之「生讓」與「側陋」的核心內容敘述大致相同，皆堯未死而讓、舜由平民被舉為天子，已成為一定程度的共同記憶，而「試可」的情節在先秦文獻中則有很大的歧異，可能記憶尚未定型。戰國中期關於堯舉舜過程的說法至少有大三類：其一為〈堯典〉，堯聞舜孝而欲舉之，試後知其有德有能而讓；其二為〈容成氏〉（〈唐虞之道〉、〈子羔〉有類似內容），堯聞舜孝而欲舉之，訪舜後聞舜治天下之道而讓；其三為〈保訓〉、《尸子》，堯聞舜有治國之能而欲舉之，前者堯嘉之而讓，後者訪舜後聞舜治天下之道而讓。〈堯典〉對「試」的敘述十分詳細而有系統，舜純為被動受試者，而其他說法的

舜都較具主動性，尤其〈保訓〉、《尸子》的舜有實際的治天下之能而受禪，其中〈保訓〉的舜「求中」、「得中」都靠自己，堯甚至只是陪襯。後來司馬遷著《史記‧五帝本紀》雖雜有戰國諸說，但整個敘事以〈堯典〉、《孟子》為框架，此系統遂成為主流記憶，而出土文獻中的說法終於在有意無意間被世人遺忘。另外，〈堯典〉中也出現了以舜為中心建構各族精英齊聚的「帝廷」，早期傅斯年曾以「全神堂」形容，比較相關材料，頗能看出有舜廷由簡而繁，至〈堯典〉燦然大備的過程。

最後，若將〈堯典〉視為找回虞代記憶的最終結果，那麼這個只有堯、舜二帝的朝代便不能只有禪讓事蹟與朝廷。事實上從〈呂刑〉來看，三代觀的古史記憶中在夏代建立之前至少有兩件大事，即大禹治水與征三苗，在四代觀確立之後順理成章成為虞代的大事。而這兩種記憶在先秦文獻中異說甚多，最基本的狀況是或在堯、或在舜，從來沒有形成定說，相較於三代觀中沒有出現的鯀，在四代觀記憶中鯀治水失敗、禹繼父業治水成功幾乎沒有異說，直到今天〈子羔〉出現，我們才知道曾經有禹無父的記憶。我們認為，或許是因為禹有父的記憶有助於大一統帝王世系的建構而得以確立，而禹治水之事被安排在虞代已經可以推展出「四代」以作為禪讓記憶的時代基礎，命禹治水者為誰能否取得共識已不重要，且不久後戰國人對禪讓政治便失去興趣，後人便在沒有共識的情況下各自引述不同的說法，因此造成記憶的混亂。

第三節　禪讓傳統的繼承者與終結者：禹、啟父子的記憶

一　禹的出生及禹政的記憶

（一）關於禹出生的記憶

〈子羔〉的出現讓我們知道先秦的禹存在「無父」的記憶，其為「天子」之說也指向禹有「神性」，不過李學勤認為此篇可能為襯托舜之德而懷疑是否可以當作古史來看，郭永秉則認為〈子羔〉應該是當時流行的傳說，若為捏造恐不利於用來宣揚道理。我們則認為此篇內容無論是否為真古史，從「觀於伊而生」來看，〈子羔〉的大禹感生神話可能反映了戰國人對夏族起源地的記憶。關於「伊」字的解釋說法很多，一般理解為伊水，沒有問題，其他說法都較牽強。而於伊水感生之情節類似伊尹出生傳說，不過伊尹傳說情節複雜，禹的感生傳說應非襲自該傳說，我們認為其反映的應該是夏人起源於伊、洛流域的「崇山」的記憶。這則傳說是在鼓吹禪讓的記憶脈絡被提及，並非專門談三王感生傳說，說明禹生於伊水的情節應非刻意捏造。

至於鯀禹傳說的來源應該很早，很可能在當時與〈子羔〉並存。應如何理解此種禹無父禹有父記憶的矛盾，裘錫圭認為鯀禹傳說一開始可能是地方性神話，後來隨著大一統帝王世系的建構而被安排進譜系中，成為主流記憶。我們認為三代觀到四代觀的演進過程中，鯀傳說成為主流記憶也有一個演變過程。從「流四凶」的材料來看，此說雖見於《尚書・堯典》，但其成書時代可能很晚，學者或以為從《孟

子》有「流四凶」之說來看當時可能已有〈堯典〉，但尚未發展到今本的內容。而《孟子》中「流四凶」提到鯀，不過其他篇章談到洪水在堯之時且直接由禹平定，看不出先有鯀治水失敗跡象。時代早於《孟子》的〈容成氏〉詳載舜命禹治水，亦未提到堯時有鯀治水失敗之事，又在《墨子》中鯀為帝所刑，與舜無關也非因治水被刑，顯然在戰國中期以前鯀、禹父子相繼治水的傳說可能尚未流行，而「殛鯀于羽山」的說法也可能已經出現，但治水失敗未必是刑鯀之前提。

　　〈子羔〉成書於戰國中期，作者或編者應該知道鯀禹父子治水的傳說，也很可能看過當時已有「流四凶」的〈堯典〉，一般認為〈子羔〉屬於儒家的作品，因此我們認為〈子羔〉與當時的〈堯典〉並存的時期，很可能是儒家古史觀中禹無父說與有父說消長的關鍵時期，當時的〈堯典〉可能還沒有鯀治水失敗的內容，而後《山海經》所載（或同類型）的鯀、禹父子治水傳說逐漸流行，禹父鯀治水失敗之事才被編入堯的部分。而在鯀、禹父子治水傳說流行後，今本〈堯典〉完成了禹父鯀因治水失敗被刑而後禹承父業治水成功的情節，並成為主流記憶，相關內容也被化約為「鯀殛禹興」的表述，並成為常見的典故，同時與無父的記憶也逐漸被遺忘。

　　然而，漢代緯書中出現了兩種大禹感生神話，其一為感星而生，其二為感薏苡而生，此種記憶是否傳承了先秦的大禹感生神話，我們認為答案很可能是否定的。從西漢重要的著作《史記》與《春秋繁露》來看，很可能此傳說已經失傳或不被作者採信，基本上西漢前期先秦的大禹的感生神話應該已經被遺忘。而漢代緯書中的感生神話，其感生情節象徵的內涵都是漢代的，與〈子羔〉中禹與伊水有關的記憶背景不同，感星而生的情節出現白、金德、昂宿等西方的意象，則此禹為金德，屬於西漢末期流行的五行相生系統，顯然是後來造的。至於感薏苡而生應該是受到漢代以聲訓附會的習慣影響而編造的，即

利用「苡」與「姒」同從「以」來解釋夏人姒姓的來源。而後又出現蜀地版本的大禹感生神話,應該是因為「攀附」中原而利用緯書中的大禹感生神話改造的。自漢代造了兩種大禹感生神話後,相關情節便不斷拼湊整合,至《吳越春秋》、《帝王世紀》已是各種感生情節拼湊在一起「層累造成」的文本了。

(二)關於禹政的記憶

　　〈容成氏〉提到禹受禪後去兵息民、鼓勵農耕關市、充實都邑人口財富、為政簡約而不苛刻,使天下人民與四方諸國親附,帶出一段不見於文獻的特殊內容,即禹立中央熊、南方蛇、北方鳥、東方日、西方月之五方號旗,學者或以圖騰信仰詮釋禹劃分各族、重組萬國,也有學者聯繫《墨子·旗幟》中的內容,以為〈容成氏〉此段有墨家的痕跡。本文認為戰國時代在軍事閱兵、田獵或朝會等事以旗幟區別身分、地域是普遍的習慣,在先秦禮書中有很多相關記載,即便旗幟圖像可能源自早期的圖騰信仰或具有辨識族群的作用,到了戰國時代也已有新的使用脈絡,如禮書所示。因此〈容成氏〉中禹為民辨別方位而以立五方號旗的內容,或許反映的是當時觀念而非遠古狀況,即作者在鋪陳禹的善政使人民親附、各國朝貢之後,利用當時所知的旗幟觀念建構了禹用旗幟劃分天下之事,以說明禹透過五方號旗確立了統治的格局。《周禮·鄉師》中田獵時鄉師有以旗致眾、辨鄉邑的任務,還有執法、平訟的職責,便很像〈容成氏〉的禹,《孟子·萬章上》也提到「益避禹之子於箕山之陰。朝覲訟獄者不之益而之啟」,得天下民心者亦以「朝覲訟獄」為指標,可見在當時人的政治觀念中,從治鄉到治國,「聚民」與「息爭」都是最重要的事。〈容成氏〉講禹治天下亦不出此二事,為五方號旗即象徵著禹能聚天下之民,〈容成氏〉中禹又有建鼓於廷以息天下之爭之事。應該是〈容成氏〉

作者書寫此段的主要觀念背景。

另外，禹定天下後有力行儉樸生活的形象，如衣、食不求精，迎客不以車，米、肉、衣皆粗製等，也有節葬的形象，基本上屬於墨家觀念。而在禹以身作則行儉而為天下表率之後繼續談到禹立一鼓於朝廷中，人民有獄訟者可擊此鼓，禹不論寒暑都會立刻傾聽民意並為民解決紛爭。相關說法於文獻中多見，大致可分為三類，前兩類「與寡人以獄訟者搖鞀」（《鬻子‧禹政》）與「立建鼓於朝，而備辭訟」（《管子》）為〈容成氏〉此類傳說的分化。《上博九‧舉治王天下》中也有關於禹的記載，其中簡33「二曰」為禹承舜之德施惠於四方並一心為民服務，即簡34的「中行固同」，這部分可以呼應〈容成氏〉中禹政的階段，「同」或有禹之善政使天下人民、四方諸國歸附之意。

二　啟得天下與上賓於天的記憶

（一）關於啟得天下的記憶

啟得天下的記憶在三代觀脈絡與四代觀脈絡中的不同。在不談禪讓的三代觀記憶中，啟並沒有禪讓終結者的負面形象，而在四代觀的記憶中，啟成為禪讓的終結者，不過隨著禪讓說的沒落與儒家觀念成為主流，啟的聖王形象又成為主流。

三代觀的啟與禪讓無關，如清華簡〈厚父〉就直接說天為禹降民之後「建夏邦，啟惟后」，並無讓益之事，《逸周書‧世俘》中提到〈崇禹生開〉應該是讚頌啟繼禹為王開創新局的樂舞，是在伐紂後的告天、獻俘典禮中象徵武王繼文王得天下的樂舞，而《逸周書‧嘗麥》中提到啟子忘禹之命而作亂，也未將責任歸於啟。都說明了西周時期的啟形象可能與禪讓無關，並沒有一般常見的禪讓終結者的形

象。從有限的西周材料來看，不論禪讓制度是否存在似乎都不是當時記憶的重點，西周時代關心的是世襲王朝能否永續保有天命，歷史的「功用」也主要在提供古代得失天命的典範與教訓，至今我們還無法在公認為西周時代的材料中找到有關禪讓的記載。在此種邏輯中，即便存在關於啟的材料並且與禪讓制度有關，也可能沒有歷史「價值」而不書寫、或用禪讓以外的角度書寫，而作為樂曲名的〈崇禹生開〉及清華簡〈厚父〉則提供了非禪讓脈絡的啟記憶，前者屬於「無意史料」，後者為出土文獻，都具有一定程度的史料意義，或許可以說明西周時期主流的啟記憶與禪讓無關，啟在禪讓傳說興起後才被放到禪讓的脈絡中，而產生（或找回）啟攻益之類的記憶，啟的形象也因此成為禪讓傳統的終結者。

　　四代觀的啟為禪讓傳統的終結者，其中禹讓益後啟、益關係成為爭議的問題。戰國時代認為啟透過鬥爭得位的說法較流行，如上博簡〈容成氏〉有「啟攻益自取」，《竹書紀年》有「益干啟位，啟殺之」之類說法，《楚辭・天問》「啟代益作后，卒然離蠥，何啟惟憂，而能拘是達」之說；也有《戰國策》、《韓非子》中「禹名傳天下於益而實令啟自取」的陰謀之論，則終結禪讓者為禹，此種說法或許與《孟子・萬章上》萬章提到世人或曰「禹德衰」的說法有關。此類說法可能是啟益相攻之說的各種變體，然而這些說法後來都被孟子所主張啟有德而天下歸心的說法所取代。進一步看，被儒家立場記憶取代的啟攻益之說很可能曾經是主流記憶，但此種記憶或許也淘汰了更早的主流記憶，即西周時期不談禪讓的三代觀啟記憶。另外，或有學者認為今本《竹書紀年》的記載為戰國原貌，然其或有拼湊、融合《孟子》與《越絕書》中的記載的痕跡，可能不是原書內容。

　　在四代觀的框架中，啟雖為禪讓政治的終結者，卻未必被賦予負面的形象。如前所述，因四代觀興起後強調禪讓而帶起批判禹、啟的

風潮，不過在戰國中期禪讓學說開始沒落後，啟又重新擺脫負面形象，因此在四代觀的框架中，也存另一種以啟為聖王的內容。最具代表性的說法出自《孟子・萬章上》益避啟後「朝覲訟獄者不之益而之啟」、「謳歌者不謳歌益而謳歌啟」，《上博九・舉治王天下》中提到「四帝、二王之道」其中啟與湯並列為王，四帝則可能是黃帝、堯、舜、禹。戰國時代此種正面形象的啟還有很多，至漢初仍存，如《史記・孝文本紀》記載「大橫庚庚，余為天王，夏啟以光」的占辭，啟能繼禹並光大夏朝的形象頗能呼應〈崇禹生開〉所體現讚頌啟繼禹業之開創性的三代觀記憶，或許此占辭也可能源自更早的材料。

（二）關於啟上賓於天的記憶

甲骨文有「賓于帝」及「某祖于某祖」的卜辭，早期學者已將之與啟的賓天傳說聯繫在一起，至於此種卜問指涉的是何種觀念與內容，早期學者也提到與祖先祭祀的配享問題有關，而「賓」指「為賓」之義，近年學者對相關辭例及卜問內容有進一步解釋，認為「賓」比較可能指「儐導」、「賓迎」之義。不過還是存在不易解釋的部分，主要在於此種卜問指涉的是何種儀式的問題，以及甲骨文中的「帝」是否能可以受祭。我們初步認為「賓迎」與「為賓」的解釋一體兩面，解釋為「為賓」可以指涉配享，解釋為「賓迎」是詢問這次祭祀是否請某祖為儐陪同某祖一同前來受祭，在實際的祭祀中仍然是為儐的祖先從祀被賓迎的祖先。而不論是哪一種解釋，「賓于帝」這類卜辭應該都可以理解為配享，並反了映商人對祖先死後世界的想像，祖先應該是「在帝左右」的，這樣的觀念為周人繼承，同時在神話或巫術的語境中轉為人能登天為上帝之賓客的「登天遊歷」想像，這樣的表述應該就保留在戰國文獻的「賓天」傳說中，即《楚辭・天問》的「啟棘賓商，《九辯》、《九歌》」與《山海經・大荒西經》的

「開上三嬪于天，得《九辯》與《九歌》以下」。

　　〈天問〉的「商」為「帝」之誤，「棘」字徐廣才讀為「陟」，較舊說合理，則這兩則神話中都用了早期的「賓」字，甲骨文「嬪」為「賓」之異體。而此種表述一直到漢代文獻中都可看到，如《馬王堆帛書・二三子問》的「龍形暋段賓於帝」。先秦文獻中的「賓天」也有代指「死亡」的用法，如《逸周書・太子晉》「吾後三年，將上賓于帝所」及清華簡〈楚居〉的「妣隹賓于天」，為此種神話表述的進一步發展。此外傳世與出土《歸藏》中有很多關於啟的內容，基本上都與賓天傳說有關而用「乘龍登天」表述，已不用「賓」字，其中包括啟登天為帝所刑、啟卜國是否有吝、享帝而做璿臺等內容，皆以啟登天為負面之事，我們認為這些內容都是整理、改寫自較早的啟傳說，體現出《歸藏》的晚出性質。

　　與啟的「賓天傳說」相關的還有趙簡子「夢遊鈞天傳說」，常金倉曾認為賓天傳說是受到夢遊鈞天傳說影響所造，原型是《墨子》中的啟，本文有不同看法。我們認為啟的賓天傳說與夢遊鈞天傳說背後的信仰觀念不同，賓天傳說是早期「賓帝」、「在帝左右」的神話化表述，並將原始的「賓帝」加入了想像力描繪出啟登天遊歷的故事情節，而夢遊鈞天的傳說又將此類情節放到夢中，成為具有「預言」性質的故事，且此傳說是為了解釋趙國的歷史發展而編寫的一則「政治神話」，應該是利用流行的神話加工的，因此「賓天傳說」反而更可能是「鈞天神話」創作的來源。而賓天傳說在用字上也反應較早的傳說面貌。另外，較早期的清華簡〈厚父〉、《逸周書・嘗麥》中啟並無佚樂的負面形象，與《墨子》所引〈武觀〉不同，啟佚樂的負面形象未必是原始的形象。進一步看，我們推測「夢遊鈞天」情節的來源可能是根據夏族早期傳說作的改寫，改寫者則可能是夏族在趙國的後人董氏，夏啟的傳說應或為董氏記憶中的本族的傳說。

　　最後，清華簡〈厚父〉中提到啟之「經德少」，幸有皋陶輔佐夏之天命才能維繫，而《逸周書・嘗麥》有啟之五子亂國，得彭壽方能平亂，三代觀的古史記憶中似乎啟在位時似有執政危機或一場亂事。我們從東周時期的文獻中也看到夏初啟在位之時曾有一場亂事，或曰「啟有五觀」、「夏有觀、扈」、「啟征西河」，另外又有「太康失邦」，為太康繼位後之事。值得注意的是《墨子》引〈武觀〉中的啟耽於樂舞酒食，是淫佚亂邦的形象，〈離騷〉中的啟也是耽於樂舞導致「五子用失乎家巷」，二者都以耽於樂舞以致亂國對啟作出批判。我們認為這兩種說法很可能帶有作者的主觀意圖。

　　戰國時代流行啟登天得樂舞的神話傳說，見於《楚辭・天問》、《山海經・大荒西經》、〈海外西經〉，且很可能更早以前就已流傳，而這些啟賓天樂舞的內容並不涉及啟是否失德的問題；〈厚父〉中的啟沒有耽於樂舞的形象，也沒有被嚴厲批判。而〈武觀〉中啟形象的「類型」如同桀、紂，對啟的批判也符合西周天命觀下關於失德之君的批判，或許有更早的淵源，未必為墨家所編造，比較可能是因為適合闡述墨家思想而被選擇使用的《書》。究竟是〈厚父〉與〈武觀〉其中一說比較可信，還是西周時期已對啟有不同的表述，以目前的材料來看很難判斷。不過〈厚父〉不談虞代、禪讓、鯀治水失敗，觀念上與經儒家整理過的《書》類文獻仍有不同，其與〈豳公盨〉同為「天命禹」治水也有西周時期的特色。因此我們推測，如果不是墨家對〈武觀〉進行了改造，就是西周史官寫作此篇之時，利用傳說對夏初之亂作了「歷史解釋」，也就是將亂國解釋為啟之佚樂所致，如同過去失德之君一樣，以強化以史為鑑的功能，也因此相較於啟在〈厚父〉中僅被描述為「經德少」，其負面形象顯然被放大許多。至於〈離騷〉中的「五子用失乎家巷」究竟是啟在位之時的事還是指太康失國，仍有爭議。我們認為過去討論相關問題時往往將〈離騷〉中屈

原的說法當作「史料」，然而屈原之說只是他對夏初之亂的評論，即以啟耽於樂舞的形象解釋「五子用失乎家巷」之事。不論屈原的「解釋」是根據他自己對歷史的認知還是根據當時流行的觀點，均不得而知，也可能是他當時心情的投射，屬於他自己的記憶。

由〈武觀〉與〈離騷〉可知，戰國時代存在啟淫佚康樂的形象或許也跟啟得位不正當的形象一樣是當時流行的記憶，顧頡剛曾認為此種形象才是啟原本的形象，而後被儒家立場的啟為聖王的形象取代。我們認為啟佚樂危國之說也可能只是流行一時的說法，在〈厚父〉中啟雖「經德少」，卻無明顯負面敘述，而西周時期的文獻〈嘗麥〉中「忘伯禹之命」者也不是啟，即便啟登天得樂舞的神話可能已經流傳，當時並沒有與夏初之亂作連結。因此我們認為啟佚樂危國的記憶也可能淘汰了更早的主流記憶。

參考文獻

一　出土文獻

（一）甲骨

郭沫若主編　《甲骨文合集》　北京市　中華書局　1979-1982年

中國社會科學院考古研究所編著　《小屯南地甲骨》　北京市　中華書局　1980年

（二）簡帛

武漢大學簡帛研究中心，荊門市博物館編著　《楚地出土戰國簡冊合集1‧郭店楚墓竹書》　北京市　文物出版社　2011年11月

馬承源主編　《上海博物館藏戰國楚竹書（二）》　上海市　上海古籍出版社　2002年12月

馬承源主編　《上海博物館藏戰國楚竹書（九）》　上海市　上海古籍出版社　2012年12月

李學勤主編　《清華大學藏戰國竹簡（壹）》　上海市　中西書局　2010年12月

李學勤主編　《清華大學藏戰國竹簡（參）》　上海市　中西書局　2012年12月

李學勤主編　《清華大學藏戰國竹簡（伍）》　上海市　中西書局　2015年4月

甘肅省文物考古研究所編　《天水放馬灘秦簡》　北京市　中華書局　2009年8月

裘錫圭主編　《長沙馬王堆帛書集成》　北京市　中華書局　2014年6月　第3冊

銀雀山漢墓竹簡整理小組編　《銀雀山漢墓竹簡（壹）》　北京市　文物出版社　1985年9月

銀雀山漢墓竹簡整理小組編　《銀雀山漢墓竹簡（貳）》　北京市　文物出版社　2010年1月

北京大學出土文獻研究所編　《北京大學藏西漢竹書（參）》　上海市　上海古籍出版社　2015年9月

二　工具書

宗福邦等編　《故訓匯纂》　北京市　商務印書館　2004年3月

高亨　《古字通假會典》　濟南市　齊魯書社　1997年7月

三　古籍注本與輯本

楊伯峻　《春秋左傳注（修訂本）》　北京市　中華書局　2006年9月

徐元誥　《國語集解（修訂本）》　北京市　中華書局　2006年4月

黎翔鳳　《管子校注》　北京市　中華書局　2006年4月

孫詒讓　《墨子閒詁》　北京市　中華書局　2009年1月

吳毓江　《墨子校注》　北京市　中華書局　2012年2月

陳奇猷　《韓非子新校注》　上海市　上海古籍出版社　2000年10月

王利器　《呂氏春秋注疏》　成都市　巴蜀書社　2002年1月

王利器　《新語校注》　北京市　中華書局　2012年7月

朱　熹　《楚辭集注》　上海市　上海古籍出版社　2001年12月

袁　珂　《山海經校注（最終修訂版）》　北京市　北京聯合出版公司　2013年12月

方詩銘、王修齡　《古本竹書紀年輯證（修訂本）》　上海市　上海古籍出版社　2005年10月

黃懷信　《逸周書彙校集注》　上海市　上海古籍出版社　2008年3月

黃懷信　《大戴禮記匯校集解》　北京市　中華書局　2008年7月

張雙棣　《淮南子校釋》　北京市　北京大學出版社　2013年1月

張世亮，鍾肇鵬，周桂鈿譯注　《春秋繁露》　北京市　中華書局　2012年6月

蘇　輿　《春秋繁露義證》　北京市　中華書局　1996年9月

司馬遷　《史記》　北京市　中華書局　2012年5月

揚　雄　《蜀王本紀》　臺北市　藝文印書館據問經堂刊洪頤煊輯經典集林本影印　1967年

黃　暉　《論衡校釋》　北京市　中華書局　2011年5月

班　固　《白虎通》　民國12年夏五月北京直隸書局影印抱經堂叢書本

陳　立　《白虎通疏證》　北京市　中華書局　1994年8月

陳壽祺　《五經異義疏證》　上海市　上海古籍出版社　2013年10月

安居香山、中村璋八　《緯書集成》　石家莊市　河北人民出版社　1994年12月

周生春　《吳越春秋輯校彙考》　上海市　上海古籍出版社　1997年7月

李步嘉　《越絕書校釋》　武漢市　武漢大學出版社　1992年7月

皇甫謐　《帝王世紀》　上海市　商務印書館據指海本排印　1936年6月

徐宗元　《帝王世紀輯存》　北京市　中華書局　1964年6月

李善注　《文選》　臺北市　文津出版社　1987年7月

高柯立編 《稀見唐代天文史料三種》 北京市 國家圖書館出版社 2011年1月 第3冊

董治安主編 《唐代四大類書》 北京市 清華大學出版社 2003年11月

李　昉 《太平御覽》 石家莊市 河北教育出版社 2000年3月

馬國翰 《玉涵山房輯佚書》 臺北市 文海出版社 1974年12月

黃　奭 《黃氏逸書考》 臺北市 藝文印書館據民國14年王鑒修補本影印 1972年

嚴可均 《全上古三代文》 北京市 中華書局 1991年10月

趙　翼 《廿二史劄記校證（訂補本）》 北京市 中華書局 2005年1月

崔述著，顧頡剛編 《崔東壁遺書》 上海市 上海古籍出版社 1983年6月

梁玉繩 《史記志疑》 臺北市 臺灣學生書局 1970年7月

劉永華 《廣雅疏義校注》 北京市 中華書局 2015年6月

王念孫 《廣雅疏證》 北京市 中華書局 2004年2月

王引之 《經義述聞》 臺北市 世界書局 1975年5月

四　近人論著

二劃（丁）

丁四新

《郭店楚墓竹簡思想研究》 北京市 東方出版社 2000年10月

〈近九十年《尚書·洪範》作者及著作時代考證與新證〉 《中原文化研究》2013年第5期

三劃（于、凡）

于省吾

《甲骨文字釋林》　北京市　中華書局　1979年6月

《澤螺居詩經新證　澤螺居楚辭新證》　北京市　中華書局　2003年4月

于凱

〈上博楚簡《容成氏》疏劄九則〉　《上博館藏戰國楚竹書研究續編》　上海市　上海書店出版社　2004年7月

凡國棟

〈《容成氏》九州考論〉　收於陳偉主編　《簡帛文獻復原與解讀》　北京市　中國社會科學出版社　2014年6月

四劃（王、孔、尹、文、牛）

王宇信

《中國古代文明與國家形成研究》　北京市　中國社會科學出版社　2007年3月

王汎森

《古史辨運動的興起》　臺北市　允晨文化事業公司　1987年4月

王芳

〈楚國國名考〉　《蘭州教育學院學報》第28卷第5期　2012年8月

王和

《歷史的軌跡——基於夏商周三代的考察》　北京市　商務印書館
　　2013年11月

王明珂

〈歷史文獻的記憶殘餘本質與異例研究：一個考古學的隱喻〉　收於
　　中華民國史專題第四屆討論會秘書處編　《中華民國史專題
　　論文集（第四屆討論）》　臺北縣　國史館　1998年12月
〈歷史事實、歷史記憶與歷史心性〉　《歷史研究》　2001年第5期
〈史料的社會意義：事實、述事與展演〉　《近代中國》第143期
　　2001年6月
〈族群歷史之文本與情境——兼論歷史心性、文類與範式化情節〉
　　《陝西師範大學學報（哲學社會科學版）》　第34卷第6期
　　2005年11月
《英雄祖先與弟兄民族：根基歷史的文本與情境》　臺北市　允晨文
　　化事業公司　2006年9月
《華夏邊緣：歷史記憶與族群認同（增訂本）》　杭州市　浙江人民
　　出版社　2013年11月

王明欽

〈王家臺秦墓竹簡概述〉　收於艾蘭、邢文編　《新出簡帛研究》
　　北京市　文物出版社　2004年12月
〈試論《歸藏》的幾個問題〉　收於古方等編　《一劍集》　北京市
　　中國婦女出版社　1996年10月
〈《歸藏》與夏啟的傳說——兼論臺與祭壇的關係及鈞臺的地望〉
　　《華學》　北京市　紫禁城出版社　1998年11月　第3輯

王挺斌

〈說「伊賓」〉　《中國文字》　臺北市　藝文印書館　2015年7月

王國維

《今本竹書紀年疏證》　收於方詩、王修齡　《古本竹書紀年輯證》
　　　　　上海市　上海古籍出　2005年10月
〈與友人論《詩》、《書》中成語書〉　《王國維全集》第8卷
《古史新證》　收於謝維揚、房鑫亮主編　《王國維全集》第11卷

王連龍

〈談清華簡《保訓》篇的「中」〉　《《逸周書》研究》　北京市　社
　　　　　會科學文獻出版社　2010年10月

王博

〈關於《唐虞之道》的幾個問題〉　《中國哲學》1999年第2期

王晴佳

《西方的歷史觀念》　上海市　華東師範大學　2002年8月
《新史學演講錄》　北京市　中國人民大學出版社　2010年9月

王晴佳、古偉瀛

《後現代與歷史學》　臺北市　巨流圖書公司　2004年2月

王瑜楨

〈〈舉治王天下〉譯釋〉　收於季旭昇編　《《上海博物館藏戰國楚竹

書（九）》讀本》　臺北市　萬卷樓圖書出版公司　2017年5
　　月

王樹民

〈戰國時人對于上古史的總結〉　《曙庵文史雜著》　北京市　中華
　　書局　1997年8月

〈「五帝」釋義〉　《曙庵文史續錄》　北京市　中華書局　2004年
　　7月

〈「少皞氏鳥名官」試解〉　《曙庵文史續錄》

〈文字記載中的史前時期歷史〉　《曙庵文史續錄》

〈中國古代早期幾個重要歷史問題的真相〉　《曙庵文史續錄》

〈有虞氏的世系和歷史地位〉　《曙庵文史續錄》

五劃（史、白、古）

史黨社

〈讀上博簡《容成氏》小記〉　《《墨子》城守諸篇研究》　北京
　　市　中華書局　2011年1月

白於藍

〈《容成氏》編聯問題補議〉　《華南師範大學學報（哲學社會科學
　　版）》

白國紅

《春秋晉國趙氏研究》　北京市　中華書局　2007年6月

古育安

《殷墟花東H3甲骨刻辭所見人物研究》　臺北縣　輔仁大學中國文
　　　　學系碩士論文　2009年7月

古國順

《史記引述尚書研究》　臺北市　文史哲出版社　1985年5月

六劃（朱、任、伏、江、艾）

朱淵清

〈王家臺《歸藏》與《穆天子傳》〉　《周易研究》2002年第6期

朱鳳瀚

〈商人諸神之權能與其類型〉　收於吳榮曾著　《盡心集：張政烺先
　　　　生八十慶壽論文集》　北京市　中國社會科學出版社　1996
　　　　年11月

任慧峰

《先秦軍禮研究》　北京市　商務印書館　2015年5月

伏俊璉

《俗賦研究》　北京市　中華書局　2008年9月
〈師曠與小說《師曠》〉　《貴州社會科學》第2010年第4期　總第
　　　　244期

江林昌、孫進

〈《楚居》「脅生」、「賓天」的神話學與考古學研究〉　清華大學出土
　　文獻研究與保護中心編　《清華簡研究》　上海市　中西書
　　局　2012年12月　第1輯又刊於《文史知識》2013年第3期

艾蘭

〈楚竹書《子羔》與早期儒家思想的性質〉　《出土文獻與傳世典籍
　　的詮釋──紀念譚樸森先生逝世兩週年國際學術研討會論文
　　集》　上海市　上海古籍出版社　2010年10月

七劃（呂、李、吳、何、宋、杜、冷、沈、余、阮、佐藤）

呂微

《神話何為──神聖敘事的傳承與闡釋》　北京市　社會科學文獻出
　　版社　2001年12月

李存山

〈讀楚簡《忠信之道》及其他〉　國際儒聯編輯委員會編　《中國哲
　　學》　瀋陽市　遼寧教育出版社　1999年1月　第20輯
〈反思經史關係：從「啟攻益」說起〉　《中國社會科學》2003年第
　　3期

李守奎

〈論《楚居》中季連與鬻熊事蹟的傳說特徵〉　《清華大學學報（哲
　　學社會科學版）》2011年第4期

李秀華

《《淮南子》許高二注研究》　北京市　學苑出版社　2011年7月

李政君

〈1930年前後顧頡剛學術理念的變與不變〉　《史學月刊》2014年第
　　6期

李家浩

〈王家臺秦簡「易占」為《歸藏》考〉　《安徽大學漢語言研究叢
　　書・李家浩卷》　合肥市　安徽大學出版社　2013年7月

李勉、俞方潔

〈從「聖人無父」到「帝王世系」──先秦秦漢感生神話評議〉
　　《重慶工商大學學報（社會科學版）》第33卷第1期　2016年
　　2月

李喬

〈從《景雲碑》看景氏起源及漢代以前的遷徙〉　《中原文物》2009
　　年第4期

李零

〈出土發現與古書年代的再認識〉　《待兔軒文存（讀史卷）》　桂
　　林市　廣西師範大學出版社　2011年4月
〈三代考古的歷史斷想〉　《待兔軒文存（讀史卷）》

李銳

《新出簡帛的學術探索》　北京市　北京師範大學出版社　2010年4月

〈由新出土文獻重評顧頡剛先生的「層累說」〉　《新出簡帛的學術
　　　探索》　北京市　北京師範大學出版社　2010年4月

〈「二重證據法」的界定及規則探析〉　《歷史研究》2012年第4期

〈上古史研究之反思──兼論周人古史系統的轉變與禮制之變化〉
　　　《河北學刊》第35卷第6期　2015年11月

〈上古史新研──試論兩周古史系統的四階段變化〉　《清華大學學
　　　報（哲學社會科學版）》2016年第4期

李學勤

〈重新估價中國古代文明〉　《李學勤學術文化隨筆》　北京市　中
　　　國青年出版社　1991年1月

〈對古書的反思〉　《李學勤學術文化隨筆》

〈古本《紀年》與夏史〉　《李學勤學術文化隨筆》

《中國古代文明十講》　上海市　復旦大學出版社　2003年8月

《周易溯源》　成都市　巴蜀書社　2005年12月

〈走出疑古時代〉　《走出疑古時代》　長春市　長春出版社　2007
　　　年1月

〈談「信古」、「疑古」、「釋古」〉　《走出疑古時代》

〈古史、考古學與炎、黃二帝〉　《走出疑古時代》

〈禹生石紐說的歷史背景〉　《走出疑古時代》

〈長臺關竹書中《墨子》佚篇〉　《簡帛佚集與學術史》　南昌市
　　　江西教育出版社　2007年8月

〈深入探討遠古歷史研究的方法論問題〉　《文物中的古文明》　北
　　　京市　商務印書館　2008年10月

〈楚簡《子羔》研究〉　《文物中的古文明》

〈《嘗麥》篇研究〉　《古文獻論叢》　北京市　中國人民大學出版
　　　社　2010年1月

〈古史研究的當前趨向〉　《通向文明之路》　北京市　商務印書館
　　　2010年4月

〈在「全國大禹文化研討會」上的演講〉　《通向文明之路》

〈清華簡《楚居》中的古史傳說〉　《中國史研究》2011年第1期

吳根友

〈「傳賢不傳子」的政治權力轉移程序〉　收於郭齊勇主編　《儒家
　　　文化研究》　北京市　生活・讀書・新知三聯書店　2007年
　　　6月　第1輯

吳從祥

〈緯書政治神話與禹形象的演變〉　《齊魯學刊》2009年第3期

〈《論衡》中的禹形象探析〉　《紹興文理學院學報》第32卷第2期
　　　2012年3月

何浩

〈顓頊傳說中的神話與史實〉　《歷史研究》1992年第3期

宋華強

〈放馬灘秦簡《日書》識小錄〉　《簡帛》　上海市　上海古籍出版
　　　社　2011年11月　第6輯

杜維運

《史學方法論》 北京市 北京大學出版社 2006年5月

冷德熙

《超越神話——緯書政治神話研究》 北京市 東方出版社 1996年
5月

沈堅

〈記憶與歷史的博奕：法國記憶史的建構〉 《中國社會科學》2010
年第3期

余治平

《董子春秋義法辭考論》 上海市 上海書店出版社 2013年6月

余嘉錫

《四庫提要辨證》 北京市 中華書局 1986年1月

阮芝生

〈論禪讓與讓國〉 收於中央研究院歷史語言研究所 《第二屆國際
漢學會議論文集：歷史與考古組》 臺北市 中央研究院歷
史語言研究所 1989年6月

佐藤將之

《荀子禮治思想的淵源與戰國諸子之研究》 臺北市 臺灣大學出版
中心 2013年12月

八劃（屈、金、林、周、岳、邵）

屈萬里

《尚書釋義》　臺北市　華岡出版社　1956年8月

金春峰

《《周易》經傳梳理與郭店楚簡思想新釋》　臺北市　臺灣古籍出版社　2003年4月

林宏明

《醉古集：甲骨的綴合與研究》　臺北市　萬卷樓圖書公司　2011年3月

《契合集》　臺北市　萬卷樓圖書公司　2013年9月

林志鵬

〈戰國竹書《子羔》篇復原芻議〉　《上博館藏戰國楚竹書研究續編》　上海市　上海書店　2004年7月

〈楚竹書《子羔》篇補釋四則〉　《江漢考古》總第94期　2005年1月

〈郭店楚墓竹簡《唐虞之道》重探〉　收於丁四新主編　《楚地簡帛思想研究》　武漢市　湖北教育出版社　2007年6月　第3輯

林素娟

〈漢代感生神話所傳達的宇宙觀及其在政教上的意義〉　《成大中文學報》第28期　2010年4月

林澐

〈真該走出疑古時代嗎？——對當前中國古典學取向的看法〉 《林
　　澐學術文集（二）》 北京市 科學出版社 2008年12月

林錦榮

《上博楚竹書〈容成氏〉研究》 臺北市 臺灣大學中國文學系碩士
　　論文 2007年7月

周書燦

〈有關周初陳、杞封建的幾個問題〉 《西周王朝經營四土研究》
　　鄭州市 中州古籍出版社 2000年4月

周鳳五

《六韜研究》 臺北市 臺灣大學中國文學系博士論文 1978年
〈傳統漢學經典的再生——以清華簡〈保訓〉「中」字為例〉 《朋
　　齋學術文集‧戰國竹書卷》 臺北市 臺灣大學出版中心
　　2016年12月

周寶宏

《近出西周金文集釋‧夒公盨銘文集釋》 天津市 天津古籍出版社
　　2005年10月

岳紅琴

《〈禹貢〉與夏代社會》 鄭州市 鄭州大學博士論文 2006年5月

邵東方

《今本竹書紀年論集》　臺北市　唐山出版社　2002年2月

邵望平

〈《禹貢》「九州」的考古學研究〉　收於楊楠編　《考古學讀本》
　　　　北京市　北京大學出版社　2006年1月

九劃（胡、洪、俞）

胡厚宣

〈卜辭下乙說〉　北京大學四十週年紀念刊編輯委員會編　《國立北
　　　　京大學四十週年紀念文集》　北京市　北京大學出版組
　　　　1938年2月編印　1940年1月初版　乙編上後收於《甲骨學商
　　　　史論叢初集》　成都市　齊魯大學國學研究所專刊　1944年
〈殷代之天神崇拜〉　《甲骨學商史論叢初集》
〈甲骨文所見殷代之天神〉　《責善半月刊》第2卷第16期　1941年
　　　　11月
〈殷卜辭中的上帝與王帝（上）〉　《歷史研究》1959年第9期
〈殷卜辭中的上帝與王帝（下）〉　《歷史研究》1959年第9期

俞志慧

〈《國語》的文類及八《語》遴選的背景──從「語」的角度的研
　　　　究〉　《古「語」有之──先秦思想的一種背景與資源》
　　　　上海市　華東師範大學出版社　2010年11月

十劃（袁、高、孫、徐、郭、馬、夏、晏、晁、倪）

袁延勝

〈新出《景雲碑》及相關問題〉　《中原文物》2007年第3期

高華平

《先秦諸子與楚國諸子學》　北京市　北京師範大學出版社　2016年
　　4月

孫占宇

《放馬灘秦簡集釋》　蘭州市　甘肅文化出版社　2013年3月

孫亞冰、林歡

《商代地理與方國》　北京市　中國社會科學出版社　2010年10月

孫華

〈漢朐忍令景雲碑考釋補遺〉　《中國歷史文物》2008年第4期

孫慶偉

《追跡三代》　上海市　上海古籍出版社　2015年6月

徐旭生

《中國古史的傳說時代》　廣西市　桂林師範大學出版社　2003年10
　　月

徐廣才

《考古發現與《楚辭》校讀》　北京市　線裝書局　2009年12月

〈《天問》新箋三則〉　《古籍整理與研究學刊》2014年第2期

徐興無

《讖緯文獻與漢代文化建構》　北京市　中華書局　2003年3月

徐難于

〈燹公盨銘：「乃自作配鄉民」淺釋——兼論西周「天配觀」〉　《中
　　華文化論壇》2006年2月

郭永秉

《帝繫新研：楚地出土戰國文獻中的傳說時代古帝王系統研究》　北
　　京市　北京大學出版社　2008年9月

〈上博簡《容成氏》的「有虞迵」和虞代傳說的研究〉　《古文字與
　　古文獻論集》　上海市　上海古籍出版社　2011年6月

〈從《容成氏》33號簡看《容成氏》的學派歸屬〉　《古文字與古文
　　獻論集》

〈說《子羔》簡4的「敏以好詩」〉　《古文字與古文獻論集》

〈這是一個根本的態度問題——《新出土先秦文獻與古史傳說》導
　　讀〉　《古文字與古文獻論集續編》　上海市　上海古籍出
　　版社　2015年8月

〈論清華簡《厚父》應為《夏書》之一篇〉　《出土文獻》　上海市
　　中西書局　2015年10月　第7輯

郭沫若

《卜辭通纂》 京都市 朋友書店 1977年7月

郭輝

〈中國記憶史研究的興起與路徑分析〉 《史學理論研究》2012年3月

郭靜云

《夏商周：從神話到史實》 上海市 上海古籍出版社 2014年5月

馬士遠

《周秦《尚書》學研究》 北京市 中華書局 2008年9月

馬建東

《來母的生存：見母來母古或同紐》 北京市 中國社會科學出版社
　　　　2015年2月

馬楠

〈清華簡第五冊補釋六則〉 《出土文獻》 上海市 中西書局
　　　　2015年4月 第6輯

夏世華

《先秦禪讓觀念研究》 武漢市 武漢大學博士論文 2009年8月
〈上海博物館藏楚竹書《子羔》集釋〉 《楚地簡帛思想研究》 武
　　　漢市 崇文書局 2010年12月 第4輯

夏含夷

《夏含夷古史異觀》　上海市　上海古籍出版社　2005年12月
《興與象：中國古代文化史論集》　上海市　上海古籍出版社　2012
　　　年2月

晏昌貴

〈《容成氏》中的「禹政」〉　《上博館藏戰國楚竹書研究續編》　上
　　　海市　上海書店出版社　2004年7月
〈《鄦公盨》銘文研究二題〉　《簡帛數術與歷史地理論集》　北京
　　　市　商務印書館　2010年8月
〈竹書《容成氏》九州考略〉　《簡帛數術與歷史地理論集》

晁福林

〈論殷代神權〉　《中國社會科學》1990年第1期
〈卜辭所見商代祭尸禮淺探〉　《考古學報》2016年第3期

倪晉波

〈王家臺秦簡《歸藏》與先秦文學〉　《晉陽學刊》2007年第2期

十一劃（梁、康、常、張、許、陳、曹、鹿、崔、連、湯淺、近藤）

梁濱

〈名楚考〉　《懷化學院學報》第30卷第7期　2011年7月

康有為

《孔子改制考》　卷12　〈孔子改制法堯舜文王考〉　收於康有為　《康有為全集》　北京市　中國人民大學出版社　2007年9月　第3集

常玉芝

《商代宗教與祭祀》　北京市　中國社會科學出版社　2010年10月

常金倉

〈《山海經》與戰國時期的造神運動〉　《二十世紀古史研究反思錄》

張以仁

〈論國語與左傳的關係〉　《國語左傳論》　臺北市　東昇出版事業公司　1980年9月

〈從文法、語彙的差異證國語、左傳二書非一人所作〉　《國語左傳論》

〈從國語與左傳本質上的差異試論後人對國語的批評〉　《春秋左傳論集》　臺北市　聯經出版事業公司　1993年3月

〈聲訓的發展與儒家的關係〉　《張以仁與文學論集》　上海市　上海古籍出版社　2012年11月

張玉金

〈論賓字句的句法結構〉　《古漢語研究》1993年第2期

張光直

〈商周神話之分類〉 《中國青銅器時代》 臺北市 聯經出版事業
　　　公司 1994年12月

張京華

〈一些足以破解疑古思想的論述──現代學者關於古代書體書例的總
　　　結〉 《湘南學院學報》2006年12月
〈「絕地天通」文本撮義〉，收於方克立主編 《湘學》 長沙市 湖
　　　南人民出版社 2007年3月 第4輯
〈古史研究的三條途徑──以現代學者對「絕地天通」一語的闡釋為
　　　中心〉 《漢學研究通訊》第26卷第2期 2007年5月
《古史辨派與中國現代學術走向》 廈門市 廈門大學出版社 2009
　　　年10月

張書學

《中國現代史學思朝研究》 長沙市 湖南教育出版社 1998年2月

張惟捷

〈從古文字的角度談《夏商周：從神話到史實》的若干問題〉 《歷
　　　史研究》2016年第1期

張富祥

〈《竹書紀年》與夏商週年代研究〉 北京市 中華書局 2013年10
　　　月

張震澤

《孫臏兵法校理》　北京市　中華書局　2007年12月

張靜

《定州漢墓竹簡和上孫家寨漢墓竹簡集釋》　長春市　吉林大學碩士論文　2014年4月

許子濱

〈讀《上海博物館藏戰國楚竹書（二）》小識〉　香港中文大學中國語言及文學系主辦：「第四屆國際中國古文字學研討會」發表之論文　香港　中文大學　2003年10月

許冠三

《新史學九十年》　長沙市　岳麓書社　2003年9月

許錟輝

《先秦典籍引《尚書》考》　臺北縣　花木蘭文化出版社　2009年9月

陳立柱

〈考古資料如何證說古文獻的成書時代——以《《禹貢》「九州」的考古學研究》為例〉　《文史哲》2009年第3期

陳來

《古代宗教與倫理——儒家思想的根源》　北京市　生活・讀書・新知三聯書店　1996年3月

〈殷商的祭祀宗教與西周的天命信仰〉 《中原文化研究》2014年第
2期

陳泳超

《堯舜傳說的研究》 南京市 南京師範大學出版社 2000年8月

陳建

〈記憶史與心態史〉 《史學理論研究》2012年第3期

陳英傑

〈變公盨銘文再考〉 《語言科學》第7卷第1期 2008年1月

陳致

《從禮儀化到世俗化 《詩經》的形成》 上海市 上海古籍出版社
2009年12月

〈「万（萬）舞」與「庸奏」：殷人祭祀樂舞與《詩》中三頌〉 《詩
書禮樂中的傳統：陳致自選集》 上海市 上海人民出版社
2012年10月

陳偉

〈郭店竹書《唐虞之道》校釋〉 《燕說集》 北京市 商務印書館
2011年11月

陳槃

〈論早期讖緯及其與鄒衍書說之關係〉 《古讖緯研討及其書錄解
題》 上海市 上海古籍出版社 2010年7月

〈古讖緯書錄解題（六）〉　《古讖緯研討及其書錄解題》

陳夢家

〈商王名號考〉　《燕京學報》第27期　1940年6月

《殷虛卜辭綜述》　北京市　中華書局　2004年4月

〈世本考略〉　《西週年代考、六國紀年》　北京市　中華書局
　　　2005年7月

陳劍

〈釋「琮」及相關諸字〉　《甲骨金文考釋論集》　北京市　線裝書
　　　局　2007年5月

〈上博楚簡《容成氏》與古史傳說〉　《戰國竹書論集》　上海市
　　　上海古籍出版社　2013年12月

鹿憶鹿

《洪水神話——從中國南方民族與臺灣原住民為中心》　臺北市　里
　　　仁書局　2002年8月

連劭名

《帛書周易疏證》　北京市　中華書局　2012年6月

連秀麗

《周代吉金文學研究》　北京市　中國社會科學出版社　2011年4月

湯淺邦弘

〈上博楚簡《舉治王天下》的堯舜與傳說〉　《簡帛》　上海市　上
　　　海古籍出版社　2014年10月　第9輯

近藤浩之

〈《帛書易傳》二三子篇的龍〉　朱伯崑主編　《國際易學研究》
　　　　　北京市　華夏出版社　1998年5月

十二劃（童、勞、傅、黃、彭、馮、程、單、曾、復）

童書業

〈帝堯陶唐氏名號溯源〉　《童書業史籍考證論集》　北京市　中華
　　　　　書局　2005年10月
〈「堯舜禪讓」說的另一種推測〉　《童書業史籍考證論集》
〈國語左傳問題後案〉　《童書業史籍考證論集》
《春秋左傳研究（校訂本）》　北京市　中華書局　2006年8月

勞幹

〈再論堯典著作時代〉　《禹貢半月刊》第2卷第10期　1935年1月
　　　　　16日

傅斯年

〈夷夏東西說〉　《傅斯年全集》第3卷

黃人二

〈讀上博藏簡子羔書後〉　《出土文獻論文集》　臺中縣　高文出版
　　　　　社　2005年8月

黃永年

〈評《走出疑古時代》〉　收於中國社會科學院歷史研究所　中山大

學歷史系編　《紀念顧頡剛誕辰110週年論文集》　北京市
中華書局　2004年10月

黃汝成

《日知錄集釋：全校本》　上海市　上海古籍出版社　2006年12月

黃沛榮

《周書研究》　臺北市　臺灣大學中國文學研究所博士論文　1976年
　　7月

黃復山

《東漢讖緯學新探》　臺北市　臺灣學生書局　2000年2月

黃啟書

〈《尚書・堯典》「納于大麓」試詮〉　《臺大中文學報》第47期
　　2014年12月

黃進興

《歷史主義與歷史理論》　臺北市　允晨文化實業公司　1992年3月
《後現代主義與史學研究》　臺北市　三民書局　2009年10月

黃懷信

〈《堯典》之觀象及其傳說產生時代〉　《中原文化研究》2014年第
　　4期

黃瓊慧

《世變中的記憶與編寫——以丁耀亢為例的考察》　臺北市　大安出
　　　版社　2009年12月　「附錄：記憶研究資訊舉要——以臺灣
　　　地區為主」

黃靈庚

《楚辭章句疏證》　北京市　中華書局　2007年9月
〈清華戰國竹簡《楚居》箋疏〉　《中華文史論叢》2012年第1期

彭邦本

〈儒墨舉賢禪讓觀平議——讀《郭店楚墓竹簡》〉　《四川大學學報
　　　（哲學社會科學版）》2000年第5期
〈《論語》中的舉賢禪讓思想〉　《齊魯文化研究》第13輯　2013年
　　　12月
〈傳說中的唐虞時代及其考古學印證〉　《四川大學學報（哲學社會
　　　科學版）》2015年第3期

彭剛

〈歷此記憶與歷史書寫——史學理論視野下的「記憶的轉向」〉
　　　《史學史研究》2014年第2期

彭國良

〈一個流行了八十餘年的偽命題——對張蔭麟「默證」說的重新審
　　　視〉　《文史哲》2007年第1期
《顧頡剛史學思想的認識論解析》　濟南市　山東大學博士論文
　　　2007年5月

彭裕商

〈禪讓說源流及學派興衰——以竹書《唐虞之道》、《子羔》、《容成氏》為中心〉　《歷史研究》2009年第3期

馮峰

〈從《古史辨》前三冊看「古史辨」運動的一個轉向〉　《史學史研究》2007年第2期

馮漢驥

〈禹生石紐辨〉　《川大史學・馮漢驥卷》　成都市　四川大學出版社　2006年12月

程少軒

〈放馬灘簡所見式占古佚書的初步研究〉　《中央研究院歷史語言研究所集刊》第83本第2分　2012年6月

程元敏

《尚書周書牧誓洪範金縢呂刑義證》　臺北市　萬卷樓圖公司　2011年12月

程平山

〈秦襄公、文公年代事迹考〉　《歷史研究》2013年5第5期
《竹書紀年考》　北京市　中華書局　2013年12月

程地宇

〈《漢巴郡朐忍令景雲碑》考釋〉　　《三峽大學學報（人文社會科學版）》第28卷第5期　2006年9月

程浩

〈清華簡《厚父》「周書」說〉　　《出土文獻》　上海市　中西書局　2014年10月　第6輯

《《書》類文獻先秦流傳考——以清華藏戰國竹簡為中心》　北京市　清華大學博士論文　2015年6月

單育辰

《新出楚簡《容成氏》研究》　北京市　中華書局　2016年3月

《《曹沫之陳》文本集釋及相關問題研究》　長春市　吉林大學碩士論文　2007年4月

《楚地戰國簡帛與傳世文獻對讀之研究》　北京市　中華書局　2014年5月

單周堯

〈讀清華簡《楚居》「渭自脅出」與「巫并貶亓脅以楚」〉　　《先秦史研究動態》2013年第2期　總第56期

曾振宇

〈清華簡《保訓》「測陰陽之物」新論〉　　《中原文化研究》2015年第4期

十三劃（楊、裴、詹、游、鄔）

楊向奎

〈應當給「有虞氏」一個應有的歷史地位〉　《文史哲》1956年第7期

楊希枚

〈再論堯舜禪讓傳說〉　《先秦文化史論集》

楊秀芳

〈聲韻學與經典詮釋〉　《文獻及語言知識與經典詮釋的關係》　臺
　　北市　臺灣大學出版中心　2004年6月

楊建軍

〈遠古帝王及三王感生神話考〉　《西北民族研究》2000年第2期

楊春梅

〈去向堪憂的中國古典學──走出疑古時代評述〉　文史哲編輯部編
　　《「疑古」與「走出疑古」》　北京市　商務印書館　2010年
　　6月

楊國勇

〈夏族淵源地域考〉　中國先秦史學會　《夏史論叢》　濟南市　齊
　　魯書社　1985年7月

楊棟

《神話與歷史：大禹傳說研究》　長春市　東北師範大學博士論文
　　2010年12月

楊寬

〈中國上古史導論〉　《古史辨》　香港　太平書局　1962年11月
　　　第7冊上編

裘錫圭

〈讀《郭店楚墓竹簡》札記三則〉　《裘錫圭學術文集・簡牘帛書
　　　卷》第2卷

〈《上海博物館藏戰國楚竹書（二）・子羔》釋文注釋〉　《裘錫圭全
　　　學術文集・簡牘帛書卷》第2卷

〈談談上博簡《子羔》篇的簡序〉　《裘錫圭學術文集・簡牘帛書
　　　卷》第2卷

〈釋《子羔》篇「鉋」字並論商得金德之說〉　《裘錫圭全學術文集
　　　（簡牘帛書卷）》第2卷

〈變公盨銘文考釋〉　《裘錫圭學術文集・金文及其他古文字卷》第
　　　3卷

〈新出土先秦文獻與古史傳說〉　《裘錫圭學術文集・古代歷史、思
　　　想、民俗卷》第5卷

〈「古史辨」派、「二重證據法」及其相關問題──裘錫圭先生訪談
　　　錄〉　《裘錫圭學術文集・雜著卷》第6卷

〈出土文獻與古典學重建〉　《出土文獻》　上海市　中西書局
　　　2013年12月　第4輯

詹子慶

《走進夏代文明》　長春市　東北師範大學出版社　2006年9月

游國恩

《天問纂義》　《游國恩楚辭論著集》　北京市　中華書局　2008年
　　4月
《離騷纂義》　《游國恩楚辭論著集》　北京市　中華書局　2008年
　　4月

鄔可晶

〈《上博（九）・舉治王天下》「文王訪之於尚父舉治」篇編連小議〉
　　《中國文字》新39期　2013年12月

十四劃（聞、趙、廖、寧、蒙）

聞一多

〈匡摘尺牘〉　《聞一多全集（一）・神話與詩》　臺北市　里仁書
　　局　1993年9月

趙世瑜

〈傳說・歷史・歷史記憶——從20世紀的新史學到後現代史學〉
　　《小歷史與大歷史：區域社會史的理念、方法與實踐》　北
　　京市　生活・讀書・新知三聯書店，2006年11月
〈傳承與記憶：民俗學的學科本位——關於「民俗學何以安身立命」
　　問題的對話〉　《民俗研究》2011年2月

趙世瑜、杜正貞

〈太陽生日：東南沿海地區對崇禎之死的歷史記憶〉　《北京師範大
　　學學報（社會科學版）》1999年第6期

趙平安

〈楚竹書《容成氏》的篇名及其性質〉　《新出簡帛與古文字古文獻
　　　研究》　北京市　商務印書館　2009年12月

趙貞信

〈《論語・堯曰章》來源的推測〉　《北京師範大學學報（社會科
　　　學）》1962年第3期

趙雅麗

《《越絕書》研究》　福州市　福建師範大學碩士論文　2007年4月

廖名春

〈荊門郭店楚簡與先秦儒學〉　《中國哲學》　瀋陽市　遼寧教育出
　　　版社　1999年1月　第20輯
〈上博簡〈子羔〉篇感生神話試探〉　《福建師範大學學報（哲學社
　　　會科學版）》2003年第6期
〈〈子羔〉篇感生簡文考釋〉　《上博館藏戰國楚竹書研究續編》
　　　上海市　上海書店出版社　2004年7月

廖宜方

《唐代的歷史記憶・導論》　臺北市　臺灣大學出版中心　2011年5月

寧鎮疆

〈清華簡《厚父》「天降下民」句的觀念源流與豳公盨銘文再釋〉
　　　《出土文獻》　上海市　中西書局　2015年10月　第7輯

蒙梓

〈中國的感生神話〉　《學術研究》1991年第6期

蒙默

〈「禹生石紐」續辨〉　《蜀學》　成都市　巴蜀書社　2009年12月
　　　第4輯

十五劃（蔡、葉、蔣、劉、潘、鄭、葛）

蔡哲茂

〈殷卜辭「伊尹𡿨示」考——兼論它示〉　《中央研究院歷史語言研
　　　究所集刊》第58本第4分　1987年12月
〈三家分晉趙國何以得天獨厚：趙簡子「鈞天神話」的意義〉　《中
　　　央日報》　第17版「長河」　1991年6月14日
〈論殷卜辭中的「𢀛」字為成湯之「成」——兼論「𢀛」「𢀛」為咸
　　　字說〉　《中央研究院歷史語言研究所集刊》第77本第1分
　　　2006年3月
〈甲骨文四方風名再探〉　《甲骨文與殷商史》　上海市　上海古籍
　　　出版社　2013年4月　新3輯

葉舒憲

《熊圖騰：中華祖先神話探源》　上海市　上海錦繡文章出版社
　　　2007年7月
〈大禹的熊旗解謎〉　《民族藝術》2008年第1期
〈《容成氏》夏禹建鼓——五論「四重證據法」的知識考古範式〉
　　　《民族藝術》2009年第1期

葉懿芳

《伊尹的神話與傳說研究》　臺中縣　中興大學中國文學系碩士論文
　　　2000年8月

蔣俊

《中國史學近代化進程》　濟南市　齊魯書社　1995年9月

蔣善國

《尚書綜述》　上海市　上海古籍出版社　1988年3月

劉洪濤

〈郭店竹簡《唐虞之道》「瞽瞍」補釋〉　《江漢考古》2010年第4期

劉桓

〈殷墟卜辭「大賓」之祭及「乍邑」、「宅邑」問題〉　《甲骨集史》
　　　北京市　中華書局　2008年10月

劉起釪

〈我國古史傳說時期綜考〉　《古史續辨》　北京市　中國社會科學
　　　出版社　1997年4月
《尚書校釋譯論》　北京市　中華書局　2005年4月　第4冊

劉書惠

《部分出土文獻中的神話傳說研究》　長春市　東北師範大學碩士論
　　　文　2009年5月

〈從《子羔》篇看三代始祖感生神話〉　《古籍整理研究學刊》2010
　　年第3期

劉錚

〈「嵩山」非「崇山」辨——夏族起源新探之一〉　《中原文物》
　　2013年第2期
〈「崇山」即「塔兒山」說新證——夏族啟源新探之二〉　《中原文
　　化研究》2015年第2期

劉濤

〈清華簡《楚居》中所見巫風考〉　《船山學刊》2012年第2期

潘宗億

〈論心態史的歷史解釋——以布洛克《國王神跡》為中心探討〉　陳
　　恆、耿相新主編　《新史學》　鄭州市　大象出版社　2005
　　年7月

鄭杰祥

《夏史初探》　鄭州市　中州古籍出版社　1988年12月

葛兆光

《中國思想史》　上海市　復旦大學出版社　2001年12月

十六劃（錢、賴）

錢玄

《三禮通論》　南京市　南京師範大學出版社　1996年10月

錢玄同

〈《左氏春秋考證》書後〉　《古史辨》　香港　太平書局　1962年
　　　11月　第5冊

錢乘旦

〈發生過的是「過去」，寫出來的是「歷史」——關於「歷史」是什
　　　麼〉　《史學月刊》2013年第7期

錢穆

《論語新解》　收於錢穆　《錢賓四先生全集》　臺北市　聯經出版
　　　事業公司　1995年9月　第3冊
〈唐虞禪讓說釋疑〉　收於錢穆　《錢賓四先生全集》　臺北市　聯
　　　經出版事業公司　1995年9月　第18冊

賴國棟

《歷史記憶研究——基於20世紀西方歷史理論的反思》　上海市　復
　　　旦大學博士論文　于沛指導　2009年4月

十七劃（韓、戴、鍾、謝）

韓巍

〈西漢竹書《周馴》若干問題的探討〉　《北京大學藏西漢竹書
　　　（參）》　上海市　上海古籍出版社　2015年9月

戴麗娟

〈法國史家的記憶課題——近三十年的重要著作與討論〉　《思想
　　　史》第3期　2014年9月

鍾肇鵬

《讖緯略論》　臺北市　洪葉文化事業公司　1994年9月

謝維揚

〈古書成書和流傳情況研究的進展與古史史料學概念——為紀念《古
　　史辨》第一冊出版八十週年而作〉　《「疑古」與「走出疑
　　古」》　北京市　商務印書館　2010年6月

十八劃（魏）

魏啟鵬

〈讀三峽新出東漢景雲碑〉　《四川文物》2006年第1期

魏慈德

〈楚地出土戰國書籍抄本與傳世文獻同源異本關係試探〉　《出土文
　　獻》　上海市　中西書局　2016年10月　第9輯

二十劃（羅、饒、蘇）

羅志田

《裂變中的傳承——20世紀前期的中國文化與學術》　北京市　中華
　　書局　2003年5月
〈《古史辨》的學術和思想背景——述羅香林少為人之的一篇舊文〉
　　《社會科學戰線》2008年第2期
〈檢討《古史辨》學理基礎的一項早期嘗試〉《社會科學研究》2008
　　年第3期

〈《古史辨》的時代語境和學理基礎——述羅香林少為人之的一篇舊
　　　文〉　《經典淡出之後：20世紀中國史學的轉變與延續》
　　　北京市　生活‧讀書‧新知三聯書店　2013年11月

羅香林（佛應）

〈讀顧頡剛先生古史辨〉　《國立中山大學文史學研究所月刊》第1
　　　卷第1期　1933年1月　第1卷第2期　1933年2月
《歷史之認識》　香港　亞洲出版社　1955年

羅義俊

〈錢穆與顧頡剛的《古史辨》〉　陳其泰、張京華主編　《古史辨學
　　　說評價討論集》　北京市　京華出版社　2000年12月

羅新慧

〈「帥型祖考」和「內得于己」：周代「德」觀念的演化〉　《歷史研
　　　究》2016年第3期
〈《容成氏》、《唐虞之道》與戰國時期禪讓學說〉　《齊魯學刊》
　　　2003年第6期

饒宗頤

〈由尊盧氏談到上海竹書（二）的《容成氏》〉　《九州學林》4卷1
　　　期　2006年春季

蘇建洲

《上海博物館藏戰國楚竹書校釋（二）》　臺北縣　花木蘭文化出版
　　　社　2006年9月

二十一劃（顧）

顧頡剛

〈古史辨第一冊自序〉　《顧頡剛古史論文集》卷1　《顧頡剛全集》　北京市　中華書局　2010年12月　第1冊

〈古史辨第二冊自序〉　《顧頡剛古史論文集》卷1　《顧頡剛全集》第1冊

〈古史辨第三冊自序〉　《顧頡剛古史論文集》卷1　《顧頡剛全集》第1冊

〈古史辨第四冊自序〉　《顧頡剛古史論文集》卷1　《顧頡剛全集》第1冊

〈我的研究古史的計畫〉　《顧頡剛古史論文集》卷1　《顧頡剛全集》第1冊

〈與錢玄同先生論古史書〉　《顧頡剛古史論文集》卷1　《顧頡剛全集》第1冊

〈答劉胡兩先生書〉　《顧頡剛古史論文集》卷1　《顧頡剛全集》第1冊

〈討論古史答劉胡二先生〉　《顧頡剛古史論文集》卷1　《顧頡剛全集》第1冊

〈鯀禹的傳說——夏史考第四章〉　《顧頡剛古史論文集》卷1　《顧頡剛全集》第1冊

〈夏史三論——夏史考第五、六、七章〉　《顧頡剛古史論文集》卷1　《顧頡剛全集》第1冊

〈虞初小說回目考釋〉　《顧頡剛古史論文集》卷1　《顧頡剛全集》第1冊

〈禪讓傳說起於墨家考〉　《顧頡剛古史論文集》卷1　《顧頡剛全集》第1冊

〈（王國維）古史新證第一二章・附跋〉　《顧頡剛古史論文集》卷1　《顧頡剛全集》第1冊

〈五德終始說下的政治與歷史〉　《顧頡剛古史論文集》卷2　《顧頡剛全集》第2冊

《秦漢的方士與儒生》　《顧頡剛古史論文集》卷2　《顧頡剛全集》第2冊

《中國上古史研究講義（燕京大學）》（《顧頡剛古史論文集》卷3　《顧頡剛全集》第3冊

〈秦和統一的由來和戰國人對於世界的想像〉　《顧頡剛古史論文集》卷5　《顧頡剛全集》第5冊

〈州與嶽的演變〉　《顧頡剛古史論文集》卷5　《顧頡剛全集》第5冊

〈戰國秦漢間人的造偽與辨偽附言〉　《顧頡剛古史論文集》卷7　《顧頡剛全集》第7冊

〈崔東壁遺書序一〉　《顧頡剛古史論文集》卷7　《顧頡剛全集》第7冊

〈尚書研究講義〉　《顧頡剛古史論文集》卷8　《顧頡剛全集》第8冊

〈堯典著作時代考（尚書研究講義丙種之一）〉　《顧頡剛古史論文集》卷8　《顧頡剛全集》第8冊

〈尚書研究講義參考資料（戊種之一二三四）〉　《顧頡剛古史論文集》卷8　《顧頡剛全集》第8冊

〈論《今文尚書》著作時代書〉　《顧頡剛古史論文集》卷8　《顧頡剛全集》第8冊

〈尚書禹貢注釋〉　《顧頡剛古史論文集》卷9　《顧頡剛全集》第9冊

〈逸周書世俘篇校注、寫定與評論〉　《顧頡剛古史論文集》卷9　《顧頡剛全集》第9冊

〈周公東征和遷民的總叙〉　《顧頡剛古史論文集》卷10　《顧頡剛全集》第11冊

〈湯山小記（七）〉　《顧頡剛讀書筆記》卷8　《顧頡剛全集》第23冊

〈讀尚書筆記（三）〉　《顧頡剛讀書筆記》卷11　《顧頡剛全集》第26冊

《浪口村隨筆》　《顧頡剛讀書筆記》卷16　《顧頡剛全集》第31冊

《史林雜識初編》　《顧頡剛讀書筆記》卷16　《顧頡剛全集》第31冊

《顧頡剛書信集》卷1　《顧頡剛全集》第39冊

《顧頡剛日記》卷1　《顧頡剛全集》第44冊

五　外文與翻譯論著

（一）原文論著

石井真美子

〈《六韜》諸テキストと銀雀山漢簡の關連について〉　《立命館白川靜記念東洋文字文化研究所研究紀要》第8號　2014年7月

出石誠彦

〈上代中國の異常出生說話について〉　《支那神話傳說の研究》東京　中央公論社　1943年11月原刊於《民族學》第4卷4號1929年1月

加藤常賢

〈支那古姓氏の研究──夏禹姒姓考〉　《中國古代文化の研究》
　　　東京　明德出版社　1980年8月

李承律

〈上博楚簡《子羔》の感生說と二重の受命論〉　《中國出土資料研
　　　究》第11號　2007年3月31日

（二）翻譯論著

岩本通彌著　王曉葵譯

〈作為方法的記憶──民俗學研究中「記憶」概念的有效性〉　《文
　　　化遺產》2010年第4期

高木智見著　何曉毅譯

《先秦社會思想》　上海市　上海古籍出版社　2011年3月

淺野裕一著　佐藤將之監譯

〈《曹沫之陳》的兵學思想〉　《上博楚簡與先秦思想》　臺北市
　　　萬卷樓圖書公司　2008年9月

藤田勝久著　曹峰、廣瀨薰雄譯

《《史記》戰國史料研究》　上海市　上海古籍出版社　2008年1月

尤銳（Yuri Pines）著　林鵠譯

〈禪讓：戰國時期關於平等主義與君主權力的論爭〉　收於陳致主編

《當代西方漢學研究集萃・上古史卷》　上海市　上海古籍
　　出版社　2012年11月

尤銳（Yuri Pines）著　孫英剛譯

《展望永恆帝國──戰國時代的中國政治思想》　上海市　上海古籍
　　出版社　2013年5月

卡爾・貝克（Karl Becker）著　馬萬利譯

〈人人都是他自己的歷史學家〉　《人人都是他自己的歷史學家》
　　北京市　北京大學出版社　2013年2月

皮耶・諾哈（Pierre Nora）著　韓尚譯　楊欣校

〈歷史與記憶之間：記憶場〉　《文化記憶理論讀本》　北京市　北
　　京大學出版社　2012年1月

皮耶・諾哈（Pierre Nora）著　戴麗娟譯

〈記憶所繫之處，另一種歷史〉　收於諾哈主編　戴麗娟譯　《記憶
　　所繫之處》　臺北市　行人出版社　2012年8月
〈如何書寫法國史〉　《記憶所繫之處》

阿萊達・阿斯曼（Aleida Assmann）著　潘璐譯

《回憶空間：文化記憶的形式和變遷》　北京市　北京大學出版社
　　2016年3月

揚・阿斯曼（Jan Assmann）著　金壽福、黃曉晨譯

《文化記憶：早期高級文化中的文字、回憶和政治身分》　北京市
　　北京大學出版社　2015年5月

阿萊達・阿斯曼（Aleida Assmann）、揚・阿斯曼（Jan Assmann）
著　陳玲玲譯　丁佳寧校

〈昨日重現──媒介與社會記憶〉　《文化記憶理論讀本》　北京市
　　　北京大學出版社　2012年1月

阿蘭・梅吉爾（Allen Megil）著　趙晗譯

〈記憶與歷史〉　《學術研究》2005年第8期

彼得・柏克（Petetr Burke）著　劉華譯　李宏圖校

〈西方新社會文化史〉　《歷史教學問題》2000年第4期

彼得・柏克（Petetr Burke）著　姚朋等譯

《歷史學與社會理論》　上海市　上海人民出版社　2010年1月

彼得・柏克（Petetr Burke）著　豐華琴、劉艷譯

〈作為社會記憶的歷史〉　《文化史的風景》　北京市　北京大學出
　　　版社　2013年8月

埃里克・霍布斯邦（Eric John Ernest Hobsbawm）著　馬俊亞、
郭英劍譯

〈認同感的歷史是遠遠不夠的〉　收於埃里克・霍布斯邦　《歷史
　　　家：歷史神話的終結者》　上海市　上海人民出版社　2003
　　　年3月

格奧爾格・伊格斯（Georg Gerson Iggers）、王晴佳著　楊豫譯

《全球史學史：從18世紀至當代：翻譯版》　北京市　北京大學出版
　　　社　2011年2月

夏含夷（Edward L. Shaughnessy）著　周博群等譯

《重寫中國古代文獻》　上海市　上海古籍出版社　2012年12月

夏含夷（Edward L. Shaughnessy）著　黃聖松、周博群譯

〈武王克商的「新」證據〉　收於黃聖松等譯　《孔子之前：中國經
　　　典誕生的研究》　臺北市　萬卷樓圖書公司　2013年4月

夏含夷（Edward L. Shaughnessy）著　張叔一等譯

《夏含夷古史異觀》　上海市　上海古籍出版社　2016年4月

倪德衛（David S. Nivison）著　魏可欽等譯

《《竹書紀年》解謎》　上海市　上海古籍出版社　2015年6月

莫里斯・哈布瓦赫（Maurice Halbwachs）著　丁佳寧譯　曾祺明校

〈集體記憶與歷史記憶〉，收於阿斯特莉特・埃爾（Astrid Erll）　馮
　　　亞琳編，余傳玲等譯　《文化記憶理論讀本》　北京市　北
　　　京大學出版社　2012年1月

羅杰・巴格諾爾（Roger S. Bagnall）著　宋立宏、鄭陽譯

《閱讀紙草，書寫歷史》　上海市　上海三聯書店　2007年3月

六　網路資料

付強

〈從賓組卜辭看清華簡《說命》的用詞〉　發表於「簡帛研究」網站 http://www.confucius2000.com/admin/list.asp?id=5518　2013年 1月7日

〈從賓組卜辭看清華簡《說命》的用詞續考〉　發表於「清華大學出 土文獻研究與保護中心」網站　http://www.ctwx.tsinghua.edu. cn/publish/cetrp/index.html　2013年5月9日

李銳

〈上博館藏楚簡（二）初札〉　發表於「簡帛研究」網站　http:// www.jianbo.org/Wssf/2003/lirui01.htm　2003年1月6日

宋華強

〈清華簡《楚居》「比隹」小議〉　發表於「簡帛」網站　http:// www.bsm.org.cn/show_article.php?id=1393　2011年1月20日

抱小

〈北大漢簡《妄稽》初讀〉　發表於「復旦大學出土文獻與古文字研 究中心」網站　http://www.gwz.fudan.edu.cn/SrcShow.asp? Src_ID=2683　2015年12月19日

胡凱、陳民鎮集釋　陳民鎮按語

〈清華簡《保訓》集釋〉　「復旦大學出土文獻與古文字研究中心」 網站　http://www.gwz.fudan.edu.cn/SrcShow.asp?Src_ID= 1654　2011年9月11日

高貴峰

〈八角廊漢簡《六韜》拾遺及考證〉　武漢大學「簡帛網」　http://
　　www.bsm.org.cn/show_article.php?id=562　2007年5月8日

陳民鎮

〈讀清華簡《楚居》札記（二則）〉　「復旦大學出土文獻與古文字研
　　究中心」網站（http://www.gwz.fudan.edu.cn/SrcShow.asp?
　　Src_ID=1509　2011年5月31日
〈清華簡《保訓》「中」字解讀諸說平議〉　「復旦大學出土文獻與
　　古文字研究中心」網站　http://www.gwz.fudan.edu.cn/Src
　　Show.asp?Src_ID=1655　2011年9月19日
〈清華簡《楚居》集釋〉　「復旦大學出土文獻與古文字研究中心」
　　網站　http://www.gwz.fudan.edu.cn/SrcShow.asp?Src_ID=
　　1663　2011年9月23日

黃海烈

〈上博簡《容成氏》的發現及其學派歸屬問題〉　「復旦大學出土文
　　獻與古文字研究中心」網站　http://www.gwz.fudan.edu.cn/
　　SrcShow.asp?Src_ID=443　2008年5月26日

復旦大學出土文獻與古文字研究中心研究生讀書會

〈清華簡《楚居》研讀札記〉　發表於「復旦大學出土文獻與古文字
　　研究中心」網站（http://www.gwz.fudan.edu.cn/SrcShow.asp?
　　Src_ID=1353　2011年1月5日

蔡偉

〈釋「百丩旨身鯩鰌」〉　「復旦大學出土文獻與古文字研究中心」網
　　　站　http://www.gwz.fudan.edu.cn/SrcShow.asp?Src_ID=1993
　　　2013年1月16日

蕭旭

〈北大漢簡（四）《妄稽》校補〉　「復旦大學出土文獻與古文字研究
　　　中心」網站　http://www.gwz.fudan.edu.cn/SrcShow.asp?Src_
　　　ID=2853　2016年7月4日

後記

　　這本書是由我的博士論文的前半部分刪改而成。我的博士論文於二〇一七年底完成，二〇一三年開始構思論文內容，當時設定了一個大方向，即戰國時代對過去的歷史記憶，並選定了兩個主題，其一是「關於正統王朝的記憶」，初步先討論朝代興替的記憶，其二是「關於多元族群的記憶」，初步先討論秦、楚、吳等族群淵源的記憶。後來因為能力與時間不足，前者只完成了虞夏之際部分，後者只完成了秦、吳二族部分。

　　承蒙本系車行健老師的推薦，我的博士論文有機會在萬卷樓出版，考量主題的完整性及字數，決定先將虞夏之際部分單獨出版，並且刪除「緒論」的部分內容以及「方法與方法論的反思」此節。這樣的做法也是為了督促自己完成原先規劃，並以系列研究的形式呈現，主軸是「戰國時代的古史記憶」，此次先出版「虞夏之際篇」，之後希望將博士論文未出版的部分增補完成「方法論篇」、「周邊族群篇」，以及撰寫「商周革命篇」。另外，還要感謝美國佛羅里達大學藝術史系的來國龍教授，在百忙之中對本書的英文書名提出修改建議。

　　在我的博士論文完成之後，還有許多與本文主題有關的材料與論著出版，相信未來也會有人繼續討論相關問題，因此此次出版選擇維持原本的論述內容，不加入新材料與新說法。茲列出較重要的材料與論著如下：李學勤主編：《清華大學藏戰國竹簡（捌）》（上海市：中西書局，2018年11月），其中的〈虞夏商周之治〉。孫慶偉：《鼏宅禹跡：夏代信史的考古學重建》（北京市：生活・讀書・新知三聯書店，2018年5月）。陳民鎮：〈信史抑或偽史——夏史真偽問題的三次

論爭〉,《中國文化研究》(2018年秋之卷)。高佑仁:《清華伍書類文獻研究》(臺北市:萬卷樓,2018年3月),其中的〈厚父〉部分。

最後,特別要感謝我的指導教授蔡哲茂先生為拙作寫序,以及車行健老師一直以來對我的提攜,在當前的教學與研究環境之下,二位老師的鼓勵讓我還有一點繼續堅持下去的勇氣。

古育安

二〇一九年三月二日於臺北內湖

索引

十三劃

漢學研究叢書·文史新視界叢刊 0402005

戰國時代的古史記憶——虞夏之際篇

作　　者	古育安
責任編輯	廖宜家
特約校稿	林秋芬

發 行 人	林慶彰
總 經 理	梁錦興
總 編 輯	張晏瑞
編 輯 所	萬卷樓圖書股份有限公司
	臺北市羅斯福路二段 41 號 6 樓之 3
	電話 (02)23216565
	傳真 (02)23218698

發　　行	萬卷樓圖書股份有限公司
	臺北市羅斯福路二段 41 號 6 樓之 3
	電話 (02)23216565
	傳真 (02)23218698
	電郵 SERVICE@WANJUAN.COM.TW
香港經銷	香港聯合書刊物流有限公司
	電話 (852)21502100
	傳真 (852)23560735

ISBN 978-986-478-239-0

2019 年 4 月初版一刷

定價：新臺幣 600 元

如何購買本書：

1. 劃撥購書，請透過以下郵政劃撥帳號：

　　帳號：15624015

　　戶名：萬卷樓圖書股份有限公司

2. 轉帳購書，請透過以下帳戶

　　合作金庫銀行 古亭分行

　　戶名：萬卷樓圖書股份有限公司

　　帳號：0877717092596

3. 網路購書，請透過萬卷樓網站

　　網址 WWW.WANJUAN.COM.TW

大量購書，請直接聯繫我們，將有專人為您服務。客服：(02)23216565 分機 610

如有缺頁、破損或裝訂錯誤，請寄回更換

國家圖書館出版品預行編目資料

戰國時代的古史記憶. 虞夏之際篇 / 古育安
著. -- 初版. -- 臺北市：萬卷樓, 2019.04
　面；　公分. -- (漢學研究叢書 ；0402005)
ISBN 978-986-478-239-0(平裝)

1.戰國時代 2.通俗史話

621.8　　　　　　　　　　　　107021120